Klaus Wengst

Bedrängte Gemeinde

und verherrlichter Christus

Klaus Wengst

Bedrängte Gemeinde und verherrlichter Christus

Ein Versuch
über das Johannesevangelium

Chr. Kaiser

Für Ernst Käsemann und Walter Kreck

Die Deutsche Bibliothek – CIP-Einheitsaufnahme
Wengst, Klaus:
Bedrängte Gemeinde und verherrlichter Christus : ein Versuch über das Johannesevangelium / Klaus Wengst. – München : Kaiser, 1992
(Kaiser-Taschenbücher ; 114)
ISBN 3-459-01924-7
NE: GT

Umschlag: Ingeborg Geith, München.
Unter Verwendung des Motives »Johannes aus der Kreuzigungsgruppe« in der Stadtpfarrkirche zu Aub von Tilman Riemenschneider
Gesamtherstellung: Clausen & Bosse, Leck

Aus dem Vorwort zur ersten Auflage

Dieses Büchlein ist als Nebenfrucht meiner Arbeit an der Kommentierung der Johannesbriefe entstanden. Nachdem ich den ersten Johannesbrief als "einen außerordentlich schönen Text" (Luther) schätzen gelernt hatte, wurde mir das Johannesevangelium "theologisch verdächtig"; die Interpretationen von Ernst Käsemann und Luise Schottroff schienen mir grundsätzlich im Recht zu sein. Um diesen "Verdacht" zu klären, versuchte ich, genauer nach der Situation der Gemeinde zu fragen, die dieses Evangelium zuerst gelesen und gehört hat. Ich meine selbstverständlich nicht, daß die theologische Aussage des vierten Evangelisten von seiner historischen Situation völlig determiniert wird. Eine gegebene historische Situation kann ja durchaus sehr verschieden bewältigt werden. Aber wenn wir überlieferte theologische Aussagen, die Antworten auf ihre Situationen waren, in ihrer Intention erkennen wollen, dann verhindert es die Kenntnis ihrer Situation, jede beliebige Ausdeutung der überlieferten theologischen Aussage vorzunehmen.

Das Manuskript war im Oktober 1979 abgeschlossen; im Februar und April 1980 habe ich es überarbeitet. Seit Oktober 1979 erschienene Literatur konnte ich nicht mehr berücksichtigen. Jeder, der sich auskennt, wird ohne Schwierigkeiten eine stattliche Liste von Titeln zum Johannesevangelium zusammenstellen können, die hier nicht beachtet sind. Darunter gibt es gewiß vieles, von dem ich hätte lernen können. Jeder, der sich auskennt, weiß aber auch, daß es illusorisch ist, angesichts der heutigen Produktion Vollständigkeit auch nur annähernd zu erreichen. Doch darf darüber nicht klagen, wer sich selber an ihr beteiligt. Die hier getroffene Auswahl – manchem wird sie vielleicht auch als zuviel erscheinen – ist sicherlich in vieler Hinsicht zufällig und auch dadurch bedingt, was man "Zitationskartell" genannt hat; davon ist keiner frei. ...

Den Herren Professoren Dr. W. Schrage und Dr. F. Hahn gilt mein Dank ... für nützliche Anregungen. Hinweise zur Verbesserung verdanke ich besonders Herrn Pfarrer Dr. Rainer Stuhlmann. ...

Ich widme dieses Büchlein zwei Lehrern, von denen ich an verschiedenem Ort und in verschiedenen Disziplinen gelernt habe. Verschiedenen theologischen Schulen zugehörig, sind sie sich zunehmend nähergekommen in ihrem Bedenken der Situation, die heute Theologie und Kirche herausfordert. Gerade als den unbequemen und unermüdlichen Mahnern möge ihnen diese Zueignung als ein Zeichen der Solidarität gelten. Wenn ich einem von ihnen in der Sache, um die es in dieser Arbeit geht, entschieden widerspreche, so bin ich mir doch gewiß, daß er das nicht als Gegensatz zur Widmung versteht. Denn nicht zuletzt das habe ich bei ihm gelernt, daß sich Schülerschaft nicht im Tradieren von Thesen bewährt, sondern im ernsten Streit um die Sache.

Bonn, im Februar 1981 K.W.

Vorwort zur dritten Auflage

Das Manuskript dieser Neuauflage wurde im Herbst 1989 abgeschlossen. Ich danke dem Chr. Kaiser Verlag, daß er das Buch übernommen und mir so Gelegenheit zu einer gründlichen Umarbeitung gegeben hat. Die wesentliche These hat sich nicht verändert; sie wurde aber auf eine breitere Textgrundlage gestellt. Inzwischen erschienene Literatur habe ich zu berücksichtigen versucht, mich mit Einwänden, so gut ich konnte, auseinandergesetzt. Allen Gesprächspartnern danke ich herzlich, gerade auch denen, die mich zum Widerspruch anregten, da sie mir damit halfen, die eigene Sicht klarer herauszuarbeiten.

Die deutlichsten Akzentverschiebungen dürften daher rühren, daß ich in den vergangenen Jahren stärker in das jüdisch-christliche Gespräch hineingekommen bin. Das hat, so hoffe ich, zu mehr Empathie bei der Darstellung des der johanneischen Gemeinde gegenüberstehenden Judentums geführt und zu einer intensiveren Nachzeichnung des – mißlungenen – jüdisch-judenchristlichen Gesprächs, wie es sich im Johannesevangelium widerspiegelt. Bei dieser Nachzeichnung wollte ich das heutige jüdisch-christliche Gespräch nicht vergessen. Dabei habe ich versucht, implizit die Anfragen mitzubedenken, die Peter von der Osten-Sacken an meinen Versuch gerichtet hat (Pierre Lenhardt/Peter von der Osten-Sacken, Rabbi Akiva. Texte und Interpretationen zum rabbinischen Judentum und Neuen Testament, Berlin 1987, 167f).

Mir ist bewußt, daß ich auch jetzt noch nicht mit dem Johannesevangelium "fertig" bin; mehr als Zwischenergebnisse sind wahrscheinlich auch nicht möglich. Dieses Empfinden habe ich jetzt stärker als vor zehn Jahren. Das ist der Grund für die Änderung des Untertitels, obwohl nach wie vor die Beziehung zwischen historischer Situation und theologischer Interpretation der wesentliche Punkt meiner Arbeit ist. Aber die Rede vom "Schlüssel" erscheint mir als zu anspruchsvoll.

Für Mitarbeit bei der Literaturerschließung danke ich meinen früheren studentischen Hilfskräften *Karoline Hafer* und *Iris Lorenz* und besonders *Sigrid Middeldorf* als jetziger studentischer Hilfskraft, die auch das Register angefertigt hat, für die Erstellung des Manuskripts Frau *Edith Lutz*, den beiden Letztgenannten auch für die Hilfe beim Korrekturlesen. *Dr. Martin Leutzsch* als Assistent hat einmal mehr hilfreiche Hinweise zur Sache gegeben.

Bochum, im April 1990 Klaus Wengst

Inhalt

I Forschungsgeschichtliche Skizze

Das Bemühen um ein angemessenes Verstehen des Johannesevangeliums ist schon immer ein heikles Unterfangen gewesen. Dafür legt die Geschichte der Forschung ein beredtes Zeugnis ab.[1] Ein amerikanischer Gelehrter hat vor einiger Zeit formuliert: "Dieses Evangelium ist von solcher Art, daß sein Studium gewöhnlich zu ständig größer werdender Verwirrung führt... Daher sollte, wer solches Studium unternimmt, auf Frustration gefaßt sein."[2] Diese sicher oft gemachte Erfahrung der Frustration hat es aber keineswegs verhindert, sondern wohl im Gegenteil gerade provoziert, daß zu kaum einer neutestamentlichen Schrift so viel Literatur produziert worden ist wie zum Johannesevangelium.[3]

Zumindest in der deutschen Forschung ist die gegenwärtige Situation immer noch geprägt durch das antithetische Gegenüber der Interpretationen von Rudolf Bultmann und Ernst Käsemann.[4] Jedenfalls ermöglicht es diese Antithese, eine einleitende Orientierung zu geben. Dafür sollen beide Positionen in

1 Vgl. für die neuere Zeit die Forschungsberichte von Haenchen, Literatur; Kysar, Evangelist; ders., Community; ders., Gospel; Thyen, Literatur; ders., Johannesevangelium; Schnackenburg, Entwicklung; ders., Forschung; Giblet; Léon-Dufour; Becker, Literatur; ders., Methoden; ders., Auslegung; Beutler, Gattungen.

2 Minear, Audience 339.

3 In Thyens umfassend angelegtem und – nicht durch seine Schuld – unabgeschlossen gebliebenem Forschungsbericht in der Theologischen Rundschau nimmt allein die Aufzählung der 1966 bis 1971 erschienenen Literatur fast 37 eng bedruckte Seiten ein (ThR 39,8-44) – nur ein paar Seiten weniger, als Haenchen für seinen ganzen Forschungsbericht über die Jahre 1929 bis 1956 benötigte. Für die Zeit von 1920 bis 1965 vgl. die Bibliographie von Malatesta, bis 1975 die von Wagner, jetzt auch die von van Belle. Die Produktion ist seitdem nicht erlahmt. Becker spricht in seinem letzten Bericht gar von einer "Superernte" (Methoden 1). Um ihrer Herr zu werden, beschränkt er sich im wesentlichen auf eine Diskussion der methodischen Zugangsweisen – eine wahrscheinlich für Verfasser und Leserschaft hilfreiche Entscheidung.

4 Zum Johannesevangelium im ganzen hat sich Bultmann dreimal geäußert, in seinem großen Kommentar von 1941 mit einem Ergänzungsheft von 1957, in seiner Theologie des Neuen Testaments von 1953 ([6]1968, 354-445) und 1959 mit seinem Artikel über das Johannes-

aller Kürze dargestellt werden. Man kann sich ihren Unterschied recht gut verdeutlichen an zwei Sätzen aus Joh 1,14: "Das Wort ward Fleisch..., und wir sahen seine Herrlichkeit."[5]

Bei Rudolf Bultmann liegt alles Gewicht auf dem ersten Satz: "Das Wort ward Fleisch." Die Herrlichkeitsaussage hat demgegenüber die Funktion, die Fleischwerdung als Offenbarungsgeschehen zu qualifizieren. Die Aussage: "Das Wort ward Fleisch" wird von daher als Paradoxie begriffen: Gott begegnet in einem puren Menschen, an dem nichts Besonderes ist, als daß er behauptet, daß in ihm Gott begegne. In dieser Paradoxie ist alles beschlossen. Es gibt in ihr oder gar über sie hinaus keine inhaltlichen Aussagen.[6] Entscheidend ist allein das bloße Daß

evangelium für die 3.Aufl. der RGG. Käsemanns schon vorher angelegte Johannesdeutung ist von ihm 1966 profiliert vorgetragen worden in seiner kleinen, aber gewichtigen Monographie (Wille), 1971 in 3.Aufl. um Anmerkungen erweitert, die an einigen Punkten die Scheidewege in der Johannesexegese besonders klar herausstellen. Von seinen früheren Arbeiten sind in diesem Zusammenhang die Göttinger Antrittsvorlesung (Ketzer, 1951) und der Aufsatz über den Prolog (Aufbau, 1957) zu nennen. —Zu dem Urteil, daß für die gegenwärtige Debatte in der Tat Bultmann und Käsemann die entscheidenden Beiträge geliefert haben, vgl. Thyen, ThR 39,50: Diese "beiden einander entgegengesetzten Interpretationsmodelle, die als Eckpfeiler das Feld der Johannesforschung begrenzen..., (sind) die weitaus interessantesten, weil sie am konsequentesten nach dem Vorzeichen vor der Klammer fragen, das durch das 'Ganze der johanneischen Sprache' vorgegeben ist". Bei diesem "Vorzeichen" handelt es sich um den eigentümlichen johanneischen Dualismus; Thyen stellt zu Recht heraus, daß es ganz entscheidend darauf ankommt, wie man seine Funktion bestimmt. Bei dem Zitat im Zitat von Thyen handelt es sich um eine Anspielung an Bultmann, Gnosis 233: "... die johanneische Sprache ist ein Ganzes, innerhalb dessen der einzelne Terminus erst seine feste Bestimmung erhält." – Auch noch Kohler, der in der größeren ersten Hälfte seines Buches eine "Problemgeschichte" bietet, meint: "Unumstritten dürfte sein, daß im ersten Hauptteil das Gespräch mit Bultmann und Käsemann... eröffnet wird" (17).

5 Eine von Joh 1,14a ausgehende Gegenüberstellung von Bultmann und Käsemann findet sich auch bei K.M. Fischer (245-248) und Baum-Bodenbender (275-282).

6 Als nahezu beliebiges Beispiel greife ich Bultmanns Interpretation der Verheißung Jesu an Petrus in 13,7 heraus, daß er die Bedeutung der Fußwaschung erst später erkennen werde: "Es ist bedeutsam, daß die *Erkenntnis* dessen, was geschieht, in die Zukunft verwiesen wird. Man kann nicht sagen, daß die Fußwaschung ein *Geschehen* abbildet, das

dieser Behauptung. Das christologische Paradox hat eine Funktion in einem vorher entwickelten anthropologischen Rahmen.[7] Bultmann versteht den johanneischen Dualismus, wie er sich etwa in den Gegensätzen Leben und Tod, Licht und Finsternis, Wahrheit und Lüge ausdrückt, als Entscheidungsdualismus. Es geht um die Entscheidung zwischen weltverfallener oder zukunftsoffener Existenz. Die weltverfallene Existenz will aus sich selbst heraus leben, sich selbst behaupten, sich im Vorhandenen Sicherheiten schaffen. Die zukunftsoffene Existenz gibt das alte Selbstverständnis preis, läßt irdisch manifeste Sicherheiten fahren, lebt aus dem Unsichtbaren und Unverfügbaren. Die erste Möglichkeit ist die faktische Wirklichkeit der Welt vor der Offenbarung. Auf sie wirkt das paradoxe "Das Wort ward Fleisch" irritierend. Die Behauptung, daß Gott in einem puren Menschen begegnet, bedeutet für sie, die sich nur einen in Herrlichkeit daherkommenden Gott vorstellen kann, einen Anstoß. In der Überwindung dieses Anstoßes, im Zerbrechen der bisherigen Vorstellungen und des bisherigen Selbstverständnisses geschieht Glaube. Dessen Vollzug kann Bultmann näherhin als Entweltlichung beschreiben, die weder Askese ist noch Weltverfallenheit, sondern radikale Offenheit für die Zukunft, die sich je und je in der Begegnung mit dem Nächsten bewährt. In diesem Sinne versteht Bultmann das johanneische Gebot, einander zu lieben.[8] Vom anthropologischen Ansatz her,

sich erst in der Zukunft ereignen wird." Die "Verherrlichung" Jesu durch die Passion "kommt nicht als etwas Neues hinzu, sondern ist von vornherein in seinem Kommen schon enthalten; sein Tod ist nur die Demonstration dessen, was in und seit seiner Fleischwerdung immer schon geschah" (Komm. 356). Der Tod Jesu am Kreuz ist hiernach lediglich die äußerste Zuspitzung (nicht für Jesus, sondern für die Erkenntnis des Glaubenden!) des formalen Paradoxes, als das vorher schon die Fleischwerdung interpretiert worden war.

7 Das zeigt sich in dem in der vorigen Anmerkung gegebenen Beispiel daran, wenn Petrus mit der genannten Verheißung "in seine eigene Existenz verwiesen (wird). Die Möglichkeit, die er als Glaubender schon hat, erschließt sich ihm, indem sie angeeignet wird, wenn der Glaube die Probe zu bestehen hat" (Komm. 356).

8 Der Ansatz der Bultmannschen Johannesinterpretation und ihre von daher bestimmte Folgerichtigkeit und Geschlossenheit wird am deutlichsten im Johannesabschnitt seiner Theologie des Neuen Testaments. Er setzt im ersten Teil ein mit der Anthropologie (§§ 42-44), indem er den johanneischen Dualismus auf dem Hintergrund des

der nach dem Selbstverständnis des Menschen fragt, nach der Eigentlichkeit seines Existierens, ergibt sich notwendig eine Individual- und Situationsethik. Die Gemeinde kommt dabei kaum in den Blick.[9]

Bei Ernst Käsemann liegt alles Gewicht auf dem zweiten Satz: "Und wir sahen seine Herrlichkeit." Jesus ist hier der über die Erde schreitende Gott. Er ist vom Vater ausgegangen, und er geht wieder zum Vater zurück. Dazwischen liegt ein vorübergehender irdischer Aufenthalt. In diesem göttlichen Drama hat die Fleischwerdung lediglich die Funktion, notwendige Ausstattungsregie zu sein[10], damit der Gott Jesus überhaupt mit dem Irdischen in Kommunikation treten kann.[11] So spricht Käsemann in bezug auf die Christologie des Johannesevangeliums von einem naiven Doketismus[12] – naiv deshalb, weil das Pro-

gnostischen als Entscheidungsdualismus charakterisiert. Damit ist der grundlegende Rahmen abgesteckt, innerhalb dessen alles Weitere seine Funktion wahrnimmt. Im zweiten Teil wird die Christologie (§§ 45-48) als Paradox verstanden, das Anstoß provoziert und so in die Entscheidung stellt, deren Struktur vorher dargestellt worden war. Der dritte Teil, den man als Soteriologie bezeichnen könnte (§§ 49f), beschreibt dann die Bewegung des Glaubens, der sich in der Überwindung des Anstoßes positiv entscheidet.

9 Eine ausführliche Darstellung und Kritik Bultmanns, die die "Verhältnisbestimmung von Eschatologie und Geschichte in der Auslegung der johanneischen Theologie" besonders "in ihrer dogmatisch-theologischen Problematik" erörtert, bietet Dinger 1-45; vgl. auch Kohler 21-45.

10 Unmittelbar im Anschluß an ein Zitat aus Joh 1,1 gebraucht schon Clemens Alexandrinus die Terminologie des Theaters: "... er (sc. der Herr, der göttliche Logos, der Sohn Gottes) blieb auch nicht unerkannt, als er die Maske (προσωπεῖον) eines Menschen angenommen und sich in Fleisch gekleidet hatte, um das Drama (δρᾶμα) der Erlösung der Menschheit aufzuführen (ὑπεκρίνετο)" (Protrepticus X 110,2).

11 So auch Schulz 32: "Fleischwerdung als Durchgang verstanden, meint nichts anderes, als daß ein Gottwesen in die menschliche Erdensphäre hinabstieg, mit dem Irdischen in Berührung kam und so für den Menschen die allein rettende Begegnung mit der himmlischen Herrlichkeit möglich machte, ohne daß damit aber sein göttliches Wesen durch die Welt der Finsternis gefährdet würde."

12 Das Stichwort vom "naiven Doketismus" findet sich schon bei Lietzmann, der meinte, daß sich aus der Logoschristologie des Johannes "ein naiver Doketismus entwickeln (konnte), der dem auf Erden wandelnden Gotteswesen nur einen Scheinleib zusprach" (117).

blem des Doketismus noch nicht zum Bewußtsein gekommen ist.[13] Der göttliche Gesandte kommt, um die Seinen zu rufen. Die Seinen sind nicht restituierte Schöpfung, sondern Abschattung des Himmlischen auf der Erde. So ist die Welt nur Schauplatz der göttlichen Sendung, nicht aber ihr Objekt. Dem entspricht eine nach innen gekehrte Konventikelfrömmigkeit und Konventikelethik. Daher versteht Käsemann das johanneische Gebot, einander zu lieben, als Reduzierung der Liebesforderung auf die Mitglieder des eigenen Konventikels bei gleichzeitiger scharfer Abgrenzung gegen die Welt. Die johanneische Gemeinde verspüre keine Solidarität mit dem Irdischen.[14]

An dieser Stelle auf die Johannesinterpretation von Luise Schottroff hinzuweisen, ist deshalb besonders interessant, weil sie mit den Auslegungskategorien Bultmanns, also durch existentiale Interpretation, im Grunde zum Ergebnis Käsemanns gelangt.[15] Diesem Ergebnis gibt sie bereits in der Überschrift des Johannesteils ihres Buches prägnanten Ausdruck: "Die johan-

13 Mit der Kennzeichnung Jesu als des über die Erde schreitenden Gottes knüpft Käsemann ausdrücklich an die liberale Interpretation der Christologie des Johannesevangeliums an (Wille 26; in Anm. 9 nennt er dafür Repräsentanten). Mit Käsemanns Ausführungen auf S. 27 (sowie einschlägigen Äußerungen an zahlreichen anderen Stellen) vgl. auch die folgenden Zitate von Wrede: "In jedem Zuge strahlt es (sc. das Bild Jesu) eine übermenschliche Hoheit aus. Es ist ein wandelnder Gott, der geschildert wird. Er steht da als der, der nicht von dieser Welt ist, darum freilich auch nicht wirklich mit der Welt in Fühlung treten kann" (37). "Kein Bangen und Zagen kennt er vor dem Kelche, der ihm beschieden ist. Als Sieger zieht er in die Tage des Leidens hinein" (38). "... eine eigentümliche Affektlosigkeit, eine kühle, majestätische Ruhe..." (38). "Es ist nur die Form des Menschseins, die Annahme des Fleisches an sich. Jesus ist eine geschichtliche Persönlichkeit, eine Individualität gewesen. Der Evangelist zeigt uns anstatt eines solchen ein göttliches Wesen, das wie ein Fremder majestätisch über diese Erde dahinzieht und dessen 'Menschheit' lediglich das Transparent ist, um das göttliche Licht auf Erden hindurchscheinen zu lassen" (39).

14 Vgl. besonders Wille 128-146. Für eine ausführliche Würdigung Käsemanns sei wiederum auf Dinger (48-65) und Kohler (45-63) verwiesen.

15 "Der Einbezug von Schottroff in diesen Zusammenhang legt sich deshalb nahe, weil sie, vereinfacht gesagt, die kenotische These Bultmanns und die doketische Antithese Käsemanns zur Synthese der Theorie der doppelten Wirklichkeit aufhebt, wie sie in den Systemen der Gnosis zu finden ist" (Kohler 18). Eine ausführliche Darstellung und Kritik Schottroffs gibt Kohler 64-84; vgl. auch Kysar, Gospel 2414.

neische Gnosis".[16] Hatte Bultmann bei seinem Interpretationsansatz den johanneischen Dualismus vom kosmologischen oder metaphysischen Dualismus der Gnosis als Entscheidungsdualismus abgehoben, so stellt Schottroff fest, daß der johanneische Entscheidungsdualismus gut gnostisch ist.[17] Sie gelangt zu diesem Ergebnis, weil sie die Mythologie der Gnosis einschließlich ihres Substanzdenkens konsequent existential interpretiert.[18] *Wenn* man die von Bultmann und Schottroff angewandten Auslegungskategorien voraussetzt, kommt man nicht umhin festzustellen, daß der Entscheidungsdualismus kein Unterscheidungskriterium des Johannesevangeliums gegenüber der Gnosis ist, sondern ein Wesenszug der Gnosis selbst.[19]

Ist so der anthropologische Rahmen für die Gnosis und das Johannesevangelium identisch, so gilt das nach Schottroff auch für die Christologie: "Der Offenbarer Jesus des Johannes – nicht der innerweltlich existierende und mißverstehbare, sondern der, den der Glaubende 'sieht' – ist ohne Einschränkung ein gnostischer Offenbarer zu nennen".[20] "Er ist eine unweltliche Gestalt und 'Sohn' als der den gegenweltlichen Gott Offenbarende".[21] "Das 'Ich bin' des johanneischen Jesus ist wie das 'Ich bin' des gnostischen Offenbarers ... der eigentliche Inhalt der Verkündigung. In beiden Bereichen kommt es auf das 'Daß', nicht auf das 'Was' der Offenbarung an".[22] Anders als Bultmann gebraucht Schottroff zur Charakterisierung der johanneischen Christologie nicht die Kategorien des Paradoxes und des Anstoßes; nach ihr ist der Offenbarer nicht ein purer Mensch. Sie unterscheidet vielmehr zwei Ebenen: Der innerweltlich existierende Mensch Jesus ist nicht der Offenbarer; der ist unweltlich und steht sozusagen hinter Jesus. Insofern aber allein dessen in

16 Glaubender 228-296.

17 Ebd. 286.

18 Ebd. 96-99; Animae passim. Vgl. auch die religionsgeschichtlichen Teile des Buches von Langbrandtner 121-373, besonders 265-267. – Gegen den Gnosisbegriff Schottroffs, die die Kategorie der Entscheidung ins Zentrum stellt, vgl. Tröger, der einleuchtend zeigt, daß diese Kategorie nur "eine partielle Berechtigung in der Gnosis" hat (69f).

19 Zur Kritik an Schottroffs Vorgehen in diesem Punkt vgl. Kohler 131-133, der zu Recht von einem "formalisierten Vergleich" spricht.

20 Glaubender 289.

21 Ebd. 290.

22 Ebd. 293.

die Entscheidung stellender Ruf von Bedeutung ist, gilt auch nach Schottroff das bloße Daß.

Schließlich kennzeichnet Schottroff die Soteriologie des Johannesevangeliums ebenfalls als gnostisch, da das Heilsgut "Leben" in der Gnosis wie bei Johannes "nichts anderes" sei "als die Distanzierung von der feindlichen Welt".[23] So stellt sie abschließend fest: "Johannes ist das erste uns ausführlicher bekannte System einer Gnosis, die sich christliche Traditionen adaptiert".[24]

Der Gegensatz der Johannesinterpretationen Bultmanns und Käsemanns läßt sich auch religionsgeschichtlich verdeutlichen. Thyen schreibt: "Auf eine freilich grobe, aber vielleicht dennoch die Szene übersichtlich erhellende Formel gebracht, läßt sich die Dissonanz zwischen dem Lehrer und seinem Schüler beschreiben: Hat für Bultmann ein bekehrter Gnostiker seine mitgebrachte Sprache radikal christianisiert und in den Dienst der neuen Verkündigung gestellt, so zweifelt Käsemann daran, ob eine Bekehrung hier überhaupt stattgefunden hat... Hier adaptiert vielmehr ein Gnostiker christliche Überlieferungen".[25] Durch Käsemann – und Schottroff – ist die Frage wieder brennend geworden, ob und wieweit das Johannesevangelium gnostisch ist. Diese Frage stellt sich aber auch von der weiteren Geschichte des johanneischen Kreises her, wie sie sich im ersten Johannesbrief widerspiegelt.[26] Sowohl der Verfasser dieses Briefes als

23 Ebd., vgl. vor allem auch den Vergleich mit dem mandäischen Text auf S. 294f und Konsequenzen passim.

24 Glaubender 295.

25 ThR 39,54f. - Nach Kohler hebt Bultmann "die Wende vom kosmologischen zum Entscheidungsdualismus als die theologische Errungenschaft des Evangelisten hervor" (130). Das wird besonders deutlich in Bultmanns RGG-Artikel über das Johannesevangelium, wo er "die Wahrnehmung der Unterschiede zwischen J(ohannesevangelium) und gnostischer Erlösungslehre... zu einer klareren Erfassung der *Theologie des J(ohannesevangelium)s*" gebraucht (847f; das Zitat auf Sp.847).

26 Vgl. dazu Wengst, Häresie passim. – Die verbreitete Annahme, daß der erste Johannesbrief zeitlich hinter das Evangelium gehört, ist allerdings nicht unumstritten. Neuerdings treten Strecker (passim) und Schnelle (65-75) dafür ein, das Evangelium als Endstadium der johanneischen Literaturproduktion anzusehen. Auf eine Diskussion dieser – m.E. nicht überzeugenden – These sei in diesem Zusammenhang verzichtet.

auch die von ihm angegriffenen Gegner, zu denen er in einem antithetischen Gegenüber steht, gründen in derselben Tradition (1Joh 2,19), die wahrscheinlich vom Johannesevangelium gebildet wird. Diese Gegner lassen sich am besten als christliche Gnostiker charakterisieren.[27] Wenn sich aber zwei konträre Positionen auf dieselbe Tradition berufen, stellt sich das Problem, wer es zu Recht tut. Damit aber steht die Tradition auch selbst in Frage. Zu welcher Position gehört das Johannesevangelium, oder zu welcher hat es größere Affinität? Wie ist es überhaupt möglich, daß aus ihm zwei sich einander ausschließende Positionen hervorgehen konnten? Oder birgt es selbst Widersprüche in sich, die beide Positionen als Möglichkeiten aus sich entlassen?

Daß die im ersten Johannesbrief angegriffenen Gegner das Johannesevangelium gnostisch interpretierten, legt es zwar nahe, macht es aber nicht zwingend evident, daß auch das Johannesevangelium selbst in ein gnostisches Umfeld gehört. Es ist hier im Rahmen der Fragestellung dieser Arbeit nicht der Ort, zum Problem der Religionsgeschichte einen Beitrag leisten zu wollen. "In den letzten Jahren hat es in der Forschung alles andere als einen Konsens über den religionsgeschichtlichen Hintergrund des Evangeliums gegeben, und die wesentlichen Trends haben sich ziemlich dramatisch verändert."[28] Auf der einen Seite wird nach wie vor von einem gnostischen Hintergrund des Johannesevangeliums ausgegangen. Besonders entschieden ist dafür Schmithals eingetreten.[29] Einen beachtlichen und anspruchsvollen Versuch einer anderen religionsgeschichtlichen Einordnung hat Bühner vorgelegt, indem er die johanneische Christologie des

27 Nach Thyen ist in 1 Joh 2,18f keine schismatische, sondern eine apostatische Situation im Blick. Er erkennt im ersten Johannesbrief dieselbe Lage wie im Evangelium. Die Aussage von 2,19 ("Von uns sind sie weggegangen.") bedeute daher: "Sie waren (Juden) wie wir, die sich zu Jesus als dem Christus bekannt haben... Für die Abtrünnigen wird ihr einstiges Christusbekenntnis der Irrtum einer Episode gewesen sein" (Johannesbriefe 192; vgl. die weitere Argumentation 193f). Dagegen sei hier nur eingewandt, daß unter dieser Voraussetzung die Betonung des Gekommenseins Jesu Christi "*im Fleisch*" (1Joh 4,3) – trotz Thyens Bemühungen – m.E. nicht erklärt werden kann.

28 Kysar, Gospel 2413; vgl. 2424.

29 117-121. S. 117f zählt er die für "die gnostisierende Denkweise des JohEv" charakteristischen "Begriffe und Vorstellungen" auf und meint, deren "systematisches Gesamtgefüge ... begegnet nur im Bereich und Umfeld des gnostischen Denkens". Vorsichtiger Becker, Komm. 1,53-55; Methoden 63. An einem Einzelfall, an Joh 10,1-18, hat K.M. Fischer unter Heranziehung der Texte von Nag Hammadi die Gnosis als

Gesandten aus jüdischen Voraussetzungen zu erklären versucht und besonders das altorientalische Botenrecht in seiner frühjüdischen Anwendung auf Propheten in Anschlag bringt. Trotz vieler wertvoller Beobachtungen könnte demgegenüber die Feststellung von Meeks noch Geltung haben: "Dieses Schema Abstieg/Aufstieg eines himmlischen Boten hat keine direkte Parallele in den Mosetraditionen...; es war und es bleibt die stärkste Stütze für die Hypothese, daß die johanneische Christologie mit gnostischer Mythologie verbunden ist."[30] Denn gerade die Ausführungen in Bühners Arbeit, die diese Aussage überholen sollen, sind kaum zwingend. Er will den johanneischen Christus als "prophetischen מלאך Gottes" verstehen. Doch während er im religionsgeschichtlichen Teil in jüdischen Texten zwar deutlich das Schema Aufstieg/Abstieg nachweisen kann, ist der behauptete "Umschlag" in das dem Johannesevangelium entsprechende Schema Abstieg/Aufstieg zumindest nicht gerade von hervorragender Deutlichkeit und die Textgrundlage dafür – auch in chronologischer Hinsicht – unsicher.[31] Auf der anderen Seite ist der Versuch, eine Entwicklung der johanneischen Christologie in vier Stufen nachzuzeichnen, reichlich spekulativ; "die anabatische Grundlage der johanneischen Christologie"[32] läßt sich aus den Texten des Evangeliums nur mit Gewalt herauspressen. In derselben Richtung wie Bühner sucht Dunn. Er spricht vom "Phantom des urchristlichen gnostischen Erlösermythos" und stellt selbst das Johannesevangelium in den Kontext apokalyptischer und mystischer Strömungen, die die Tempelzerstörung überlebt hatten, und hält den jüdischen Weisheitsmythos für konstitutiv für die Ausbildung der johanneischen Christologie.[33] Nach Kysar gibt es "wachsende Anzeichen dafür, daß die sogenannten gnostischen Elemente in der Gedankenwelt des Johannesevangeliums auf Besonderheiten eines heterodoxen Judentums im ersten Jahrhundert zurückgeführt werden können".[34] "Das Judentum, das wir hinter dem Evangelium aufzufinden suchen, war verwurzelt im AT und verwandt mit der rabbinischen Bewegung, aber auch beeinflußt von 'sektiererischen' Besonderheiten, die apokalytpische, mystische und qumranische Eigenheiten eingeschlossen haben mögen."[35] Es könnte daher sein, daß das Johannesevangelium religionsgeschichtlich aus demselben Um-

religionsgeschichtlichen Hintergrund aufzuzeigen versucht (250-266; dagegen Schnackenburg, Hirtenrede 140f). Vgl. weiter Tröger passim und Lieu passim sowie Langbrandtner, der die von ihm eruierte "Grundschrift" des Evangeliums als gnostisch erweisen will, vgl. besonders 187-192. 231-235.268-271.278.308f.354-359.370.372f.

30 Prophet-King 297.

31 Vgl. 306-315.341-373.

32 374-385.

33 322-324.330-333; das Zitat steht auf S. 312. Zur religionsgeschichtlichen Frage sei noch hingewiesen auf Meeks, Jew, besonders 163-178.

34 Gospel 2416.

35 Ebd. 2425.

feld kommt, dem auch die Gnosis entwachsen ist[36], so daß die Gnosis nicht die Voraussetzung des Evangeliums bildet, vielmehr einerseits durch gemeinsame Verwurzelung mit ihm verwandt ist und andererseits in seine Wirkungsgeschichte gehört, wie schon die im ersten Johannesbrief angegriffenen Gegner und dann vor allem die Rezeption des Evangeliums in der christlichen Gnosis zeigen.[37]

1982 konnte Jürgen Becker schreiben, daß "sich die Literarkritik am Joh(annesevangelium) zur Zeit besonderer Beliebtheit (erfreut)".[38] So uneingeschränkt gilt das heute wohl nicht mehr, wenn es sich auch nach wie vor um eine starke Tendenz handelt. Der Versuch, durch literarkritische Scheidungen zu besserer Einsicht zu kommen, ist nicht neu. Er wurde zu Anfang dieses Jahrhunderts vor allem von Julius Wellhausen und Eduard Schwartz unternommen[39], vor ihnen schon von anderen. Wenn die literarkritische Arbeit nun von neuem in Angriff genommen worden ist, zeigt das zumindest, daß der überlieferte Text dazu Anstöße bietet, die auf eine Vorgeschichte seiner vorliegenden

36 Vgl. dazu die Erwägungen von Rudolph über die Ursprünge der Gnosis (291-312). Er spricht dort von der durch die Nag-Hammadi-Texte erhärteten "These, daß die Mehrzahl der gnostischen Bildungen am Rande des Judentums entstanden sind" (293), weist auf die Skepsis, die "den Weg für die Gnosis bereitet hat", und charakterisiert sie als "eine krisenhafte Selbstauflösung am Rande des Judentums" (299). Schließlich vermutet er "jüdische Weisheits- und Schreiberschulen, die bei der Ausbildung des gnostischen Gedankengutes eine wichtige Rolle gespielt haben" (311).

37 Ganz eigene Wege geht Eckle bei der Bestimmung des religionsgeschichtlichen Hintergrundes des Johannesevangeliums. Er hält es für "aussichtsreicher..., das *Gedankengut berühmter Schriftsteller* auf Modelle für neue religiöse Entwicklungen zu durchmustern als den *Ursprung* der Ideen in *verborgenen* Kreisen zu vermuten" (23). So hält er sich an Cicero und behauptet, "daß die johanneische Konzeption sich zum weitaus größten Teil aus den hellenistischen Ideen der personifizierten Weisheit und des Seelenmythos entwickelt hat" (77). "Der Logos als eine Art Weisheitshypostase, die mit dem weit über der Welt stehenden Gott eng verbunden ist, wird auf dem absteigenden und wieder aufsteigenden Weg des Seelenmythos geschildert. Die aus den beiden Komponenten gemischte Vorstellung wird der Schilderung von Jesus Christus als dem Boten aus der Transzendenz dienstbar gemacht" (76).

38 Literatur 294.

39 Vgl. ihre im Literaturverzeichnis genannten Arbeiten; darüber hinaus ist auch auf die dort aufgeführten Bücher von Emanuel Hirsch hinzuweisen.

Gestalt hinweisen. Die Frage ist jedoch, ob und wie weit diese Vorgeschichte durch Scheidung von Schichten und Herauslösung von Quellen erhellt werden kann, ob der jetzige Text nicht in einer Weise durchgeformt und überformt ist, die einem solchen Unternehmen enge Grenzen oder gar unüberwindliche Barrieren setzt. Jedenfalls scheint es mir angebracht zu sein, die Warnung Franz Overbecks in Erinnerung zu rufen, die er noch vor dem Erscheinen der Arbeiten von Wellhausen und Schwartz angesichts der damaligen literarkritischen Mode formuliert hat: "Ganz besonders diese gänzliche Verlassenheit der Quellenscheidung von aller Tradition und aller außerhalb des Textes selbst gegebener Indizien und Anhaltspunkte macht sie zu einer Arbeit, die man im strengsten Sinne eine Nachtarbeit ohne Licht nennen kann. Doch auch solche Arbeit gibt es und muß unter Umständen vorgenommen werden, z.B. vom Maulwurf. Sie verlangt jedenfalls eine besondere Gunst der Verhältnisse."[40] Schnackenburg meint zwar, "die 'neuere' Literarkritik" habe "manches aus den Fehlern der früheren Literarkritik gelernt, ist vorsichtiger mit der Rekonstruktion von Quellen, verzichtet möglichst auf Blattvertauschungen, fragt weniger nach der Vorgeschichte der dem Evangelisten zugeschriebenen Schicht als nach der Nachgeschichte, die sein Werk erfahren hat."[41] Aber aus der Distanz ist der Unterschied vielleicht nicht so groß, auch nach Schnackenburgs Formulierung ja nur graduell; und nach Overbeck wäre nicht in erster Linie größere methodische Vorsicht entscheidend, sondern "eine besondere Gunst der Verhältnisse", und das hieße vor allem eine solcher Fragestellung günstige Gestalt des Textes.

Einer derjenigen, der vor einem guten Jahrzehnt zu den Hauptvertretern johanneischer Literarkritik gehörte, verficht diese Methode nicht mehr. In Beckers Forschungsbericht von 1982 erscheint Hartwig Thyen noch in dem Abschnitt "Johanneische Literarkritik".[42] Sollte er jetzt eingeordnet werden, müßte das unter einer Überschrift geschehen, wie sie Becker in seinem zweiten größeren Forschungsbericht formuliert: "Der Ansatz

40 245; vgl. überhaupt den Zusammenhang 243-246.

41 Redaktionsgeschichte 92; der ganze Aufsatz ist eine Erörterung zur "neueren" Literarkritik.

42 Literatur 294-301.

beim Text als literarischer Einheit".[43] Rückblickend wird allerdings deutlich, daß diese Entwicklung in Thyens früheren Äußerungen schon angelegt ist. Was im folgenden über seine literarkritischen Urteile referiert wird, steht also in der Klammer, daß er sie heute nicht mehr vertritt.

In bezug auf die Kontroverse zwischen Bultmann und Käsemann scheint Thyen eine auf den ersten Blick frappierende Lösung anzubieten. Überspitzt gesagt – und nicht ganz zutreffend –, gibt er beiden Recht, insofern ihre Interpretationen auf zwei verschiedene Traditionsstufen des Johannesevangeliums bezogen werden können; Thyen unterscheidet nämlich eine Grundschrift von ihrer Bearbeitung.[44] Bultmann hatte eine kirchliche Redaktion des Johannesevangeliums angenommen, auf deren Konto Umstellungen und die Hinzufügung des Schlußkapitels 21, der sakramentalen (vor allem 6,51-58) und futurisch-eschatologischen (vor allem 5,28f) Aussagen gehen sollen. Thyen spricht nicht von einer kirchlichen, sondern von einer johanneischen Redaktion[45], deren Umfang er aber wesentlich größer ansetzt. Der Autor von Joh 21 habe eine tiefgreifende Bearbeitung und Reinterpretation der Grundschrift vorgenommen. Diesen Autor will Thyen den vierten Evangelisten nennen.[46] Die Grundschrift sei unrekonstruierbar; sie lasse sich nur partiell und fragmentarisch erkennen.[47] Ihr gehöre aber wahrscheinlich der Dualismus und naive Doketismus zu; auf sie könne also die Käsemann-Schottroffsche Johannesinterpretation zutreffen.[48] Dagegen sei der johanneische Redaktor, also der

43 Methoden 7.

44 Thyen will zeigen, "daß ein Großteil der wissenschaftlichen Kontroversen um die Auslegung des vierten Evangeliums an der Frage hängt, ob einer seinen Standort im Lager der 'Grundschrift' oder in dem der 'Redaktion' einnimmt" (ThR 39,252). Vgl. die Übersicht bei Schmithals 99f, aus der hervorgeht, daß solche Versuche und "Lösungen" schon früher unternommen wurden.

45 ThR 39,223.

46 Z.B. Entwicklungen 267f.282; ThR 44,107.

47 Entwicklungen 267 Anm. 25; Brüder 536; ThR 42,218.

48 Entwicklungen 295 mit Anm. 83; Brüder 536; ThR 39,236 (mit Anm.1). 239. Thyen argumentiert hier sehr abwägend; vgl. vor allem seine Abgrenzung von Langbrandtner (ThR 42,259f). – Kohler nennt Thyens Interpretation "äußerst raffiniert: seines Erachtens läßt sich die dualistische Ausrichtung nur für die Grundschrift nachweisen, nicht aber

vierte Evangelist, antidoketisch.[49] Zu seiner Zeit habe der Doketismus seine unschuldige Naivität verloren.[50]

Da Thyen seine literarkritische Arbeit abgebrochen und in dieser Hinsicht keine Analyse des gesamten Evangeliums vorgelegt hat, erscheint eine grundsätzliche Auseinandersetzung über die von ihm durchgeführte Literarkritik als wenig sinnvoll.[51] Ein Grund dafür, daß er in der eingeschlagenen Richtung nicht weitergegangen ist, mag die Erkenntnis gewesen sein, daß ihn selbst treffen könnte, was er an einem anderen Literarkritiker beobachtet hat, daß nämlich der Lösungsversuch "wie im Falle der enthaupteten Hydra doch nur neue und komplexere Probleme (schafft)".[52] Vor allem aber hat Thyen schon als Literarkritiker ein Bewußtsein dafür gehabt, daß man den überlieferten Text nicht in Schichten auseinanderlegen kann, die dann je für sich zu interpretieren wären, sondern daß der Versuch unternommen werden muß, den gewordenen Text als *ganzen* zu verstehen. "Die Theologie der Redaktion ist nicht aus isolierbaren Sätzen ihrer Antithese erkennbar, sondern allein in der – auch als neue literarische Einheit ernstzunehmenden! – *Synthese*

für das vorliegende Evangelium, wie das Schottroff ausdrücklich, Käsemann vorsichtiger tun. Damit kann Thyen deren Interpretation zugleich würdigen und relativieren" (104 Anm.20). – Vgl. auch Baum-Bodenbender 286; nach ihr "(trifft) Käsemann ... die 'Hoheits-Christologie' der frühjoh(anneischen) Schicht einigermaßen", Bultmann "die Aussageabsicht der redaktionellen Endgestalt".

49 Im Fortgang seines Berichts hat Thyen in bezug auf die "Terminologie 'doketistisch', 'Doketismus', 'antidoketistisch' etc." eine begrüßenswerte Korrektur vorgenommen und gesehen, daß sie "allzu unscharf und daher für die Beschreibung des christologischen Schismas der johanneischen Gemeinde nicht geeignet" ist (44,110 Anm. 25). Inzwischen hat Thyen die These, daß das Johannesevangelium in seiner Endstufe "antidoketisch" ausgerichtet sei, aufgegeben (Johannesevangelium 212f).

50 ThR 39,225-228.239f.

51 Früheren Kritikern hielt er vor, mit Texten zu argumentieren, die ebenfalls literarkritisch verdächtig seien: ThR 43,358; Redaktion 345 Anm.7. An der letztgenannten Stelle erfährt Weisers Auseinandersetzung mit Richters Literarkritik von Joh 13 eine pauschale Abqualifizierung, die dessen sorgfältiger Argumentation nicht gerecht wird. Vgl. Weisers im Literaturverzeichnis genannten Aufsatz.

52 So mit Recht gegen Richters Erklärung der Entstehung von Joh 3 (ThR 44,116).

des von ihr so geschaffenen überlieferten Johannesevangeliums. Die Notwendigkeit der *Unterscheidung* je spezifischer *Akzente* berechtigt hier nicht zur *Scheidung* nach Art der älteren 'Literarkritik' mit ihrem dominanten Interesse am 'Ursprünglichen' als dem 'Echten'".[53] Hier liegt in meinen Augen ein ganz wichtiger Vorzug Thyens gegenüber den anderen Literarkritikern. *Wenn* literarkritische Operationen solchen Umfangs notwendig sind, dann kann es in der Tat nicht Hauptaufgabe des Exegeten sein, ein von ihm selbst hergestelltes höchst hypothetisches Rekonstrukt als "Johannesevangelium" zu interpretieren. Und so betont Thyen immer wieder, daß die Aufhellung der Entstehungsgeschichte des Textes ganz und gar im Dienste der Interpretation des schließlichen Ganzen, des uns überlieferten Evangeliums, stehen muß.[54] Das führt ihn zu der These, daß "der gesamte überlieferte Text des Johannesevangeliums ... der allein faßbare 'vierte Evangelist' (ist), der die verborgenen oder verdrängten Implikationen seiner Tradition angesichts konkreter Herausforderungen seiner Leser neu expliziert".[55] Schon früher hatte Thyen gefragt, ob "das ganze Evangelium einschließlich seines 'Nachtrags' und all seiner eventuellen Eingriffe und Glossen der 'Kirchlichen Redaktion' als die alle Details bestimmende Einheit verstanden werden (kann)", und daraus die Folgerung gezogen: "Dabei erhielte dann gerade das Kapitel 21 insofern eine Schlüsselfunktion, als aus ihm der Code für solche Lektüre des Evangeliums zu dechiffrieren wäre."[56]

53 ThR 43,357. Vgl. den ganzen Zusammenhang S. 356f und die entsprechende Forderung zu Joh 13 nach einer "*synthetischen* Interpretation des gesamten Kapitels als eines kohärenten Textes" (ThR 44,134; s. auch 132). – Wellhausens Absicht war es übrigens nicht, "Ursprüngliches" als "Echtes" zu finden; vgl. seine nüchterne Aufgabenstellung: "Die Aufgabe ist nicht, einzelnes Unechte aus der echten Masse zu entfernen, sondern zwei oder mehrere literarische Schichten zu unterscheiden" (Evangelium Johannis 5).

54 Hier bedürfte es dann auch größerer Konsequenz im Gebrauch des Begriffs "johanneisch", wenn sowohl die "Grundschrift" als auch die Redaktion "johanneisch" sind und sich doch charakteristisch unterscheiden. Es hat dann wenig Sinn, Dinge, die der "Grundschrift" eigentümlich sind und von der Redaktion anders akzentuiert werden, als "typisch johanneisch" zu bezeichnen.

55 Johannesevangelium 211.

56 ThR 39,52. Die Wichtigkeit von Kap. 21 für das Verständnis des

Das Insistieren auf der Ganzheit des Evangeliums in der Weise, daß Joh 21 zum Schlüsseltext wird, scheint mir allerdings nicht ganz unproblematisch zu sein. Schließlich wird in Joh 21,24f selbst zwischen den oder dem dort Schreibenden und "dem, der das geschrieben hat", differenziert. Natürlich kann man diese Differenzierung für ein literarisches Mittel eines einzigen Verfassers halten, man kann sie aber auch mit gleichem, wenn nicht mit größerem Recht beim Wort nehmen. Zusammen mit der Beobachtung, daß in 20,30f ein regelrechter Buchschluß vorliegt, scheint mir daher nach wie vor mehr dafür zu sprechen, daß es sich bei Kap. 21 um einen Nachtrag handelt.[57] Hinzu kommt, daß sowohl die Gestalt des Petrus als auch die des Jüngers, den Jesus liebte, in Kap. 21 anders dargestellt werden als in Kap. 1-20. Während dort die traditionelle ekklesiologische Bedeutung des Petrus negiert wird, erhält er hier das Hirtenamt zugesprochen; und aus dem geliebten Jünger[58], dem Namenlosen, mit dem sich jede und jeder identifizieren kann und soll, weil die Liebe Jesu allen gilt, wird der Garant der johanneischen Tradition. M.E. ist Joh 21 der – historisch gelungene – Versuch, den johanneischen Kreis oder das, was von ihm übriggeblieben ist, in die übrige Kirche zu integrieren und dem

Johannesevangeliums hat übrigens schon Overbeck betont herausgestellt (82f.95.104.115f.434-455). Für ein Verständnis von Joh 21 als eines integralen, vom Evangelisten gestalteten Bestandteils des Evangeliums plädiert heute u.a. auch Minear, Functions.

57 Die Annahme, daß es sich bei Kap. 21 um einen Nachtrag handelt, muß dem Redaktor keineswegs "Unvermögen" und "Ungeschick" unterstellen (Thyen, Entwicklungen 260). Er will das bis 20,31 reichende Buch als Werk des "Jüngers, den Jesus liebte", ausgeben; diese Absicht wäre nicht damit zu erreichen gewesen, "das Kapitel zwischen Joh 20,29 und Joh 20,30f einzufügen" (ebd.). "Der eindeutige Befund der handschriftlichen Überlieferung des Johannesevangeliums", daß wir "von ihm nicht eine einzige Handschrift ohne das Kapitel 21 (kennen)", erzwingt keineswegs den Schluß, "daß es *öffentlich* nie ohne Joh 21 existiert hat" (259; ebenso Johannesevangelium 200), da die älteste uns bekannte Handschrift, die Joh 21 bezeugt (Papyrus 66), erst aus dem 2./3.Jh. stammt.

58 Die im deutschen Sprachraum üblich gewordene Bezeichnung "Lieblingsjünger" halte ich für irreführend. Dieser Jünger wird in 13,23 eingeführt als derjenige, "den Jesus liebte". Dadurch ist er ausgezeichnet. Das aber ist eine Auszeichnung, die nach 13,1 von allen Jüngern gilt, wie dort in starker Betonung herausgestellt wird.

Johannesevangelium in ihr Anerkennung zu verschaffen.[59] Handelt es sich aber bei Joh 21 um einen Nachtrag, darf dieses Kapitel nicht zum Ausgangspunkt für die Interpretation des ganzen Evangeliums gemacht werden. Das kann ein Blick auf eine in gewisser Hinsicht mögliche Analogie verdeutlichen. Auch die Paulusbriefe sind uns ja nicht getrennt als "echte" Briefe des Apostels, als "Deuteropaulinen" und als "Pastoralbriefe" überliefert, sondern als *corpus paulinum*; und die Kirche hat sie dementsprechend lange und oft genug unter Entschärfung des wirklichen Paulus von ihrer pastoralbrieflichen Redaktion her verstanden. Sicherlich läßt sich dieser Vergleich nicht weit durchführen; aber er vermag es wohl doch, das hier auftretende Problem anzuzeigen. Offensichtlich ist es daher wichtig, wie über Umfang und Charakter der letzten Redaktion des Johannesevangeliums geurteilt werden muß.

Ist also bei Thyen das Vertrauen in die Möglichkeiten literarkritischer Arbeit am Johannesevangelium geschwunden, so bildet sie bei den Autoren, die im folgenden angeführt werden, das entscheidende methodische Hilfsmittel für das Verstehen des Evangeliums und die Aufdeckung der Geschichte des johanneischen Kreises. In einer bei Thyen gearbeiteten Dissertation glaubt Wolfgang Langbrandtner, "mit Hilfe der Literarkritik ... eine Ausgangsbasis schaffen zu können, von der her es möglich ist, die Entwicklung des theologischen Denkens in den johanneischen Gemeinden und damit ansatzweise die Geschichte des johanneischen Christentums aufzuzeigen".[60] Dabei ist er weitgehend seinem Lehrer verpflichtet. Doch läßt er nicht die Vorsicht walten, die sich bei Thyen auch schon zeigte, als er noch literarkritisch arbeitete.[61] Er meint, die "Grundschrift" so gut wie vollständig rekonstruieren[62] und eindeutig theologisch einordnen zu können. "Vergleicht man das Ergebnis dieses Kapitels

59 In der Kritik an Thyen, Joh 21 entsprechend dem Prolog als Epilog zu verstehen, und in dem Plädoyer für ein Verständnis dieses Kapitels als Nachtrag stimme ich mit Schnelle (24-32) überein.

60 So im Vorwort S. VIII.

61 Vgl. die schon angeführte Abgrenzung Thyens gegenüber Langbrandtner (ThR 42,259f) und gegenüber einer eigenen früheren Veröffentlichung (ThR 44,132).

62 Vgl. die Auflistung der zur "Grundschrift" und zur "Redaktion" gehörenden Teile auf S. 104-106.

mit den in der Forschung vertretenen Konzeptionen, so fällt auf, daß die Theologie der Grundschrift den extremen Positionen der Johannesexegese von E. Käsemann und L. Schottroff, die das gesamte Evangelium als gnostisch bezeichnen, recht nahe kommt und daß die Ansichten der konservativen Exegeten, z.B. Schnakkenburgs, der redaktionellen Konzeption im Großen und Ganzen entsprechen".[63] "Grundschrift" und "Redaktion" werden scharf gegeneinander profiliert. So entdeckt Langbrandtner "eine fundamentale Diskrepanz zwischen dem c.14 und 15: Das c.14 leistet einem total weltlosen Heilsverständnis Vorschub, dem alle irdischen und kirchlichen Belange irrelevant sind, wogegen der Abschnitt 15,1-17 den Glaubenden der kirchlich-ethischen Praxis verpflichtet."[64] Andererseits aber habe sich der "Redaktor" "offensichtlich bemüht, den Textbestand der Grundschrift, soweit man es beurteilen kann, zu belassen, wohl weil sie zur unaufgebbaren Tradition der joh(anneischen) Gemeinde gehört."[65]

Fundamentale Diskrepanz zu unaufgebbarer Tradition und grundlegender Widerspruch gegen sie innerhalb des von dieser Tradition geprägten Kreises – man versteht, daß Thyen hier skeptisch geworden ist. Aber mit ein bißchen Skepsis, die die literarkritischen Urteile dann doch im wesentlichen akzeptiert, ist es nicht getan; und dabei hat es Thyen ja schließlich auch nicht bewenden lassen. Denn gerade die dezidierte Festlegung der "Grundschrift" auf einen kosmologischen Dualismus dient Langbrandtner ja immer wieder als Kriterium der Quellenscheidung. So konnte er Kap. 14 und 15 überhaupt erst in der Weise einander entgegenstellen, wie er es in dem Zitat tut, nachdem er mit eben diesem Kriterium die Verse 13-15 und 20f aus Kap. 14 ausgeschieden hatte. Daß die dualistischen Aussagen des Johannesevangeliums einer zusammenhängenden "Grundschrift"

63 120f. Hier wird auch Bultmann noch einbezogen, insofern er "im JohEv eine geistige Überwindung der Gnosis sehen will, eine Aufgabe, die dann die Redaktion bewältigt hätte", falls die "Grundschrift" gnostisch war, was Langbrandtner nachzuweisen versucht.

64 63; vgl. etwa auch 116, wo Langbrandtner nach der Aufzählung einer Reihe von Punkten fortfährt: "Damit widerspricht der Redaktor grundlegend der Theologie der Grundschrift."

65 104.

zugehören und diese entscheidend prägen, wird nicht aufgewiesen, sondern vorausgesetzt.[66]

Die zahlreichen Aufsätze Georg Richters zum Johannesevangelium sind nach seinem Tod von J. Hainz in einem Sammelband bequem zugänglich gemacht worden.[67] Hier wird die literarkritische Fragestellung äußerst engagiert und scharfsinnig angegangen, bisweilen allerdings etwas dekretorisch. Auch wenn man Richters Ergebnisse nicht zu teilen vermag, bieten seine Aufsätze doch viele gute Beobachtungen und Einsichten. Die literarkritische Arbeit wird von ihm ebenfalls mit der Rekonstruktion der Geschichte des johanneischen Christentums engstens verbunden. Dabei hat er im Laufe der Zeit eine stärkere Differenzierung vorgenommen. Während er zunächst im wesentlichen nur einen Evangelisten und einen Redaktor auseinanderhielt[68], konnte er später "drei große Schichten unterscheiden und damit zugleich auch charakteristische Linien im theologischen Profil von drei verschiedenen Autoren erkennen". In diesem "literarischen Entstehungsprozeß" des Johannesevangeliums werde "zugleich auch ein bedeutendes Stück Kirchengeschichte und Theologiegeschichte der joh(anneischen) Gemeinde erkennbar. Es zeigt sich, daß das joh(anneische) Christentum ... eine komplexere Größe ist, in der sich vier große Stadien oder Stufen der christologischen Entwicklung feststellen lassen"[69]:

1. Am Anfang steht der Glaube einer judenchristlichen Gemeinde, daß Jesus der Prophet-Messias nach Dtn 18,15.18 ist. Nach ihrem Ausschluß aus der Synagoge wird in ihr eine evangelienähnliche Schrift geschaffen, die unter Verarbeitung

66 Vgl. z.B. das Vorgehen auf S. 20f zu Joh 3,5.

67 Studien (s. Literaturverzeichnis). Es handelt sich um eine Sammlung von fünfzehn an verschiedenen Stellen veröffentlichten Aufsätzen und einen zuvor unveröffentlichten Beitrag. Vgl. auch die ebenfalls im Literaturverzeichnis genannte Monographie Richters über die Fußwaschung.

68 Hier sind vor allem die Studien Nr. II, III und VII zu nennen; vgl. als eine mögliche Zusammenfassung S. 66-73.

69 Studien 354. Zu der folgenden Systematisierung vgl. bes. 355-358. Die ausführlichste Darstellung dieser Entwicklung hat Richter 401-412 gegeben. Vgl. weiter 281-287 und die knappen Zusammenfassungen 266-268 und 288f.

traditionellen Stoffes – z.B. einer Zeichenquelle und einer Darstellung von Passion und Auferstehung – apologetisch die Messianität Jesu erweisen will. Jesus ist der erwartete Prophet wie Mose und als solcher ein Mensch. Diese judenchristliche Schrift nennt Richter "Grundschrift".

2. In der weiteren Entwicklung ist die schlichte messianische Christologie von einem Teil der Gemeinde durch eine Sohn-Gottes-Christologie ersetzt worden, nach der Jesus der vom Himmel herabgekommene präexistente Gottessohn ist. Dieser "neue Glaube" fand heftigen Widerspruch in der Gemeinde. Die Anhänger der "hohen" Christologie wurden ausgeschlossen oder zogen von selbst aus. Ihr führender Kopf redigiert daraufhin die "Grundschrift" zu einer Apologie und Demonstration der himmlischen Herkunft und Göttlichkeit Jesu. Diesen Redaktor nennt Richter den vierten Evangelisten. Er ist kein Gnostiker oder Doketist, auch nicht unbewußt und naiv.[70]

3. Die durch die Abgrenzung gegenüber dem konservativen Judenchristentum bedingte Einseitigkeit, mit der der Evangelist die himmlische Herkunft Jesu betonte, leistete dem Entstehen einer doketischen Bewegung in seiner Gruppe Vorschub. Ihre Anhänger sahen in Jesus nur noch ein himmlisches Wesen.

4. Gegen diese Leute hat ein antidoketistischer Redaktor, in dessen Kreis auch die Johannesbriefe gehören, die Schrift des Evangelisten bearbeitet und ergänzt.

5. Schließlich hat dessen Schrift noch weitere Einschübe von fremder Hand erfahren, zu denen vor allem "wohl das ganze Kap.21" gehört.[71] Doch hat sich Richter über diese "späteren Einschübe oder Nachträge" nicht weiter ausgelassen.[72]

Als Instrument der Quellenscheidung dient ihm der Abfassungszweck der jeweiligen Schrift und Redaktion. Hierbei nimmt der Vers 20,31 eine Schlüsselstellung ein. Gemäß der späteren stärkeren Differenzierung in bezug auf die Entstehung des

70 Vgl. Studien 175.197f.380f.408. In bezug auf die Stellung des Evangelisten zum Dualismus grenzt sich Richter allerdings auch von der Einschätzung Beckers ab, auf dessen Arbeiten gleich einzugehen ist: 395 Anm.47; 398 mit Anm.58.

71 Studien 385; vgl. 376, wo Richter die Frage der Zugehörigkeit von Kap. 21 offenläßt.

72 Zimmermann versucht in seiner Dissertation, die Sicht Richters in einer knappen Skizze fortzuführen (78-79). Mattill hat sie dem eng-

Johannesevangeliums zeigt sich auch in Richters Verwendung dieses Verses eine gewisse Verschiebung. Zunächst gilt er ihm in seiner jetzigen Form als Abschlußbildung des Evangelisten, in der er den Zweck seiner Schrift angibt, nämlich den Christen seiner Zeit "zu zeigen, daß Jesus von Nazareth und kein anderer der Messias ist und daß es nur im Glauben an die Messianität und Gottessohnschaft Jesu Heil gibt".[73] Von daher wird für die Zuweisung an den Evangelisten oder den Redaktor gefolgert: "Als Kriterium wird jeweils die Übereinstimmung mit dem 20,31 ausgesprochenen Zweck zu gelten haben".[74] Richter verabsolutiert diesen christologischen Zweck – nur dadurch allerdings wird 20,31 auch ein taugliches Mittel zur Quellenscheidung –, und indem er aus der vorausgesetzten Situation den materiellen Aspekt ausblendet (die sozialen Folgen des Ausschlusses aus der Synagoge), verbaut er sich m.E. die Einsicht in die Zusammengehörigkeit der christologischen Absicht und der besonderen Paränese des Johannesevangeliums.[75] Später hat Richter in 20,31 selbst differenziert. Der "Grundschrift" habe

lischsprachigen Publikum zugänglich gemacht, indem er Richters Aufsatz über "Präsentische und futurische Eschatologie im 4. Evangelium" (in den Studien Nr. XV) in etwas gekürzter und redigierter Fassung übersetzte und mit empfehlender Einleitung und Schlußbewertung versah (s. Literaturverzeichnis). – Eine Darstellung der von Richter angenommenen Stufen und fünf weiterer Entwicklungsmodelle bietet Kysar, Gospel 2402-2407. Am zustimmungsfähigsten erscheint mir das Modell von Brown, wie er es in Community 22-24 knapp zusammenfaßt, für die frühe Zeit jedoch allenfalls in der Form der hier gegebenen Skizze. In deren Ausgestaltung im einzelnen nimmt die Hypothetik unverhältnismäßig zu.

73 Studien 12.

74 Studien 71 Anm. 38; und dieses Kriterium wird dann immer wieder angewandt, z.B. 64f.152f.164f.165f.261f mit Anm. 405 u.ö. - Ein alter Literarkritiker meinte zu 20,31: "Damit wird Inhalt und Zweck ganz unrichtig angegeben" (Wellhausen, Evangelium Johannis 120).

75 So werden z.B. – Studien 71 – Glaube und Handeln auseinandergerissen: Für den Evangelisten sei gemäß seinem Ziel das einzige "Werk" der Glaube an Jesus. Deshalb wird gefolgert: "Alle anderen Stellen des Evangeliums, die als Werk das Halten der Gebote verlangen, die also von einer Betätigung des Glaubens durch die Werke reden, stammen vom Redaktor." Daß der Evangelist "*reine* Soteriologie" (Hervorhebung von mir) vertreten haben soll (72), kann ich nur für eine Abstraktion halten.

nur V.31a zugehört: "Das aber ist geschrieben, damit ihr glaubt, daß Jesus ist der Christus", während der Gottessohntitel und V.31b erst auf der nächsten Stufe vom Evangelisten hinzugefügt worden seien.[76] V.31a gebe den Zweck der "Grundschrift" an (Erweis der Messianität Jesu) und V.31b den Zweck ihrer Redaktion durch den Evangelisten (Erweis der himmlischen Gottessohnschaft Jesu). Wenn jedoch in 20,31 selbst literarkritisch differenziert werden muß, dann entfällt dieser Vers als ein sicherer Ausgangspunkt für die Literarkritik, dann verläuft diese im Zirkel.

Richters Rekonstruktion ist auch deshalb unwahrscheinlich, weil er einerseits den Evangelisten die judenchristliche "Grundschrift" rezipieren und andererseits zugleich "fast überall" bekämpfen läßt.[77] Hinzu kommt, daß er die Frage, was denn den

76 Z.B. Studien 294 mit Anm. 36.

77 Studien 334; vgl. 327. 268ff will Richter nachweisen, daß 20,17 zur Grundschrift gehört. Als ein Argument neben anderen erscheint auch: "'Mein Gott' im Munde Jesu ist mit der Christologie des Evangelisten nicht vereinbar" (270). Wenn das aber der Fall ist, wieso hat er dann diese Aussage der "Grundschrift" reproduziert? Ähnlich 284f. – Zu der Argumentation Richters, die so tut, als gelte für jedes neue Traditionsstadium nur das, was jeweils neu hinzukommt, und als entstünde nicht eine neue Einheit, in der das Alte nicht einfach gewichtslos wird, vgl. Thyens Kritik in ThR 43,355f; 44,113f. – Mit Recht meldet Schnackenburg "gegen alle Rekonstruktionen, die zwischen den einzelnen Stufen der Entstehungsgeschichte des Evangeliums harte Übergänge, ja Gegensätze feststellen wollen, ein grundsätzliches Bedenken an... Wie kam dann die Endredaktion, der wir die heutige Gestalt des Evangeliums verdanken, dazu, all das (unausgeglichen) nebeneinander zu belassen?" (Redaktionsgeschichte 98) Ähnlich äußert sich Brown zu "den Tendenzen bei einigen Forschern, besonders in Deutschland, einen Gegensatz zwischen dem Evangelisten und seinen Quellen zu erblicken und damit antithetische Phasen des Gemeindelebens", sie seien "so gut wie sicher falsch. Der Traditionsstoff aus den Anfängen der Gemeinde wurde übernommen, weil man mit ihm übereinstimmte, und die neuen, johanneischen Vorstellungen wurden (zu Recht oder Unrecht) als zutreffende Auslegung des ursprünglichen Traditionsstoffes verstanden" (Community 28). – Kohler sieht hier das "entscheidende methodische Problem der 'Neuen Literarkritik'" überhaupt, das er auf die Frage zuspitzt, "inwiefern ihre literarkritischen Modelle nicht zu einer prinzipiell inkohärenten Sicht der einzelnen Entwicklungsstufen anleiten" (86; vgl. die entsprechende Feststellung am Schluß der Ausführungen zu Richter, 97).

Schritt von der judenchristlichen Messianologie zur "hohen" Christologie des Evangelisten bewirkte, nicht beantworten kann. Er sagt: "Das läßt sich beim jetzigen Stand der Forschung noch nicht genau sagen"[78] und stellt Vermutungen über die Gnosis als Hintergrund an.[79] Nach seiner früheren Ansicht scheint Richter die "hohe" Christologie, bei deren Formulierung die Gnosis durchaus eine Rolle spielen mochte, gerade für eine Antwort auf die in Frage gestellte Messianität Jesu gehalten zu haben. Damit kam er dem Sachverhalt m.E. wesentlich näher.

Einer der ausführlichsten und gründlichsten Versuche der Gegenwart, dem Johannesevangelium auf literarkritischem Wege beizukommen, stammt von Jürgen Becker. Eine von daher bestimmte Gesamtauslegung hat er in mehreren Aufsätzen vorbereitet und begründet[80] und dann in einem zweibändigen Kommentar für das ganze Evangelium minutiös durchgeführt.[81] In anschließenden Forschungsberichten hat er die angewandte Methode noch einmal ausdrücklich reflektiert und verteidigt.[82] Ziel seines Bemühens ist es, durch literar- und traditionskritische Analysen die Geschichte des johanneischen Gemeindeverbandes zu erhellen und damit das johanneische Rätsel zu lösen. "Literarkritik ist nicht Selbstzweck, sondern Hilfsmittel, um in den Entstehungsprozeß dieses Werkes zu sehen und damit zugleich Einblicke in die Theologiegeschichte der joh. Gemeinden zu erhalten."[83]

In einem früheren Aufsatz hat Becker versucht "ein erstes grobes Raster zur Orientierung und als Arbeitshypothese für die weitere Exegese johanneischer Texte zu entwerfen und die Geschichte des johanneischen Dualismus in einem Vier-Phasen-

78 Studien 404; vgl. 372 und die ähnliche Verlegenheit: "Wie der Evangelist die traditionelle Selbstverständlichkeit vom Menschsein Jesu mit seiner Christologie in Einklang brachte, wissen wir nicht, er sagt nichts darüber" (408).

79 Studien 371f; 405f.

80 Aufbau; Wunder; Abschiedsreden; Reflex; Beobachtungen.

81 S. Literaturverzeichnis.

82 Literatur 294-301; Methoden 28-31. Vgl. auch die Auseinandersetzung mit denjenigen, die den jetzt vorliegenden Text des Evangeliums als Interpretationsaufgabe ansehen (ebd. 7-21), wo die eigenen Voraussetzungen und Ziele Beckers immer wieder deutlich werden.

83 Literatur 301.

Schema zu skizzieren".[84] In der ersten Phase lasse "sich ein vordualistisches Denken erkennen". "In einer zweiten Phase gerät der johanneische Gemeindeverband unter dualistischen Einfluß", und zwar kaum "ohne Fremdeinfluß". Sie ist geprägt durch eine "Isolationstendenz". "In einer dritten Phase bekommt der Dualismus der Gnosis strukturverwandte Züge." "Die Gemeinde gibt sich betont weltfremd, blendet die Schöpfung aus und lebt mit dem Blick nach oben." Das setze "eine Veränderung in der Bewußtseinslage voraus, deren Ursachen es noch zu erforschen gilt". "Gegen Ende dieser dritten Phase wird man dann den Evangelisten anzusetzen haben", der "versucht, auf neuer Ebene und u.a. mit den Mitteln der verschiedenen Dualismen und zugleich der nicht dualistischen Tradition die Weltoffenheit der ersten Phase wiederum zu erreichen". Der "verkirchlichte Dualismus" der vierten Phase "macht deutlich, daß der Evangelist aufs ganze die theologisch-dualistische Verfestigung des Gemeindeverbandes und ihr (?) Leben in splendid isolation offenbar nicht durchgehend aufgebrochen hat".

Als bessere Erkenntnis heutiger Literarkritik stellt Becker an anderer Stelle heraus, "daß man neben dem Evangelisten die geschichtlich-soziale Wirklichkeit der Gemeinde im Blick haben muß".[85] Dieses Postulat ist in dem gerade vorgestellten Modell an keinem Punkt erfüllt, so daß es als geistesgeschichtliche Reduktion in der Luft hängt. Im Kommentar bezieht sich Becker an einer Stelle auf diesen "Weg" zurück, mit Hilfe des "Dualismus als der umfassenden Rahmenbedingung joh(anneischer) Theologie" "die theologiegeschichtliche Entwicklung an erkennbaren Schichten im Joh(annesevangelium) selbst jedenfalls stückweise aufzuhellen".[86] Er nimmt allerdings das Vier-Phasen-Schema in diesem Zusammenhang nicht ausdrücklich auf. Der im Kommentar genannte konkrete Punkt des Synagogenausschlusses wäre wohl in der zweiten oder zu Beginn der dritten Phase anzusetzen.[87]

84 Beobachtungen 85; ausgeführt ebd. 85-87. Von dort stammen die folgenden Zitate.

85 Methoden 28.

86 Komm. 1,45.

87 Vgl. Komm. 1,40-48. Becker meint: "Nach Art der Überlieferung läßt sich ... eher etwas über theologiegeschichtliche Entwicklungen ausma-

Den drei Phasen vor dem Evangelisten wären die von ihm aufgenommenen Quellen und Traditionen zuzuordnen. Becker "rechnet mit zwei (dem) E(vangelisten) vorgegebenen Quellen, der S(emeia-)Q(uelle) ... und dem P(assions-)B(ericht) ... E hat außerdem verschiedene kleine mündliche Einheiten ... aufgegriffen, die er in die von ihm komponierten Reden einarbeitete."[88] Die vierte Phase erkennt Becker außer in den Johannesbriefen in einer umfangreichen "kirchlichen Redaktion" des Werkes des Evangelisten. Sie "geht nicht auf eine Hand zurück, so sicher sie gemeinsame theologische Grundpositionen vertritt".[89] Ausgangspunkt für die Annahme der Überarbeitung eines ursprünglichen Evangeliums sind "einige typische und längst bekannte Fragen an das Joh(annesevangelium), die seine literarische Gestalt betreffen".[90] "Sie erweisen eindrücklich, daß das Joh(annesevangelium) weder seine Gliederung noch seine ursprüngliche Gestalt problemlos zeigt. Beides muß in exegetischer Arbeit erst gesucht werden."[91] Es wird so von vornherein vorausgesetzt, daß es eine "ursprüngliche Gestalt" gegeben haben und daß die geforderte exegetische Arbeit eine literarkritische sein muß. Bevor der vorliegende Text überhaupt auf mögliche Kohärenz hin befragt wird, steht die Notwendigkeit der Suche nach einem ursprünglichen Evangelium schon fest.

Becker grenzt dieses ursprüngliche Evangelium und die kirchliche Redaktion literarisch und theologisch klar voneinander ab. "Es geht beim Joh(annesevangelium) ... um ein literarisch gut

chen als über die Historie der Gemeinden im allgemeinen" (ebd. 44). Bei der Verlassenheit von weiteren Informationen scheint mir aber eine verläßliche Theologiegeschichte allein durch Literarkritik nicht rekonstruierbar zu sein. Abgehoben vom tatsächlichen Leben ihrer Träger ist eine solche Theologiegeschichte haltlos. Da andererseits das aus dem Johannesevangelium bekannte Datum des Synagogenausschlusses und der damit zusammenhängende Konflikt mit dem rabbinischen Judentum Beckers Schichten übergreift und das ganze Evangelium durchzieht, wird auch von daher die Schichtenanalyse zumindest relativiert, und es bietet sich ein anderer Ansatzpunkt an.

88 Komm. 1,35.

89 Ebd.; vgl. Abschiedsreden passim; Aufbau passim. Eine Zusammenstellung der "größeren Stücke", die er der Redaktion zuweist, gibt Becker Literatur 296.

90 Komm. 1,30; unmittelbar vorher werden diese Fragen gestellt.

91 Ebd.

bestimmbares und theologisch höchst bedeutsames Werk ... und um die erweiternde Korrektur desselben, die andere theologische Akzente setzt."[92] Dieser Optimismus, mit dem vom ursprünglichen Evangelium als einem "literarisch gut bestimmbaren" Werk gesprochen wird, ist allerdings entschieden zu hinterfragen. "Hebt man das gesamte redaktionelle Material ab, erkennt man ein gut gestaltetes Werk, dessen Verfasser eine profilierte Theologie vertritt."[93] Die Abhebung des redaktionellen Materials geschieht jedoch auch schon mit theologischen Kriterien, d.h. die an einer Stelle für das ursprüngliche Evangelium gewonnene Vorstellung von Theologie bestimmt dessen Rekonstruktion entscheidend mit. Es ist daher nicht weiter verwunderlich, daß schließlich "eine profilierte Theologie" gefunden wird. Das zeigt sich etwa an der Behandlung der Abschiedsreden. Becker weist 13,31-14,31 im großen und ganzen dem Evangelisten und Kap. 15-17 der Redaktion zu und profiliert sie theologisch gegeneinander. Das gelingt ihm aber nur durch jeweilige Vereinseitigungen.[94] So sieht er in 15,1-17 "die Vorordnung des Indikativs mehrfach ernstlich bedroht".[95] Dieselbe Bedrohung erkennt er im ersten Johannesbrief und formuliert als "den Unterschied zum vierten Evangelisten": "Zumindest dürfte damit die Weichenstellung für die Auffassung des Christentums als *nova lex* in Joh 15 und im 1Joh gestellt sein"[96] – ein Urteil, das schwerlich Joh 15 und dem ersten Johannesbrief gerecht wird.[97] Auf der anderen Seite läßt Becker den

92 Literatur 301

93 Komm. 1,35.

94 Bultmanns Umstellungen, mit denen er den Stoff von Kap. 15-17 an verschiedenen Stellen vor 14,31 unterbrachte, sind zwar unmöglich, aber zeigen immerhin deutlich das Bewußtsein, daß hier keine theologischen Gegensätze vorliegen, die verschiedenen Autoren zugewiesen werden müßten.

95 Abschiedsreden 232; vgl. Komm. 2,483.486.

96 Abschiedsreden 233.

97 Für den ersten Johannesbrief verweise ich in dieser Hinsicht zur Begründung auf meinen Kommentar. Zu Joh 15 vgl. die Auslegung von Onuki, der die Zusammengehörigkeit von Indikativ und Imperativ in diesem Text deutlich herausarbeitet (Gemeinde 119-130). Nach ihm "geht es um den dynamischen Prozeß der Veralltäglichung des eschatologisch-transzendenten Heils" (130). Vgl. weiter de Jonge 117-180.

Evangelisten sozusagen eine reine Kerygmatheologie vertreten.[98] Um das aber konsequent durchführen und den Evangelisten vom Verdacht der Gesetzlichkeit freihalten zu können, mit dem die Redaktion und der Verfasser des ersten Johannesbriefes freigebig bedacht werden, muß er auch innerhalb von 13,31-14,31 Hinzufügungen von späterer Hand annehmen.[99] Dabei werden allerdings forsche Urteile gefällt, die keineswegs durch sich selbst überzeugen: Die Verse 14,14f "sind sperriges Strandgut, das auszusondern ist".[100] "Vers 15 ist ein untergeschobenes Findelkind ... Der Vers muß sich dasselbe harte Urteil gefallen lassen, wie v.14, weil auch er nicht in der Lage ist, seine Zuordnung zum Kontext zu erweisen."[101] Hier wird künstlich auseinandergerissen, was sachlich zusammengehört – und im vorliegenden Text auch zusammensteht.[102]

Was Becker in seinem Kommentar eigentlich interpretiert, ist das von ihm selbst rekonstruierte ursprüngliche Evangelium. Er gesteht zwar zu, daß auch die Redaktionsebene "einer gründlichen Interpretation bedarf".[103] Müßte aber nicht bei dem großen Umfang, der ihr zugeschrieben wird, das dadurch entstandene Ganze Gegenstand der Interpretation auf dieser Ebene sein? Becker bringt jedoch die Redaktion faktisch immer nur als

98 Hier berührt sich Becker teilweise mit Richter, wenn dieser von "reiner Soteriologie" beim Evangelisten spricht (Studien 72). Zum Unterschied zwischen Becker und Richter in der Einschätzung des Evangelisten vgl. die o. Anm. 70 angeführten Stellen Richters.

99 Abschiedsreden 220.224f; Komm. 2,447f.465.

100 Abschiedsreden 224.

101 Ebd. 225. Vgl. Reflex 94 zu Joh 3,31-36: "Zu Joh 3,1ff gehört das Stück nicht. An seinem jetzigen Platz steht es unmöglich." Ähnlich urteilte einst Hirsch über 7,19-24: "Sein jetziger Platz ist ganz unmöglich" (Studien 42).

102 Kohler beobachtet bei Becker eine "folgenschwere Dissoziierung von Soteriologie und Ethik..., indem er Evangelist und Redaktor als Vertreter reiner Indikativ- beziehungsweise exklusiver Imperativtheologie auseinanderfallen läßt" (121f). - Becker meint, "die Theologie von E am sichersten" "aus den Reden..., in der Gestalt wie E sie hinterließ und ohne die kleineren redaktionellen Einschübe," erheben zu können (Komm. 1,56). Hier wird die Problematik noch einmal deutlich: Die Gestalt der Reden, "wie E sie hinterließ", wird auch mit dem Kriterium einer Kerygmatheologie gewonnen, um dann eine reine Kerygmatheologie des Evangelisten festzustellen.

103 Literatur 301.

Korrektur zum Zuge, die am Evangelisten gemessen wird.[104] Weshalb eigentlich? Er schreibt: "(Der) E(vangelist) verarbeitet Traditionen und prägt ihnen den Stempel seiner Theologie auf. Die Mitbrüder der Schule machen dasselbe mit dem Werk von E. So ist das Joh(annesevangelium) ein zu Literatur gewordener Dialog innerhalb der joh(anneischen) Schule, der sich über Jahrzehnte hinzog."[105] Wenn es sich so verhält, was ist dann das Kriterium dafür, welche Stelle dieses Dialogs das eigentliche Interpretandum darstellt? Könnte dann nicht genau so gut die Semeiaquelle oder der Passionsbericht oder auch das schließliche Ergebnis bevorzugtes Objekt der Auslegung sein? Warum gerade das ursprüngliche Evangelium? Reicht dafür die Feststellung aus, daß "systematisch die Theologie des Evangelisten wegen ihrer Sonderstellung im gesamten Urchristentum gegenüber der späteren Redaktion die denkerisch anregendste ist"?[106]

Da Becker die Redaktion des Evangeliums von mehreren Händen in einem "lebendigen Aneignungsprozeß" geschehen sein läßt und da dieser Prozeß, wie der handschriftliche Befund nahelegt, mit der jetzt vorliegenden Gestalt des Johannesevangeliums abgeschlossen worden sein muß, nimmt er eine durch nichts sonst belegte "Kanonisierung des Joh(annesevangeliums) im joh(anneischen) Gemeindeverband" im Sinne einer Festlegung zu einem bestimmten Zeitpunkt an.[107] "Danach ließ die Autorität des Joh(annesevangeliums) eine Veränderung kaum noch zu. Zugleich setzte mit diesem Datum die regelmäßige Verwendung des Joh(annesevangeliums) im Gottesdienst der joh(anneischen) Gemeinden ein. Das führte zu der Notwendigkeit, das Joh(annesevangelium) zu vervielfältigen."[108] Das sind

104 Umstritten ist hier schon, was "mühsame und entscheidende Argumentation aufgrund des Textes selbst" ist. Becker meint damit die Prüfung, "ob mit Schichtung im Text zu rechnen ist" (Methoden 12). Ich würde darunter vor allem die Frage nach einem möglichen Verstehen des vorliegenden Textzusammenhangs begreifen und etwa im Falle von Joh 13 nicht von vornherein "unüberwindliche Schwierigkeiten" dekretieren (ebd. 30), die m.E. auch gar nicht bestehen.

105 Komm. 1,42.

106 Literatur 301.

107 Komm. 1,35.

108 Ebd. 36.

109 Ebd. 50f.

freie Konstruktionen. Was war der Anlaß solcher "Kanonisierung"? Wofür sonst, wenn nicht für "die regelmäßige Verwendung ... im Gottesdienst", ist denn das "ursprüngliche" Evangelium geschrieben worden? Wo sonst als bei ihren Versammlungen sollte es den zugedachten Adressaten zur Kenntnis gebracht werden? "Kanonisierung" ergab sich von selbst, wenn Gemeinden ein in ihnen zu Gehör gebrachtes Werk immer wieder hören wollten und es regelmäßig verlesen wurde.

Bei der Erörterung von "Entstehungsort und Abfassungszeit"[109] behandelt Becker das Johannesevangelium als Einheit, da es "für eine schichtenspezifische Erörterung dieser Fragen ... keine wirklich brauchbaren Hinweise (gibt)".[110] Aber stellt das die literarkritischen Operationen nicht auch in Frage, zumal der Zeitraum, in dem der Evangelist schrieb und die kirchliche Redaktion seines Werkes "in mehreren Phasen" erfolgte[111], auf ein Jahrzehnt zusammenschrumpft?

Beckers Arbeiten in Methode und Absicht ähnlich sind die von Ulrich B. Müller.[112] Auch er möchte eine Theologiegeschichte der johanneischen Gemeinde rekonstruieren, in der die Abfassung des Evangeliums einen bestimmten Entwicklungspunkt markiert. Anders aber als Becker, der in der theologischen Interpretation des Johannesevangeliums Bultmann verpflichtet ist, steht Müller der Deutung Käsemanns und Schottroffs nahe.[113]

Alle diese neuen literarkritischen Versuche[114] sind weit davon entfernt, zu einem Konsens zu führen. Auch in bezug auf die kontroversen Interpretationen von Bultmann und Käsemann ist hierdurch keine Klärung erfolgt. Es zeigt sich im Grunde dasselbe Gegenüber: Während Langbrandtner, Müller und anfangs Thyen die Traditionsstufe vor der letzten Redaktion eher im Sinne Käsemanns verstehen, sehen sie Becker und Richter mehr auf der Linie Bultmanns liegen. Becker kommt immerhin das Verdienst zu, daß er mit seinem Kommentar einen Weg konsequent zu Ende gegangen ist. Warum er auf mich nicht einladend wirkt, um ihm folgen zu können, habe ich zu zeigen versucht.

110 Ebd. 51.
111 Vgl. das Schaubild ebd. 46.
112 Parakletvorstellung; Geschichte; Bedeutung (s. Literaturverzeichnis).
113 Vgl. vor allem Bedeutung passim, besonders 61.63.
114 Literarkritische Versuche gibt es auch weiterhin; ich verweise hier nur auf Hofrichter (s. Literaturverzeichnis).

Daß die Literarkritik am Johannesevangelium zu so stark divergierenden und m.E. nicht überzeugenden Ergebnissen kommt, hat selbstverständlich mit der Besonderheit ihres Gegenstandes zu tun. "Durchweg ist das verarbeitete Material der 'johanneischen Sehweise' dienstbar gemacht und so in sie eingetaucht, daß es leichter ist, die johanneische, auf die Christologie konzentrierte Theologie zu erheben, als ihre Traditionsbezüge festzustellen."[115] "In begrenztem Umfang" hält das Schnackenburg für "doch möglich"[116] und spricht die Hoffnung aus: "Wenn die Resultate zum Teil noch erheblich divergieren, ist das kein Grund, das Bemühen als solches abzulehnen. Die weitere Diskussion kann zu größerer Konvergenz führen."[117] Das ist nicht ausgeschlossen, aber angesichts der Erfahrungen mit der "alten" Literarkritik auch nicht gerade wahrscheinlich.[118]

Vorbehaltlich besserer Einsicht gehe ich für meinen eigenen Versuch im wesentlichen von der Einheitlichkeit des Johannesevangeliums aus.[119] Becker sieht "die gegenwärtige Diskussion

115 Schnackenburg, Redaktionsgeschichte 91.

116 Ebd. - Man möge mir als einem Kind vom Dorf folgenden Vergleich verzeihen. Ich habe da sehr oft Hausschlachtungen erlebt, und der Unterschied zwischen Abend und Morgen wurde so beschrieben, daß morgens die Därme im Schwein und abends das Schwein in den Därmen war. Johanneische Literarkritik kommt mir gelegentlich so vor, als wolle man aus den Würsten das Schwein und gar seinen Lebenslauf rekonstruieren. Selbst da sind Aussagen möglich, aber freilich in nur sehr begrenztem Umfang. - Solche Skepsis scheint mir – jedenfalls bisher noch – auch gegenüber anderen Bemühungen angebracht zu sein, die die Geschichte der johanneischen Gemeinde vor der Abfassung des Evangeliums erhellen wollen: Cullmann; Martyn, Glimpses; Hickling; Brown, Ecclesiology; ders., Sheep; ders., Community 25-58. In bezug auf die Geschichte der johanneischen Gemeinde vor Abfassung des Johannesevangeliums gilt, was Martyn zu einer anderen Sachfrage so formuliert: "Here we are, I think, in the shadows" (Glimpses 98); und im Dunkeln ist man nicht unbedingt davor geschützt, Gespenster zu sehen. - Vorsichtige und hilfreiche Erwägungen finden sich bei Smith, Christianity.

117 Redaktionsgeschichte 101.

118 Ich selbst jedenfalls will mich aufgrund des Dargelegten an dieser Diskussion nicht beteiligen, sondern warte auf bessere Belehrung durch diejenigen, die größere Hoffnung als ich haben, auf diesem Feld eine ertragreiche Ernte einzufahren. – Vgl. auch die kritischen Überlegungen methodologischer Art zur Literarkritik bei Schnelle 12-19.

119 Aufgrund der o. S. 25 f mit Anm. 58 und 59 dargelegten Erwägungen

um das Joh(annesevangelium) ... von einem tiefgreifenden Gegensatz geprägt, nämlich dem Ansatz beim Text als literarischer Einheit und dem Ansatz, bei dem die Literarkritik eine entscheidende Bedeutung zugewiesen bekommt".[120] Die Annahme, daß das Johannesevangelium im großen und ganzen eine Einheit bildet, muß nicht die Behauptung einschließen, es sei in einem Guß geschrieben worden und habe keine Vorgeschichte. Aber sie ist skeptisch gegenüber deren möglicher Rekonstruktion und schätzt die Relevanz solchen Unterfangens für das Verstehen des vorliegenden Textes geringer ein. Welche Quellen und Traditionen der Evangelist aufgenommen haben und welche Vorgeschichte in ihnen verborgen sein mag: er hat sie in sein Werk integriert, so daß er mit ihnen und nicht gegen sie schreibt. Wie aus seiner Art zu schreiben hinreichend deutlich hervorgeht, weiß er sich nicht so an Tradition gebunden, daß er mitschleppte, was er nicht selbst sagen will. Becker hat gegenüber der These, "Ziel der Exegese sei es, den jetzigen Textbestand als ein Ganzes zu begreifen", eingewandt: "Hier wird stillschweigend das Gewordene in seinem letzten Status quo sanktioniert."[121] Es geht jedoch nicht um Sanktionierung, sondern es ist zumindest zunächst einmal bis zum Erweis des Gegenteils vorauszusetzen, daß sich der vorliegende Text einem gestaltenden Willen verdankt, den es zu erkennen gilt. Demgegenüber ist die Redeweise vom "Gewordenen" eine Vernebelung.

Nach Kügler "ist die schlichte Behauptung der Einheitlichkeit des J(ohannes-)E(vangeliums) nicht mehr überzeugend, sondern nur noch bequem".[122] Wer es sich hier "bequem" macht, ist allerdings die Frage. Ich sehe jedenfalls, daß es sich Literarkritiker mit der theologischen Auslegung des vorliegenden Textes "bequem" machen und auseinandertreten lassen, was als

halte ich Kap. 21 für einen Nachtrag. Die übrigen von Bultmann als sekundäre Einschübe angenommenen Stellen (Johannesevangelium 841), die ich in der 1. Aufl. ebenfalls für Nachträge hielt, würde ich heute als integrale Bestandteile des Textes zu verstehen suchen. Doch ist diese Frage für den in diesem Buch unternommenen Versuch nicht entscheidend.

120 Methoden 7.

121 Komm. 1,29.

122 Science Fiction 50.

spannungsvolle Einheit interpretiert werden sollte.[123] Wenn ausgerechnet ein Literarkritiker meint, daß, wer "sich die literarkritische Arbeit spart" und von der Einheitlichkeit des Johannesevangeliums ausgeht, "von vornherein in ein Gebiet der Unwägbarkeiten" gerate und Gefahr laufe, "ein Dokument historisch einordnen zu wollen, das so nie existiert hat"[124], dann ist es mir überhaupt keine Frage, wer hier im Glashaus sitzt und also nicht mit Steinen werfen sollte. Denn genau das ist ja ein mögliches Urteil gegenüber allen literarkritischen Operationen – und besonders am Johannesevangelium –, daß sie Dokumente rekonstruieren, die "so nie existiert" haben; und es ist ein offensichtliches Fehlurteil gegenüber dem vorliegenden Text, von dem als einzigem mit Gewißheit gesagt werden kann, daß er "so" existiert hat und existiert. Man muß wohl die Hypothetik der bevorzugten Methode radikal verdrängt haben, um ein solches Urteil aussprechen zu können.[125]

123 Schnackenburg spricht mit Recht von der "Fragwürdigkeit einer Methode..., die allzu leicht aus begrifflichen und konzeptionellen Unterschieden Folgerungen für verschiedene Schichten oder Verfasser ziehen will" (Redaktionsgeschichte 97).

124 Kügler, Science Fiction 50.61.

125 Es ist dann nicht mehr so verwunderlich, daß Kügler auch gleich noch das Alleinvertretungsrecht auf historische Ernsthaftigkeit für die Literarkritik reklamiert, wenn er das "Postulat der Einheitlichkeit" allenfalls "bei einer theologischen Meditation noch angehen lassen" will, "aber im Kontext einer *historischen* Fragestellung darf der Text nicht so platt unhistorisch angegangen werden" (ebd. 61). – Die m.E. gewichtigsten Beiträge der letzten Jahre zur Forschung am Johannesevangelium basieren jedenfalls nicht auf Literarkritik. Zu nennen sind hier die Bücher von Culpepper, Anatomy; Onuki, Gemeinde; Kohler und Rebell.

II Zur Fragestellung der Arbeit

Die Alternative in der Johannesinterpretation zwischen Bultmann und Käsemann läßt sich nicht von Einzelbeobachtungen her entscheiden. Sowohl Bultmann als auch Käsemann haben nicht nur jeweils bestimmte Textabschnitte für sich ins Feld geführt, sondern durchgängig das Ganze des Evangeliums im Blick.[1] Entscheidend ist jeweils der Interpretationsansatz. Es käme darauf an, die Funktion zu bestimmen, die die Aussagen des Evangeliums insgesamt haben. Aber woher kann ein einigermaßen verläßliches Kriterium für eine solche Funktionsbestimmung gewonnen werden?

Es ist auffällig, daß sich bei Bultmann und Schottroff kein Versuch findet, nach dem konkreten historischen Ort der Gemeinde zu fragen, für die das Johannesevangelium geschrieben und in der es zuerst gelesen und vorgelesen worden ist. Kann man hoffen, dieses Evangelium angemessen auslegen zu können, ohne diese Frage gestellt zu haben?[2] Bultmann gibt lediglich eine *geistes*geschichtliche Einordnung, die ihm nur dazu dient, den Dualismus des Johannesevangeliums vom kosmologischen Dualismus der Gnosis als Entscheidungsdualismus abzuheben.[3] Käsemann beansprucht demgegenüber ausdrück-

1 Anders Kysar, Evangelist 190, der Käsemann sowie Schulz und Schottroff vorwirft, ihre Ergebnisse nur durch einseitige Auswahl gewonnen zu haben.

2 Vgl. die Kritik von Kysar an Schottroffs These von der Aufnahme des gnostischen Dualismus durch den vierten Evangelisten: "Leider schlägt Schottroff keinen historischen Ort vor, an dem solche Einflüsse und solch eine schöpferische Adaption stattfinden konnten" (Evangelist 78f).

3 Vgl. vor allem den Art. Johannesevangelium, besonders Sp. 846-848, sowie Theologie § 41, aber auch Gnosis, besonders 235-237. Diese Reduktion der geschichtlichen Stellung auf die geistesgeschichtliche Einordnung und also die Abstraktion von der konkreten historischen Situation steht m.E. in einem unmittelbaren Zusammenhang mit den Abstraktionen der Bultmannschen Auslegung im Rahmen der Existenzphilosophie, für die einige charakteristische Schlagworte zitiert seien, die sich beliebig vermehren ließen: "Die selbstgeschaffene Sicherheit fahren lassen" (Theologie 383), "Leben und Wahrheit als die Wirklichkeit, aus der der Mensch existieren kann, Licht als die völlige

lich, "die historische Frage" beantworten zu wollen, "welcher irdische Platz dem Evangelium zukommt".[4] Er kommt aber nicht über die Aussage hinaus, "daß es Relikt einer in den Winkel abgedrängten urchristlichen Gemeinschaft ist", daß es "einem Konventikel mit gnostisierenden Tendenzen" entstammt, das in enthusiastischer Tradition steht.[5] Für eine Funktionsbestimmung des Johannesevangeliums im ganzen reicht das jedoch kaum hin. Es wäre z.B. weiter zu fragen, wo denn dieser "Winkel" liegt und welche Lebensbedingungen für wen in ihm herrschen. Wer hat abgedrängt, mit welchen Mitteln und warum? Hier ist speziell für das Johannesevangelium zu beherzigen, was Dietrich von Oppen allgemein so beschreibt: "... die Bücher (sc. der Bibel) und ihre einzelnen redaktionellen Schichten sind Verarbeitungen von Krisensituationen ... Es ist wohl etwas zu blaß, wenn in den Einleitungen nur von 'Veranlassung und Zweck' und von 'Abfassungsverhältnissen' gesprochen wird. Die biblischen Autoren und Redaktoren haben aus bedrängenden, zukunftsverstellenden Lagen heraus gearbeitet und diese ver-arbeitet".[6] Will man also wissen, welche Funktion das Johannesevangelium für die Gemeinde hatte, aus der es entstammte und für die es geschrieben worden ist, dann muß man fragen, "was die besondere Situation in der christlichen Gemeinde war, die die Veröffentlichung eines Dokumentes dieser Art motivierte"[7], dann muß man zumindest versuchen, die konkreten Lebensbedingungen dieser Gemeinde möglichst umfassend und genau herauszuarbeiten.

Durchsichtigkeit der Existenz, in der Fragen und Rätsel ein Ende haben" (ebd. 418), "die Erschütterung und Negierung aller menschlichen Selbstbehauptung und aller menschlichen Maßstäbe und Wertungen" (ebd. 420), "die Bereitschaft, aus dem Unsichtbaren und Unverfügbaren zu leben" (ebd. 428). In welchem Verhältnis stehen solche Aussagen zu den konkreten Lebensbedingungen der johanneischen Gemeinde – und zur Situation des Interpreten?

4 Wille 15.

5 Die Zitate ebd. 87 und 152; vgl. aber auch den jeweiligen Zusammenhang 85-87 und 151f sowie 72f und 136-139.

6 185. Daß insbesondere auch das Johannesevangelium die Verarbeitung einer äußerst bedrängenden Situation ist und daß es von daher verstanden werden muß, wird sich zeigen. – Zur Fragestellung vgl. auch Vouga 9.

7 Kysar, Gospel 2425.

Solche Versuche sind bereits unternommen worden. An erster Stelle ist dabei Martyn, History, zu nennen. In diesem bahnbrechenden Buch erkennt er in der Darstellung des Johannesevangeliums zwei Ebenen, auf denen simultan ein Drama abläuft, das sich sowohl auf die Zeit Jesu bezieht[8] als auch auf die Zeitgeschichte des Evangelisten und seiner Gemeinde. Ausgeführt wird diese These vor allem an den beiden jeweils um eine Szenenfolge erweiterten Heilungsgeschichten in den Kapiteln 9 und 5 (und 7).[9] Der Text "ist Zeuge für ein einmaliges Ereignis während Jesu irdischer Lebenszeit ... Der Text ist auch Zeuge für Jesu machtvolle Gegenwart in aktuellen Ereignissen, die die johanneische Gemeinde erlebt."[10] Jeder Darsteller im Drama, das auf einer "Zwei-Etagen-Bühne" aufgeführt wird, "ist in Wirklichkeit ein Paar von Darstellern, die simultan zwei Rollen spielen".[11] Die Zusammengehörigkeit beider Ebenen ist durch den Parakleten gegeben, da seine wesentliche Funktion darin besteht, das Wirken Jesu fortzusetzen. "Daher ist es, genau genommen, der Paraklet, der das Zwei-Ebenen-Drama hervorbringt".[12] Ohne Zweifel ist die Vorstellung von den zwei Ebenen ein hilfreiches analytisches Modell, auch wenn die Entsprechungen zwischen Vergangenheit (Jesus) und Gegenwart (Gemeinde) weniger stark ausgezogen werden dürften, als Martyn es tut. Auf alle Fälle hat er überzeugend aufgezeigt, daß der jetzige Text des Johannesevangeliums Erfahrungen der Gemeinde des Evangelisten erkennen läßt, die in einem Konflikt mit der Synagoge gründen. Weiter muß in diesem Zusammenhang auf die Beiträge von Meeks (Funktion), der stärker die soziologische Fragestellung aufnimmt, Vouga und Brown (Community 59-91) hingewiesen werden, die grundsätzlich für dieselbe Verortung votieren. Nach Kysar "hat sie die stärkste Stütze für sich... Dieser Vorschlag, daß die johanneische Gemeinde in eine Auseinandersetzung mit der (oder den) örtlichen Synagoge(n) verwickelt war, wobei beide Parteien für ihre je eigene Identität kämpften, scheint mir der überzeugendste zu sein."[13]

8 Martyn bezeichnet diese Ebene als "the *Einmalig*"; s. S. 29 mit Anm. 22.
9 Vgl. besonders 24-36 zu 9,1-41.
10 30.
11 37.
12 148.
13 Kysar, Gospel 2431.

Die genannten Versuche zeigen, daß sich die Fragestellung nach dem historischen Ort der johanneischen Gemeinde lohnt, daß das scheinbar so von konkreter irdischer Wirklichkeit losgelöste und frei im geistigen Raum schwebende Johannesevangelium genug Informationen und Indizien bietet, um seinen Platz auf der Erde bestimmen zu können.[14] In der folgenden Untersuchung wird an die bisher erreichten Ergebnisse in vielfältiger Weise angeknüpft; und es ist dabei im Interesse einer übersichtlichen und daher Schritt für Schritt vorgehenden Darstellung unvermeidlich, daß schon Bekanntes wiederholt wird. Doch hoffe ich, über den bisherigen Stand der Forschung etwas hinauszukommen, indem ich die Forderung von Schnackenburg zu erfüllen versuche: "Stärker muß man auch nach dem geographischen Raum fragen, in dem das Evangelium und die johanneische Gemeinde anzusiedeln sind."[15]

14 Nach Euseb, Kirchengeschichte 6,14,7, hat schon Klemens von Alexandrien das Johannesevangelium als "ein geistiges Evangelium" charakterisiert, um den Unterschied zu den Synoptikern zu kennzeichnen. Er hat damit bis heute Beifall gefunden. Demgegenüber bemerkt Martyn: "In gewissem Sinne mag es geistig sein. Aber es ist nicht vom Himmel geradewegs in unsere Zeit gefallen." Daher gilt es, "die besonderen Umstände zu bestimmen, auf die als Antwort dieses vierte Evangelium geschrieben worden ist" (History 17). In diesen Zusammenhang gehören auch die Bemerkungen von Kilpatrick, daß er das Matthäusevangelium daraufhin untersuchte, "was es uns über seinen Autor, seine Gemeinde und seine Umwelt mitteilen kann. Ich bin lange davon zurückgehalten worden, dasselbe für das Johannesevangelium zu versuchen, aufgrund eines Gefühls, daß es in dieser Beziehung ein uninformatives Buch sei und daß in dieser Hinsicht wenig aus ihm erschlossen werden könnte. Kürzlich bin ich optimistisch geworden" (75). - Vgl. auch schon Wrede: "Vielmehr wird ein geschichtliches Verständnis erst dann erreicht, wenn wir das Evangelium als *eine aus dem Kampfe geborene und für den Kampf geschriebene Schrift* erfassen... Der Evangelist hat es mit einem Gegner zu tun, der seine Aussagen überall bestimmt" (40). "... wer so auf jeder Seite Krieg führt, der ist nicht der Mann der einsamen, sanften, ruhevollen Kontemplation, er ist vielmehr eine Persönlichkeit, die dem wirklichen Leben zugewendet ist und mit dem Blick für die Verhältnisse und Bedürfnisse der Gegenwart die Energie des Willens verbindet, um ihnen gerecht zu werden" (68).

15 Entwicklung 31. Der folgende Versuch will überhaupt die Desiderate ansatzweise erfüllen, die Schnackenburg auf dieser Seite unter Punkt 2 nennt.

Vor allem aber käme es darauf an, die historische Ortsbestimmung mit der theologischen Interpretation in Beziehung zu setzen, um so möglicherweise die Alternative zwischen den Deutungen Bultmanns und Käsemanns aufbrechen zu können. Daß es zu so gegensätzlichen Deutungen wie denen von Bultmann und Käsemann kommen konnte, hat seine Ursache nicht zuletzt auch darin, daß die Situation der ersten Leser- und Hörerschaft nicht oder nicht genügend in Anschlag gebracht worden ist. Ein angemessenes Verstehen des Johannesevangeliums ist nur möglich, wenn erkannt wird, was es in der Situation derjenigen bewirken und bewegen wollte, für die es geschrieben worden ist.

Gegenüber einem solchen Programm kann gefragt werden, "ob nicht die Erfahrungen mit den anderen Evangelien es ratsam erscheinen lassen, ehe man so konsequent eine einzige Krisensituation zum Ansatz der Auslegung des Joh(annesevangeliums) erhebt, sich methodisch Rechenschaft darüber abzulegen, inwiefern die Gattung Evangelium überhaupt so gedeutet werden kann".[16] Gewiß ist ein Evangelium kein Brief. Aber zumindest das Johannesevangelium ist im Blick auf eine bestimmte Leser- und Hörerschaft mit bestimmter Absicht geschrieben worden. Auf die Leser- und Hörerschaft bezogen wird am Schluß, in 20,31, das Ziel dessen angegeben, weshalb hier überhaupt geschrieben worden ist; und dabei erfolgt eine ausdrückliche Anrede. Läßt sich diese Zielbestimmung auf eine im Evangelium erkennbare Krisensituation beziehen, steht dem angedeuteten Versuch nichts entgegen. Dabei geht es nicht darum, "die gesamte Geschichte des Joh(hannesevangeliums) und der joh(anneischen) Gemeinde auf einen Punkt" zu reduzieren[17], sondern es ist danach zu fragen, welche Situation den Evangelisten veranlaßte, sein Werk in der Weise zu profilieren, wie er es getan hat.

Gewichtiger als das von Becker vorgebrachte Bedenken ist die Frage nach "der theologischen Tragweite historischer Aussagen".[18] Die Situation des Autors und der ursprünglichen Leser- und Hörerschaft bestimmte dessen Schreiben und deren

16 Becker, Methoden 51.
17 Ebd.
18 Kohler 149.

Verstehen des ihr zugedachten Textes entscheidend mit. Muß nicht deshalb die Erkenntnis dieser Situation zum theologischen Verstehen dazugehören? Dabei sollen die theologischen Aussagen des Evangeliums keineswegs durch Analyse der "Produktionsbedingungen" als notwendig erklärt werden.[19] Eine vorgegebene Situation kann zwar kaum beliebig, aber doch unterschiedlich beantwortet werden. Wird jedoch diese Analyse für die theologische Interpretation nicht in Anschlag gebracht, dürfte das eine abstrakte Rede vom Menschen zur Folge haben.[20] Das hier vorliegende Problem ist deutlich in den folgenden Ausführungen Kohlers: "Wenn man ... das Joh(annes-)Ev(angelium) über dessen Entstehungs- und Rezeptionsbedingungen erklärt, kann man wohl dessen Vergangenheitsbedeutung erheben – die Situation der ersten Hörer –, wird sich aber mit dessen Gegenwartsbezug schwer tun, vor allem deshalb, weil unsere gegenwärtige Situation nicht ohne weiteres mit der joh(anneischen) Gemeinde zu parallelisieren ist. Müssen wir erst Bedrängte werden, um das Joh(annes-)Ev(angelium) verstehen zu können?"[21] Wenn das Johannesevangelium für Menschen geschrieben worden ist, die in einer Krisensituation Bedrängnis erfuhren, und wenn unsere Situation anders ist, kann es dann darum gehen, auf eine allgemein-anthropologische Ebene überzugehen, auf der es nicht mehr wichtig ist, ob Menschen Bedrängte oder nicht Bedrängte sind? Wird nicht gerade so solchen Texten der Stachel genommen, den sie für uns haben? Es geht

19 Das Stichwort findet sich bei Weder, Mythos 68: "Statt Produktionsbedingungen zu analysieren..."; vgl. seine Kritik an meinem Versuch in Anm. 76 auf S. 65. Kohler warnt davor, durch "die Ermittlung des historischen Orts" "das Theologische historisch zu verifizieren beziehungsweise zu falsifizieren und diesem dadurch das Prädikat des Notwendigen zu verleihen" (149).

20 Wenn im ökonomischen Bereich auf die Analyse der Produktionsbedingungen verzichtet wird, bleiben die Fragen nach den Lebens- und Arbeitsverhältnissen der unmittelbaren Produzenten und nach bei der Produktion angerichteten Schäden auf der Strecke. Die Vernachlässigung der Analyse der Produktionsbedingungen bei einem theologischen Text wie dem Johannesevangelium, das sich auf eine Krisensituation bezieht, führt wahrscheinlich dazu, daß konkretes Leid bestimmter Menschen in einer allgemeinen Rede von Gott, Mensch und Heil untergeht.

21 Kohler 150 Anm. 73.

dann bei der Analyse der Produktionsbedingungen nicht um die Auflösung der Sachaussage des Textes, sondern um den Versuch des Verstehens im Zusammenhang der Lebensbedingungen der Menschen, von denen und für die er verfaßt wurde, und die ihn rezipieren. Wir müssen wohl nicht erst Bedrängte werden, um das Johannesevangelium zu verstehen, obwohl wir es dann wahrscheinlich besser verstünden. Aber wenn wir es als ein Evangelium für Bedrängte – gerade in seinem "Verweisungsbezug"[22] auf den gekreuzigten und auferweckten Jesus Christus – verstehen, dann ist damit zugleich unsere Solidarität mit den Bedrängten gefragt.

"Abgesehen davon, daß das Evangelium als das verläßliche 'Lieblingsjünger-Zeugnis' von allen nacheinander kommenden Christen in ihrer je besonderen Lage gelesen sein will[23], bis ihr Herr wiederkommt (21,20ff), ist es doch zugleich der verbale Teil einer konkreten Kommunikationssituation, die aus ihm entschlüsselt sein will. Diese historische Rekonstruktion ist nicht etwas, das der theologischen Interpretation hinzugefügt oder auch weggelassen werden könnte. Die Eigenart des Gegenstandes – daß Gott nämlich in der Geschichte Jesu Mensch wurde – fordert vielmehr, die Interpretation und solche Rekonstruktion als dialektische Einheit zu begreifen. In diesem Sinn gehört die historische Situation zur Kanonizität des Textes konstitutiv hinzu."[24]

Nach dem historischen Ort der Gemeinde des Johannesevangeliums zu fragen, setzt voraus, daß der Evangelist als Adressat seiner Schrift in der Tat eine christliche Gemeinde vor Augen hatte und ihr in ihrer konkreten Situation dienen wollte. Aber ist diese Voraussetzung überhaupt richtig? Zumindest ist sie um-

22 Vgl. Kohler 150 mit Anm. 72. Evangelium, frohe Botschaft, ist das Johannesevangelium natürlich nicht deshalb, weil es sich auf die Krisensituation einer bedrängten Gemeinde bezieht, sondern weil es auch für diese Situation die Präsenz Jesu Christi bezeugt. Aber das ist die Präsenz dessen, der sich auch als Auferweckter an den Wundmalen des Gekreuzigten ausweist (Joh 20,20.25.27) und so zuerst und vor allem den Leidenden verbunden bleibt.

23 Ich füge hinzu: wobei die in der ursprünglichen Situation erkennbare Spitze nicht abgebrochen werden darf, sondern zur Geltung gebracht werden muß.

24 Thyen, Johannesevangelium 211.

stritten[25]; und der ursprüngliche Schluß des Evangeliums in 20,31 scheint eher in eine andere Richtung zu weisen: "Das aber ist geschrieben, damit ihr glaubt, daß Jesus der Gesalbte[26] ist, der Sohn Gottes, und damit ihr als Glaubende Leben habt durch seinen Namen." Aus dieser Zweckangabe könnte man schließen, das Johannesevangelium wolle ein Missionsbüchlein sein, ein Werbemittel für das Christentum in einem unbekannten jüdischen Publikum, um noch nicht glaubende Juden für den Glauben an Jesus als Messias und Gottessohn zu gewinnen.

Diese These ist von Bornhäuser begründet worden.[27] In neuerer Zeit hat sie eindrücklich van Unnik vertreten. Er nennt

25 Nach Culpepper ist "die Frage schlicht die, ob das Johannesevangelium als eine Missionsschrift für Nichtglaubende geschrieben wurde, als ein Gemeindebuch für Glaubende oder als ein theologisches Werk für die Kirche insgesamt" (Anatomy 212).

26 Den geläufigen Doppelnamen "Jesus Christus" bietet das Johannesevangelium nur an zwei Stellen (1,17; 17,3). Daß einfaches ὁ χριστός für den Evangelisten nicht Name, sondern Titel ist, ergibt sich deutlich aus 1,41. Dort fügt er dem Wort μεσσίας als Erläuterung hinzu: "das heißt übersetzt: Gesalbter" (vgl. 4,25). Deshalb sollte χριστός im vierten Evangelium mit "Gesalbter" übersetzt werden. Vgl. dazu van Unnik, Purpose 390f. Das spricht dagegen, Joh 20,31 im Sinne von 1Joh 2,22 so zu verstehen, daß der Akzent auf Jesus liegt und die Identität Jesu mit dem himmlischen Christus und Gottessohn ausgesagt wird. So hatte einmal Thyen Joh 20,31 als Satz des antidoketischen Redaktors verstanden (ThR 42, 268f). Diese These bezeichnet er jetzt als "verfehlt" (Johannesevangelium 213). Sie wird neuerdings von Schnelle vertreten, der ohne Begründung zu Joh 20,31 behauptet: "Dabei wendet sich die auffällige Betonung der Identität zwischen Ἰησοῦς und ὁ Χριστός gegen Doketen innerhalb der joh. Schule, die dies leugnen (vgl. 1Joh 2,22f.; 4,2f.; 5,1)" (155). Was er erst noch beweisen will, daß nämlich das Evangelium auf die im ersten Johannesbrief geführte Auseinandersetzung zurückblickt, hat er damit von vornherein vorausgesetzt.

27 Bornhäusers eigentliches Verdienst ist es jedoch, immer wieder den jüdischen Charakter des Johannesevangeliums herausgestellt zu haben. Er bemerkt zusammenfassend: "Was er (sc. der Verfasser) nur kurz und knapp andeutet, muß ihnen (sc. den von ihm ins Auge gefaßten Lesern) verständlich sein, weil sie mit ihm eine ganze Fülle von (sc. jüdischen) Anschauungen und Gedanken teilen, die stillschweigende Voraussetzung seiner Darbietungen sind" (133). So resümierte Bornhäuser schon im Vorwort: "Auf die immer erneute Frage: wer kann dies alles verstehen? ergab sich mir immer dieselbe Antwort: nur Israeliten" (V). Daß es sich bei diesen Israeliten um solche handelt, die noch nicht an Jesus glauben, wird demgegenüber nur auf wenigen Seiten nachzuweisen versucht. (158-163).

selbst 20,31 den "Angelpunkt" seiner Argumentation.[28] Ausführlich versucht er nachzuweisen, "daß die Aussage, 'daß Jesus der Gesalbte ist', zu den Standardfragen gehört, die zwischen Kirche und Synagoge auf dem Spiel standen, die entscheidende, und daß sie von den Christen nicht für apologetische Zwecke gebraucht wurde, sondern um Juden für diesen Jesus zu gewinnen als den vorherverkündigten und erwarteten Messias".[29] Aufgrund einer Reihe von Daten im Johannesevangelium kommt er zu dem Schluß, daß diese Juden in der Diaspora lebten; und so lautet sein Gesamtergebnis: "Der Zweck des vierten Evangeliums bestand darin, Besucher einer Synagoge in der Diaspora (Juden und Gottesfürchtige) zum Glauben an Jesus als den Messias Israels zu bringen".[30] Dieses Ergebnis erfährt dann allerdings eine Einschränkung, die in der Lage ist, es selbst wieder in Frage zu stellen: "Johannes schrieb nicht in erster Linie für Christen, ausgenommen vielleicht in den Kapiteln 13-17, die einen etwas anderen Charakter zeigen".[31]

28 Purpose 384.
29 Ebd. 397.
30 Ebd. 410.
31 Ebd. Zuletzt hat es Carson noch einmal unternommen, das Johannesevangelium als ein Missionsbuch für griechisch sprechende Juden sowie für Proselyten und Gottesfürchtige zu erweisen. – Wie schon bei Bornhäuser (163) ist bei Cribbs die These, das Johannesevangelium habe eine missionarische Absicht gegenüber Juden, mit einer Datierung vor 70 verbunden (Reassessment; vgl. besonders 49-51; S. 38f sind weitere Vertreter einer Frühdatierung angeführt). Nach Robinson gehört nur die johanneische Tradition, die aber schon die fundamentalen theologischen Kategorien des Evangeliums enthalte, in die Zeit vor 70, und zwar nach Südpalästina (Look 98-100; vgl. 102 mit Anm. 29; Destination 115f). Sein Ergebnis: Das Johannesevangelium habe "einen evangelisatorischen Zweck. Es ist ohne Zweifel aus Material verfaßt, das seine Gestalt als Lehre *innerhalb* einer christlichen Gemeinde *in Judäa* unter dem Druck einer Kontroverse mit 'den Juden' jenes Gebiets gewann. Aber in seiner jetzigen Gestalt ist es m.E. ein Appell an solche *außerhalb* der Kirche, um für den Glauben jenes griechisch sprechende *Diaspora-Judentum* zu gewinnen, zu dem sich der Autor jetzt selbst zugehörig entdeckt als ein Ergebnis – wie wir vermuten dürfen – der größten aller Verteibungen, die Kirche und Synagoge gleicherweise von Judäa hinweggefegt hatte" (Destination 124). – Zur Kritik an Robinson vgl. Moloney, Presentation passim; kritisch gegenüber van Unnik und Robinson auch Schnackenburg, Messiasfrage passim. – Wind will die Frage, ob das Johannesevangelium eine mis-

Daß der Evangelist bei der Abfassung seines Werkes solche Menschen als Leser- und Hörerschaft vor Augen hatte, die bereits an Jesus glaubten, läßt sich durch folgende drei Punkte zur Gewißheit erheben:

1. An einer ganzen Reihe von Stellen wird in großer Selbstverständlichkeit die Kenntnis spezifisch christlicher Daten vorausgesetzt. In 1,12 taucht die geprägte Wendung "glauben an seinen Namen" recht unvermittelt auf, weil ja zuvor noch gar kein Name genannt wurde. Der Verfasser geht offensichtlich davon aus, daß die Adressaten an den erst in V.17 ausgesprochenen Namen Jesus Christus denken. In 1,15 weist der Täufer auf etwas hin, das er schon gesagt hat, obwohl er hier erstmals als Redender eingeführt wird. Damit wird etwas in Erinnerung gerufen, das die Adressaten schon kennen; das hier gemeinte Täuferwort ist ihnen aus ihrer Tradition bekannt, das Wort von dem kommenden Stärkeren, dessen Schuhriemen zu lösen, der Täufer nicht würdig ist, das der Evangelist in dieser bekannten Fassung dann in V.27 zitiert. In 1,40 wird Andreas als Bruder des Simon Petrus eingeführt; letzterer gilt damit als eine bekannte Persönlichkeit. In 6,67 erwähnt der Evangelist "die Zwölf", ohne daß er zuvor ausgeführt hätte, wer sie sind und wie sie zustande kamen. Mit der Kennzeichnung der Maria als der, "die den Herrn gesalbt hat" (11,2), geht er davon aus, daß die Adressaten die Geschichte von der Salbung Jesu durch Maria kennen. "Die Kommentare in 7,30 und 8,20, daß die Juden Jesus nicht verhaften konnten, weil seine Stunde noch nicht gekommen war, sind für die Leserschaft nur dann eine Erklärung, wenn sie weiß, was mit der Stunde Jesu gemeint ist."[32]

sionarische oder innerkirchliche Absicht verfolge, als falsche Alternative fallen lassen (65) und verbindet sie mit einer – nicht ausgeführten – literarkritischen Hypothese: Zu denken sei "an eine Unterscheidung zwischen einer ersten Niederschrift von Taten und Worten Jesu, die der frühesten Verkündigung diente, und – viele Jahre später – einer Hinzufügung von Material und der Ausgabe des Evangeliums durch den bejahrten Apostel Johannes in Ephesus" (68). – Vgl. noch Reim, der in Joh 9 "eine fachtheologische Auseinandersetzung" findet, die in einer "kontroverstheologischen Situation" mit dem Zweck geführt werde, "Pharisäer zum Glauben an Jesus (zu) führen" (Tradition 253). Er muß dann allerdings Joh 9,22 für einen "sicher späteren joh Einschub" halten.

32 Culpepper, Anatomy 222f.

2. Für die Annahme einer christlichen Leser- und Hörerschaft spricht auch das immer wieder begegnende und betont herausgestellte Motiv des "Bleibens"[33], vor allem in der Form der Mahnung in 8,31 und 15,2-10. Die Mahnung zum Bleiben ist nur sinnvoll gegenüber denjenigen, die schon zum Glauben an Jesus gekommen sind, nicht aber gegenüber denjenigen, die allererst noch dazu gebracht werden sollen.

3. Das für das Johnnesevangelium charakteristische Miß- und Unverständnis (z.B. 3,3-5; 13,6-10) erweist eine christliche Leser- und Hörerschaft. Da das Miß- und Unverständnis im Fortgang des Textes selbst an keiner Stelle ausdrücklich aufgeklärt wird, weder im direkten Gespräch noch in kommentierenden Bemerkungen, ist der Gebrauch dieses Darstellungsmittels nur sinnvoll bei solchen Adressaten, die das Miß- und Unverständnis der Gesprächspartner Jesu durchschauen und das von ihm Gemeinte erkennen, die also zur christlichen Gemeinde gehören.[34]

Es darf also als gesichert gelten, daß sich das Johannesevangelium an eine christliche Leser- und Hörerschaft wendet.[35] Daß diese Menschen in einem bestimmt umgrenzten Raum leben und gemeinsame Erfahrungen haben und erleiden, daß es sich

33 Vgl. zu diesem Motiv Heise passim.

34 Vgl. hierzu Vouga 34-36; Leroy 136.169.183f; Meeks, Funktion 263.271.278.279f. - Vgl. auch die Erwägungen von Onuki zur johanneischen Sprache als "Grenzsprache", die "für diejenigen..., die außerhalb der zu vermittelnden Sache stehen... - an ihrem alltäglichen Sprachgebrauch gemessen - durchaus gekünstelt und deshalb unverständlich (ist)" (Gemeinde 27).

35 Zu den Adressaten des Johannesevangeliums vgl. auch Rebell 127-130. - Schnelle schließt aus 20,30, daß es sich um keine Missionsschrift handeln kann (155). – Nach Nicol richtete sich die vom Evangelisten aufgenommene Semeia-Quelle an solche, die noch nicht glaubten; mit Hilfe der Wunder hätte sie Jesus als Messias legitimieren wollen, gehörte also in die Judenmission (77-94). Dagegen zeige sich beim Evangelisten im Blick auf den missionarischen Wert der Wunder Pessimismus. In seiner Situation sei das Verkünden von Wundern kaum noch wirksam gewesen. Wenn er sich mit jüdischen Argumenten auseinandersetzt, so tue er das nicht, um Juden zu bekehren, sondern um Christen zu stärken (99-106; vgl. die Zusammenfassung 142-149). – In diesem Zusammenhang sind jedoch auch die Überlegungen Kohlers bedenkenswert: "Man muß bei der Aufspaltung in 'christlich' und 'missionarisch' berücksichtigen, daß auch das Joh(annes-)-

bei ihnen also um eine Gemeinde oder um einen zusammenhängenden Kreis von Gemeinden handelt, wird die weitere Untersuchung zeigen.[36] Wenn es sich aber so verhält, daß der Verfasser sein Evangelium für Christen mit dem 20,31 angegebenen Ziel schreibt – "damit ihr glaubt, daß Jesus der Gesalbte ist, der Sohn Gottes" –, dann kann der Zweck seiner Schrift nur darin bestehen, den schon vorhandenen Glauben der Leserschaft zu festigen und zu stärken, sie angesichts bestimmter Gefährdungen, die eher das Verlassen der Gemeinde nahelegen, zum "Bleiben" zu veranlassen. Von daher hat das Evangelium im ganzen die Funktion der Vergewisserung.[37]

Solche Vergewisserung hatte die Gemeinde offensichtlich nötig. Sie sah sich einem starken äußeren Druck von seiten ihrer Umwelt ausgesetzt, unter dem es ihr sehr ungewiß geworden war, was sie an Jesus hatte. So kündigt Jesus den Jüngern in den Abschiedsreden an, was offenbar leidvolle Erfahrung in der Gegenwart der Gemeinde des Evangelisten ist: "In der Welt habt ihr Drangsal"[38] (16,33). In 16,20 heißt es noch schärfer: "Weinen

Ev(angelium), wenn auch nicht mit ausgeprägter Missionsterminologie, *als* Evangelium missionarischen Charakter hat, weil das Evangelium selbst missionarisch *ist*. Missionarisch in dem Sinn, daß die Welt auf den Zug der Liebe Gottes, in deren Entsprechung die joh(anneische) Gemeinde zu leben versucht, aufmerksam wird und gerade so in ihrem Wesen und Wirken heilsam unterbrochen wird" (141 Anm. 6).

36 Dieser Tatbestand, daß die ursprüngliche Leserschaft des Johannesevangeliums eine Gemeinde oder ein Gemeindeverband ist, spricht entschieden gegen die Erklärung des Unterschiedes in der Eschatologie zwischen Johannesevangelium und dem ersten Johannesbrief, wie sie Moule bei Annahme desselben Verfassers gibt: "Im Evangelium konzentriert er sich hauptsächlich auf das Verhältnis des Individuums zu Christus und zeigt in verallgemeinerten Begriffen, daß das in seinem Wesen eine Sache von Leben und Tod ist. Konsequenterweise tritt die futurische Zeitform zurück. Im Brief wendet er sich an eine spezifische – und kollektive – Situation, und sofort tritt die futurische Zeitform wieder stärker hervor" (Factor 159; vgl. ders., Individualism). Gerade auch das Johannesevangelium richtet sich "an eine spezifische – und kollektive – Situation", wie die weitere Untersuchung zeigen wird.

37 "Der Evangelist schreibt und spricht eben nicht für Juden, sondern für Leute, die glauben bzw. noch glauben, aber der Festigung im Glauben bedürfen" (Richter, Studien 222; vgl. 241).

38 Dieses altmodische Wort gibt das hier mit θλῖψις Gemeinte treffender wieder als die geläufige Übersetzung "Angst".

und klagen werdet ihr, aber die Welt wird sich freuen." Und nach 15,18-20 sollen die Jünger Jesu – d.h. für den Evangelisten: die Mitglieder seiner Gemeinde –, die der Haß der Welt trifft, dessen eingedenk sein, daß derselbe Haß zuvor Jesus selbst getroffen hat.[39] Wer aber ist näherhin die "Welt", deren Handeln die Gemeinde als Haß erfährt, der sie verunsichert, und welcher Art ist der Druck, den sie ausübt?

39 Culpepper spricht im Blick auf solche Ankündigungen von "historischen Prolepsen", die "bedeutsame Momente in der Geschichte der johanneischen Gemeinde" rekonstruieren lassen. "Die bei dieser Rekonstruktion gemachte Voraussetzung besteht darin, daß das, was der Erzähler in seiner Geschichte als Jesusworte an die Jünger über zukünftige Ereignisse bietet, tatsächlich stattgefunden hat und daher die Situation des Evangelisten und der von ihm ins Auge gefaßten Leserschaft zur Zeit der Abfassung widerspiegelt" (Anatomy 67).

III "Die Juden" und die Welt im Johannesevangelium

1. "Die Juden" – Repräsentanten der ungläubigen Welt?

Daß "die Juden" im Johannesevangelium eine bedeutsame – und zwar in der Hauptsache negative – Rolle spielen, leidet keinen Zweifel.[1] Darauf weist schon der auffällige statistische Befund, daß überhaupt in solcher Häufigkeit, nämlich an 67 Stellen, von "den Juden" gesprochen wird und daß sie in ungefähr der Hälfte der Belege als die Gegner Jesu schlechthin erscheinen.[2] Dieser Befund ist um so auffälliger, als diese Wendung demgegenüber bei den Synoptikern nur in sehr geringer Anzahl begegnet.[3] Bei ihnen tritt uns das Judentum der Zeit Jesu

1 Vgl. Vouga, Cadre 61. – Einen nützlichen forschungsgeschichtlichen "Überblick über das, was über den Gebrauch von IOUDAIOS im vierten Evangelium gesagt worden ist", gibt Schram 145-204 (das Zitat auf S. 151). Er macht seine Darstellung übersichtlich durch Gliederung in vier Gruppen (s. das Schema 150). Über die Zuordnung einzelner Autoren mag man gelegentlich streiten; die Arbeit von Martyn, History, gehört jedoch ganz gewiß nicht in Schrams zweite Gruppe.

2 Zur Statistik und Einordnung der Stellen in verschiedene Gruppen vgl. Gräßer, Polemik 52; Wahlde, Analysis, 66f; Fuller 32. – Von den in Alands Konkordanz unter Ἰουδαῖος angeführten 71 Stellen sind hier, wo es um die Wendung "die Juden" geht, die folgenden vier auszunehmen: 3,22.25; 4,9; 18,35. Die korrekte Zahl ist also 67. An wieviel Stellen davon "die Juden" in feindlicher Weise auftreten, läßt sich kaum genau angeben, da einige Male zunächst ein neutraler oder gar positiver Sprachgebrauch vorzuliegen scheint, der Fortgang des Textes oder Bezüge zum weiteren Kontext dann doch ein negatives Verständnis evident machen oder nahelegen; vgl. z.B. 8,31 mit 8,48-59 sowie 10,19.24 mit 10,31. Selbst die erste Erwähnung in 1,19 bekommt durch die Parallelisierung mit "den Pharisäern" und durch den sachlichen Rückbezug auf diesen Zusammenhang in 4,1-3 (vgl. dazu u. S. 63 einen negativen Akzent. Die von Gräßer genannte Zahl 33 (Polemik 52) ist daher m.E. zu niedrig angesetzt; sie müßte wohl doch eher 40 lauten.

3 Bei Mt und Lk je fünfmal, davon vier bzw. drei Vorkommen in der Form "der König der Juden", bei Mk sechsmal, davon fünf Vorkommen in der Form "der König der Juden". Die übrigen Belege sind Mk 7,3; Mt 28,15; Lk 7,3; 23,51.

in der Mannigfaltigkeit seiner verschiedenen Gruppen und Stände entgegen, was der historischen Wirklichkeit dieser Zeit vor dem jüdischen Krieg entspricht. Wir hören von Pharisäern und Sadduzäern, von Zeloten, von Schriftgelehrten, Priestern und Oberpriestern. Auch wenn es innerhalb des Gebrauchs der Wendung "die Juden" im Johannesevangelium Differenzierungen gibt[4], worauf noch einzugehen ist, läßt doch die Häufigkeit ihrer Verwendung und die Dominanz des negativen Aspekts im Gegenüber zu Jesus das Judentum als eine weithin uniforme, Jesus entgegenstehende Größe erscheinen, was der historischen Wirklichkeit der Zeit Jesu nicht entspricht. Von diesem Vergleich her ist es verständlich, daß man in der Darstellung der Juden im Johannesevangelium lediglich "die Perspektive einer späteren Zeit" wirken sah, "für die sich das Bild des Judentums infolge der Verwerfung Jesu und der Verfolgung der Christen so simplifiziert hat, daß nur noch die Feindschaft gegen Jesus davon übriggeblieben ist", und daß man schloß, "die Juden" seien für den Evangelisten "Symbol für die Ungläubigen überhaupt, Repräsentanten der ungläubigen Welt."[5] Zu dieser Folgerung

4 So betont Schnelle, "daß von einem einheitlichen (negativen) joh(anneischen) Sprachgebrauch nicht ausgegangen werden darf" (46). Er räumt jedoch ein: "Dennoch ist es bezeichnend, daß fast die Hälfte der Belege auf den Konflikt Jesu mit seinen Gegnern entfällt" (ebd.).

5 Vielhauer, Geschichte 432, der hier für viele zitiert sei; neuerdings wieder Schnelle 47; Ashton 50f. – Gräßer sieht durchaus, daß die Redeweise von "den Juden" als Feinden Jesu durch die Zeitgeschichte des Evangelisten bedingt ist (Polemik 63; Juden 82f). Aber er erblickt in ihr nicht "das *primäre* Motiv"; dieses sei vielmehr "ein streng *theologisches*: mit dem Begriff Ἰουδαῖοι, der wie der Begriff des κόσμος in gleicher Weise Chiffre ist für den Unglauben schlechthin, wird ein *Paradigma* gegeben für das, was die Offenbarung als Krisis bewirkt: sie scheidet zwischen der Welt und den Glaubenden" (Juden 83). Zu der sich hieran anschließenden weiteren These, diese als typisch zu verstehende Darstellung der Juden richte sich letztlich gegen die Gemeinde selbst ("Die eigentliche Spitze des Kampfes ist gegen die Verweltlichung des Christentums selber gerichtet!" - Polemik 68; Juden 83 wiederholt), vgl. die treffende Kritik von Schram (163). Indem Gräßer "die Juden" im Johannesevangelium als "Paradigma" versteht und "die eigentliche Spitze" gegen die Gemeinde selbst gerichtet sieht, meint er, das Evangelium vom Vorwurf des Antijudaismus freihalten zu können. Demgegenüber hat von der Osten-Sacken herausgestellt: "Die

scheint es zu passen, daß "die Juden" und "die Welt" in einer Linie zu stehen kommen.[6] So heißt es in 7,1, daß "*die Juden* danach trachteten, ihn (sc. Jesus) zu töten"; und 7,7 sagt Jesus zu seinen Brüdern: "Euch kann *die Welt* nicht hassen, mich aber haßt sie." Nach 12,9 "erfuhr eine große Menge von *den Juden*", daß Jesus sich in Bethanien aufhielt; zusammen mit "der großen Menge, die zum Fest gekommen war" (V.12), machen sie Jesu Einzug in Jerusalem zu einem messianischen, woraufhin die Pharisäer zueinander bemerken: "Ihr seht, daß ihr überhaupt nichts ausrichtet. Siehe, *die Welt* geht hinter ihm her" (V.19). In 18,20 antwortet Jesus dem Hohenpriester, der ihn über seine Jünger und über seine Lehre befragt: "Ich habe offen zur *Welt* geredet, ich habe allzeit in *Synagoge* und im *Heiligtum* gelehrt, wo *alle Juden* zusammenkommen." Sind "die Juden" nur Repräsentanten "der Welt", können aus der Weise, wie sie im Evangelium dargestellt werden, keinerlei historische Schlüsse gezogen werden. Aber die Parallelität von "Juden" und "Welt" läßt auch eine andere Deutungsmöglichkeit offen, nämlich die, daß die die Gemeinde bedrängende Welt konkret aus Juden bestand.[7] Es

Stilisierung der Juden zu Typen ist zu allen Zeiten Kennzeichen von Antijudaismus gewesen. Gerade die Typisierung trifft die empirisch Existierenden am härtesten: Notfalls, in actu, wird eine Ausnahme konzidiert, aber grundsätzlich ist der Typus festgelegt" (168; vgl. den ganzen Zusammenhang 167-172). Das gilt dann auch gegenüber der Beteuerung Grundmanns, nach dem "die Juden... in ihrem Verhalten die Verblendung einer Welt widerspiegeln, die sich vor der Wahrheit verschließt und sie abweist": "Nicht Antijudaismus, sondern Weltkritik bestimmt die Schilderung des Evangelisten" (83; vgl. auch S. 75 zu 8,30-59).

6 Gräßer, Juden 82: "Was von den 'Juden' gilt, das gilt auch von der 'Welt'... D.h. aber: die jüdische Feindschaft Jesus gegenüber ist ein *Symbol für den Haß der Welt.*" – Zum Aufweis einer ähnlichen Bedeutungsstruktur von "Juden" und "Welt" vgl. Wiefel 221-225, der daraus allerdings andere Folgerungen zieht als Gräßer (s.u. Anm. 55).

7 Demnach wäre die Frage zu stellen: "Welche *geschichtlichen Erfahrungen* stecken hinter der johanneischen 'Juden'-Polemik?" (Locher 225). – Brown will aus "dem Tatbestand, daß die Gegnerschaft zu 'den Juden' die Kap. 5-12 beherrscht, während Gegnerschaft zur Welt die Kap. 14-17 beherrscht", auf "eine zeitliche Reihenfolge der Beziehungen" in der Weise schließen, daß nach dem Synagogenausschluß viele Nichtjuden zur Gemeinde stießen und "die johanneischen Christen jetzt auf heidnischen Unglauben treffen, wie sie gerade noch jüdi-

könnte sich also so verhalten, daß die Darstellung des Judentums im Johannesevangelium zwar nicht die historische Wirklichkeit der Zeit Jesu wiedergibt, wohl aber diejenige der Zeit des Evangelisten, die er in die Geschichte Jesu zurückprojiziert.[8] Diese denkbare Möglichkeit gilt es im folgenden zu überprüfen.

Die These, mit οἱ Ἰουδαῖοι im Johannesevangelium seien gar nicht die Juden allgemein als nationale und religiöse Gemeinschaft gemeint, sondern in einem engen geographischen Sinn die Judäer, ist immer wieder vertreten worden[9], in neuerer Zeit besonders von Lowe. Dann kann formuliert werden, das Johannesevangelium sei nicht antijüdisch, sondern antijudäisch.[10] Ausgangspunkt dieser These ist die Beobachtung, daß in 7,1; 11,7f.54 οἱ Ἰουδαῖοι und ἡ Ἰουδαία in einem unmittelbaren Zusammenhang stehen. Sein Ergebnis faßt Lowe so zusammen: "In den Auseinandersetzungen zwischen Jesus und Ἰουδαῖοι wurden letztere als 'Judäer' erkannt, entweder in bezug auf die judäische Bevölkerung im allgemeinen oder (weniger häufig, außer nach der Gefangennahme Jesu) in bezug auf die judäischen Autoritäten. Bei den Wendungen ἑορτὴ τῶν Ἰουδαίων,

schem Unglauben gegenüberstanden" (Community 63). Einer solchen Lösung widersprechen die genannten Stellen, an denen "die Juden" und "die Welt" promiscue gebraucht werden.

8 So hat schon Wrede über die Redeweise "die Juden" im Johannesevangelium geurteilt: "Das ist der Reflex der Situation in seiner (sc. des Evangelisten) Zeit" (43; vgl. 42). - Diese öfters getroffene Feststellung findet sich auch bei Bowman 101.144 u.ö. Die Hauptthese seines Buches, das Johannesevangelium weise starke Bezüge zum Buch Esther auf, ja es sei geradezu eine christianisierte *Megillath Esther*, nach dem Muster einer christianisierten Passa-Haggada gestaltet, ist außerordentlich künstlich und kann in keiner Weise überzeugen. – Die Einsicht, daß der vierte Evangelist historische Wirklichkeit seiner Zeit in die Darstellung der Geschichte Jesu zurückträgt, kann sich mit der These verbinden, die Juden seien Repräsentanten der ungläubigen und gottfeindlichen Welt, so daß die Juden lediglich den Anlaß abgeben für die prinzipielle Charakterisierung der Welt (s.o. Anm. 5). – Vgl. auch Fortna, Use 90-95. – Im Matthäusevangelium verbindet sich mit der Projektion von Verhältnissen aus der Zeit des Evangelisten in die Darstellung der Zeit Jesu eine historisierende Tendenz; vgl. dazu Hummel 9-26.

9 Vgl. etwa Bornhäuser 19f. Schon Overbeck hat sich gegen sie ausgesprochen (393).

10 Lowe 130 Anm. 88.

βασιλεὺς τῶν Ἰουδαίων etc. stellte sich heraus, daß sich der Zusatz τῶν Ἰουδαίων indirekt auf Judäa (im engeren Sinn) bezieht".[11] Gerade der letzte Punkt ist eine erste Gegeninstanz gegen diese These. Mag Lowe für die zitierten Wendungen noch Möglichkeiten für eine – freilich nicht überzeugende – Argumentation finden, für 2,6 etwa ist sein Verständnis schlechterdings ausgeschlossen[12]: "Es standen aber dort sechs Steinkrüge gemäß der Reinigung τῶν Ἰουδαίων"; und nach dieser Erzählung standen diese Krüge in Kana in Galiläa. Nach 4,9 ist Jesus, der sonst im Evangelium als Galiläer gilt, ein Ἰουδαῖος. So muß auch Lowe zugeben, daß es in Kap. 4 Beispiele für die Bedeutung "Juden" gibt.[13] Vor allem aber ist auf Kap. 6 hinzuweisen, das am See von Tiberias situiert ist (V.1.16f.22-25), die abschließende große Brotrede Jesu, unterbrochen von Einwürfen seiner Gesprächspartner, genauer in der Synagoge von Kafarnaum (V.59). Diese Gesprächspartner werden schließlich als οἱ Ἰουδαῖοι bezeichnet (V. 41.52). Dabei wird durch nichts angedeutet, daß nun eine neue Gruppe in die Diskussion eingreift, sondern ganz selbstverständlich vorausgesetzt, daß es sich hier um dieselben handelt, die vorher schon geredet haben und angeredet worden sind.[14] Der gelegentliche Zusammenhang von ἡ Ἰουδαία und οἱ Ἰουδαῖοι ließe sich mit Fortna eher umgekehrt verstehen, indem man für ἡ Ἰουδαία die Bedeutung "Judentum" annimmt, insofern Judäa als Gebiet der Juden gilt.[15] Es wird wohl bei dem Urteil von Meeks bleiben müssen, daß in den meisten Fällen "der Terminus (sc. οἱ Ἰουδαῖοι) eine organisierte

11 Ebd. 128.

12 Trotz ebd. 117f Anm. 54.

13 Ebd. 124.

14 Wenn man dennoch οἱ Ἰουδαῖοι in V.41 und V.52 als "Judäer" verstehen will, müßte man annehmen, daß die "große Menge", die Jesus nach V.2 auf die andere Seite des Sees folgte, es schon von Jerusalem an getan (nach V.10 dann "ungefähr 5000 Männer"!), es sich bei ihr ausschließlich um aus Judäa Stammende und nicht etwa auch galiläische Festpilger (vgl. 4,45) gehandelt hätte und nur sie als beim Brotwunder anwesend gedacht wäre– wobei sich dann allerdings das Problem der Verproviantierung (6,5) schon früher gestellt hätte! Gewichtiger aber ist: Die in V.41 genannten Ἰουδαῖοι sagen in V.42: "Ist das nicht Jesus, der Sohn Josephs, dessen Vater und Mutter wir kennen?" Sie gelten also als Einheimische und nicht als "Judäer".

15 Fortna, Use 93.

religiöse Gemeinschaft bezeichnen muß mit ihren 'Festen' und besonderen Gebräuchen, ihren 'Oberen' und 'Oberpriestern', mit ihrem Zentrum in Jerusalem".[16] Meeks stellt auch heraus, daß es gar nicht nötig ist, zwischen beiden Bedeutungen zu wählen, "denn antike Autoren im Zeitalter des Synkretismus neigen dazu, eine kultische Gemeinschaft entweder durch ihre Hauptgottheit zu identifizieren... oder durch ihren Ursprungsort."[17]

2. Die Menge, "die Juden" und die Pharisäer im Johannesevangelium

Um die genannte Möglichkeit, der vierte Evangelist habe bei seiner Darstellung der Juden Verhältnisse und Erfahrungen seiner eigenen Gegenwart in die Zeit Jesu zurückprojiziert – die zunächst nicht mehr als denkbar ist –, überprüfen zu können, muß genauer gefragt werden, in welcher Weise das Judentum hier erscheint. Was für Einzelgruppen werden erwähnt, und wie verhalten sie sich zu der generalisierenden Redeweise von "den Juden"?

Zunächst sei ein Blick auf die allgemeinste Bezeichnung geworfen, die der Evangelist gebraucht: "die Menge" (ὁ ὄχλος). Eher beiläufig erscheint sie in 5,13. Dort taucht Jesus in der Menge unter. Sie ist unterschieden von "den Juden", die den am Teich Bethesda Geheilten zur Rede stellen (V.10) und denen er dann Jesus anzeigt (V.15) – eine für die Zeit Jesu seltsame Vorstellung: als wären der Geheilte und "die Menge" keine Juden.

An einigen Stellen wird ein Teil der Menge in einer aktiven positiven Beziehung zu Jesus geschildert. So heißt es in 7,31: "Von der Menge glaubten viele an ihn und sagten: Wird der Gesalbte, wenn er kommt, etwa mehr Zeichen tun, als sie dieser getan hat?" Darauf folgt eine pharisäische Intervention (V.32); und auf das anschließende Wort Jesu hin (V.33) bekennen wieder "die Juden" ihr Unverständnis (V.35f). Die positive Aussage eines Teils der Menge wird zwar nicht zurückgenommen, aber

16 Jew 182.
17 Ebd.

sie hat keine Folgen für die weitere Darstellung; dominant sind vielmehr negative Reaktionen. In 7,40f wird dem Bekenntnis von Teilen der Menge, Jesus sei "der Prophet" oder "der Gesalbte", ein den Kontext beherrschender Einwand eines anderen Teiles entgegengestellt.

Die Menschen, die in Kap. 11 nach dem Tod des Lazarus zu dessen Schwestern Martha und Maria ins Haus gekommen waren, um sie zu trösten, und die als "viele von den Juden" (V.19), als "die Juden bei ihr" (sc. Maria) u.ä. (V.31.33) oder auch einfach als "die Juden" (V.36) bezeichnet wurden, werden im Gebet Jesu am Grab des Lazarus zusammengefaßt als "die umstehende Menge", die zum Glauben kommen soll, "daß du mich gesandt hast" (V.42). Nach der Auferweckung des Lazarus stellt dann V.45 in der Tat auch fest: "Da glaubten viele von den Juden an ihn, die zu Maria gekommen waren und gesehen hatten, was er getan hatte." Das letzte Wort ist aber auch in diesem Zusammenhang eine negative Aussage: "Einige von ihnen gingen jedoch weg zu den Pharisäern und sagten ihnen, was Jesus getan hatte" (V.46). Wie das unmittelbar Folgende deutlich macht, ist das nicht als Zeugnis, sondern als Denunziation verstanden.[18] In Kap. 11 zeigt sich also eine Identität von "der Menge" mit "den Juden" mit teils positiven, teils negativen Aussagen.

Das gilt auch für den Abschnitt 12,9-19. Dort wird eine "große Menge von den Juden" genannt, die um Jesu und Lazarus' willen nach Bethanien gehen (V.9), und gesagt, daß "viele von den Juden ... an Jesus glaubten" (V.11). "Die große Menge" der Festpilger begrüßt Jesus am nächsten Tag als messianischen König in Jerusalem (V.12-15); und "die Menge" bei Jesus bezeugt dieser Menge die Auferweckung des Lazarus (V.16-18). Im weiteren Verlauf des Kapitels verflüchtigt sich jedoch dieser positive Aspekt und schlägt in einen negativen um. Nach V.29 sagt "die Menge, die dabeistand", unter Bezug auf die zuvor erwähnte Himmelsstimme, "es habe gedonnert; andere sagten: Ein Engel hat mit ihm gesprochen." Auf die anschließenden Ausführungen Jesu antwortet dann "die Menge" in V.34 mit einem grundsätzlichen Einwand gegen Jesu Messianität, wie es sonst "die Juden" tun.

18 Vgl. u. S. 64 mit Anm. 29.

Dieselbe Bewegung zeigt sich in 7,10-24. Dort werden zunächst "die Juden" und die Menge voneinander unterschieden. Erstere suchen Jesus zu Beginn des Laubhüttenfestes in feindlicher Absicht (V.11); in letzterer gibt es ein Getuschel: "Die einen sagten: Er ist gut. Andere aber sagten: Nein, er führt vielmehr die Menge in die Irre" (V.12). Die anschließende Bemerkung in V.13 zeigt wieder eine für die Zeit Jesu unvorstellbare Seltsamkeit: "Keiner jedoch redete offen über ihn aus Furcht vor den Juden."[19] Im unmittelbar folgenden Textabschnitt, der in die Mitte des Laubhüttenfestes verlegt ist, werden jedoch "die Juden" und "die Menge" miteinander identifiziert. Zunächst formulieren "die Juden" einen Einwand gegen Jesus (V.15). Auf die ihnen erteilte Antwort Jesu reagiert dann in V.20 "die Menge" mit einem Vorwurf, wie ihn 10,20 "die Juden" aussprechen. Daß schließlich in Kap. 6 die Bezeichnung der Gesprächspartner Jesu mit zunehmender Verschärfung von "der Menge" (V.22.24) zu "den Juden" (V.41.52) wechselt, wurde schon in anderem Zusammenhang erwähnt.[20]

"Die Menge" wird also sowohl von "den Juden" differenziert als auch mit ihnen identifiziert. Hinsichtlich der Beziehung zu Jesus werden von einem Teil der Menge und dann auch von einem Teil "der Juden" positive Aussagen gemacht, die aber nirgends die weitere Darstellung bestimmen. Dominant sind vielmehr die negativen Feststellungen eines anderen Teils. Insgesamt zeigt sich eine klare Tendenz zu Aussagen einer negativen Beziehung zu Jesus.

Die wichtigste im Johannesevangelium genannte jüdische Gruppe sind die Pharisäer. Während andere gar nicht oder kaum erwähnt werden, begegnen sie relativ häufig[21]; und wo sie vorkommen, spielen sie eine beherrschende Rolle. Sie erscheinen als die entscheidenden Träger des gegen Jesus gerichteten Handelns, wobei sie behördliche Funktionen wahrnehmen. Daß

19 Vgl. Wrede 24: "Es klingt denn doch mehr als seltsam, wenn es heisst, daß niemand (nämlich von den Juden) offen über Jesus zu reden wagte '*aus Furcht vor den Juden*'."

20 S. o. S. 59.

21 Sie werden 19mal angeführt gegenüber 28mal bei Mt, 20mal bei Lk und 12mal bei Mk. Anders als bei der Wendung "die Juden" ist dieser Befund rein statistisch nicht auffällig. Er wird es erst dadurch, daß andere Gruppen weitgehend fehlen.

hier nicht Verhältnisse der Zeit Jesu dargestellt werden, liegt immer wieder deutlich auf der Hand.

In Relation zu Jesus werden die Pharisäer als Gruppe zuerst in 4,1.3 genannt: "Als nun Jesus erfuhr, daß die Pharisäer gehört hatten, Jesus mache mehr Jünger und taufe sie als Johannes ..., verließ er Judäa und ging wieder weg nach Galiläa." Dieser Satz ist nur verständlich in seinem Rückbezug auf die Szene 1,19-28. Dort wird erzählt, daß "Priester und Leviten" von Jerusalem aus als Vernehmungsbeamte zu Johannes dem Täufer geschickt wurden. Weil hinter seinem Taufen messianische Ansprüche vermutet werden (V.25), wird er darüber vernommen. "Und sie waren entsandt von den Pharisäern", stellt V.24 fest. Sie sind die beauftragende Behörde, die offenbar darüber wacht, daß es nicht zu messianischen Unruhen kommt. Vor diesem Hintergrund erklärt sich die in 4,1.3 geschilderte Situation. Führte schon die täuferische Aktivität des Johannes fernab von Jerusalem[22] zu einer von den Pharisäern ausgehenden Vernehmung, so ist das – und mehr als das – gegenüber der noch erfolgreicheren Wirksamkeit Jesu in Judäa zu erwarten.[23] Dort ist er offenbar ihrem Zugriff unmittelbar ausgesetzt. Dem entzieht er sich durch seinen Weggang nach Galiläa.[24]

Daß dieser Text so verstanden sein will, wird durch die Ausführungen in 7,32 bestätigt. Jesus ist wieder in Jerusalem. Nach V.31 findet er im Volk Glauben und kommt als möglicher Messias in den Blick. Daraufhin heißt es in V.32: "Die Pharisäer hörten, daß die Menge das über ihn tuschelte; und die Oberpriester und die Pharisäer schickten Diener, um ihn zu verhaften." Die Pharisäer erfahren von messianischen Bekenntnissen und Vermutungen und handeln – gemeinsam mit den Oberpriestern[25] – sofort amtlich: Durch die Festnahme des Protagonisten soll eine messianische Bewegung im Keim erstickt werden.

22 Zur Lokalisierung von Bethanien in 1,28 vgl. u. S. 172.

23 Es geht also nicht, wie Bultmann meint, um "die Eifersucht der Pharisäer" (Komm. 128).

24 Vgl. Haenchen, Komm. 237: "In 4,1 stoßen sich die Pharisäer daran, daß Jesus noch erfolgreicher ist als der schon verdächtige Johannes. Von ihnen droht Verfolgung; darum muß Jesus Judäa verlassen und sich nach Galiläa zurückziehen."

25 Die Verbindung von den Oberpriestern und den Pharisäern wird weiter unten besprochen.

Ausführendes Organ sind "die Diener", keine privaten, sondern amtliche, nämlich die Gerichtsdiener.[26] Sie sind den (Oberpriestern und) Pharisäern ebenso untergeordnet, wie es in 1,19.24 "Priester und Leviten" waren. Wurden diese zur Vernehmung ausgesandt[27], so besteht das Verhaftungskommando aus Bütteln.

Als Behörde treten die Pharisäer auch in Kap. 9 in der Nachgeschichte der Blindenheilung auf (V.13ff). Nachdem der ehemals Blinde, von Nachbarn und anderen zur Rede gestellt, erzählt hat, wie er von Jesus geheilt worden ist, wird er selbst, da Jesus nicht greifbar ist, zu den Pharisäern geschleppt. Sie sind offenbar die amtliche Instanz, vor die der Fall – aus V.14 wird deutlich, daß ein Sabbatbruch vorliegt – zu bringen ist; und sie beginnen sogleich mit der Vernehmung (V.15).[28] Sie sind es auch, zu denen nach 11,46 einige von "den Juden" hingehen, um ihnen mitzuteilen, was Jesus an Lazarus getan hatte. Das ist als Denunziation bei der Behörde verstanden.[29] Aufgrund der Anzeige bei den Pharisäern folgt dann auch gleich eine amtliche Reaktion: "Da riefen die Oberpriester und die Pharisäer eine

26 In 7,45 kehren sie zu ihren Auftraggebern zurück, wo offenbar – wie der folgende Kontext zeigt – eine Synhedriumssitzung vorgestellt ist. Sie treten dann wieder in der Leidensgeschichte in Aktion.

27 Die einmal im Johannesevangelium auftretenden "Priester und Leviten" begegnen also nicht als eigenständige Gruppe, sondern nur in Zuordnung zu den Pharisäern. Der Evangelist benennt damit die Vernehmungsbeamten und greift dabei auf traditionelle Bezeichnungen von Gruppen zurück, die höher standen als Diener und niedriger als Oberpriester und Obere. Ob er sie innerhalb eines Traditionsstükkes vorgefunden hat (so Richter, Studien 299 Anm. 54), sei dahingestellt. Jedenfalls hat er sie nicht einfach "mitgeschleppt".

28 "Die Darstellung bekommt jetzt den Charakter eines regelrechten Verhörs, sie wird offiziell" (Blank, Komm. 1b, 198); vgl. auch Haenchen, Komm. 379f.

29 So hatte bereits Bultmann diesen Vorgang charakterisiert, "daß die Ungläubigen Jesus bei der Behörde denunzieren" (Komm. 313). Schnakkenburg schwächt demgegenüber ab; er spricht lediglich von "berichten (nicht 'denunzieren', da sich Jesus keiner Gesetzesübertretung schuldig gemacht hat)" (Komm. 2,447). Da aber diese "einigen" von V.46 in negativem Kontrast zu den "vielen", die zum Glauben kommen, in V.45 stehen, ist ihre Aktion nicht als neutraler Bericht verstanden; und so löst auch ihre Anzeige den in der folgenden Szene mitgeteilten Todesbeschluß aus (V.47-53).

Sitzung des Synhedriums zusammen" (V.47) – ein Gremium, das nach dem Johannesevangelium aus ihnen selbst besteht. Jedenfalls sind sie es, die dort reden; und sie sind es auch, die nach V.57 "Anordnungen erlassen hatten, daß, wenn jemand erführe, wo er (sc. Jesus) ist, er (ihn) anzeige, damit sie ihn verhafteten".

Dieser Überblick hat deutlich gemacht, daß die Pharisäer im Johannesevangelium als eine zentrale amtliche Instanz erscheinen. Das sind sie in der Zeit Jesu nicht gewesen. Ebenso verwunderlich ist in dieser Hinsicht die schon berührte Zusammenstellung "die Oberpriester und die Pharisäer". Bei ihr handelt es sich um "einen charakteristischen Anachronismus"[30], da diese beiden Gruppen keine gemeinsame Instanz gebildet haben. Insgesamt begegnen die Oberpriester im Johannesevangelium zehnmal, allerdings nur innerhalb der Leidensgeschichte[31] und an Stellen, die die Leidensgeschichte vorbereiten.[32] Aus dieser Beobachtung wie aus dem Vergleich mit entsprechenden Stellen der synoptischen Leidensgeschichte[33] ist zu schließen, daß dem Evangelisten die Oberpriester in seiner Passionstradition vorgegeben waren. Fünfmal stellt er die Pharisäer neben sie.[34] Das ist um so auffälliger, als diese Verbindung sonst nur noch zweimal im Matthäusevangelium an redaktionellen Stellen steht.[35] In Joh 11,47 und 18,3 hat sie offenbar eine ältere Formulierung verdrängt.[36] Wo im Kontext der Zusammenstellungen von Oberpriestern und Pharisäern zwischen beiden Gruppen differenziert wird – das ist an drei der fünf Stellen der Fall –, dominieren immer die Pharisäer. So sind sie nach der erfolglosen Rückkehr der Gerichtsdiener zu ihren Auftraggebern, "den Oberpriestern

30 So Vouga 66. Bei Josephus heißt es zwar für die Zeit zu Beginn des jüdischen Aufstandes: συνελθόντες γοῦν οἱ δυνατοὶ τοῖς ἀρχιερεῦσιν εἰς ταὐτὸ καὶ τοῖς τῶν φαρισαίων γνωρίμοις (bell. Iud. II 411). Aber hier werden eben nicht neben den Oberpriestern pauschal "die Pharisäer" angeführt, sondern nur deren "Notabeln".

31 18,3.35; 19,6.15.21.

32 7,32.45; 11,47.57; 12,10.

33 Vgl. Joh 11,47 mit Mk 14,1/Mt 26,3/Lk 22,2; Joh 18,3 mit Mk 14,43/Mt 26,47; Joh 18,35 mit Mk 15,1/Mt 27,1; Joh 19,6.15 mit Mk 15,11-13/Mt 27,30. Zu Joh 18,3.35; 19,6.15 s. auch Dauer 28.122.127f.

34 7,32.45; 11,47.57; 18,3.

35 Mt 21,45; 27,62.

36 Das macht ein Vergleich mit Mk 14,1/Mt 26,3/Lk 22,2 sowie Mk 14,43/Mt 26,47 wahrscheinlich.

und Pharisäern" (7,45), ab V.47 das allein handelnde Subjekt auf dieser Seite; und gegenüber "den Oberpriestern und den Pharisäern" in 7,32b und 11,47 erscheinen die Pharisäer in 7,32a und 11,46 als die eigentlichen Initiatoren.[37]

Gewiß hat der Evangelist die Oberpriester in seiner Passionstradition vorgefunden. Man kann aber nicht sagen, daß er da, wo sie allein stehen, einfach Tradition wiedergebe. Die Angaben in 12,10 – der Beschluß der Oberpriester, auch Lazarus zu töten – und in 19,21 – der Einspruch der Oberpriester gegen die Formulierung der Aufschrift am Kreuz – sind eindeutig redaktionell. Die übrigen drei Belege finden sich in der Pilatus-Szene, einem vom Evangelisten unter Aufnahme traditionellen Materials sehr selbständig durchgearbeiteten Stück. Auffällig ist die Verteilung der Stellen, an denen die Oberpriester mit den Pharisäern zusammen und an denen sie allein stehen. Zunächst, in der Vorbereitung der Leidensgeschichte, begegnet viermal hintereinander die Verbindung "die Oberpriester und die Pharisäer". Danach ist vor der Leidensgeschichte einmal von den Oberpriestern allein die Rede (12,10). An deren Beginn taucht ein letztes Mal die Verbindung "die Oberpriester und die Pharisäer" auf (18,3). Von da an werden die Pharisäer überhaupt nicht mehr erwähnt, aber noch viermal die Oberpriester allein. Pilatus stellt Jesus gegenüber fest: "Dein Volk und die Oberpriester haben dich an mich ausgeliefert" (18,35). Konkret benannt werden in 19,6 bei der Vorführung des gefolterten Jesus "die Oberpriester und ihre Diener". Sie dürften das in 18,28 gemeinte Subjekt sein: "Da führte man Jesus von Kajaphas ins Prätorium." In derselben Szene werden die Oberpriester noch einmal ausdrücklich als Gesprächspartner des Pilatus in 19,15 angeführt. An anderen Stellen dieser Szene bezeichnet der Evangelist

37 Vgl. Brown, Komm. I, LXXII: "Nur die Oberpriester und die Pharisäer bleiben im Johannesevangelium übrig – die Oberpriester, weil ihre Rolle im Synhedrium und beim Prozeß Jesu ein zu wesentlicher Teil der Geschichte war, um vergessen zu werden, die Pharisäer, weil genau sie die jüdische Gruppe sind, die die Katastrophe des Jahres 70 überlebte. Das Judentum der Zeit, in der das Evangelium geschrieben wurde, war pharisäisches Judentum." – Auch "der Hohepriester", der in 11,49.51; 18,10-26 elfmal begegnet, steht ausschließlich im Zusammenhang der Leidensgeschichte, ist also ebenfalls eine dem Evangelisten aus der Tradition vorgegebene Gestalt.

die Gesprächspartner des Pilatus als "die Juden".[38] Dabei ist deutlich, daß er keine anderen Personen als die genannten Oberpriester – und allenfalls ihre Diener – meint. Im Gegenüber zu Pilatus sind die Oberpriester selbstverständlich auch "die Juden". In der Wendung "dein Volk und die Oberpriester" in 18,35 dürften daher letztere als Repräsentanten des Volkes verstanden sein. Für die Richtigkeit der These, daß in der Pilatus-Szene bei den Personen auf jüdischer Seite nur an die Oberpriester und ihre Diener gedacht ist, spricht eine weitere Beobachtung: Der vierte Evangelist läßt die Menge nur bis zum Einzug Jesu in Jerusalem auftreten; anders als die Synoptiker mobilisiert er sie nicht in der Leidensgeschichte. "Viele Juden" treten erst in 19,20 auf, als Jesus schon gekreuzigt ist, und lesen die Aufschrift am Kreuz. Begründet wird das mit der Nähe des Kreuzigungsortes zur Stadt. Die Situation ist hier also so vorgestellt, daß erst die errichteten Kreuze Menschen zum Kommen veranlaßten.[39]

Wie ist dieser auffällige Befund zu erklären, daß der Evangelist in der Vorbereitung der Leidensgeschichte den Oberpriestern die Pharisäer zugesellt, diese, die auch sonst die entscheidende Rolle spielen, dominieren läßt, dann aber in der Leidensgeschichte selbst, außer in einer Bemerkung ganz am Anfang, von den Pharisäern überhaupt nicht mehr spricht und nur noch die ihm in der Tradition vorgegebenen Oberpriester erwähnt? Zeigt sich in diesem Zusammenhang bei ihm eine stärker historisierende Tendenz?

Daß die Pharisäer als die eigentlich entscheidende Kraft gelten, zeigt sich auch in ihrem Verhältnis zu den gelegentlich erwähnten Oberen (ἄρχοντες). Ein mit Namen genannter Pharisäer, Nikodemus, wird selbst als "ein Oberer der Juden", als ein Ratsherr, eingeführt (3,1).[40] So wie sie dargestellt werden,

38 18,38; 19,7.12.14. Derselbe Wechsel zwischen den Oberpriestern und "den Juden" zeigt sich dann noch einmal in 19,21.31. Nach 18,14 hatte Kajaphas "den Juden" geraten, es sei besser, einer sterbe für das Volk, als daß das ganze Volk zugrunde ginge; in 11,49f waren "die Oberpriester und die Pharisäer" die Adressaten dieses Rates gewesen.

39 Vgl. die Angabe bei Artemidor, Traumbuch II 53, daß "der Gekreuzigte weithin sichtbar ist".

40 Zu ihm vgl. u. S. 137-140.

sind aber alle Pharisäer faktisch Obere.[41] Aber nicht alle Oberen sind auch Pharisäer. So werden im Munde der Pharisäer in 7,48 beide Gruppen in ihrer Ablehnung Jesu nebeneinandergestellt. Nach 12,42 gibt es unter den Oberen doch welche, die an Jesus glauben, aber "um der Pharisäer willen" wagen sie kein offenes Bekenntnis. Hier ist die Dominanz der Pharisäer besonders deutlich – und zugleich die Seltsamkeit der Darstellung für die Zeit Jesu.[42]

Es hatte sich gezeigt, daß die Menge und "die Juden" voneinander differenziert, aber auch miteinander identifiziert werden können. Auffälliger ist, daß sich dasselbe Phänomen auch in bezug auf die Pharisäer und "die Juden" beobachten läßt. Unterschieden werden sie voneinander, wenn in 11,45f von "vielen Juden" die Rede ist, die zum Glauben an Jesus gekommen waren, und von "einigen von ihnen", die zu den Pharisäern gingen und Jesus denunzierten. "Die Juden" sind hier die umfassendere Bezeichnung, denen gegenüber die Pharisäer die Behörde bilden. Öfter kommen sie jedoch in eine Linie zu stehen, wenn dieselben Leute in denselben Kontexten einmal als "die Pharisäer" und einmal als "die Juden" bezeichnet werden, wobei die Reihenfolge wechseln kann.[43] In 1,19 heißt es, daß "*die Juden*" Priester und Leviten zu Johannes schickten; in derselben Szene gelten diese dann in V.24 als von "*den Pharisäern*" geschickt. Nach 7,1 sind es "*die Juden*", die Jesus töten wollen (vgl. 7,13); in 7,32 treffen "*die Pharisäer*" und "*die Oberpriester und die Pharisäer*" Vorkehrungen, um diese Absicht in die Tat umzusetzen (vgl. 7,45-48). In 8,13 spricht Jesus zu "*den Pharisäern*"; in 8,22 erscheinen dieselben Gesprächspartner als "*die Juden*". Nach 9,13.15f wird der von Jesus geheilte Blindgeborene zu "*den Pharisäern*" geführt und von ihnen verhört; nach 9,18 sind es "*die Juden*", die das Verhör durchführen.[44] 18,3 erwähnt "Diener *von*

41 Ausgenommen 8,13 ergibt sich das aus allen Belegstellen.

42 Darüber hinaus werden die Oberen noch in 7,26 erwähnt. Dort wundern sich "einige Jerusalemer", daß Jesus in der Öffentlichkeit spricht und nicht gegen ihn eingeschritten wird; das wäre eigentlich Sache der Oberen.

43 Daß es nicht nur den Wechsel von "den Pharisäern" zu "den Juden" gibt, sondern auch *vice versa*, wird von Fuller übersehen (33.35).

44 Daß der Evangelist nicht an einen Wechsel des Subjekts denkt, ergibt sich eindeutig aus V.24, wo der Geheilte von denen, die gerade seine

den Oberpriestern und von den Pharisäern"; 18,22 sind dieselben Leute "die Diener *der Juden*".[45] In Kap. 5 nehmen "*die Juden*" die Rolle ein, wie sie in Kap. 7 und 9 "*die Pharisäer*" im Wechsel mit "*den Juden*" innehaben. Da die Pharisäer als Behörde dargestellt sind, gilt das - dem wechselweisen Gebrauch beider Bezeichnungen entsprechend - auch für "die Juden". Das ist der Fall in 9,18ff in der Fortsetzung der Geschichte von der Blindenheilung, in 5,15ff im Bericht über die Verhandlungen nach der Lahmenheilung und wohl auch in 7,11-13. Wiederum ist zu vermerken, daß diese Art der Darstellung mehr als seltsam und als Wiedergabe von Wirklichkeit der Zeit Jesu unvorstellbar ist. Aber es bleibt zu fragen, wie der Evangelist zu diesen eigenartigen Formulierungen kommt.

Nimmt man die drei Bezeichnungen, die am häufigsten begegnen – die Menge, "die Juden" und die Pharisäer –, zusammen in den Blick, zeigt es sich, daß einerseits die Menge und "die Juden" und andererseits "die Juden" und die Pharisäer miteinander identifiziert werden, niemals aber die Pharisäer und die Menge. Während die Differenzierung zwischen den Pharisäern und "den Juden" nur an einer Stelle erfolgt und ein Teil "der Juden" dort ausdrücklich in eine positive Beziehung zu den Pharisäern gesetzt wird (11,45f), findet sich in 7,49 im Munde der Pharisäer eine brüske Verurteilung der Menge insgesamt.

Dem entspricht eine weitere Beobachtung. Dreimal ist im Johannesevangelium davon die Rede, daß es eine Spaltung gab, je einmal bei der Menge (7,43), bei den Pharisäern (9,16) und bei "den Juden" (10,19). Bei der Menge begegnen einerseits klare Bekenntnisse zu Jesus, er sei der Prophet und der Gesalbte (7,40f), andererseits ein Einwand gegen die Messianität Jesu (7,41f) und ein Festnahmeversuch (7,44). Bei "den Juden" ist die negative Aussage schärfer und die positive verhaltener: "Viele von ihnen sagten: Er hat einen Dämon und ist von Sinnen. Was hört ihr auf ihn? Andere sagten: Kann etwa ein Dämon die Augen Blinder öffnen?" (10,20f) Ähnlich heißt es über die Spaltung bei den Pharisäern: "Da sagten einige von den Pharisäern:

Eltern vernommen hatten, also "den Juden", "ein zweites Mal" verhört wird; bei der ersten Vernehmung aber waren "die Pharisäer" als Subjekt genannt. Es ergibt sich weiter aus V.27, wenn der Geheilte den dort Verhörenden, also "den Juden", sagt, daß er ihnen schon beim ersten Mal, also "den Pharisäern", geantwortet habe.

Dieser Mensch (sc. Jesus) ist nicht von Gott, weil er den Sabbat nicht hält. Andere sagten: Wie kann ein sündiger Mensch solche Zeichen tun?" (9,16) Die positivsten Aussagen über Jesus begegnen auch sonst bei Teilen der Menge, gelegentlich bei Teilen "der Juden", wo sie mit der Menge identifiziert werden. Die Beziehung der Pharisäer zu Jesus ist durchgängig negativ dargestellt. Als nicht ins Gewicht fallende Ausnahmen gibt es einmal die eben zitierte Frage, die aber für die weitere Darstellung ohne jede Konsequenz bleibt. Trotz der festgestellten Spaltung handelt die Behörde anschließend völlig einheitlich. Zum anderen wird der Pharisäer Nikodemus als Sympathisant Jesu dargestellt, aber das ist er bezeichnenderweise nur heimlich.[46]

Es ist also deutlich geworden, daß im Johannesevangelium in der Darstellung des Judentums und seiner Gruppen die Pharisäer dominant sind. Sie bilden die entscheidende Instanz. Bemerkenswerterweise werden sie nur in Jerusalem, in der Zentrale, lokalisiert. Sie sind selbst Obere und verfügen über beherrschenden Einfluß auf andere Obere. Im gemeinsamen Handeln mit den Oberpriestern haben sie die Initiative. Sie sind die Repräsentanten des Judentums, wie sich im Promiscue-

45 Wahlde will diesen auffälligen Wechsel literarkritisch erklären (Analysis 63-107.110-122). Er unterscheidet zwischen einem "P-writer" und "J-writer" (P = Pharisees, J = Jews). Nachdem er diese Terminologie in Anm. 6 von S. 65 auf S. 111 kurz vorbereitet hat, taucht sie in der Argumentation auf S. 72 doch recht unvermittelt auf, insofern die Aufteilung auf zwei verschiedene Hände nicht das Ergebnis der Analyse ist, sondern die Voraussetzung, mit der von vornherein mit großer Sicherheit gearbeitet wird. Wie Wahlde selbst sieht, bereiten seiner Hypothese besonders die Abschnitte 8,12-20 und 12,37-42 Schwierigkeiten, die er nicht befriedigend auszuräumen vermag (97-105). Aber selbst wenn Wahlde recht hätte, müßte man doch fragen, was es dem "J-writer" ermöglichte, das "P-material" so aufzunehmen, daß sich in seinem Ergebnis dieser auffällige Wechsel von "Pharisäern" und "Juden" findet – außer man unterstellt ihm ein mechanisches, gedankenloses Aneinanderreihen von Stoffen. – Auch Ashton weist jetzt die Stellen mit "den Pharisäern" einer älteren, die mit "den Juden" einer jüngeren Schicht zu (61f). – In einer zweiten Arbeit zum Thema geht Wahlde auf seine erste nicht ein. Jetzt ist sein Hauptergebnis, "daß es wenig oder keinen Grund gibt, in den johanneischen Juden das gewöhnliche Volk zu erblicken – mit Ausnahme von 6,41.52" (Jews 54). Diese und andere entgegenstehende Stellen werden einem Redaktor zugeschrieben.

46 S. u. S.138 f

Sprachgebrauch "die Juden" / "die Pharisäer" zeigt. Von ihnen her wird also zu bestimmen versucht, was als jüdisch zu gelten hat. Damit sind sie weitgehend durchgedrungen, aber noch nicht völlig. Das Judentum, wie es im Johannesevangelium erscheint, ist also ein pharisäisch bestimmtes Judentum.

Es braucht nicht noch einmal besonders betont zu werden, daß dieses Bild der Wirklichkeit der Zeit Jesu schlechterdings nicht entspricht. Aber ist es deswegen einfach unhistorisch? Ein weitgehend pharisäisch bestimmtes Judentum ist keine bloße Fiktion. Ein solches Judentum gab es zwar nicht in der Zeit Jesu, wohl aber in der Zeit nach 70 n.Chr. Das Bild vom Judentum, wie es im Johannesevangelium gezeichnet wird, hat deutliche Entsprechungen im rabbinischen Judentum, wie es sich nach dem katastrophalen Ausgang des jüdisch-römischen Krieges im Jahre 70 mit der Zerstörung Jerusalems und des Tempels von Jabne aus neu konstituierte.[47]

Diese Neukonstituierung ist nach Neusner eine Synthese aus zwei Komponenten der Zeit vor 70, nämlich aus Pharisäismus und Schriftgelehrtentum, aus "der Betonung auf umfassender Beachtung des Gesetzes" und der Betonung "des Studiums der Tora", aus "der Frömmigkeit einer Sekte" und "dem Berufsideal eines Standes".[48] Neusner beschreibt die Schriftgelehrten als "einen Stand von Männern, ausgebildet in der Schrift, vielleicht Juristen, die mit der Rechtspflege beauftragt waren. Sie mußten daher Rechtstheorien entwickeln, Schüler unterrichten und das Gesetz anwenden. Natürlich würden solche Leute zum Zentrum der Administration und Rechtspflege kommen; so dürften sie nicht fernab von Jabne geblieben sein. Einige von ihnen sind sicherlich gekommen, weil sie Pharisäer waren. Andere jedoch – was auch immer ihre ursprünglichen rituellen Bräuche waren – werden gekommen sein, weil Jabne der Ort war, an dem sie die Ausübung ihres Berufs fortsetzen konnten."[49]

47 Zur Neugestaltung des Judentums nach 70 vgl. Glatzer 13-32; Safrai, Zeitalter 385-405; Schäfer, Geschichte 147-155; Stemberger, Judentum 16-18.56-58.61f.83f; Gafni 14-20; Neusner, Yohanan 147-171; ders., Judaism 34-36.43-70; vor allem aber ders., Formation 21-42, wo er mehrere frühere Arbeiten zusammenfaßt. Zum Zusammenbruch des religiös-kulturellen Lebens im Lande durch die Zerstörung des Tempels vgl. Formation 21f.

48 Formation 22.41.

49 Ebd. 39.

Der Pharisäismus der Zeit vor 70 hatte also sehr wahrscheinlich seine Fortsetzung im Rabbinismus der Zeit nach 70.[50] Aber es ist auffällig, daß sich die Rabbinen nicht selbst als Pharisäer bezeichneten.[51] Das könnte darin begründet sein, daß die Pharisäer in der Zeit vor 70 eine Gruppe unter anderen bildeten, das Bestreben der Rabbinen nach 70 aber auf Integration und das Ende von Gruppenbildungen gerichtet war.[52] "Der Fall Jerusalems und die Zerstörung des Zweiten Tempels ... verlangten den unverzüglichen Aufbau eines neuen sozialen und religiösen Rahmens, wenn das jüdische Volk überleben und es seine nationale Identität bewahren wollte."[53] Nach dem Urteil von Moore ist dieses "Werk der Bewahrung und Anpassung mit solcher Weisheit ausgeführt worden, daß das Judentum nicht allein über die Krise hinwegkam, sondern in eine Periode des Fortschritts eintrat, die es sehr wohl zu den vorzüglichsten Kapiteln seiner Geschichte zählen kann".[54]

Was zunächst nur als denkbar bezeichnet werden konnte, ist durch die bisherigen Beobachtungen als echte Möglichkeit aufgewiesen und damit als Arbeitshypothese für die weitere Untersuchung brauchbar, daß nämlich der vierte Evangelist bei seiner Darstellung des Judentums Verhältnisse seiner eigenen Gegenwart in die Zeit Jesu zurückprojiziert. Er erwähnt nirgends Schriftgelehrte, aber sein Bild der Pharisäer entspricht der neuen Führungsschicht. Zu deren Bezeichnung hätte er also den ihm in seiner Tradition überlieferten Namen derjenigen religiösen Gruppierung aufgenommen, die die Katastrophe überdau-

50 "Die Rabbinen nach 70 betrachteten sich gewiß selbst als die Fortsetzer des Pharisäismus" (Neusner, Judaism 43). "Aller Wahrscheinlichkeit nach waren die meisten Rabbinen (sc. in Jabne) Pharisäer" (Cohen 27). Vgl. auch Gafni 8.

51 Nach Cohen "gibt es kein Anzeichen dafür, daß sich die Rabbinen der Periode von Jabne von einem pharisäischen Selbstverständnis leiten ließen" (27); vgl. weiter 39: "Die Tannaiten nannten sich nie ausdrücklich selbst Pharisäer, noch wird irgendein einzelner Rabbi jemals ein Pharisäer genannt" (ähnlich S. 40).

52 Erwägenswert ist auch die von Cohen gegebene Teilantwort, nach der es "die Tendenz aller Sekten ist, daß sie es ablehnen, sich selbst als Sekten zu betrachten. Sie sind die Orthodoxen" (41).

53 Gafni 14. Vgl. Katz 51: "Es war die Niederlage von 70, die Uniformität unter pharisäischer Führung möglich werden ließ."

54 83. Vgl. auch Schäfer, Synode 45.

ert und den Neubeginn entscheidend mitbestimmt hat. Die genannte Möglichkeit kann dann Wahrscheinlichkeit für sich beanspruchen, wenn die aus dem Johannesevangelium zu erschließenden Maßnahmen des Judentums gegen die johanneische Gemeinde, die dort das gegenseitige Verhältnis prägen, aus den Bedingungen des Judentums nach 70 heraus erklärt und belegt werden können. Im folgenden wird also versucht, die Hypothese weiter zu festigen, daß der Evangelist seine Darstellung transparent werden läßt für Zustände in seiner eigenen Zeit.[55]

55 Zur Transparenz der Darstellung im Johannesevangelium vgl. auch Vouga (37) und Wiefel, der als einen der "Wesenszüge" dieses Evangeliums "die konsequente Rückübertragung der aktuellen Gemeindesituation in das Leben Jesu" bezeichnet (220). – Auch nach Baumbach zeigt der Vergleich des Gebrauchs von "Juden" und "Pharisäern", "daß 'die Juden' und 'die Pharisäer' für den 4. Evangelisten als identisch angesehen werden und meist als Vertreter der in Jerusalem residierenden jüdischen Obrigkeit gelten. Unter 'den Juden' ist also das pharisäisch bestimmte Judentum zur Zeit des Evangelisten – nach der Tempelzerstörung – zu begreifen" (124). – Vgl. auch Schnackenburg, Komm. 1,109f. – Die in vieler Hinsicht verdienstvolle Arbeit von Leistner hat leider den methodischen Mangel, daß sie nicht klar zwischen der Zeit, von der erzählt wird, und der Zeit des Erzählers unterscheidet und damit die Auswirkung der letzteren auf die Darstellung nicht genügend beachtet. So identifiziert er "die Jesus feindlich gegenüberstehenden 'Juden'" gegen den Text in dieser Weise: "Obwohl Johannes meist von den 'Pharisäern' spricht, sollte man besser an die – sadduzäisch orientierte – Priesterschaft denken" (51; vgl. 39). – Schnelle konstatiert das 19malige Vorkommen der Pharisäer im Johannesevangelium, um dann jedoch sofort zu versichern: "Dieses relativ häufige Vorkommen berechtigt aber nicht zu der Annahme, Johannes stelle hier in historisch korrektem Sinn das pharisäisch bestimmte Judentum seiner Zeit dar" (47 Anm. 214). Mit diesem Diktum ist allerdings das "relativ häufige Vorkommen" nicht erklärt, geschweige denn das dargestellte Verhältnis der Pharisäer zu den übrigen Gruppen. Natürlich gibt der Evangelist keinen "objektiven" Bericht "in historisch korrektem Sinn" – falls es so etwas überhaupt gibt –, sondern vermittelt seine von den eigenen Erfahrungen bestimmte Sicht. – Bowker meint, die Juden im Johannesevangelium seien nicht eine so einheitliche Größe wie oft hingestellt (400). Zur Begründung weist er auf die erste Hälfte des Evangeliums, wo sie häufig als "ungebundene Gruppe", ja als potentielle Glaubende erscheinen; eine unbedingte Opposition bildeten nur die Pharisäer. – Hier ist verkannt, daß die Pharisäer die Gruppe sind, die bestimmt, was als

jüdisch zu gelten hat und was nicht. Deshalb können sie, wie an den angeführten Stellen gezeigt, mit "den Juden" gleichgesetzt werden. – Wenn Wind die besondere Rolle der Pharisäer im Johannesevangelium gegenüber den Synoptikern bestreitet (58 mit Anm. 3 und 59 mit Anm. 1), läßt er die entscheidenden Gesichtspunkte außer acht, daß nämlich "die Pharisäer" mit "den Juden" gleichgesetzt werden können, daß sie – abgesehen von den mit der Passion verbundenen Oberpriestern – als einzige Gruppierung des Judentums genannt werden und daß sie in behördlicher Machtstellung erscheinen. – Reichlich spekulativ ist die These von Shepherd, der vierte Evangelist wende sich gegen eine "judaisierend-gnostisierende" Richtung (vgl. bes. 106ff). Er versucht auch erst gar nicht, seine Mutmaßungen von Texten des Johannesevangeliums her zu erhärten. – Gegen Shepherd vgl. auch Schram 281f (Anm. 74 von 164).

IV Die bedrängenden Erfahrungen der johanneischen Gemeinde

Wenn also die Arbeitshypothese vorausgesetzt werden darf, daß der vierte Evangelist in der Darstellung "der Juden" Zustände seiner eigenen Gegenwart in die Erzählung der Geschichte Jesu zurückprojiziert, daß somit "die Welt", von der seine Gemeinde bedrängt wird, konkret aus Juden besteht, dann müßten sich das Verhältnis und die Beziehungen zwischen diesem Judentum und der johanneischen Gemeinde im Evangelium widerspiegeln. Es gilt daher, zum einen aus der Perspektive der johanneischen Gemeinde zu erkennen, in welcher Weise sie das Judentum sieht und beurteilt, und zum anderen muß von der Sicht des Judentums her gefragt werden, wie es die johanneische Gemeinde einschätzt und wie es ihr gegenüber handelt.

1. Der Ausschluß aus der Synagoge als gegenwärtiges Problem der Gemeinde

In 20,19 heißt es von den am Osterabend im Haus versammelten Jüngern, daß sie die Türen verschlossen hatten "aus Furcht vor den Juden". Auf die historische Ebene der Jünger Jesu bezogen ist auch das wieder eine höchst seltsame Formulierung: Als wären Jesu Jünger nicht selbst Juden gewesen. Sie wird sofort verständlich auf der zeitlichen Ebene des Evangelisten, wenn sich hier dessen Gemeinde der Übermacht eines ihr feindlich gesonnenen Judentums gegenübersah. Die wichtigste jüdische Maßnahme scheint der Ausschluß aus der Synagoge gewesen zu sein. Jedenfalls wird davon im Johannesevangelium nicht weniger als dreimal gesprochen, und immer ist deutlich, daß es nicht um einen Vorgang in der Zeit Jesu geht oder gehen kann. Das weist darauf hin, daß es sich hier um ein drängendes Problem in der Gegenwart des Evangelisten handelt.

Die erste Stelle, 9,22, steht innerhalb der Erzählung von der Blindenheilung. Sie ist auch deshalb wichtig, weil in ihrem Kontext dieselben Leute zuerst als Pharisäer und dann als Juden bezeichnet werden und als Behörde erscheinen, weil hier also ein pharisäisch bestimmtes Judentum in behördlicher Machtstellung auftritt. Diese Behörde zitiert nach 9,18f die Eltern des Geheilten herbei und verhört sie über ihren Sohn. Nach V.18a glaubt die Behörde, die zuvor schon den Geheilten vernommen hatte, nicht, "daß er blind gewesen und sehend geworden war". Angesichts des am Ende von V.17 erzählten Bekenntnisses des Geheilten zu Jesus, daß er ein Prophet sei, ist die vorher in V.16 erwähnte Spaltung unter den Vernehmenden schnell überwunden, indem der Tatbestand, der dort zu einer tendenziell positiven Meinung über Jesus führte, in Frage gestellt wird. Zu seiner Klärung sollen nun die Eltern beitragen. Vordergründig geht es dabei nur um die "Personenstandsaufnahme"[1] im Blick auf den Geheilten. Doch diese Vernehmung zeigt sehr schnell auch ihre Abgründigkeit.

Den Eltern werden nach V.19 folgende Fragen vorgelegt: "Der da ist euer Sohn, von dem ihr sagt, daß er blind geboren worden ist? Wieso sieht er dann jetzt?" Sie sollen also einmal die Identität des Vorgeführten als ihres Sohnes bestätigen, zu der es jetzt gehört, daß er blind *war* und nun sehend ist; und zum anderen sollen sie diesen Wechsel erklären. Ihre Antwort ist bezeichnend. Mit dem ersten Fragenteil haben sie keinerlei Schwierigkeiten, und so sagen sie ohne alle Umschweife: "Wir wissen, daß das unser Sohn ist und daß er blind geboren worden ist" (V.20). Sie bestätigen die Identität ihres Sohnes und seine einstige Blindheit und werden damit implizit zu unwiderlegbaren Zeugen seiner inzwischen eingetretenen Heilung. Die Schwierigkeiten beginnen aber für die Eltern sofort da, wo die Person Jesu ins Spiel kommen müßte; mit ihr wollen sie auch nicht indirekt in Beziehung gesetzt werden. So beantworten sie die zweite Frage ausweichend: "Wieso er aber jetzt sieht, wissen wir nicht; oder wer seine Augen geöffnet hat, wissen wir jedenfalls nicht. Fragt ihn selbst! Er hat das entsprechende Alter. Er soll für sich selbst reden" (V.21). Zweimal geben sie Nichtwissen vor, das zweite Mal besonders betont.[2] Zudem weisen sie von sich weg auf ihren Sohn, der alt genug und damit für sich selbst verantwortlich sei.[3]

1 Becker, Komm. 1,319.

2 Durch hinzugefügtes ἡμεῖς, was in der Übersetzung durch "jedenfalls" zum Ausdruck zu bringen versucht worden ist.

3 Vgl. Becker, Komm. 1,319: "Die Antwort der Eltern ist versteckt

In V.22 gibt der Evangelist eine kommentierende Bemerkung zum Verhalten der Eltern, die höchst aufschlußreich ist, insofern sie deutlich macht, daß er mehr ein Geschehen seiner eigenen Zeit im Blick hat als ein Ereignis der Zeit Jesu. Er konstatiert zunächst: "Das aber sagten seine Eltern, weil sie die Juden fürchteten." Auf das Jerusalem der Zeit Jesu bezogen, wäre diese Aussage mehr als seltsam. Was sollte es da heißen, daß die Eltern, als wären sie selbst keine Juden, "die Juden" fürchteten? So kann nur in einer Umgebung geredet werden, in der Juden nicht die einzigen Bewohner sind, in der sie aber die dominierende Kraft bilden. Wenn die Eltern "die Juden" fürchten, obwohl sie gar nicht als Anhänger Jesu geschildert werden, und deshalb Nichtwissen vorgeben, sobald die Person Jesu ins Blickfeld gerät, dann ist eine Atmosphäre der Angst vorausgesetzt, in der es opportun erscheint, nicht mit Jesus in Verbindung gebracht zu werden.

Das unterstreicht die Begründung, die der Evangelist der Furcht der Eltern gibt: "Denn schon hatten die Juden untereinander beschlossen, daß – wer immer ihn als Gesalbten bekenne – aus der Synagoge ausgeschlossen würde." Bezeichnend ist zunächst das Wörtchen "schon". Es impliziert, daß – wie immer es sich mit dem hier genannten Geschehen auf der Zeitebene der Erzählung verhalten haben mag – es sich auf alle Fälle um ein solches handelt, das dem Evangelisten und seiner ersten Leser- und Hörerschaft als gegenwärtige Erfahrung vertraut und also auf ihrer Zeitebene zu Hause ist.[4]

Als Grund des Ausschlusses gilt, Jesus als Gesalbten zu bekennen. Der Name Jesus wird in V.22 gar nicht ausdrücklich genannt, lediglich von "ihm" wird gesprochen. Doch ist es klar,

hämisch und durch volkstümliche Lebensklugheit geprägt. Sie verhalten sich kooperativ, soweit es gefahrlos ist, und verweigern ihre Mitarbeit, wo es abgründig wird."

4 Haenchen bemerkt zu dieser Stelle: "Zur Zeit des Erzählers und in dem ihm bekannten Umkreis kann es also eigentlich keine Judenchristen in einer jüdischen Gemeinde mehr gegeben haben" (Komm. 380). Mit "eigentlich" hat Haenchen die Definitivität dieses Satzes selbst eingeschränkt. Gewiß ist schon Abgrenzung vollzogen worden, aber es handelt sich offenbar um einen Prozeß, der noch im Gange und nicht abgeschlossen ist. Sonst wäre die Angst relativ Unbeteiligter nicht zu erklären. Vgl. auch 12,42.

daß der Streit um Jesus geht. Daß das Bekenntnis zu ihm als Gesalbtem den Ausschluß begründet, ist vom Kontext dieser Geschichte her überraschend. Der Titel "Gesalbter" (χριστός) wird von ihr nicht nahegelegt. Wenn er dennoch an dieser Stelle begegnet, dann doch wohl deshalb, weil er sich in dem hier angesprochenen Zusammenhang von den Auseinandersetzungen zur Zeit des Evangelisten her aufdrängte. Immer wieder wird im Johannesevangelium von jüdischer Seite bestritten, daß Jesus der Gesalbte, der Messias, sei[5]; und umgekehrt gibt es der Evangelist als das Ziel seines Evangeliums an, genau das zu erweisen (20,31). Mit dem Synagogenausschluß wird also in 9,22 eine innerjüdische Abgrenzung sichtbar. "Die Juden" erscheinen hier als behördliche Macht, die rigoros gegen Abweichler im eigenen Bereich vorgeht. Diese Abgrenzung verlief für die Ausgegrenzten offenbar schmerzhaft und verbreitete über deren Kreis hinaus Angst. Denn in der Erzählung von Kap. 9 geht es bei den Eltern ja gar nicht darum, ob sie ein Bekenntnis zur Messianität Jesu ablegen oder nicht. Sie haben schon Angst, überhaupt mit Jesus in einen Zusammenhang gebracht zu werden, und wollen deshalb sicherheitshalber mit dieser Sache, in die ihr Sohn hineingeraten ist, gar nichts zu tun haben. Das unterstreicht noch einmal die den Abschnitt abschließende Bemerkung: "Deshalb sagten seine Eltern: Er hat das entsprechende Alter. Fragt ihn selbst!" (V.23) Es ist seine Angelegenheit; sie selbst halten sich da heraus.

Die weitere Vernehmung führt den Geheilten, indem er fest bei dem einen Punkt bleibt, daß ihm von Jesus heilendes Handeln widerfahren ist, zum Bekenntnis, Jesus sei "von Gott" (V.33). Das hat für ihn sofort negative Konsequenzen. Er bekommt zunächst den mündlichen Protest der ihn Vernehmenden zu hören: "Du bist ganz und gar in Sünden geboren worden, und du willst uns belehren?" (V.34a) Daß dieser Mensch blind geboren worden ist, erweist ihn als von vornherein in Sünden verstrickt.[6] Ein solcher Mensch kann doch die nicht belehren wollen, die "Jünger des Mose" (V.28) und also schon belehrt

5 Vgl. dazu u. S. 116-117.

6 In dieser Darstellung des Evangelisten liegt Ironie, insofern die Vernehmenden auf "ein Argument" zurückkommen (vgl. V.2), "das Jesus schon am Anfang ausgeschlossen hatte" (Blank, Komm. 1b, 205).

sind. "Und sie stießen ihn aus" (V.34b). Das Wort "ausstoßen" "dürfte bewußt doppelsinnig gebraucht sein"[7], einmal nämlich als Hinauswerfen aus dem Versammlungsraum; und zum anderen kann dieser Satz nicht ohne Bezug zu V.22 gelesen werden. Was dort die Eltern befürchteten und wovor sie sich durch klug taktierendes Verhalten zu schützen wußten, das trifft hier ihren Sohn: Er wird aus der Synagoge ausgeschlossen.[8]

Die zweite Stelle, an der vom Synagogenausschluß geredet wird, ist 12,42. Unmittelbar vorher hatte der Evangelist resümiert, daß Jesus trotz seiner vielen Zeichen keinen Glauben gefunden habe, und diesen Tatbestand mit Jesaja-Zitaten über die Verstockung zu begreifen versucht (V.37-41). Hier wird nicht mit kaltem Herzen die Notwendigkeit eines bestimmten Geschichtsverlaufs konstatiert, sondern die Lektüre der Schrift verhilft dazu, mit einer bedrängenden Erfahrung umzugehen. In der Schrift werden Worte gefunden, die nicht mit den Rätseln der eigenen Zeit allein lassen, sondern sie deuten helfen. An die Ausführungen über den als Verstockung gedeuteten allgemeinen Unglauben anschließend redet der Evangelist in V.42 von doch vorhandenem Glauben, und zwar gerade da, wo er gar nicht zu erwarten gewesen wäre. Es handelt sich aber um einen Glauben, der nicht wirklich zum Zuge kommt: "Gleichwohl glaubten auch viele von den Oberen an ihn, aber wegen der Pharisäer bekannten sie (ihn) nicht, damit sie nicht aus der Synagoge ausgeschlossen würden." Den Pharisäern wird hier

7 Schnackenburg, Komm. 2, 320; unmittelbar vorher stellt er fest: "ἐκβάλλειν, durch ἔξω verstärkt, ist ein kräftiges Wort."

8 Schnelle bemerkt zu Joh 9,22: "Über seine rein literarische Funktion hinaus blickt Joh 9,22 auf die Trennung joh. Christen von der Synagoge zurück. Eine *aktuelle* Auseinandersetzung der joh. Gemeinde mit der Synagoge ist dem Text hingegen nicht zu entnehmen, vielmehr läßt er nur die Folgerung zu..." (135) - und dann folgt der o. Anm. 4 zitierte und besprochene, durch "eigentlich" eingeschränkte Behauptungssatz von Haenchen. Schnelle ist in seinem Buch schnell bei der Hand, Folgerungen anderer "willkürlich" zu nennen; für sich selbst reklamiert er methodisch kontrolliertes Vorgehen. Wo ist eigentlich die methodische Kontrolle für die hier aufgestellten Behauptungen? - Vgl. dagegen Miranda 74: "In Kapitel 9 des vierten Evangeliums wird das Thema des Synagogenausschlusses in einer *dramatischen Erzählung reflektiert*. Das spricht eindeutig für die Relevanz und Aktualität dieses Problems für die johanneische Gemeinde."

Macht zu einem Handeln zugeschrieben, vor dem sich sogar besser- und hochgestellte Personen in führender Stellung fürchten.[9] Auch diese Aussage ist für die Zeit vor 70 n.Chr. unvorstellbar. Sie wird aber verstehbar, wenn sich hier Erfahrungen aus der eigenen Zeit des Evangelisten widerspiegeln: Dessen Gemeinde hatte Sympathisanten aus der Führungsschicht[10], die aber aus Furcht vor den Folgen ein offenes Bekenntnis unterließen und sich lieber bedeckt hielten.[11] Für sich selbst "glauben" sie zwar, aber sie "bekennen" nicht. Bekennen hieße demnach, für den Glauben auch öffentlich einzustehen. Nur so wird er manifest, kommt er zum Zuge. Auch nach dieser Stelle gilt solches Bekenntnis zu Jesus als Grund des Ausschlusses aus der Synagoge.

Die dritte Stelle ist 16,2[12], eine Ankündigung für die Zukunft, die der Abschied nehmende Jesus seinen Jüngern gibt. Hier ist

9 Zu den "Oberen" im Johannesevangelium vgl. o. S.67 f, zum Sprachgebrauch z.B. Josephus, bell. Iud. II 234.237. Genauer können damit "die Ratsherren", "die Mitglieder des Synhedriums" bezeichnet werden (Schnackenburg, Komm. 2, 521; de Jonge 43, Anm. 2 von S. 30). Nach Schlatter ist mit ihnen neben Oberpriestern und Pharisäern "noch ein dritter regierender Stand" genannt, der "die Rechtspflege und die staatliche Verwaltung besorgte" (276). In der Diaspora werden Synagogenbeamte ἄρχοντες genannt; vgl. dazu Applebaum, Organization 494f.

10 Ein Versuch, sie näher zu charakterisieren, wird u. S. 137-140 geboten.

11 "So spiegeln sich hier die konkreten Umstände der Zeit der Entstehung des Johannesevangeliums wider" (Blank, Komm. 1b, 339). - Schnelle dekretiert auch zu 12,42, dieser Vers sei "nicht Reflex eines *akuten* Konfliktes zwischen der joh. Gemeinde und der Synagoge", er diene "nur zur Erläuterung des vorangehenden Jesajazitates: Die in der Schrift vorhergesagte Verstockung hebt die Glaubensentscheidung des einzelnen Menschen keineswegs auf, wie der Glaube 'vieler' Ratsherren zeigt" (136). Wenn das die Funktion sein soll, warum schreibt der Evangelist dann noch die weiteren Ausführungen in V.42b.43? Wenn ausschließlich betont werden soll, daß die Glaubensentscheidung des einzelnen nicht aufgehoben sei, warum zeigt das dann der Evangelist an so seltsamen Glaubenden, bei denen sofort anschließend deutlich wird, daß sie gar nicht wirklich glauben? - Zur These, daß der Synagogenausschluß für den Evangelisten kein aktuelles Problem darstelle, sondern daß er auf ein die Gegenwart nicht mehr unmittelbar berührendes Ereignis der Vergangenheit zurückblicke, vgl. den folgenden Exkurs.

12 Becker meint: "Es grenzt schon an ein bewußtes Ausblenden von

nun ganz deutlich, daß es bei dem Ausschluß aus der Synagoge nicht um eine Maßnahme zur Zeit Jesu geht, sondern daß die nachösterliche Zeit im Blick ist. Da auch sonst in den Abschiedsreden die Jünger für die Gemeinde transparent sind, so daß der Evangelist Jesus über die Jünger zu seiner Leser- und Hörerschaft sprechen läßt[13], ist es von vornherein wahrscheinlich, daß er bei dem hier angekündigten Synagogenausschluß nicht ein für seine Gemeinde längst vergangenes und sie nicht mehr berührendes Problem anspricht, sondern ein sie bedrängendes.

Das zeigt auch der Kontext. Die Verse 1 und 4 betonen, daß Jesus seinen Jüngern das, was sie treffen wird, vorausgesagt hat: "Das habe ich euch gesagt, damit ihr nicht Anstoß nehmt... Aber das habe ich euch gesagt, damit, wenn ihre Stunde kommt, ihr euch erinnert, daß ich es euch gesagt habe." Beim "Anstoß" geht es nicht um eine Kleinigkeit, sondern um Abfall vom Glauben an Jesus, wie aus 6,61 hervorgeht, wo das Wort noch einmal begegnet.[14] Es ist also eine Situation bedrängender Erfahrung vorausgesetzt, die solchen Abfall nahelegen könnte.[15] Dem

widrigen Problemen, wenn W(engst) ohne jede Begründung so tut, als sei es selbstverständlich, 16,2-4 mit den Stellen 9,22f.; 12,42f. auf eine Ebene zu stellen. Zu bekannt ist die durch 14,31; 18,1 gesetzte Notwendigkeit zu fragen, wohin literarisch Joh 15-17 gehören" (Methoden 52). Sachlich gehören alle drei Stellen unbestreitbar zusammen; und es stimmt einfach nicht, daß 16,2 gegenüber den beiden anderen Stellen mein Hauptbeleg sei. Die sachliche Gleichartigkeit könnte ja gerade auch ein Argument gegen literarkritische Scheidungen sein, wie Bekker sie vornimmt. Der Schluß von 14,31 muß im übrigen keineswegs so verstanden werden, wie Becker will; vgl. etwa Walter 549; Thyen, Johannesevangelium 216, sowie Schnelle, Abschiedsreden 70-73. Selbst wenn Beckers Literarkritik zuträfe, müßte gefragt werden, warum die Redaktion auf das Thema des Synagogenausschlusses zu sprechen kommt. Weil es sich um ein erledigtes Thema der Vergangenheit handelt? Es ist m.E. falsch, vom Synagogenausschluß als einem "punktuellen historischen Ereignis" zu sprechen (Becker, Methoden 51 u.ö.). Mit ihm ist ein Ablösungsprozeß bezeichnet, der nicht in kurzer Frist abgeschlossen war. Ich "umgehe" also die literarkritische Frage nicht deshalb, "weil (m)ein Ansatz sonst so nicht durchführbar" wäre (ebd. 53), sondern aufgrund der o. S. 20-41 dargelegten Erwägungen.

13 Vgl. z.B. die Ausführungen u. S. 212 f.

14 Vgl. Bultmann, Komm. 428; Barrett 403 sowie u. S. 124.

15 Becker bemerkt zu dem in 16,1 genannten "Anstoß der Jünger": "Seine Erwähnung könnte ... zur Typik der Verfolgungstradition gehören

begegnet der Evangelist, indem er die Bedrängnisse von Jesus vorausgesagt sein läßt; sie sind daher nicht blindwütiges Schicksal. Sie gründen darin, daß die Welt auch Jesus nicht anerkennt, nicht wahrhaben will, daß in ihm Gott selbst auf den Plan tritt (V.3). Die Gemeinde soll deshalb die gegen sie inszenierten Bedrängnisse als Ausdruck ihrer Konformität mit Jesus begreifen (15,18-20) und sich ihnen nicht durch Abfall entziehen.[16]

Innerhalb dieses Kontextes nennt nun V.2 als erste von zwei konkreten Maßnahmen, die die Jünger Jesu treffen: "Aus der Synagoge werden sie euch ausschließen."[17] Der Ausschluß aus der Synagoge ist demnach eine bedrängende Erfahrung der johanneischen Gemeinde; und weil sie diese Erfahrung macht, läßt sie der Evangelist von Jesus vorausgesagt sein, um sie aushalten zu können.[18]

Für Schnelle erledigt sich 16,2 traditionsgeschichtlich im Rahmen der "urchristlichen Verfolgungstraditionen", wobei er auf Beckers Kommentar verweist. Er schließt daraus, "daß Joh 16,2 nicht auf eine konkrete Ausein-

(vgl. Mt 24,10)" (Komm. 2, 493). Aber auch wenn es sich so verhält, wäre doch gleich weiter zu fragen, warum der Evangelist solche "Typik" hier aufnimmt.

16 "Die Welt sieht in den Jüngern nur – bestenfalls! – eine in die Irre gehende und in die Irre führende kleine Minorität, die man nicht gewähren lassen darf" (Haenchen, Komm. 492).

17 Nicht erst durch den hier in 16,2a genannten Synagogenausschluß, sondern schon durch die Erwähnung "ihres Gesetzes" in 15,25 mit anschließendem Psalmzitat ist es klar, daß der Evangelist bei der in 15,18f angeführten "Welt", von der ab V.20 in der 3. Person Plural gesprochen wird, konkret an Juden denkt. Dieser Beleg ist den o. S. 57 aufgezählten Stellen hinzuzufügen, an denen "die Welt" und "die Juden" einander entsprechen, und er spricht gegen Vougas Feststellung, daß in den Abschiedsreden "die Juden" fehlten, und seine Annahme, die Kap. 15-17 seien später geschrieben, nachdem sich die Situation der Gemeinde verändert hätte (97).

18 Wenn Hare schreibt: "Die besondere Feindschaft des Johannes gegenüber den Juden macht es schwierig für uns zu erkennen, ob diese Stellen (sc. über den Synagogenausschluß) historische Fakten wiedergeben oder unerfüllte Vorhersagen seitens des Autors" (55), so stellt er die Dinge auf den Kopf. Nicht eine – dann unerklärbare – Judenfeindschaft produziert solche Voraussagen fern jeder Realität, die in diesem Fall auch bei den Adressaten völlig ins Leere liefen, sondern tatsächliche Erfahrung führt zu diesen Vorhersagen und dann auch zu judenfeindlichen Aussagen.

andersetzung Bezug nimmt".[19] Becker selbst meint in seinem letzten Forschungsbericht zu Joh 16,2-4: "Ein sorgfältiger Umgang mit dem Text" – "sorgfältige" Exegese ist offenbar immer nur die eigene, und so verweist dann Becker auch gleich auf seinen Kommentar – könne zeigen, daß hier "kein unmittelbarer Reflex historischer Wirklichkeit begegnet, vielmehr die historische Wirklichkeit, vermittelt durch die Typik einer Verfolgungstradition, aufgearbeitet ist".[20] Im Kommentar sieht er die Erwähnung des Synagogenausschlusses "wieder durch die Typik der Verfolgungstradition bedingt, wie Mt 10,27 (gemeint: 21); Lk 21,12 mit ihren Verweisen auf synagogale Feindschaft bezeugen".[21] Aber ist denn die durch die Typik einer Verfolgungstradition aufgearbeitete historische Wirklichkeit eine andere als die im Text konkret benannte? Oder ist in ihm, weil Typik vorliege, überhaupt keine konkrete Wirklichkeit verwahrt? Dann müßte jedoch gefragt werden, weshalb die Verfolgungstradition in Joh 16,1-4 in so spezifischer Weise begegnet. Dieser Text unterscheidet sich ja charakteristisch von den genannten synoptischen Stellen. Begegnet sie nicht deshalb in spezifischer Weise, weil eben hier mit ihr spezifische Erfahrungen bearbeitet werden, nämlich die im Text genannten?[22]

Daß in der Geschichte der johanneischen Gemeinde der Synagogenausschluß eine Rolle gespielt hat, wird auch von Becker gesehen.[23] Er bestreitet allerdings – und dazu soll wohl der Hinweis auf "die Typik der Verfolgungstradition" dienen –, daß es sich bei ihm um ein aktuelles Problem zur Zeit der Abfassung des Evangeliums handle, vielmehr werde auf ihn als ein Ereignis der Vergangenheit zurückgeblickt.[24] Dessen Erwähnungen sind nur noch "historische Reminiszenzen". Becker schreibt: "Welcher Leser des Joh(annesevangeliums), der bei Joh 1,1, zu lesen beginnt und erstmals vom Synagogenausschluß in Kp 9 erfährt, wird die großen und vielfältigen Probleme, die er bis dahin zur Kenntnis nahm, von diesem Ereignis her deuten? Muß nicht jeder Leser urteilen, z.B. der Prolog sei eine wichtigere Lesehilfe als diese historischen Reminiszenzen?"[25] Diese suggestiven Fra-

19 136.

20 Methoden 53.

21 Komm. 2, 493.

22 Beckers Ergebnis lautet, daß der "Kommentator" eines Offenbarungsspruches – so sieht er die Entstehung des Textes Joh 15,18 - 16,4a – "mit Hilfe der Verfolgungstradition (redet)" (Komm. 2,493). Warum er das tut und was er denn nun damit sagt, bleibt in diesem "sorgfältigen Umgang mit dem Text" unausgeführt.

23 Vgl. Komm. 1,43f.

24 So ist auch nach Schnelle der Synagogenausschluß "für den Evangelisten kein aktuelles Problem, vielmehr blickt er darauf zurück" (42). Zumindest seinen E(vangelisten) scheint Becker jedoch nicht gar zu weit von diesem Ereignis abzurücken, wenn er ihn ans Ende "der zweiten Phase" versetzt und als deren "Markstein" den Synagogenausschluß bezeichnet (Literatur 309).

25 Methoden 52.

gen setzen unter der Hand heutige Leserschaft, die vom Synagogenausschluß erst in Kap. 9 erfährt, mit der ersten Leserschaft in Entsprechung. War diese aber tatsächlich vom Synagogenausschluß betroffen, brauchte sie davon nicht erst durch das Evangelium zu erfahren, sondern dann hat sie dieses selbstverständlich von Anfang an auf dem Hintergrund ihrer Erfahrung gelesen. Ihre Situation wird ihr nicht erst vom Evangelisten als "Lesehilfe" geliefert, sondern ist ihr vorgegeben. Für sie geht es bei den Stellen über den Synagogenausschluß nicht um eine Information, sondern um die Verarbeitung einer schmerzlichen Erfahrung.[26] Im übrigen dürfen diese Stellen nicht isoliert werden. Sie stehen ja im Zusammenhang der Auseinandersetzung mit "den Juden"; und diese Auseinandersetzung durchzieht das ganze Evangelium. Sie klingt bereits unmittelbar nach dem Prolog an (1,19) und reicht bis in die Ostergeschichten, wenn es dort von den Jüngern heißt, daß sie sich hinter verschlossenen Türen versammelten "aus Furcht vor den Juden" (20,19; vgl. V.26).[27] Von der Situation, wie sie im Synagogenausschluß ihren stärksten Ausdruck findet, ist also das Evangelium durchgehend geprägt.[28] Daß der ab Kap. 5 eskalierende Konflikt vorher noch nicht so stark hervortritt, läßt sich mit Culpepper einleuchtend machen: "Die Leserschaft wird dazu gebracht, die vom Evangelisten vermittelte Sicht Jesu zu akzeptieren, bevor der gegenteilige Gesichtspunkt eine mehr als beiläufige Erwähnung erfährt. Nach diesen Kapiteln (sc. 1-4) ist es für die Leserschaft kaum möglich, von einer anderen Sicht Jesu überzeugt zu werden."[29]

Die Beobachtung, daß "nicht ohne Grund der größte Teil des vierten Evangeliums ein kontinuierliches Streitgespräch zwischen Jesus und 'den Juden' dar(stellt)"[30], spricht auch entschieden gegen das Unternehmen von Schnelle, das Johannesevangelium aus Auseinandersetzungen innerhalb der johanneischen Schule zu erklären. Es sei der "Versuch..., der Herausforderung einer doketischen Christologie umfassend zu begegnen".[31] Es kann

26 Die entscheidende Lesehilfe für die Lektüre des Evangeliums bietet in der Tat gleich zu Beginn der Prolog; dazu s. u. S. 189-193.

27 Im Blick auf dieselbe Wendung in 7,13 meint Culpepper, deren Bestimmtheit "dürfte implizieren, daß die Leserschaft mit solcher Furcht vertraut ist" (Anatomy 222).

28 Deshalb verfängt hier Küglers Einwand nicht, es sei inkonsequent, die Möglichkeit einer Vorgeschichte des Evangeliums zuzugestehen und dann doch nicht literarkritisch zu arbeiten, da es sein könnte, daß die aufgenommene Tradition einer gegenüber der Abfassung des Evangeliums anderen Situation entstamme (50).

29 Anatomy 91.

30 Miranda 72 f.

31 257. Auf literarkritischer Basis haben zuvor Richter und Thyen die letzte Redaktion des Evangeliums als antidoketisch verstanden; s. o. S. 22 f u. 29. Letzterer bemerkt inzwischen: "Allerdings kommen im Evangelium weder der vermeintliche Doketismus solcher Gegner noch die Auseinandersetzung mit ihnen ausdrücklich und unmißverständlich zur Sprache" (Johannesevangelium 212). "Kurz: Es ist

jedoch kaum übersehen werden, daß das Johannesevangelium von der Auseinandersetzung zwischen dem Glauben an Jesus und dem Unglauben ihm gegenüber beherrscht wird, nicht aber von der zwischen falschem und wahrem Christusglauben. Selbst wenn die Stellen, die Schnelle als bewußt antidoketische reklamiert, es tatsächlich wären, würden sie doch eindeutig in den Schatten gestellt von der Auseinandersetzung zwischen Jesus und "den Juden".[32] Gegen die These einer bewußt antidoketischen Ausrichtung des Johannesevangeliums ist auch seine Aufnahme in der christlichen Gnosis des 2. Jahrhunderts anzuführen. Bezeichnenderweise ist der erste Johannesbrief, der gegen eine gnostisierende Christologie polemisiert, in dieser Gnosis im Unterschied zum Evangelium nicht rezipiert worden.[33]

Über den Synagogenausschluß hinaus nennt 16,2b als Steigerung noch eine zweite Maßnahme: "Ja, es kommt die Stunde, daß jeder, der euch tötet, meint, Gott damit einen Dienst zu erweisen."[34] Nach dem bisher zu 16,1-4a Ausgeführten ist es wahrscheinlich, daß auch hier tatsächliche Erfahrung der Gemeinde angesprochen wird.[35] Aber wie läßt sich diese näher

unmöglich, den Antidoketismus zur Dominante des überlieferten Evangeliums zu erklären" (ebd. 213). Gegen die Annahme einer antidoketischen Frontstellung vgl. auch die Argumentation von Ibuki 135-138.

32 Auch nach Becker "kennt das Joh(annesevangelium) noch keine innerkirchliche christologische Polemik, sondern sieht im Außenverhältnis zum Judentum und zur Welt die entscheidende Gegnerschaft, die polemisch aufgearbeitet wird" (Komm. 1,44f). - Vouga hat herausgestellt, daß der vierte Evangelist weder Doket noch Antidoket ist und daß die in seinem Werk beschriebene Auseinandersetzung zwischen Jesus und 'den Juden' in erster Linie für den gemeindeinternen Gebrauch bestimmt ist, wie sich an Argumenten zeigt, die nur auf der Basis von Übereinstimmung funktionieren (46-50).

33 Dieser Unterschied zwischen Evangelium und Brief in der Rezeption durch die christliche Gnosis ist ein Argument gegen Thyens neuen Versuch, nun umgekehrt auch den Brief nicht als Zeugnis innerkirchlicher Auseinandersetzung zu verstehen, sondern ihn in demselben Konflikt zwischen Juden und Judenchristen zu situieren wie das Evangelium (Johannesbriefe 189-195).

34 Der Schluß könnte auch übersetzt werden: "... ein Opfer darzubringen"; vgl. ThWNT IV 65.

35 Anders Hare, der meint, diese Bemerkung "mag nicht mehr sein als ein christlicher Reflex auf jüdische Erklärungen, daß Christen gelyncht werden *müßten*. Das beweist keineswegs, daß der Wunsch in die Tat verwandelt wurde" (41). Eine solche Annahme ist angesichts der Rahmung von 16,2 unwahrscheinlich. Warum sollte die Voraussage durch Jesus als ein Faktor des Trostes so stark betont werden, wenn nicht deshalb, weil das Vorausgesagte konkrete Erfahrung der Ge-

beschreiben? Zunächst ist deutlich, daß wie beim Ausschluß aus der Synagoge Juden als Akteure im Blick sind. Das zeigt einmal der Kontext, in dem an sie gedacht ist; und das geht zum anderen daraus hervor, daß das Töten der Jünger Jesu als vermeintlicher Dienst gegenüber Gott erscheint. Dann aber ist auch klar, daß es sich bei den Opfern um *Judenchristen* handeln muß, da als Dienst gegenüber Gott verstandene Tötung nur gegenüber – aus jüdischer Sicht – abgefallenen Juden vorstellbar ist. Urbild solchen Handelns, das hier in 16,2b im Blick sein dürfte, ist der Eiferer Pinehas (Num 25,6-13). Über ihn heißt es im Midrasch: "Brachte er denn ein Opfer dar, weil es heißt, er habe Sühne erwirkt? Allein, es soll dir damit gelehrt werden: Wer das Blut der Frevler vergießt, ist anzusehen, als hätte er ein Opfer dargebracht."[36] Zum anderen verweist man zum Verständnis von Joh 16,2b auf mSan 9, 6a, "wo den 'Eiferern' Straffreiheit zugesichert wird, wenn sie über bestimmte religiöse Verbrecher 'herfallen', d.h. sie töten".[37] "Es wäre natürlich ein schwerwiegender Irrtum, anzunehmen, daß irgendeiner dieser Abschnitte eine allgemeine Freigabe wahllosen Blutvergießens bedeutete oder tatsächlich jemals besonders ernst genommen worden wäre."[38] Wenn man der Stelle Joh 16,2b entnehmen darf, daß in einzelnen Fällen Juden, die an Jesus glaubten, von anderen Juden getötet wurden, dann ist es jedoch gut vorstellbar, daß man solches Handeln nachträglich im Rückgriff auf die Gestalt des Pinehas rechtfertigte. Das dürfte Joh 16,2b im Blick sein. Jedenfalls kommen die Formulierungen dort und im Midrasch einander erstaunlich nahe.

meinde ist? – Vgl. auch Brown, Community 42 Anm. 67: "In Joh 16,2 steht das Futur, jedoch aus der Perspektive des Wirkens Jesu. Der Synagogenausschluß hat schon z.Z. der Abfassung des Evangeliums stattgefunden und so vermutlich doch auch das Töten." Nach Becker liegt auch mit der Erwähnung des Tötens ein "traditionelles Motiv" vor, "so sicher das nicht ausschließt, die joh(anneische) Gemeinde habe solche Martyrien erlebt" (Komm. 2, 493).

36 BemR 21,3 zu Num 25,13; TanB Pinehas 3. – Zur Pinehas-Tradition vgl. Hengel, Zeloten, 154-181.

37 Schnackenburg, Komm. 3, 139 Anm. 101. Vgl. auch mSan 11,6, wo als Ausspruch des Rabbi Schimon überliefert wird: "Der Heilige, gepriesen sei er, sprach: Wenn ihr an der abtrünnigen Stadt das Recht übt, so rechne ich es euch an, als würdet ihr mir Ganzopfer darbringen."

38 Barrett, Komm. 404.

39 Komm. 2,173.

Bei solcher Rekonstruktion kann und darf nicht von der inzwischen verflossenen Geschichte abgesehen werden. Blank schreibt zu Joh 16,1-4a: "Wir können heute nicht mehr daran vorbei, solche Sätze, die am Anfang der Kirchengeschichte, vor neunzehnhundert Jahren geschrieben worden sind und die damals noch einen unschuldigen, unbelasteten Sinn hatten, mit dem zu vergleichen, was in den zurückliegenden Jahrhunderten aus ihnen gemacht worden ist."[39] Als ein Beispiel dafür sei aus Luthers Tischreden zitiert: "Die Juden, so sich für Aerzte ausgeben, bringen die Christen, welche ihre Arznei brauchen, um Leib und Gut, denn sie meinen, sie thun Gott einen Dienst, wenn sie die Christen nur weidlich plagen und heimlich umbringen. Und wir tolle Narren haben noch Zuflucht zu unsern Feinden und Widerwärtigen in Gefahr unsers Lebens, versuchen also Gott." Der Berichterstatter fügt hinzu: "Und erzählete etlicher Juden-Aerzte Bosheit und Untreu, die sie getrieben und geübet hätten."[40] Zu dem Vers Joh 16,2, auf den Luther hier anspielt, bemerkt Blank: "Wer dächte da nicht an die Opfer der Inquisition?"[41] Und Brown stellt zum Zitat dieses Verses die rhetorische Frage: "Muß ich hinzufügen, daß Christen in einer langen Geschichte aus Liebe zu Gott einander zu Tode gebracht haben?"[42] Hinzugefügt werden muß, daß sie vor allem Juden umgebracht haben.

Wenn es also zur Erfahrung der johanneischen Gemeinde gehört, daß es Martyrien in ihr gab, und Juden als dafür verantwortlich angesehen wurden, ist zu fragen, in welcher Weise sie als Akteure gelten konnten. Eine Möglichkeit ist, daß sie es nur mittelbar waren, etwa als Förderer und Helfer staatlicher Verfolgungsmaßnahmen.[43] Sind sie aber als eigentliche Täter gemeint,

40 Tischreden Kap. 74 Nr. 20 (W 22,1582f).
41 Komm. 2,174.
42 Community 42 Anm. 69.
43 Vgl. Act 17,5-9; 18,12f; MartPol 12,2; 13,1; 17,2; 18,1. Hierhin gehören wohl auch die Bemerkung Tertullians, die Synagogen seien Quellen der Verfolgung (Scorpiace 10,10), und die Hinweise bei Justin, dial. 16,4; 95,4; 110,5; 131,2; 133,6. Vgl. Brown, Komm. II 691f. – Daß bei den Joh 16,2b gemeinten Vorgängen Juden nur mittelbar beteiligt waren, nimmt Vouga an. Er vertritt näherhin die These, daß an die Verfolgung unter Domitian gedacht sei; Juden hätten das römische Vorgehen gefördert (104; vgl. 111). Seine Begründung: "Man sieht doch nicht, wie diese (sc. die Juden) in der Diaspora – in Kleinasien – tatsächlich solche Aktionen gegen irgendjemanden hätten unternehmen können" (104). Diese Feststellung trifft gewiß zu; aber sie könnte auch zu der Folgerung führen, die Richtigkeit der Ortsbestimmung Kleinasien in Zweifel zu ziehen. – Vougas These, die Abfassung der Kapitel 15-17 sei durch die domitianische Verfolgung veranlaßt, die zuerst auf S. 10 unvermittelt genannt wird (vgl. 100.108), steht auf schwachen Füßen. Sie basiert – außer auf 16,2b – auf der Beobachtung, daß in den Abschiedsreden "die Welt" den Platz "der Juden" einnehme, die hier

dann kann es sich – in der Zeit nach 70 – nur um Akte von Lynchjustiz handeln.[44] Die sind aber immer nur da möglich, wo sie behördlich toleriert werden. Das ist für die Ortsbestimmung der johanneischen Gemeinde im Auge zu behalten.

Aufgrund der Untersuchung der drei Stellen Joh 9,22; 12,42; 16,2 sei als wesentliches Ergebnis festgehalten, "daß der Synagogenausschluß eine bedrängende Realität war"[45], die der johanneischen Gemeinde zu schaffen machte. Was aber ist unter ihm genauer vorzustellen?

außer der in dieser Hinsicht nichtssagenden Stelle 13,33 nicht begegnen, und auf der Folgerung, daß "die Juden" und "die Welt" verschiedene Situationen der Gemeinde kennzeichneten (75.97.107.111). Gegen diese These sprechen folgende Gründe: 1. Wie Vouga selbst sieht, fehlen "die Juden" nicht nur in den von ihm der neuen Situation zugeschriebenen Kapiteln 15-17, sondern auch in den Kapiteln 13 und 14. Dieses Fehlen ist offensichtlich dadurch bedingt, daß in den Abschiedsreden die Jünger das Gegenüber Jesu bilden und nicht "die Juden". Daß sie gerade in Kap. 15-17, wenn auch nicht terminologisch, dennoch begegnen, zeigt dieser Abschnitt 15,18-16,4a; vgl. o. Anm. 17. 2. Wie 16,2 deutlich macht, ist die Situation der Gemeinde keine andere, als sie durch 9,22 und 12,42 angezeigt wird. 3. In der Weise, wie "die Welt" in den Kapiteln 15-17 erscheint, ist von ihr auch außerhalb dieser Kapitel die Rede.

44 Gegen Martyn, History 64-89, der hinter 16,2b und 5,1-18 sowie Teilen von Kap. 7 ein Vorgehen der jüdischen Autoritäten auf rechtlicher Grundlage erkennt. Vorausgesetzt ist dabei, "daß *innerhalb ihres eigenen Stadtteils* die jüdischen Führer *de facto* bedeutende Macht besaßen. *De jure* ist ihre Autorität in der Stadt als ganzer vielleicht in Joh 18,31 reflektiert" (72 Anm. 99). Zu der "Stadt des Johannes" vgl. u. S. 159 Anm. 12. Vgl. auch Becker, Methoden 54: "In keinem Fall ist durch den Text sichergestellt, daß jüdische Behörden direkt und aus zugestandener Kompetenz heraus Todesurteile fällen und vollstrecken durften."

45 Culpepper, Anatomy 68. An anderer Stelle sieht er in der Joh 6,37 wahrscheinlich widergespiegelten Praxis der johanneischen Gemeinde einen Kontrast zum Synagogenausschluß (School 440). - Vgl. auch Kossen 100: "Warum wurde der Evangelist veranlaßt, das Phänomen des Ausschlusses von Judenchristen aus dem Judentum zu erwähnen, indem er es an drei Stellen in seinem Evangelium in die Zeit Jesu vordatiert? Die Antwort muß lauten: weil das eine wichtige Angelegenheit für seine Leser war." – Schram meint, daß diejenigen, die die Darstellung "der Juden" im Johannesevangelium vorrangig bestimmt sehen durch den Konflikt zwischen Kirche und Synagoge zur Zeit des Evangelisten, das Moment des Konflikts zwischen Jesus und "den Juden" im Evangelium übertreiben und den Kontrast zwischen "den Juden" und den Jüngern Jesu ignorieren (200f.204). Für eine Haupt-

2. Der Ausschluß aus der Synagoge als Erfahrung von "Ketzern"

Läßt sich das Bild, das sich aus den drei besprochenen Stellen des Johannesevangeliums ergab, von der Geschichte des Judentums nach 70 her bestätigen und präzisieren? Der Tatbestand, daß das an allen drei Stellen gebrauchte griechische Wort ἀποσυνάγωγος[46] im Neuen Testament nur hier begegnet, außerchristlich nicht belegt ist und christlich nur an vom Johannesevangelium abhängigen Stellen, macht es von vornherein wahrscheinlich, daß damit eine spezifische Erfahrung der johanneischen Gemeinde auf den Begriff gebracht und nicht die Bezeichnung eines formellen Aktes, der den Ausschluß aus der Synagoge zum Ziel gehabt hätte, übernommen wird. Allerdings müssen dieser so auf den Begriff gebrachten Erfahrung Maßnahmen auf der Gegenseite entsprochen haben. Welche können das gewesen sein?

Daß an den Bann gedacht sei, der in der Synagoge als Zuchtmittel zur Besserung diente und somit zeitlich begrenzt war[47], ist ausgeschlossen. Die Stellen im Johannesevangelium scheinen wesentlich schärfere Maßnahmen im Blick zu haben, die als totale Abgrenzung erfahren wurden, wie besonders deutlich 16,2 zeigt, wo sogar von Tötung die Rede ist.[48]

Häufig wird angenommen, daß sich das Wort ἀποσυνάγωγος im Johannesevangelium auf die Einfügung der *birkat ha-minim*, des "Ketzersegens"[49], in das Achtzehngebet, *das* jüdische Gebet

schwierigkeit dieser Ansicht hält er "die Nicht-Rolle der Jünger in dem vorausgesetzten Konflikt" (200); und er findet es für diesen Fall unwahrscheinlich, daß dann die Kirche ihre eigene Analogie, die Jünger, so schwach dargestellt hätte (201.204). Diese Argumente treffen nicht. Die Rolle der Jünger im Konflikt ist in dem Vers 16,2 und seinem Kontext angegeben. Hier ist es durch die Form der Voraussage überdeutlich, daß die Gemeinde im Blick ist; und deren Position war offensichtlich in der Tat schwach.

46 Zu diesem Wort und der Debatte um es vgl. Schrage, ἀποσυνάγωγος.

47 Vgl. dazu Bill. IV/1, 293-329, und vor allem Hunzinger, Bannpraxis passim; ders., Bann 161f.163f.

48 Vgl. Schrage, ἀποσυνάγωγος.

49 Da es sich bei der *birkat ha-minim* tatsächlich um eine Ketzerverwünschung handelt, spricht man im Blick auf diese Formulierung meistens von einem Euphemismus. Ben-Chorin hat vorgeschlagen: "Weil aber

schlechthin[50], bezieht.[51] Eine solche direkte Verbindung herzustellen, ist sicher nicht angemessen. Die *birkat ha-minim* intendierte nicht den Synagogenausschluß und wirkte auch nicht ohne weiteres in dieser Weise. Dennoch ist der Hinweis auf sie von Bedeutung, da sie von Ketzern spricht und die im Johannesevangelium als "Synagogenausschluß" zum Ausdruck gebrachte Erfahrung eine solche sein dürfte, wie sie Menschen machen mußten, die zu Ketzern erklärt worden waren. Die *birkat ha-minim* gehört also in den größeren Kontext, der das "Klima" in der Zeit und Umwelt des Johannesevangeliums bestimmte. Deshalb ist sie hier zu besprechen.[52]

Nach bBer 28b ist das Achtzehngebet unter Rabban Gamliel II. in Jabne von Schimon dem Flachshändler neu geordnet worden. Dabei handelte es sich um "die Festsetzung und Sanktionierung eines künftig zu verwendenden Normtextes".[53] In

die Bezeichnung Ketzersegen irreführend ist..., die Bezeichnung Ketzerfluch aber wiederum einseitig bliebe, wähle ich die Bezeichnung 'Ketzerformel'" (Ketzerformel 473). Wahrscheinlich handelt es sich aber, wie Kimelman herausgestellt hat, um "einen elliptischen Ausdruck für *birkat quellelat ha-minim*, d.h. die Benediktion für die Verfluchung der *minim*" (228).

50 Zum Achtzehngebet vgl. Elbogen 27-60.515-520.582-586; Bill. IV/1, 208-249; Kuhn, Achtzehngebet.

51 Eine immer größer werdende Zahl von Forschern erkennt, daß hinter dem Johannesevangelium eine jüdisch-judenchristliche Kontroverse steht, und nimmt als konkreten Hintergrund die Einfügung der *birkat ha-minim* in das Achtzehngebet an; vgl. etwa Schrage, ἀποσυνάγωγος, 847f; Barrett, Johannesevangelium 49f; Martyn, History passim, besonders 38-62; Leistner 50f; Kysar, Evangelist 80f.149.156.171.272; Pancaro, Law 245-250; ders., Relationship 401f; Moloney, Presentation 240-242; Smith, Presentation 181f; Gryglewicz, Pharisäer 154f; Forkman 105; Fuller 35; Wiefel 226f; die Kommentare von Brown (I, LXXIVf), Schnackenburg (1,147; 2,316f), Schulz (144f), Barrett (361f) und Becker (1,43f). – Richter siedelt den Konflikt mit dem Judentum auf der Ebene der "Grundschrift" an (Studien 304 mit Anm. 72; 402-404). Er nennt es den "Irrtum" von Martyn, "daß er meint, der *Evangelist* setze sich mit der jüdischen Gemeinde und ihrer Messiaserwartung auseinander" (404 Anm. 78). 16,2 allerdings bringt Richter in Verlegenheit, wie seine Mutmaßung über diese Stelle in Anm. 87 auf S. 406 zeigt.

52 In den letzten Jahren ist mehrfach über die *birkat ha-minim* gehandelt worden; besonders hervorzuheben sind die Untersuchungen von Katz und Kimelman.

ihn wurde auch die *birkat ha-minim* aufgenommen. Unmittelbar anschließend an die Notiz von der Neuordnung des Achtzehngebetes fährt der Bericht in bBer 28b fort: "Rabban Gamliel sprach zu den Weisen: Gibt es etwa jemanden, der eine *birkat ha-minim* abzufassen weiß? Da stand Schemuel der Kleine auf und faßte sie ab." Sie wurde als zwölfte Benediktion in das Achtzehngebet eingefügt. "An der Historizität dieses Berichtes über die Einführung einer Verwünschung der Häretiker in das Achtzehn-Bitten-Gebet zu zweifeln, besteht kein Anlass."[54] Der Wortlaut dieser Benediktion wird in den rabbinischen Quellen nicht mitgeteilt. Verschiedene Fassungen sind erst in mittelalterlichen Texten erhalten. Die wahrscheinlich älteste, die auf palästinische Tradition zurückgeht, lautet:

> "Den Abtrünnigen sei keine Hoffnung,
> und die überhebliche Herrschaft rotte schnell aus in unseren Tagen.
> Und die *nozrim* und die *minim* mögen plötzlich zugrundegehen.
> Sie mögen ausgewischt werden aus dem Buch des Lebens
> und mit den Gerechten nicht hineingeschrieben werden.
> Gepriesen seist Du, Ewiger, der die Hochmütigen beugt."[55]

Mit formalen und sachlichen Argumenten weist Kuhn überzeugend nach, daß nur der zweite Teil, also hier die Zeilen drei bis fünf, in Jabne dazukam, während der erste Teil in die vorchristliche Zeit zurückreicht.[56] Nur dieser zweite Teil ist eine "Ketzer-

53 Kuhn, Achtzehngebet 10. Vgl. auch bMeg 17b und 18a.

54 Schäfer, Synode 47; ähnlich Stemberger, Synode 16.

55 Vgl. den hebräischen Text bei Kuhn, Achtzehngebet 18. – Die "wichtigsten erhaltenen Text-Fassungen der *birkat ham-mînîm*" und ihre Erörterung bietet Schäfer, Synode 48-52; 53 Anm. 3 weitere Literatur.

56 Achtzehngebet 18-21. Formal unterscheiden sich die beiden Teile durch ein verschiedenes Reimschema. Inhaltlich spricht der erste Teil mit den Apostaten ein Problem an, das im 2. und 1. Jh. v.Chr. virulent war; entsprechend ist "die überhebliche Herrschaft" "im 1.; 2. und 3. Makk viel gebrauchtes Stichwort für die syrisch-seleukidische Fremdherrschaft" (20). Dagegen bezieht sich der zweite Teil der Verwünschung der Ketzer auf ein Problem, das sich erst durch die Einheitsbestrebungen des rabbinischen Judentums nach 70 ergab. Für die sekundäre Hinzufügung der *birkat ha-minim* an eine schon bestehende Benediktion spricht auch die von Kuhn zitierte Bemerkung in tBer 3,25 (bei Kuhn fälschlich 4,25): "Man faßt zusammen die *birkat ha-minim* mit

verwünschung" im eigentlichen Sinn. Daß auch er schon in die Zeit vor Jabne gehört[57], ist unwahrscheinlich.[58] Die Ketzer werden in der zwölften Benediktion nicht allein angeführt; und sie stehen auch nicht an erster Stelle. Dennoch wird diese Benediktion in den rabbinischen Texten *birkat ha-minim* genannt. Das zeigt, daß für die Rabbinen in Jabne die Ketzerei ein neues und wichtiges Problem darstellte, dem sie u.a. mit der Neufassung dieser Benediktion zu begegnen suchten.[59] Die *birkat ha-minim* hat also ihren Ort in der Geschichte des Judentums erst, als sich der Rabbinismus nach der Katastrophe des Jahres 70 als Orthodoxie durchzusetzen beginnt[60]; sie spielt "eine Rolle in dem Prozeß, der zu einem normativen Selbstverständnis im rabbinischen Judentum führte".[61]

Von daher bestimmt es sich, wer ein *min* ist, nämlich "ein (davon) abweichender Jude".[62] Cohen betont sehr stark, daß

der über die Abtrünnigen in der einen *beraka* " (Kuhn, Achtzehngebet 18f, mit Angabe der Parallelstellen). Vgl. auch Schäfer, Synode 53 Anm. 7; Stemberger, Synode 16. – Die Zusammenstellung von Ketzern mit Apostaten, wobei noch weitere dergleichen hinzukommen, findet sich auch an zwei Stellen der rabbinischen Literatur: "Aber die Ketzer, die Apostaten, die Denunzianten, die Epikuräer, diejenigen, die die Tora verleugnen, diejenigen, die von den Wegen der Allgemeinheit abweichen, diejenigen, die die Wiederbelebung der Toten leugnen, und wer sonst noch sündigt oder die Menge zur Sünde verführt wie z.B. Jerobeam und Ahab, diejenigen, 'die als Tyrannen auftreten im Land der Lebenden', und diejenigen, die ihre Hand nach dem *zebul* (= Tempel) ausstrecken – für sie ist die Hölle verschlossen, und sie werden dort für alle Zeiten bestraft" (tSan 13,5; vgl. bRHSh 17a).

57 So Flusser 230f.

58 Vgl. dagegen Katz 68.

59 Vgl. Maier, Auseinandersetzung 136.

60 Es ist unangemessen, von einer "Orthodoxie" im Judentum vor der Zerstörung des Tempels zu sprechen. Vgl. dazu Aune passim sowie Grabbe passim und die dort Anm. 1-3 angegebene Literatur. Die Replik McEleneys kann die wesentlichen Aussagen Aunes und Grabbes nicht beeinträchtigen. – Aune fragt, "wie 'orthodox' das aufkommende rabbinische Judentum war", und antwortet: "Es war allein in dem Sinn orthodox, daß es sich selbst als *die einzig legitime Form des Judentums* betrachtete" (9).

61 Kimelman 226.

62 Kimelman 228. Er kommt zu dem Schluß, daß "in palästinischer Literatur, sei sie tannaitisch oder amoräisch, ... *minim* eine jüdisch-sektiererische Bedeutung hatte und nicht in bezug auf Heiden ge-

"das wesentliche Ziel der Rabbinen von Jabne nicht die Ausschließung solcher gewesen zu sein scheint, mit denen sie nicht übereinstimmten, sondern die Beendigung des Sektierertums überhaupt und die Entstehung einer Gemeinschaft, die heftige Debatten unter den Gliedern der Herde tolerierte, ja förderte".[63] Dementsprechend war "die rabbinische Ideologie in der Periode von Jabne: Es gibt ein einziges 'orthodoxes' Judentum, das unter Tolerierung von Disputen innerhalb der Herde ... keinen Platz für irgendeine Gruppe hat - selbst für Pharisäer nicht -, die ein sektiererisches Selbstverständnis besitzt. Die Rabbinen nannten solche Gruppen *minim*."[64] Gegen sie, "die das jüdische Überleben in der traumatischen und unsicheren Situation nach 70 bedrohten", richtete sich die *birkat ha-minim*.[65] Dabei ist nicht eine bestimmte Ketzerei im Blick, sondern "alle Typen jüdischer Häretiker" sind es.[66] Die *birkat ha-minim* gehört also in den Zusammenhang der Bemühungen des rabbinischen Judentums nach 70, sich als normatives Judentum durchzusetzen und so

braucht wurde" (230); vgl. Kuhn, Giljonim 36.37; Schiffmann 149. Nach Katz kann sich an einigen tannaitischen Stellen *minim* auf Nichtjuden beziehen, aber keine von ihnen gehöre in die Zeit vor 135 n.Chr. (69).

63 27; vgl. 29: Ziel sei nicht der Triumph über andere Sekten gewesen, sondern die Eliminierung der Notwendigkeit von Sekten.

64 Ebd. 35. Dafür bietet das Verhältnis von Juden und Samaritanern eine Analogie: "Der Bruch vollzieht sich, wenn die divergierenden Ansichten der beiden fraglichen Gruppen gleicherweise mit exklusiven Ansprüchen ausgestattet werden" (Dexinger 112). – In einigen rabbinischen Texten werden *minim* und Samaritaner in einem Atemzug genannt. SifDev § 331: "'Ich will Rache üben an meinen Drängern.' Das sind die Samaritaner, wie es heißt: 'Als aber die Widersacher Judas und Benjamins hörten' (Esr 4,1). 'Und meinen Hassern vergelten.' Das sind die Ketzer. Und so heißt es: 'Sollte ich nicht hassen, J', die dich hassen, nicht verabscheuen, die sich wider dich auflehnen?' (Ps 139,21)" (Übersetzung Bietenhard). In tHul 2,20 wird überliefert: "Die durch einen Min vollzogene rituelle Schächtung gilt wie Götzendienst, das Brot (der Minim) gilt wie Brot von Samaritanern und ihr Wein wie Libationswein und ihre Feldfrüchte als noch nicht verzehntet und ihre Schriftrollen als Zaubertexte und ihre Söhne als Bastarde" (Übersetzung von Kuhn, Giljonim 37); vgl. bHul 13a.b; mShevi 8,10. In diesem Zusammenhang ist darauf hinzuweisen, daß Jesus in Joh 8,48 von "den Juden" *sensu malo* "ein Samaritaner" genannt wird.

65 Katz 72.

das Überleben des Judentums überhaupt zu sichern.[67] Diese Bemühungen erfolgten zunächst unter der Führung Jochanans ben Zakkai und dann unter der Gamliels von Jabne aus, das so zum neuen Zentrum des Judentums wurde.[68] In diesem Kontext ist daher die *birkat ha-minim* als ein Mittel zur "innerjüdischen Frontbegradigung" zu verstehen[69], das sich gegen alle jüdischen Gruppen richtete, die gegenüber dem sich als normativ herausbildenden rabbinischen Judentum ein exklusives Selbstverständnis behaupteten.

Nach dem bisher Ausgeführten ist damit aber auch klar, daß in der oben wiedergegebenen Fassung der *birkat ha-minim* die Bezeichnung *nozrim* ("Nazaräer") sekundär sein muß.[70] Die ein-

66 Ebd. 72f.

67 Vgl. Kuhn, Achtzehngebet 19f: "Für die Rabbinen des Synhedriums zu Jabne am Ende des 1. Jahrhunderts n.Chr. war die Durchsetzung der reinen pharisäisch-rabbinischen Orthodoxie im Judentum *das* aktuelle Problem und *die* Aufgabe." Vgl. weiter Forkman 90-92; Pancaro, Law 494-497. Wenn Kuhn allerdings fortfährt: "Durch ihre Tätigkeit ist der Reichtum an Sondergruppen und religiösen Gemeinschaften mannigfacher Prägung, den das palästinische Judentum des 1. Jahrhunderts n.Chr. noch aufweist, aus der Synagoge ausgemerzt worden... Dies ist die Situation der *Birkat ha-minim*", ergibt das ein schiefes Bild. Abgesehen davon, daß die Zeloten als Aufstandspartei durch den Krieg und die Sadduzäer durch den Verlust des Tempels als ihrer materiellen Basis um das Fortbestehen ihrer Existenz gebracht waren, ging es den Rabbinen nicht um "Ausmerzung" (davon spricht Kuhn auch Giljonim 36), sondern um Sammlung.

68 Zu Jochanan ben Zakkai und Gamliel als "Häuptern" in Jabne und ihrer unterschiedlichen Stellung vgl. Urbach, Sages 597-600; ders., Class-Status 19f.23.

69 Stemberger, Synode 21; ähnlich ders., Judentum 18. "Dass es sich bei der Einführung der *birkat ham-mînîm* zweifellos primär um einen innerjüdischen Vorgang handelt", wird auch von Schäfer betont herausgestellt (Synode 51).

70 So schon Jocz 56f. Kimelman führt die folgenden beiden Gründe gegen die Ursprünglichkeit des Begriffs *nozrim* in der *birkat ha-minim* an: 1. In den Fassungen, in denen er begegnet, steht er vor *minim*. Wäre er ursprünglich, lautete die Benediktion *birkat ha-nozrim*. 2. Bei Ursprünglichkeit müßte *nozrim* ein in der rabbinischen Literatur üblicher Begriff sein; er kommt aber nur einmal unzweifelhaft in amoräischer Literatur vor (233). Nach Katz ist er "irgendwann zwischen 175 und 325 n.Chr. hinzugefügt worden, als sich Judenchristen und andere Christen zunehmend vom Judentum entfernten" (66; vgl. dazu den ganzen Zusammenhang 64-69). Vgl. weiter Flusser 229f; Schiffmann

zigen Christen, die von dieser "innerjüdischen Frontbegradigung" betroffen sein konnten, waren Judenchristen.[71] Aber mit *minim* waren sie nicht allein[72] und wohl auch nicht zuerst[73] gemeint.[74]

152; Avi-Yonah, Jews 142.

71 "Die Frage, um die es bei der Formulierung der *Birkat ha-minim* in Jabne ging, war *minuth* ('Häresie'), und die einzigen Christen, die zu dieser Zeit und qua Definiton *minim* ('Häretiker') sein konnten, waren Judenchristen" (Katz 65).

72 Mit Judenchristen werden die *minim* z.B. von Carroll gleichgesetzt (20 mit Anm. 1). Er steht für viele, wie die lange Liste bei Maier, Auseinandersetzung 240 Anm. 400, zeigt.

73 Daß die *birkat ha-minim* primär Judenchristen treffen sollte, vertreten z.B. Jocz 52.56f.; Hunzinger, Bann 164; ders., Bannpraxis 68; Lerle 32 ("vorwiegend oder ausschließlich"); Pancaro, Law 247. Vgl. weiter die Liste bei Maier, Auseinandersetzung 240 Anm. 401. Gegenüber Horbury, der dieselbe Meinung vertritt (60), bemerkt Katz, sie sei "ganz und gar Spekulation, die auch nicht den Schimmer eines jüdischen Zeugnisses für sich hat" (71 Anm. 110). Allerdings sieht auch Katz Judenchristen eingeschlossen (72.73). Ob eine Gruppe primär im Blick gewesen ist – und wenn ja, welche –, mag örtlich verschieden gewesen sein. Hilfreich ist auch die Unterscheidung von Sprechern und Hörern durch Katz: "Die jüdische Führerschaft richtete ihre Verwünschung gegen *alle* Häretiker, während die Judenchristen in Kenntnis der Animosität ihnen gegenüber und der Meinung, sie seien Häretiker, die *Birkat ha-minim* speziell gegen sich gezielt 'hörten'" (74).

74 Stemberger meint: "Judenchristen waren in bestimmten Umständen die durch die *birkat ha-minim* primär Betroffenen, wohl auch schon von den Leuten zu Jabne *mit*gemeint, deren Intention jedoch viel umfassender war" (Synode 17). Schäfer gelangt aufgrund der Besprechung der verschiedenen erhaltenen Textfassungen zu der Schlußfolgerung, "dass die *birkat ham-mînîm*, wie sie in Jabne festgesetzt wurde, sich sowohl gegen die feindliche Obrigkeit als auch gegen *verschiedene Gruppen* von Häretikern richtete, die, entsprechend den jeweiligen Erfordernissen, mit *verschiedenen Termini* bezeichnet werden konnten" (Synode 51). – Seltsam ist es, wenn Schnelle als Argument gegen meine Thesen anführt, daß mit den *minim* "keinesfalls primär Judenchristen gemeint" seien (40). Der Sache nach, wenn auch nicht so apodiktisch, stand das ebenfalls in den ersten beiden Auflagen dieses Buches. Noch seltsamer erscheint mir allerdings die Fortsetzung: "sondern es läßt sich *im Gegenteil* zeigen, daß mit diesem Terminus in älteren rabbinischen Texten immer Juden ... bezeichnet wurden". Läßt es sich denn wahrscheinlich machen, daß irgendein Judenchrist im 1. Jh. n.Chr. seinem eigenen Selbstverständnis nach nicht ganz und gar Jude gewesen ist? Nur aufgrund dieser seltsamen Entgegensetzung kommt Schnelle dazu, schon für das 1. Jh. eine nichtgenetische Definition von

Eine Reihe von Stellen in Justins Dialog mit dem Juden Tryphon wird immer wieder dafür angeführt, daß auch Christen Gegenstand der Verwünschung in der *birkat ha-minim* waren.[75] Doch dürfte nicht mehr gesagt werden können, als daß Justin an die *birkat ha-minim* denkt, wenn er von der Verfluchung der Christen durch die Juden in ihren Synagogen spricht (dial. 16,4; 47,5; 93,4; 95,4; 133,6). Doch damit ist über ihren Wortlaut noch nichts gesagt. Kimelman hat mit Gründen bestritten, daß Justin einen Beleg dafür biete, "die Existenz eines verbindlichen jüdischen Gebetes zu behaupten, das Christen verfluchte".[76] Nach Maier können die Stellen bei Justin so interpretiert werden, "daß die Christen sich durch die 12. Benediktion zwar betroffen fühlten, aber dort nicht expressis verbis erwähnt waren, denn Konvertiten konnten den Sachverhalt sehr wohl - und verständlicherweise - entsprechend dargestellt haben".[77]

Wie wirkte die *birkat ha-minim*? Was war die Intention ihrer Verfasser? Dem Achtzehngebet zugehörig – tägliches Pflichtgebet für jeden und jede und Bestandteil der synagogalen Liturgie -, hatte sie gewiß das allgemeine Ziel, die Gemeinde zusammenzuhalten und vor Ketzerei zu warnen. Mit diesem Ziel der Einheit begründet Gamliel auch den Bann über Eliezer ben Hyrkanos, der auf seinen gegenüber der Mehrheit abweichenden Entscheidungen beharrte: "Herr der Welt, offenbar und bekannt ist es dir, daß ich es nicht zu meiner Ehre getan habe, noch habe ich es zur Ehre meines Vaterhauses getan, sondern zu deiner Ehre, damit sich keine Spaltungen in Israel mehren."[78] Allerdings bedeutete die *birkat ha-minim* keinerlei direkte Ausschlußhandlung. "Der Zweck des Fluches ist schlicht der aller Flüche, nämlich eine Bitte an Gott, daß die *minim* verflucht und verdammt sein mögen."[79] Die vornehmliche Absicht der *birkat ha-minim* ist also Warnung der Gemeinde vor Ketzerei und Stärkung ihrer Einheit. "Solange eine Person sich nicht selbst als *min* betrachtete, wäre die Benediktion irrelevant und ihre Teilnahme am synagogalen Leben bliebe bestehen."[80] Katz fügt auch alsbald die rhetorische Frage hinzu: "Wer identifiziert sich

Judenchristentum zu verlangen (45 Anm. 209).

75 So auch in den beiden ersten Auflagen dieses Buches: 55f Anm. 143.

76 235f.

77 Auseinandersetzung 138. Zu den entsprechenden Stellen bei Epiphanius und Hieronymus, zitiert bei Strack 66*, vgl. Maier ebd. Zum Verständnis der *birkat ha-minim* bei Christen in der Alten Kirche vgl. jetzt Thornton passim.

78 bBM 59b.

79 Kimelman 228; vgl. Katz 75.

bewußt und freiwillig als Häretiker?"[81] Die Situation ändert sich jedoch, wenn Minderheitsgruppen innerhalb der Gemeinde von der Mehrheit den Stempel der Ketzerei aufgedrückt bekommen. Dann machte die zwölfte Benediktion "die Teilnahme für solche Leute *sehr* unbehaglich. Somit hatte sie die beabsichtigte Wirkung: den allmählichen Rückzug von Häretikern (einschließlich Judenchristen als Häretiker) von der jüdischen Gemeinde. Aber das war das Ergebnis ihrer, nämlich der Häretiker, Wahl und nicht ein gewalttätiger, ausschließender Bann, verhängt von den Weisen".[82] Wer von der Mehrheit als Ketzer betrachtet wird und sowohl bei dem bleibt, was ihm diesen Vorwurf einträgt, als auch an der Gemeinschaft mit der Mehrheit festzuhalten sucht, wird es zunehmend schwer haben, sich selbst von dieser Einschätzung zu distanzieren. Er wird über kurz oder lang wählen müssen und entweder seine "Ketzerei" aufgeben, bei der Mehrheit bleiben und also auch unbelastet im Synagogengottesdienst auf die zwölfte Benediktion sein "Amen" sagen können oder aber mit anderen seinesgleichen sich von der Mehrheit trennen.[83] In dieser Weise wirkte die *birkat ha-minim* als "Frontbegradigung".[84] Auf Dauer war sie damit auch in der Lage, heimliche

80 Katz 74; vgl. Kimelman 227.

81 75.

82 Katz 51; vgl. Kimelman 228.

83 In diesem Zusammenhang erhalten die Überlieferungen ihr Gewicht, die von Irrtum oder Auslassung des Vorbeters bei der zwölften Benediktion sprechen. So heißt es TanB Wajikra 3: "So lehrten unsere Lehrer: Wer sich in allen Segenssprüchen irrt, den läßt man nicht wegtreten, aber beim Ketzersegen läßt man ihn wegtreten (auch) gegen seinen Willen; (denn dann) befürchtet man, er sei ein Ketzer, und deswegen läßt man ihn wegtreten. Denn wenn ihm Ketzerei anhaftet, verflucht er sich selbst und die Gemeinde respondiert mit Amen" (Übersetzung Bietenhard). Vgl. weiter bBer 29a;yBer 5,4(9c); dazu Elbogen 37f; Avi-Yonah, Jews 142; Petuchowski 96.97; Schiffmann 150.

84 Forkman überspitzt zwar in der Formulierung, gibt aber den Effekt, den die *birkat ha-minim* unter den genannten Bedingungen hatte, wohl doch zutreffend an: "Sie wirkte als ein totaler, definitiver Ausschluß. Ohne jedes formale Urteil, ohne jedes Verfahren und ohne Ausschlußformeln war der Abweichler auf diese Weise aus der Gemeinschaft ausgestoßen" (Limits 92). Wenn Maier schreibt: "Der ursprüngliche Zweck der *Birkat ham-mînîm* war wohl ebensowenig der Ausschluß von Minim aus dem Gottesdienst, wie die Verwünschung Roms den

Sympathisanten einer Ketzerei zu veranlassen, sich entweder offen zu bekennen und sich von der Mehrheit zu trennen oder aber der Ketzerei den Rücken zu kehren.

Am Schluß seines Beitrages gibt Katz eine differenzierte Bestimmung des Zweckes der *birkat ha-minim*. "Die *minim* waren für R. Gamliel und seine Kollegen eine Belastung, und sie wollten die von ihnen ausgehende Bedrohung für die überlebende jüdische Gemeinde verringern." Diesem Ziel diente die *birkat ha-minim*, "indem sie als Filter und selbst auferlegter Bann fungierte, indem sie das Bewußtsein anderer Juden dafür weckte, daß die *minim* als eine lebensgefährliche Bedrohung für jüdisches Überleben und daher als 'Apostaten' zu behandeln seien, und indem sie schließlich den Zorn des Himmels auf sie herabrief, entweder um ihre *teshuvah* (Umkehr) zu veranlassen oder um sie buchstäblich zu verdammen".[85]

Die *birkat ha-minim* ist also zugleich Ausdruck und Mittel für das Bestreben des rabbinischen Judentums um eine überlebensfähige Einheit. Schon R. Gamliel versuchte durch ausgedehnte Reisen, die er selbst unternahm, und durch das Ausschicken von Gesandtschaften, der sich herausbildenden Orthodoxie weltweit in der Diaspora Geltung zu verschaffen.[86] Aber das bedeutet nicht, daß Jabne sofort und überall als Zentrum anerkannt war. Seine Autorität dürfte sich erst langsam durchgesetzt und zunächst "kaum über Palästina hinaus gereicht haben."[87]

Daß zu den von den Rabbinen in Jabne als *minim* eingeschätzten Gruppen auch Judenchristen gehörten, läßt sich zunächst aus dem bisher Ausgeführten als Möglichkeit erschließen. Was

Ausschluß von Römern zum Ziel hatte" (Auseinandersetzung 140), so ist das ebenso banal wie unangemessen. Einmal geht es in diesem Zusammenhang nicht um den ursprünglichen Zweck, sondern um einen sich einstellenden Effekt, und zum anderen stellten Römer und Häretiker für die Rabbinen gewiß sehr verschiedene Probleme dar.

85 76.

86 Vgl. dazu Urbach, Sages 600; ders., Class-Status 23.

87 Stemberger, Synode 15f. Ein Beispiel dafür, daß eine in Jabne getroffene Entscheidung nicht sofort überall Anerkennung fand, bei Schäfer, Synode 59. Vgl. auch Hare 52: "Selbst dann jedoch (sc. nach der Beherrschung der Synagogen durch die Pharisäer) gelang es den Rabbinen nicht unmittelbar, volle Kontrolle über die lokalen Räte und Gerichte zu gewinnen, wie es durch rabbinische Klagen bezüglich amme ha-areṣ, die Richter waren, bezeugt wird."

sie von anderen Juden unterschied, war der Glaube an Jesus als Messias. Schiffmann konstatiert zwar: "Es war keine Sünde, wenn man den Irrtum beging..., zu glauben, irgendjemand sei der Messias", und er weist auf R. Akiba, der irrtümlich Bar Kochba zum Messias erklärt hatte und dennoch bleibend geachtet wurde.[88] Aber die Unterschiede zwischen Jesus und Bar Kochba liegen auf der Hand. Nach dem Scheitern des Bar Kochba-Aufstandes gab es niemanden mehr, der ihn für den Messias hielt, und der zuvor für ihn erhobene Anspruch galt als nun erwiesener Irrtum. Dagegen wurde für Jesus der Messiasanspruch wahrscheinlich erst nach seiner Hinrichtung durch die Römer erhoben aufgrund des Glaubens, daß Gott ihn von den Toten auferweckt habe. Da die Auferweckung Jesu als endzeitliche Gottestat verstanden wurde, war mit der für ihn proklamierten Messianität der umfassende Anspruch letztgültiger Offenbarung Gottes in Jesus verbunden. Ging es beim Streit zwischen Juden und Samaritanern um die Frage der Präsenz Gottes auf dem Garizim oder im Tempel von Jerusalem, so hier um die Frage der Präsenz Gottes in Jesus. Für diejenigen, die den Glauben an Jesus nicht zu teilen vermochten, mußte der für ihn erhobene Anspruch als ein sektiererisches Selbstverständnis erscheinen.

Daß die Rabbinen in Jabne auch tatsächlich Judenchristen als *minim* mit im Blick hatten, läßt sich belegen. Kimelman verweist dafür auf tHul 2,22.24: "Daraus kann geschlossen werden, daß eine der herausragenden Gruppen, die in den Begriff *minim* eingeschlossen werden konnte, Judenchristen waren."[89]

Die Entwicklung des Judentums nach 70 mit der Herausbildung der rabbinischen Orthodoxie, die andere Gruppen, sofern sie zur Integration nicht fähig und willens waren, ausgrenzt, macht die Darstellung "der Juden" im Johannesevangelium verstehbar als Rückprojektion aus dieser Zeit in die Zeit Jesu.[90]

88 147 mit Anm. 183 auf S. 349.

89 231f. Er fährt fort: "Daher ist es zulässig, zu schließen, daß das palästinische Gebet gegen die *minim* auf jüdische Häretiker zielte, unter denen Judenchristen eine herausragende Rolle spielten" (232).

90 "Das vereinfachte Bild vom Judentum und die hervorragende Stellung der Pharisäer als behördliche Instanz erklären sich daraus, daß Johannes das *eindeutig pharisäisch geprägte Judentum* mit seinem Jamnia-Rat vor Augen hat. Hier handelt es sich einfach um eine Rückpro-

Aber ist die Situation der johanneischen Gemeinde, wie sie sich aus der Besprechung der ἀποσυνάγωγος-Stellen ergab, genauer zu bestimmen durch die Aufnahme der *birkat ha-minim* in das Achtzehngebet und damit in den synagogalen Gottesdienst, wie häufig angenommen wird? Zumindest kann sie nicht allein im Blick sein. Sie vermochte ja erst dann ausschließend zu wirken, wenn eine Gruppe von der Mehrheit als Ketzer eingeschätzt und behandelt wurde.[91] Zudem spricht Joh 12,42 eher für eine Situation *vor* Abfassung der *birkat ha-minim*.[92] Nach dieser Stelle hat die johanneische Gemeinde heimliche Sympathisanten. Die *birkat ha-minim* jedoch machte als Bestandteil des Synagogengottesdienstes heimliche Sympathisantenschaft gegenüber einer als Ketzer betrachteten Gruppe auf Dauer unmöglich.[93]

jizierung der Lage des zeitgenössischen Judentums in die historische Situation Jesu" (Onuki, Gemeinde 32). Vgl. auch den interessanten Aufsatz von Manns (s. Literaturverzeichnis), der das Johannesevangelium als Antwort auf in Jabne gefallene Entscheidungen zu verstehen sucht.

91 Katz betont: "Während sich Johannes wiederholt auf den Ausschluß aus der Synagoge bezieht, erwähnt er gerade nicht ausdrücklich jüdische liturgische Bräuche noch irgendeine besondere Verwünschung. Das Fehlen jedweder Erwähnung davon untergräbt beträchtlich den Wert seines Zeugnisses, sofern die *Birkat ha-minim* betroffen ist" (66). Kimelman hält es "sogar für möglich, daß die ganze Beschuldigung (sc. des Synagogenausschlusses) ausgeheckt worden ist, um Christen zu überreden, sich von der Synagoge fernzuhalten, indem man sie glauben machte, daß sie dort mit Feindseligkeit empfangen würden" (234f). Diese Vermutung scheint mir abwegig zu sein. Denn an allen drei Stellen geht es nicht um die Angst Außenstehender, die dazukommen wollen, sondern Dazugehörige befürchten, ausgegrenzt zu werden.

92 So auch Brownlee 182f; vgl. Meeks, Funktion 260 Anm. 40, der bezweifelt, "daß diese Loslösung von der Synagoge spezifisch mit dem (sic) in Jabne verkündigten *Birkat ham-Minim* gleichgesetzt werden darf." – Zu den Bedenken von Meeks s. Martyn, History Anm. 69 auf S. 54f.

93 Die Entgegensetzung von Schnelle ist wiederum seltsam: "Somit ist die Formulierung der birkat ha-minim keineswegs als endgültiger Trennungsstrich zwischen Judenchristentum und Judentum zu begreifen, sondern als ein primär innerjüdischer Akt" (42). Die Dinge sind vielmehr so zueinander ins Verhältnis zu setzen: Der "innerjüdische Akt", die "innerjüdische Frontbegradigung" – das war die *birkat ha-minim* in der Tat –, brachte für Juden, die an Jesus glaubten, sobald

Die *birkat ha-minim* war nicht das einzige und erste Instrument der sich herausbildenden rabbinischen Orthodoxie. In parallelen Texten in mNid 4,2; tNid 5,2f; bNid 33b, die sich gegen Sadduzäer richten, ist sie nicht im Blick. Zu dem Satz in tNid 5,2: "Sonderten sie (sc. die Töchter der Sadduzäer) sich aber nach den Wegen Israels ab, siehe, so sind diese wie Israelitinnen" bemerkt Rengstorf: "In der Sache scheint es der Satz mit den Verhältnissen nach 70 n.Chr. zu tun zu haben, wie sie sich aus der Auflösung des Sadduzäismus und dem wachsenden Einfluß des Rabbinats ergaben... Man beachte die Gegenüberstellung von 'die Töchter der Sadduzäer' und 'Israel' (coll.), um Selbstverständnis und Selbstbewußtsein des mischnatreuen Judentums zu ermessen: Nur wo dieses ist, ist Gottes erwähltes und heiliges Volk tatsächlich vorhanden!"[94] Sehr instruktiv ist die Aussage einer sadduzäischen Frau in bNid 33b: "Sind sie auch Frauen der Sadduzäer, so *fürchten* sie dennoch die *Pharisäer* und zeigen ihr Blut den *Weisen.*"

Welches war dann die Erfahrung, die im Johannesevangelium mit dem Synagogenausschluß auf den Begriff gebracht wird? Es dürfte sich um die Erfahrung von Menschen gehandelt haben, die von der Mehrheit, mit der sie zusammenlebten, als Ketzer betrachtet wurden. Das hatte Folgen. Rabbinische Stellen halten dazu an, gegenüber Ketzern alle Bindungen abzuschneiden, jeden persönlichen und geschäftlichen Verkehr zu unterbinden und Hilfe in jeder Richtung auszuschließen.[95] Es liegt dann also keine isolierte religiöse Maßnahme vor, sondern ein die ganzen Lebensverhältnisse einschneidend veränderndes Geschehen, das vor allem auch Auswirkungen auf die ökonomische Basis hatte. So heißt es tHul 2,21: "Es darf nicht an sie verkauft und es darf nicht von ihnen gekauft werden; es darf nichts von ihnen angenommen und es darf ihnen nichts gegeben werden; es darf ihren Söhnen kein Handwerk gelehrt werden, und man darf sich von ihnen nicht ärztlich behandeln lassen, weder eine ärztliche Behandlung des Besitzes noch eine ärztliche Behandlung der Menschen." Hiernach wurden also gegenüber Ketzern wirtschaftliche Boykottmaßnahmen verhängt und ihre Söhne faktisch einem Ausbildungsverbot unterworfen, wenn man bedenkt, daß das Handwerk weithin die einzige Möglichkeit

sie als Ketzer galten, die Wirkung eines "endgültigen Trennungsstriches".

94 G. Lisowsky u. E. Scherewsky, Die Tosefta VI 2, mit Beiträgen von K.H. Rengstorf, Stuttgart 1965, 203 Anm. 20 u. 21.

95 Vgl. Bill. IV/1, 330-332.

gewerblicher Berufsausübung bot.[96] In Kurzfassung heißt es ähnlich an anderer Stelle: "Man darf mit den Ketzern in keinerlei Verkehr stehen[97], und man darf sich von ihnen nicht ärztlich behandeln lassen, selbst für eine kurze Lebensspanne nicht."[98] An beiden Stellen schließt eine kleine Geschichte an, die den letztgenannten Punkt, daß man sich von Ketzern nicht heilen lassen soll, erläutert. Bei demjenigen, der nicht zur Heilung zugelassen wird, handelt es sich hier um einen Judenchristen.[99]

Zu dem damit angezeigten Bruch gegenüber Ketzern in sozialer und wirtschaftlicher Hinsicht paßt es, daß an einer Reihe von Stellen Ketzer schlimmer eingeschätzt werden als Heiden. So heißt es bGit 45b im Blick auf Torarollen: "War der Schreiber ein Min, ist das Exemplar zu verbrennen, war der Schreiber ein Nichtjude (Götzendiener), ist das Exemplar nach einer Ansicht Geniza-pflichtig, nach anderer Ansicht zu verbrennen. War der Besitzer (aber nicht Schreiber) ein Min, ist das Exemplar Geniza-pflichtig, war der Besitzer ein Nichtjude, so ist es nach einer Ansicht Geniza-pflichtig, nach anderer Ansicht jedoch das Lesen statthaft."[100] Auf R. Tarfon wird in tShab 13,5 folgende Aussage zurückgeführt: "Wenn mich ein Verfolger verfolgte, würde ich in einen Götzentempel eintreten, aber ich würde nicht in ihre (sc. der Ketzer) Häuser eintreten. Denn die Götzendiener kennen ihn (sc. Gott) nicht und verleugnen ihn, aber diese kennen ihn und verleugnen ihn." Selbst in Gefahr ist also der Verkehr mit Ketzern zu meiden. Dieses scharfe Diktum gilt R. Tarfon an dieser Stelle als Begründung dafür, daß er

96 Vgl. Jeremias 1.

97 Wörtlich übersetzt lautet der Text: "Nicht soll ein Mensch nehmen und geben zusammen mit den Ketzern."

98 bAZ 27b.

99 In tHul 2,24; bAZ 16b.17a wird von einer Begegnung R. Eliezers ben Hyrkanos mit demselben Judenchristen, der auch hier als Ketzer gilt, erzählt. Ziel dieser Erzählung ist, "daß man überhaupt keinen Verkehr mit *minim* haben soll" (Neusner, Eliezer II 366). Horbury schließt aus dem Zusammenhang tHul 2,20-24 mit Recht, "daß palästinische Christen unter den *minim* waren, die gemieden werden sollten" (58). Vgl. das Zitat von Kimelman o.S. 99 mit Anm. 89.

100 Übersetzung nach Maier, Auseinandersetzung 25. – Vgl. auch den Text in tHul 2,20, der dem o. Anm. 64 wiedergegebenen Zitat vorangeht, wo sich eine analoge Unterscheidung zwischen Nichtjuden und Ketzern im Blick auf rituell geschächtetes Fleisch findet.

Einzelfolien mit Bibeltext und biblische Schriftrollen von Ketzern[101], falls sie ihm in die Hände fielen, verbrennen würde. Er steigert damit die am Beginn von tShab 13,5 gemachte Aussage, daß solche Exemplare nicht aus einem Brand zu retten sind. Im weiteren Text sind nach R. Jischmael biblische Schriftrollen von Ketzern zu liquidieren, "da sie Feindschaft, Eifersucht und Streitigkeiten stiften".[102] Man wird sich gewiß der Ansicht von Cohen anschließen, daß es sich hier um "rhetorische Ausbrüche" handelt und es "kein Anzeichen dafür gibt, daß sie (sc. die Rabbinen Tarfon und Jischmael) tatsächlich irgendwelche Bücher verbrannten".[103] An solchen "Ausbrüchen" wird jedoch deutlich, wie scharf die Grenzen gegenüber Ketzern gezogen wurden. Dementsprechend sollten sie schlechter als Heiden behandelt werden: "Heiden sowie Hirten und Züchter von Kleinvieh[104] holt man nicht herauf und stößt sie nicht hinab. Die Ketzer, Apostaten und Denunzianten stößt man hinab und holt sie nicht herauf."[105]

Kann es nach dem bisher Dargelegten als wahrscheinlich gelten, daß die johanneische Gemeinde, soweit sie aus Juden bestand, von der entstehenden rabbinischen Orthodoxie als Ketzer betrachtet wurde, und erkennt man die schwerwiegenden sozialen und wirtschaftlichen Folgen, die solche Einschätzung mit sich brachte, wird es verständlich, daß der Evangelist diese Erfahrung mit ἀποσυναγώγους γενέσθαι auf den Begriff

101 Das ist die Bedeutung von "*giljonim* und *sifre minim*" nach der m.W. gründlichsten Untersuchung dieser Begriffe durch Maier, Auseinandersetzung 22-93.

102 Der in tShab 13,5 folgende weitere Text: "zwischen Israel und ihrem Vater im Himmel" ist von Kuhn aufgrund seines Fehlens in der Parallele SifBam 16 als sekundärer Zusatz erkannt worden (Giljonim 47f). Zu tShab 13,5 vgl. auch die Parallele in bShab 116a.

103 42 Anm. 42. Zuvor hatte er festgestellt: "In Jabne wurden keine Bücher verbrannt, auch nicht die von *minim*" (42).

104 Nach Bill. IV/1, 332 stehen sie mit Räubern auf einer Linie; vgl. ebd. I 378f.

105 tBM 2,33; vgl. bAZ 26a.b.

106 Schlatter überträgt einen an mehreren Stellen überlieferten rabbinischen Text, der von der beabsichtigten Enterbung R. Eliezers ben Hyrkanos durch seinen Vater erzählt, in folgender Weise ins Griechische: "...ἵνα ἀποσυνάγωγόν σε ποιήσω" (310). Das trifft gewiß nicht zu, aber der Text bietet eine Analogie. BerR 42,1 zu Gen 14,1 heißt es:

bringen konnte.[106] Es war die Erfahrung, nicht mehr an der synagogalen Gemeinschaft teilhaben zu können, wenn man an dem festhalten wollte, was die Mehrheit als Ketzerei ansah.[107]

Setzt man eine solche Situation voraus, läßt sich die Stelle Joh 12,42f sofort besser verstehen: "Dennoch glaubten auch viele von den Oberen an ihn; aber wegen der Pharisäer bekannten sie (ihn) nicht, damit sie nicht aus der Synagoge ausgeschlossen würden. Sie liebten nämlich die Ehre der Menschen mehr als die Ehre Gottes." Besonders hart getroffen waren von den Maßnahmen gegen Ketzer natürlich "die Oberen", Angehörige der führenden und sozial privilegierten Gesellschaftsschicht.[108] Sie riskierten, ihren sozialen Status zu verlieren, wenn sie sich offen als Christen bekannten oder in irgendeiner anderen Weise – etwa durch finanzielle Unterstützung – ihre Sympathie für Christusgläubige bekundeten. Sie werden es sich gründlich überlegt haben, ihre Position aufs Spiel zu setzen. Auf der anderen Seite war es natürlich für die johanneische Gemeinde ärgerlich, vermögende Sympathisanten zu haben, deren Hilfe sie in ihrer bedrängten Situation außerordentlich gut hätte gebrauchen können, die ihr aber doch nichts nützten.[109]

"Mein Sohn, ich bin dazu hierher hinaufgestiegen (sc. nach Jerusalem), um dich von meinem Besitz auszustoßen לנדותך מנכסי." Wie R. Eliezer keinen Anteil mehr am väterlichen Besitz haben sollte, erfuhren johanneische Judenchristen ihre Einschätzung als Ketzer als Ausgestoßenwerden aus dem, woran sie bisher selbstverständlich partizipierten.

107 Vgl. Schneiders 41: "Sich selbst freiwillig abzuschneiden von der Gemeinschaft Israels, vom Synagogengottesdienst und der Befolgung des Gesetzes, von rabbinischer Rechtsprechung und Tischgemeinschaft mit Gottes Volk, bedeutete eine radikale Trennung von seiner Vergangenheit, seiner gemeinschaftlichen Identität, seinem ganzen geschichtlichen Verstehen der Offenbarungswahrheit und ihrer göttlichen Institution in Israel."

108 Vgl. o. Anm. 9.

109 Von hier aus liegt die Annahme nahe, daß diese Gemeinde nicht sonderlich vermögend gewesen ist. Vgl. dazu auch die soziologischen Erwägungen von Kilpatrick (75-77) mit dem Ergebnis: "Die Welt des Johannes ist viel mehr die Welt des Markus als die des Matthäus und Lukas. Es ist die Welt des palästinischen Landbewohners, ein armer Mann in einer armen Provinz" (77). Zur Armut des Gebietes, in dem die johanneische Gemeinde lebte, s. u. S. 168.

V Die Auseinandersetzung um den Anspruch Jesu

Die Herausbildung der rabbinischen Orthodoxie, in deren Verlauf andere jüdische Gruppen zu Ketzern wurden, erfolgte nicht in einem isolierten religiösen Raum, sondern unter bestimmten politischen Bedingungen. "Der gemäßigte Flügel der Pharisäer, der als 'Rabbinen' in die Geschichte einging", war nach Schäfer die jüdische "Gruppe, die das Fiasko des Krieges einigermaßen unbeschadet überstanden hatte und als einzige fähig war, sich längerfristig mit den Römern zu arrangieren".[1] Schon die Gründung der Schule in Jabne unter Jochanan ben Zakkai noch während des Krieges war ja nur mit Zustimmung und Förderung Vespasians möglich. "Vespasian war bereit, die Gründung einer rabbinischen Schule dort zu genehmigen, die den Kern eines Ersatzes für das Jerusalemer Synhedrium als eines künftigen Organs lokaler Selbstverwaltung bilden mochte... Die Schule zu Jamnia (Jabne) wurde daher mit Wissen und Zustimmung Roms während des Krieges als eine rechtmäßige jüdische Autorität errichtet, um so die Rolle vorzubereiten, die sie nach dem Krieg beim Wiederaufbau spielen sollte."[2] Von daher ist es deutlich, daß das praktische Verhalten der Rabbinen gegenüber der römischen Macht – mochte die innere Einstellung auch reserviert sein – von strikter Loyalität geprägt sein mußte. Für die römische Politik der Nachkriegszeit stellt Smallwood fest: "Religiöse Toleranz ging Hand in Hand mit erhöhter politischer Wachsamkeit, und Rom traf Vorsichtsmaßregeln, die übertrieben gewesen sein mögen, um sich gegen jedwedes Aufflackern von jüdischem Nationalismus zu schützen." Es ging darum, "potentielle messianische Bewegungen im Keim zu ersticken."[3] Ihnen dürfte daher auch von seiten der Rabbinen ein besonders kritisches Augenmerk gegolten haben.[4] Juden, die an Jesus als

1 Schäfer, Geschichte 147
2 Smallwood 348; vgl. Maier, Grundzüge 96f.
3 351.352.
4 Gegenüber dem möglichen Einwand, daß R. Akiba im zweiten Krieg gegen Rom Bar Kochba als Messias anerkannt habe, ist – außer historischer Skepsis gegenüber dieser Überlieferung (vgl. dazu Neusner,

Messias glaubten, mußten deshalb als politische Gefährdung erscheinen.

Im Johannesevangelium spiegelt sich ein intensiv geführtes Gespräch wider, ob Jesus der Messias ist. Dabei wird deutlich, daß der für Jesus erhobene Anspruch die traditionelle Messiaserwartung sprengt. Umstritten ist letztlich die Frage, ob Jesus in letztgültiger Weise der Ort der Präsenz Gottes ist. Doch kann sich dieser Streit immer wieder um den Messiastitel zentrieren. Daß er in der Auseinandersetzung in den Vordergrund trat, mag nicht zuletzt durch die skizzierte politische Situation bedingt gewesen sein. Diese Auseinandersetzung hat ihren zentralen Punkt in der Frage nach der Rechtmäßigkeit des für Jesus erhobenen Anspruchs. "Erfüllt Jesus die Bedingungen, die für einen messianischen Anspruch erforderlich sind? Das ist deutlich ein Gegenstand der Debatte zwischen Juden und Christen".[5] So konzentrieren sich im Johannesevangelium die gegnerischen Angriffe auf die Behauptung, in Jesus seien die jüdischen Messiaserwartungen erfüllt. Das ergibt sich ja schon deutlich aus der bereits zitierten Stelle 9,22, wonach die Judenchristen deshalb aus der Synagoge ausgeschlossen werden, weil sie Jesus als den Messias bekennen.[6] Gegen dieses Bekenntnis führen "die Juden" auch Argumente an, die zeigen sollen, daß Jesus gar nicht der erwartete Messias sein kann.[7] Kein Evangelium läßt so stark wie das Johannesevangelium die Auseinandersetzung erkennen, die zwischen Juden und Judenchristen über die Frage geführt wurde, ob Jesus der Messias oder auch sonst eine der in der jüdischen Eschatologie erwarteten Gestalten ist oder nicht. Ganz entsprechend steht ja am Schluß des Evangeliums in 20,31 als positives Ziel der Glaube, daß Jesus der Messias, der Sohn Gottes, ist. Auch das weist ganz

Akiba 147) – einmal zu bemerken, daß es sich hier um Ereignisse zwei Generationen nach der Tempelzerstörung handelt, und zum anderen, daß sie auch prompt wieder in die Katastrophe führten.

5 Lindars 67.

6 Vgl. 12,42, wo zwar kein Titel steht, sich aber als Ausschlußgrund deutlich das offene Bekenntnis des Glaubens an Jesus ergibt.

7 Vgl. die Ausführungen von Wrede, der herausstellt, daß die jüdische Seite "die eigenen messianischen Erwartungen geltend (machte) und betonte, daß Jesu Leben nicht den Anforderungen entspreche, die man an einen Messias stellen müsse" (48).

eindeutig auf eine jüdisch bestimmte Umwelt des Johannesevangeliums. Im folgenden sollen nun die im Johannesevangelium wiedergegebenen jüdischen Einwände gegen Jesus erörtert werden.[8]

In 12,34 formuliert der Evangelist als gegnerischen Einwand gegenüber Jesus: "Wir haben aus der Tora gehört, daß der Gesalbte ewig bleibt; und wieso sagst du, daß der Menschensohn erhöht werden muß?" Das bezieht sich zurück auf den Ausspruch Jesu in V.32: "Und wenn ich von der Erde erhöht worden bin, werde ich alle zu mir ziehen." Dazu hatte der Evangelist in V.33 die Erläuterung gegeben: "Das aber sagte er, um anzuzeigen, welchen Todes er sterben würde." Aus der Voranstellung dieser Erläuterung vor den in V.34 gebrachten Einwand ergibt sich aber, daß sich der Anstoß auf den Tod Jesu bezieht, schärfer noch: auf seinen schändlichen Kreuzestod. Das schmähliche Ende Jesu am Kreuz widerlegt den für ihn erhobenen Anspruch, er sei der Messias.[9] Derselbe Einwand begegnet in Justins Dialog im Munde Tryphons: "Mein Herr, diese Schriften und ähnliche nötigen uns, den als herrlich und groß zu erwarten, der als Menschensohn vom Bejahrten das Ewige Reich empfängt. Dieser euer sogenannter Christus aber war ohne Ehre und Herrlichkeit, so daß er sogar dem schlimmsten Fluch verfiel, den das Gesetz Gottes verhängt: Er ist nämlich gekreuzigt worden."[10] Als Grund des Einspruchs gegen Jesus wird in Joh 12,34 angeführt: "Wir haben aus der Tora gehört, daß der Gesalbte ewig bleibt." Diese Angabe hat Schwierigkeiten bereitet; kann sie wirklich Wiedergabe eines jüdischen Arguments gegen die Messianität Jesu sein? Man hat etwa auf Aussagen

8 Vgl. dazu auch de Jonge 77-97.

9 Vgl. Richter, Studien 61: "Ein Einwand, und zwar wohl der gewichtigste, gegen die Messianität Jesu war nach der ausdrücklichen Bezeugung des vierten Evangeliums die Tatsache, daß Jesus gestorben ist, ja daß er sogar am Kreuze gestorben ist." Ebenso 42.

10 32,1; vgl. auch 90,1, wo Tryphon Schriftbeweise dafür verlangt, daß der Messias "gekreuzigt wird und so schändlich und ehrlos eines im Gesetz verfluchten Todes stirbt ...; denn so etwas vermögen wir nicht einmal zu denken". – Vgl. Schnackenburg zu Joh 12,34: "Die christliche Messiasdogmatik, die am Kreuz Jesu und seiner Verherrlichung haftet, fügt sich nicht in das geläufige jüdische Bild vom Messiaskönig" (Komm. 2,496).

über den Menschensohn in den Bilderreden des aethHen hingewiesen[11] und auch zahlreiche Schriftstellen[12] angeführt, die von ewiger Herrschaft eines Davididen oder auch Gottes selbst sprechen.[13] Sie bieten aber keine genaue Entsprechung zu der Angabe in Joh 12,34.[14] Das aber ist der Fall bei der von van Unnik vorgeschlagenen Stelle Psalm 89,37, die in LXX (ψ 88) lautet: τὸ σπέρμα αὐτοῦ (sc. Davids) εἰς τὸν αἰῶνα μενεῖ.[15] Daß sie bereits in vorchristlicher Zeit in pharisäischen Kreisen messianisch gedeutet worden ist, beweist ihre Aufnahme in PsSal 17,4.[16]

Eine weitere Möglichkeit hat Brian McNeil mit dem Targum zu Jes 9,5 aufgewiesen.[17] Dort wird in der Reihe der Namen des Heilskönigs die Prädikation "Ewig Vater" in dieser Umwandlung wiedergegeben: "Der ewig besteht, der Messias". Hier zeigt sich eine genaue Entsprechung zu der jüdischen These vom ewigen Bleiben des Messias in Joh 12,34. Trotz der Unsicherheit in der Datierung von Targumtexten[18] wird man daher mit McNeil sagen können: "Die wörtlichen Parallelen zwischen Joh 12,34 und dem Targum zu Jes 9,5 sind so schlagend, daß sich die klare Folgerung ergibt, daß der Evangelist die dem Targumisten bekannte Übersetzung vor sich hat".[19]

11 Z.B. Bill. II 552. Billerbeck will hier eine "ältere vorchristliche Anschauung", nach der "die messian. Zeit die selige Endvollendung bringen werde", von einer späteren unterscheiden, nach der die Zeit des Messias begrenzt ist (Belege dafür in Bill. III 823-827). Ob sich diese Unterscheidung in chronologischer Hinsicht aufrechterhalten läßt, erscheint angesichts der gleich zu nennenden Texte als sehr fraglich.

12 νόμος hat in Joh 12,34 – wie 10,34; 15,25 und auch sonst im Urchristentum und Judentum – den weiteren Sinn von "Schrift". Vgl. die Belege bei Bill. II 542f; Schlatter 243f.

13 Vgl. etwa die Stellen bei Schneider 233: Jes 9,6; Jer 31,35-37; Ez 37,24-28; Mi 4,7; Hos 2,21; Joel 4,20; Ps 110,4.

14 S. die Kritik bei van Unnik, Quotation 176f.

15 Ebd. 177f.

16 Nach ebd. 176 ist Ps 89,4 in PsSal 17,4 aufgenommen worden. Genauer müßte man sagen: Ps 89,4f; ebensogut können es aber auch die sachlich und teilweise wörtlich parallelen Verse 36f von Ps 89 sein.

17 Vgl. seinen im Literaturverzeichnis angeführten Aufsatz im ganzen, besonders S. 23f.

18 Vgl. zum Prophetentargum McNamara 206f.

19 30. Mit Chilton ist der Sachverhalt präziser so zu bestimmen, daß der Evangelist sich auf die in diesem Targumtext aufgenommene Tradition bezieht (176f). – Hinzuweisen ist schließlich noch auf Tan zu Gen

Als Fazit ist jedenfalls im Blick auf das Argument, das in Joh 12,34 von jüdischer Seite gegen den für Jesus erhobenen Anspruch vorgebracht wird, festzustellen: "Man muß sehen, daß die jüdische Auffassung sowohl von der Schrift wie von der Tradition her ihre guten Gründe hat."[20]

Nicht nur der Tod Jesu am Kreuz scheint ein jüdisches Argument gegen die für Jesus beanspruchte Messianität gewesen zu sein, sondern auch eine seiner Voraussetzungen, daß nämlich Jesus von Judas, also aus dem engsten Anhängerkreis heraus, verraten worden ist.[21] Dem Evangelisten ist dieses Thema offensichtlich wichtig. Das zeigt allein schon die Häufigkeit seines Vorkommens außerhalb des aus der Tradition aufgenommenen und bearbeiteten Stückes von der Bezeichnung des Verräters (13,21-30), das eine synoptische Parallele in Mk 14,18-21/Mt

49,10, wo in dieser Schriftstelle ebenfalls das ewige Bestehen des Messias gefunden wird: "'Das Zepter wird nicht von Juda weichen', das bezeichnet den König Messias und den Thron seines Reiches, nach Ps 45,7: 'Dein Thron, o Gott, steht immer und ewig, ein gerechtes Zepter ist das Zepter deines Königreiches.'" (Der Text bei Reim, Tradition 251.)

20 Blank, Komm. 1b,323. Nach Blank zeigt sich das auch an der Frage am Schluß von V.34: "Wer ist dieser Menschensohn?" Gefragt werde hier weniger nach der Person als vielmehr: "Was ist das für ein Menschensohn, von dem hier die Rede ist? Denn diesen Menschensohn kennen wir aus unserer Überlieferung nicht!" Vgl. auch Kohler 243f: "Die Kritik, die in V.34a am Messiasgedanken durchgespielt wurde, wird in V.34b auf die Menschensohnvorstellung angewendet. Wie aus Dan 7,14.27; äthHen 49,2 hervorgeht, währt das Reich des Menschensohnes von Ewigkeit zu Ewigkeit. Die gemeinsame Differenz des Messias/Menschensohngedankens zum Gekreuzigten-Erhöhten ist evident: eine Vermittlung des Endlichkeits- mit dem Ewigkeitsgedanken wird kategorisch ausgeschlossen."

21 Bauer erkennt als gegnerischen Vorwurf, Jesus "hätte den Verräter, wenn er ihn von Anfang an durchschaute, nicht in den Kreis seiner Vertrauten aufnehmen und ihm so Gelegenheit zu seiner Untat geben dürfen" (171); vgl. auch 103 und schon Wrede 53f; Haenchen, Komm. 460. Nach Schnackenburg, Komm. 2,11, ist die Berufung des Verräters entweder als Einwand in der Gemeinde selbst erhoben worden, oder sie war ein Argument ungläubiger Juden. – Eine andere Möglichkeit der Erklärung, weshalb die Judasgestalt in dieser Weise im Johannesevangelium erscheint, schlägt Culpepper vor: Judas sei Modell der vielen Antichristen von 1Joh 2,18f; wie sie sei er in die Welt und ihre Finsternis hinausgegangen (Anatomy 124f).

26,21-25/Lk 22,21-23 hat. Am ausführlichsten wird es in 13,18f behandelt. Hier stellt Jesus zunächst fest, daß er weiß, welche er erwählt hat. Die Wahl des Verräters Judas war also kein Mißgriff, sondern erfolgte sehenden Auges und in voller Absicht. Als Absicht gilt dann die Erfüllung der Schrift, und zum anderen wird den Jüngern der Verrat zu dem Zweck schon im voraus mitgeteilt, damit sie bei seinem Eintreffen nicht verunsichert werden, sondern im Gegenteil glauben. Das Motiv der Schrifterfüllung führt der Evangelist in bezug auf den Verrat auch in 17,12 an, während er das Motiv des Wissens noch häufiger bringt: 6,64.70f; 13,11. In 6,64 hebt er dabei besonders hervor, daß Jesus seinen Verräter "von Anfang an" kannte.[22] Darüber hinaus begegnet das Thema des Verrats noch in 12,4 und 13,2. Das alles – die Häufigkeit dieses Themas; die Betonung, daß Jesus wußte, was er mit der Wahl des Judas tat; die Erklärung des Verratsgeschehens als notwendig, weil damit die Schrift erfüllt wird; die Vorhersage als Mittel zur Glaubensstärkung – ist dann am besten verständlich, wenn angenommen werden darf, daß sich der Evangelist hier auf ein jüdisches Argument gegen die Messianität Jesu bezieht: Wer so ahnungslos wie Jesus den eigenen Verräter in den Kreis seiner Vertrauten aufnimmt, kann nicht der Messias sein. Daß so oder ähnlich argumentiert werden konnte, zeigt jedenfalls auch der Jude des Kelsos.[23]

Ein weiterer Einwand, der nach dem Johannesevangelium von jüdischer Seite gegen die Messianität Jesu erhoben wurde, bezog sich auf seine nichtdavidische Herkunft aus Galiläa (7,41f

22 In 6,64 steht die Kenntnis des Verräters erst an zweiter Stelle; vorher heißt es in bezug auf Nicht-Glaubende unter den Jüngern, daß Jesus sie von Anfang an kannte. Der Abfall von Jüngern ist in diesem Kontext das Thema. Schnackenburg findet daher die Nennung des Verräters "hier unmotiviert" (Komm. 2,108). Doch daß der Evangelist dieses Thema, das er dann 6,70f noch einmal breit aufgreift, schon hier anklingen läßt, unterstreicht sein Interesse daran, das in der Situation der Gemeinde begründet sein dürfte. Schnackenburgs Erwägung, die Nennung des Verräters in 6,64 könne auf einen Redaktor zurückgehen (Komm. 3,26), scheint mit deshalb nicht zuzutreffen.

23 Vgl. Origenes, Contra Celsum II 18-22. Die hier gebrachten Zitate des Juden spiegeln allerdings ein späteres Stadium wider, insofern schon gegen die christliche Apologie, der Verrat sei von Jesus vorausgesagt worden, polemisiert wird. – Die Zitate in II 9.12 meinen die Flucht der Jünger und nicht den Verrat des Judas.

heißt es: "Einige sagten: 'Dieser ist der Gesalbte.' Andere aber sagten: 'Kommt denn der Gesalbte etwa aus Galiläa? Hat nicht die Schrift gesagt: Aus dem Samen Davids und aus Bethlehem, dem Dorf, wo David war, kommt der Gesalbte?'" Dementsprechend hatte schon in 1,46 Nathanael gegenüber der Aussage des Philippus, den von Mose und den Propheten Angekündigten gefunden zu haben, gefragt: "Was kann aus Nazareth Gutes kommen?" Als erstes von zwei Kriterien, die der Messias erfüllen muß, wird in 7,42 seine Herkunft aus dem Geschlecht Davids genannt. Das entspricht voll und ganz jüdischer Erwartung[24], wenn man auch nicht sagen kann, "daß für das jüdische Empfinden zu allen Zeiten und unter allen Umständen die *davidische* Herkunft eines Messias die unerläßliche Voraussetzung seiner Anerkennung als Messias gebildet habe".[25] Daß die in Joh 7,42 gebrauchte Formulierung ἐκ σπέρματος Δαυίδ auf die urchristliche Tradition weise[26], ist nicht zwingend, da sich dieselbe Formulierung auch in 4Esr 12,32 findet.[27] Als zweites Kriterium nennt Joh 7,42 die Geburt in Bethlehem. Von der Geburt des Messias in Bethlehem spricht das Targum zu Micha 5,1: "Und du, Bethlehem Ephratha... aus dir wird vor mir hervorgehen der Gesalbte, um die Herrschaft über Israel zu führen, dessen Name genannt ist seit Anfang, seit ewigen Tagen." Jesus entspricht diesen beiden in der Schrift begründeten Kriterien offensichtlich nicht. "Die Juden irren sich natürlich ebensowenig wie 6,42; 7,27. Von der Bethlehemgeburt Jesu weiß also der Evangelist nichts, oder will er nichts wissen."[28]

24 Vgl. etwa Bill. I 11f, die oben genannten oder zitierten Texte PsSal 17,4; TgJes 9,5; Tan zu Gen 49,10 und die von Edgar (s. Literaturverzeichnis) aufgezählten Stellen (48 Anm. 2).

25 So Bill. I 12.

26 So Schnackenburg, Komm. 2,219, unter Anführung von Röm 1,3; 2Tim 2,8.

27 Dort geht der Gesalbte *ex semine David* hervor. Zum Text vgl. Müller, Messias 152.

28 Bultmann, Komm. 231 Anm. 2; vgl. ders., Theologie 393. Entsprechend heißt es in 1,45 im Munde des Jüngers Philippus, der gegenüber Nathanael ein Zeugnis für Jesus ablegt: "Von dem Mose in der Tora geschrieben hat und die Propheten, den haben wir gefunden, Jesus, den Sohn Josefs, aus Nazareth." Diese Stelle wiegt schwer, da es sich um ein Bekenntnis handelt. Über die vorher gegebenen titularen Benennungen hinaus wird hier Jesus erstmals näher gekennzeichnet.

Die Herkunft Jesu aus Galiläa wird noch einmal, in 7,52, als Einwand gegen ihn angeführt; dort sagen "die Pharisäer" zu Nikodemus: "Forsche und siehe: Aus Galiläa geht der[29] Prophet nicht hervor." Statt des Messias wird hier als die erwartete endzeitliche Heilsgestalt "der Prophet" genannt. Diese Erwartung bezieht sich auf die Verheißung eines Propheten wie Mose

Das geschieht in äußerst schlichter Weise und erfolgt in einem Atemzug mit der Nennung des Mose und der Propheten: Die Hoffnungsgeschichte der Schrift erfüllt sich in dem Sohn Josefs aus Nazareth. Daß der Evangelist den Philippus an dieser Stelle etwas seiner eigenen Meinung nach nicht Zutreffendes sagen läßt, ist unwahrscheinlich. Natürlich kennt er das Stilmittel des Jüngerunverständnisses und Jüngermißverständnisses. Daß er es hier anwendet, ist durch nichts angedeutet. Entschieden dagegen spricht, daß das Bekenntnis des Philippus völlig parallel steht zu den anderen Bekenntnissen dieses Kapitels, zu denen des Täufers (V.34), des Andreas (V.41) und des Nathanael (V.49). "Daß diese Angaben im Sinne des Evangelisten richtig sind und ernst genommen werden sollen, läßt sich nicht bezweifeln; denn er kommt im Fortgang seiner Darstellung auf sie zurück und widerruft sie nirgends" (von Campenhausen 10; vgl. 11).

Der Folgerung Bultmanns zu 7,42 hat z.B. Moloney entgegengehalten: "Beachtet man die Ironie der Stelle, ist in Wirklichkeit das Gegenteil der Fall" (Presentation 248 mit Anm. 32). Von "johanneischer Ironie" sprechen auch Brown, Komm. I, XXXIV.330; McNeil 32; sehr vorsichtig Schnackenburg, Komm. 2,220. Culpepper hält es für möglich, daß der Evangelist "die Tradition kennt, daß Jesus tatsächlich in Bethlehem geboren wurde und ein Nachkomme Davids war". Es läge dann einer der wenigen Fälle vor, "wo seine Ironie auf Information beruht, die der Leserschaft an keiner Stelle gegeben wird (vgl. 7,52; 11,48). Da einer der bevorzugten Kunstgriffe des Autors darin besteht, es den Gegnern Jesu zu erlauben, unbewußt die Wahrheit zu sagen, neigt sich die Waage zugunsten der Annahme, daß der Autor und seine von ihm ins Auge gefaßte Leserschaft die Tradition von Jesu Geburt in Bethlehem kannten" (Anatomy 170). Culpepper fügt aber hinzu, daß die Herkunft Jesu aus Galiläa oder Bethlehem eine vergleichsweise triviale Angelegenheit sei angesichts der Frage, ob er von oben oder von unten, von Gott oder nicht von Gott sei (170f).

Die übrigen in diesem Abschnitt besprochenen und noch zu besprechenden Einwände beziehen sich auf Fakten, die kaum oder nicht zu bestreiten sind. In diese Reihe gehört 7,41f unzweifelhaft hinein. Vgl. auch Meeks, Prophet-King 35; Becker, Komm. 1,277: "Irdisch gesehen, haben die Juden ebenso recht wie die Juden in 6,42 und Nathanael in 1,46." – Zur Davidssohnschaft und Bethlehemgeburt Jesu außerhalb des Johannesevangeliums vgl. die Bemerkungen in Anm. 15 auf S. 188

29 Zur Textkritik vgl. Schnackenburg, Komm. 2,23.

von Dtn 18,15.18.[30] Über dessen Herkunft scheint es in den Quellen keine Festlegung zu geben. Doch ist sein Auftreten offensichtlich mit der Wüste verbunden.[31] Josephus erwähnt bell. II 261f "den ägyptischen Pseudopropheten", der sich selbst als Prophet ausgab, eine große Menge um sich sammelte und sie "aus der Wüste" auf den Ölberg führte. Bell. VII 437f erzählt er von einem Weber Jonathan, der nach dem jüdischen Krieg nach Kyrene kam, Anhang unter den Armen gewann "und sie in die Wüste führte mit dem Versprechen, Zeichen und Wundererscheinungen (σημεῖα καὶ φάσματα) zu zeigen". Hierhin gehört auch die ant. XX 97 genannte Gestalt des Propheten Theudas, der mit einer Menschenmenge an den Jordan zog und die Wunder der Wüstenzeit zu vollbringen versprach.[32] Meeks führt rabbinische Stellen an, die die Erwartung bezeugen, daß Mose redivivus in der Endzeit "aus der Wüste" kommt.[33] Jesus erfüllt dieses Kriterium des Auftretens "aus der Wüste" offensichtlich nicht; er stammt nicht nur aus Galiläa, sondern ist auch von dorther aufgetreten.[34]

Gegenüber der Erwägung, ob etwa Jesus der Messias sei, wird in Joh 7,27 als Einwand formuliert: "Aber von diesem wissen wir, woher er ist. Wenn jedoch der Gesalbte kommt, weiß niemand, woher er ist." Hier begegnet das Motiv von der Verborgenheit des Messias, das im Judentum verschiedene Ausformungen erfahren hat.[35] Häufig zitiert man zu Joh 7,27 die Stellen 8,4; 49,1; 110,1 in Justins Dialog mit dem Juden Tryphon[36],

30 Vgl. dazu ausführlich Meeks, Prophet-King passim. Zur Unterscheidung der messianischen und prophetischen Tradition vgl. Bittner 38-40.155-164. In diesem Zusammenhang ist jedoch nur wichtig, daß jede an Jesus herangetragene Heilserwartung (7,40.41a) mit Gründen bestritten wird.

31 "Der mosaische Prophet hat natürlich nicht von Galiläa zu kommen, sondern aus der Wüste" (Martyn, History 115 Anm. 175).

32 Zu den "jüdischen Zeichen-Propheten" vgl. Barnett passim.

33 Prophet-King 212.213f.

34 Es ist zu beachten, daß 7,52 nicht, wie 7,41f, ἔρχεται steht, sondern ἐγείρεται, das auch Mk 13,22par Mt 24,11.24; Mt 11,11; Lk 7,16 das Auftreten von Propheten bezeichnet. Daß allerdings in Joh 7,52b auch an die Herkunft Jesu gedacht ist, zeigt die Frage in 7,52a an Nikodemus: "Bist etwa auch du aus Galiläa?"

35 Vgl. dazu vor allem Sjöberg 41-98.

36 Z.B. Schnackenburg, Messiasfrage 250; Komm. 2,202f.

nach denen es jüdische Ansicht war – wie sie auch spätere rabbinische Quellen belegen –, daß der Messias schon irgendwo unerkannt als gewöhnlicher Mensch lebt, nicht einmal sich selbst seiner Messiaswürde bewußt, bis Elija kommt und ihn salbt.[37] "Das jedoch besagt nicht viel mehr als: 'Der Messias wird nicht bekannt sein, bis er bekannt ist' und ist keine volle Entsprechung zu den Ausführungen im Johannesevangelium, nach denen es auch dann, wenn der Messias als Messias bekannt ist, es immer noch nicht bekannt sein wird, woher er gekommen ist".[38] Vor allem in den Bilderreden des aethHen und im 4Esr findet sich eine andere Vorstellung von der Verborgenheit, meistens bezogen auf die Gestalt des Menschensohns. Nach ihr ist der Menschensohn im Himmel verborgen und offenbart sich machtvoll in der Endzeit.[39] Besonders wichtig scheint mir für den jetzigen Zusammenhang die Stelle 4Esr 12,32 zu sein. Hier wird innerhalb der Deutung der Adlervision der Löwe, der aus dem Wald mit Gebrüll hervorbricht und den Adler (= das römische Reich) zur Rede stellt, so erklärt: "Das ist der Gesalbte, den der Höchste bewahrt für das Ende der Tage, der aus dem Samen Davids erstehen und auftreten wird".[40] Einmal ist hier die bei Gott bis zum Ende verborgene Heilsgestalt als der Messias bezeichnet, und zum anderen kommt dieser Messias "aus dem Samen Davids". Hier sind also die Vorstellungen von dem im Himmel verborgenen präexistenten Menschensohn und vom davidischen Messias miteinander verschmolzen worden.[41] Und diese Verbindung begegnet in einer mit dem Johannesevangelium etwa gleichzeitigen jüdischen Schrift, die "als

37 Vgl. dazu Sjöberg 80-82.

38 Barrett, Komm. 322.

39 Sjöberg 44-54. Müller, Messias 147-154, differenziert zwischen den diesbezüglichen Vorstellungen in äthHen und 4Esr.

40 Zu 4Esr 12,31-34 vgl. Müller, Messias 100-103.

41 Nach Sjöberg ist es "für das Messiasbild des IVEsra bezeichnend, dass überirdische und nationale Züge im Messiasbild verbunden sind. Der nationale Befreier ist zugleich der aus dem Himmel stammende Erlöser. Hier sind zwei verschiedene Messiasbilder zusammengeflossen, aber das ist kaum durch die Annahme einer redaktionellen Zusammenarbeitung und Ausgleichung verschiedener schriftlich fixierter Quellen zu erklären. Das Ganze wird vielmehr aus dem ideenmäßigen Zusammenwachsen verschiedener Traditionen, Hoffnungen und Vorstellungen zu verstehen sein" (48 Anm. 1). – Müller,

Zeugnis ... *einer pharisäischen Apokalyptik* zu kennzeichnen" ist.[42] Auf diesem Hintergrund ist der Joh 7,27 wiedergegebene Einwand zu verstehen; und so fügt er sich in die bisher aufgezeigte Situation der johanneischen Gemeinde ein. Die Herkunft Jesu ist bekannt, nicht aber die des aus himmlischer Verborgenheit am Ende der Zeit in Erscheinung tretenden Messias. Deshalb kann Jesus nicht der Messias sein.

Versteht man den Einwand von 7,27 in dieser Weise, paßt er vollkommen zu dem von 6,42: "Ist das nicht Jesus, der Sohn Josefs, dessen Vater und Mutter wir kennen? Wieso sagt er jetzt: 'Vom Himmel bin ich herabgestiegen'?" Die Formulierung des Zitates in der zweiten Frage ist natürlich bedingt durch den vorangehenden Kontext der johanneischen Brotrede (vgl. 6,33.38). An der Herkunft des Sohnes Josefs ist nichts Geheimnisvolles; seine Eltern sind allgemein bekannt. Das führt die in bezug auf ihn erhobenen Ansprüche ad absurdum.[43]

Messias 152, erkennt in 4Esr 12,32 "einen Einfluß der Menschensohnvorstellung" als möglich an, hält es aber für wahrscheinlich, daß "wir... bei der Idee der Präexistenz des Menschensohnes wie bei der des Messias in 4Esr zwei Vorstellungen vor uns (haben), die jeweils unabhängig aus ähnlichen Voraussetzungen entstanden sind". In bezug auf 4Esr 12,32 berührt er sich jedoch im Ergebnis insofern mit Sjöberg, als auch nach ihm hier eine "Kombination von heterogenen Größen" vorliegt: "Abstammung aus davidischem Geschlecht und Aufbewahrung (wohl im Himmel)" (Messias 153).

Ob das an mehreren Stellen überlieferte letzte Wort Jochanans ben Zakkai ("Räumt den Hof aus wegen der Unreinheit, und stellt einen Thronsessel bereit für Hiskia, den König Judas!") Zeugnis für eine solche Verbindung ist (so Stauffer 287f; vgl. Bill. I 30; II 335f), erscheint fraglich; vgl. Sjöberg 69f (Anm. 4 von S. 68) mit dem Resümee: "Die ganze Frage bleibt ungewiß."

42 So Harnisch 327 (Anm. 4 Hinweis auf weitere Vertreter dieser Einschätzung). Ebenso Müller, Messias 84f.105.106.145. Vgl. schon Sjöberg 67: "Sowohl im ersten als im zweiten Jahrhundert haben hervorragende Rabbinen die mystisch-apokalyptischen Spekulationen und Offenbarungen gepflegt. In dieser Zeit bestand keine scharfe Grenze zwischen dem Rabbinismus und der Apokalyptik. Der Verfasser des IVEsra steht dem Rabbinismus seiner Zeit nahe. Gerade er zeigt, wie die apokalyptischen, überirdischen Messiaserwartungen – auf die Gestalt des Menschensohnes konzentriert - mit den nationalen Hoffnungen auf einen Messias aus dem Hause Davids verbunden werden konnten." – Daß hier jedoch stärker differenziert werden muß, hat Müller gezeigt; s. zusammenfassend Messias 144-147.

43 Vgl. von Campenhausen 10: "Sie (sc. die Juden) behaupten, daß

Der Einwand, der in 7,15 laut wird: "Wieso kennt dieser die Schriften, obwohl er nicht studiert hat?", kommt dann in die Reihe der bisher besprochenen zu stehen, wenn man folgenden Hintergrund für ihn annehmen darf: Vom Messias wird das Studium der Tora und die Unterweisung in ihr erwartet.[44] Jesus aber hat keine Ahnung von der Tora; er ist ja nicht einmal bei einem Rabbi in die Lehre gegangen. Ganz im Gegenteil – und hier fügt sich ein weiterer Einwand ein –, er verletzt sogar die Tora: "Dieser Mensch ist nicht von Gott, denn er hält den Sabbat nicht" (9,16). "Er hat den Sabbat aufgehoben" (5,18).[45] Wie sollte er da der Messias sein können?

Die Einwände, die gegenüber dem für Jesus erhobenen Anspruch gemacht werden, nehmen also Tatsachen aus der Biographie Jesu auf und kontrastieren sie mit einschlägigen Aussagen aus Schrift und Tradition, zu denen diese Tatsachen in Widerspruch stehen. Daraus ergibt sich die zwingende Schlußfolgerung: Jesus kann nicht der Messias oder irgendeine andere

niemand die Eltern Jesu kennen dürfte, wenn er wirklich vom Himmel gekommen wäre". – Nach Richter, Studien 286, ist der Vorwurf in 6,42 von dem "hinter S (= Semeia-Quelle) stehenden Judenchristentum, das sich dem vom Evangelisten verkündeten 'neuen Glauben' widersetzt" (ebd. Anm. 17) erhoben und vom Evangelisten nach bekanntem apologetisch-polemischen Muster den Juden in den Mund gelegt worden. – Dagegen spricht, daß es sich bei den übrigen hier besprochenen Einwänden eindeutig um jüdische Argumente handelt. – Gegenüber dem Versuch, die Stelle bewußt antidoketisch zu verstehen, hebt Thyen hervor, daß "gerade die *Gegner* Jesu" den Einwand erheben (ThR 43, 343 Anm. 11).

44 Vgl. Bill. IV/2,882f.918f. In dem o. S. 108 erwähnten Targumtext zu Jes 9,5 findet sich unter den Aussagen über den Heilskönig eine weitere Abwandlung gegenüber dem hebräischen Text. Statt "und die Herrschaft ist auf seiner Schulter" heißt es: "Und er hat die Tora auf sich genommen, um sie zu halten."

45 Daß der Evangelist in den Kapiteln 5 und 9 die wahrscheinlich traditionellen Heilungserzählungen jeweils nachträglich auf einen Sabbat verlegt (5,9; 9,14) und sie von daher als Streitgespräche weiterführt, zeigt, daß einerseits der Streit um den Sabbat in seiner Zeit aktuell gewesen sein muß; andererseits aber macht die weitere Entwicklung der Streitgespräche deutlich, daß der entscheidende Streitpunkt ein christologischer war. "Die Frage der Sabbatobservanz ist lediglich der Ausgangspunkt des Streites in Joh 5 und 9, der im ganzen eine ausgesprochen *christologische* Kontroverse ist" (Meeks, Prophet-King 294).

endzeitliche Heilsgestalt sein. Damit ist allerdings der entscheidende Punkt der Auseinandersetzung noch nicht berührt. Denn einerseits greift der Anspruch weiter; er transzendiert die Würde des Messias oder einer anderen Heilsgestalt. Und andererseits ist auch der Vorwurf schärfer und grundsätzlicher, insofern nicht nur zu Unrecht ein Anspruch erhoben, sondern geradezu Gotteslästerung getrieben werde. Das wird an zwei Stellen des Evangeliums besonders deutlich.

Daß Jesus "den Sabbat aufgelöst hat"[46], ist in 5,18 nur der erste Punkt der Anklage. Gewichtiger ist der zweite: "Er erklärte Gott zum ihm eigentümlichen Vater[47], womit er sich Gott gleich machte." Im Kontext ist dieser Vorwurf durch die Aussage Jesu in V.17 veranlaßt: "Mein Vater wirkt bis jetzt; ich wirke auch." Im Hintergrund stehen auf Gen 2,2 bezogene jüdische Debatten, nach denen Gott unablässig wirkt und auch am Sabbat nicht aufhört zu wirken.[48] Im Sinne des Evangelisten ist daher die Aussage von V.17 so zu verstehen, daß es Gott selbst ist, der im Wirken Jesu zum Zuge kommt.[49] In den Augen "der Juden" dagegen handelt es sich um eine ungeheuerliche menschliche Anmaßung, um Vergöttlichung eines Menschen.

Auf wesentliche Aspekte des zweiten hier in Betracht kommenden Abschnittes, Joh 10,22-39, sei etwas ausführlicher eingegangen. Die an Jesus gerichtete Ausgangsfrage wird in V.24 so formuliert: "Wie lange hältst du uns hin? Wenn du der Gesalbte bist, sage es uns frei heraus!" "Die entscheidende Frage, die hier

46 In der vorangehenden Erzählung hat Jesus allerdings nicht "den Sabbat aufgelöst", sondern ihn in einem bestimmten Fall übertreten. Daß hier dennoch so grundsätzlich formuliert wird, dürfte Widerspiegelung dessen sein, daß die johanneische Gemeinde unter Berufung auf Jesus eine freiere Sabbatpraxis übte.

47 Vielleicht darf man pointiert übersetzen: "Er erklärte Gott zu seinem Privat-Vater."

48 Philo, leg. all. I 5f; ShemR 30,5 zu Ex 22,1.

49 Das sollen die V. 19f weiter verdeutlichen; vgl. dazu Haenchen, Komm. 275: "Jesus beansprucht zwar ... den Sohnestitel und die Sohnesstellung, aber er gibt ihnen hier einen ganz neuen und unerwarteten Sinn. Die Juden hatten aus dem Anspruch auf den Sohnesnamen herausgehört, daß sich Jesus Gott gleichstelle. Aber gerade das meint 'der Sohn' in Jesu Mund eben nicht ... Vielmehr geht es hier darum, daß der Sohn von sich aus nichts tun kann, daß er vom Tun des Vaters völlig abhängig ist."

von 'den Juden' gestellt wird, ist die Messiasfrage."[50] Daß das eine Frage war, "die offenbar im Ablösungsprozeß des joh(anneischen) Christentums aus dem Synagogenverband eine Rolle spielte"[51], ist aufgrund der oben besprochenen Stellen schon deutlich geworden; und die Wichtigkeit gerade des Messiastitels wird hier noch einmal unterstrichen. Daß aber weit über ihn hinausgegangen wird, macht die folgende Erörterung klar, wenn Jesus in V.30 feststellt: "Ich und der Vater: eins sind wir." Diese prägnante Aussage muß aus ihrem Kontext verstanden werden. Die beiden vorangehenden Verse hatten jeweils mit sachlich identischen Aussagen geschlossen: Niemand kann die "Schafe" aus der Hand Jesu reißen; niemand kann sie aus der Hand des Vaters reißen. In Jesu Hand sind sie dadurch gekommen, daß sie ihm der Vater "gegeben" hat. Jesus erscheint damit als Beauftragter Gottes, der ihnen gegenüber an der Stelle Gottes steht, sozusagen "Hand in Hand" mit Gott zusammenarbeitet.[52] Die Aussage von V.30 beansprucht also, daß in Wort und Werk Jesu Gott selbst begegnet, präsent ist.

Bei den Gesprächspartnern löst sie in V.31 handgreiflichen Protest aus: "Wiederum hoben die Juden Steine auf, damit sie ihn steinigten." Sie hatten nach einem Legitimationsausweis für die beanspruchte Messianität gefragt; und als Antwort begegnet ihnen schließlich ein Anspruch, der den des Messias noch weit transzendiert, womit "für jüdisches Empfinden die Einzigkeit Gottes, der radikale Monotheismus, bedroht erschien."[53] Deshalb wollen sie zur Steinigung übergehen. Damit liegt dieselbe Situation vor wie in 8,59. Aber anders als dort kommt es hier erst noch einmal zum Gespräch – um dann schließlich doch an derselben Stelle zu enden.

50 Blank, Komm. 1b, 219. – Zum ganzen Abschnitt vgl. bes. Pancaro, Law 63-76. 175-192.

51 Becker, Komm. 1,387.

52 Vgl. Haenchen, Komm. 392: "Jesus und der Vater sind nicht eine einzige Person – das würde εἷς erfordern –, sondern eins, so daß Jesus eben das tut, was Gott tut."

53 Blank, Komm. 1b, 238.

54 Dahinter steht vielleicht das "Argument: Wenn Jesus ein Toraverächter... und Gotteslästerer wäre, der frevlerisch die Ehre Gottes angreift, hätte er diese Werke nicht vollbringen können" (Schnackenburg, Komm. 2, 388).

Wie schon in V.25b verweist Jesus in V.32 auf seine Werke[54], die als solche "vom Vater" ausgegeben werden. Es wird also auf der Position beharrt, daß in seinem Tun Gott selbst handelt. Gegenüber der Frage: "Um welches dieser Werke willen wollt ihr mich steinigen?" macht die Antwort "der Juden" in V.33, die der Sache nach den Vorwurf von 5,18 wiederholt, deutlich, wo der Anstoß liegt: "Für ein gutes Werk wollen wir dich nicht steinigen, sondern für Gotteslästerung, und zwar weil du, obwohl du ein Mensch bist, dich selbst zu Gott machst." Zugleich ist hier klar, daß es um einen Anstoß geht, der auf der Ebene der Gemeinde des Evangelisten und ihrer Kontrahenten eine Rolle spielte. Gegenüber dem historischen Jesus ist ein solcher Vorwurf nicht gut denkbar, wohl aber gegenüber der Verkündigung der nachösterlichen Gemeinde. Zur Debatte steht der von ihr für Jesus erhobene Anspruch – gleichgültig, was er Gutes getan haben mag –, und der ist offenbar unerträglich und wird als Gotteslästerung empfunden. Worin die Blasphemie besteht, erläutert die zweite Vershälfte: in der Vergötzung eines Menschen.[55] "In den Augen 'der Juden' verkündigten die johanneischen Christen einen zweiten Gott und verletzten damit das Grundprinzip israelitischer Identität: 'Höre, Israel, der HERR, unser Gott, der HERR ist einer' (Dtn 6,4). Kein Wunder also, daß die jüdischen Autoritäten meinten, solche Leute gehörten aus den Synagogen ausgeschlossen, ja sogar ausgerottet wegen ihrer Gotteslästerung."[56] Der Gotteslästerer "streckt seine Hand nach der Hauptsache (= Gott) aus", "vergreift" sich damit an Gott selbst und verdient deshalb den Tod.[57] So sagen "die Juden" in 19,7 zu Pilatus: "Wir haben ein Gesetz, und gemäß dem

55 Der oft gegebene Hinweis auf Lev 24,16 trägt hier nichts aus. Nicht erst die rabbinische Auslegung, sondern schon die Septuaginta versteht נקב , wie die Übersetzung mit ὀνομάζειν zeigt, als das Aussprechen des mit dem Tetragramm bezeichneten Gottesnamens.

56 Brown, Community 47.

57 SifDev § 221; die Umschreibung von "die Hand ausstrecken nach" mit "sich vergreifen" bietet H. Bietenhard in seiner Ausgabe S. 524 Anm. 23. - Zu dem in Joh 5,18; 10,33 gegen Jesus erhobenen Vorwurf vgl. auch die Ausführungen von Bittner 185-188, dessen These es ist, Jesus werde "nach den Bestimmungen über den Verführer, den Mesith... aufgrund der anhand von 5Mose 13,1-5.6-11 entwickelten Rechtsbestimmungen verfolgt" (187; dort Hinweis auf weitere Literatur).

Gesetz muß er sterben, weil er sich selbst zum Sohn Gottes gemacht hat."

Auch die Antwort, die Jesus nach V.34-38 gibt, läßt die Diskussion zur Zeit des Evangelisten erkennen.[58] "Steht nicht in eurer Tora[59] geschrieben: Ich habe gesagt: Götter seid ihr?" Das ist wörtliches Zitat von Ps 81,6 Septuaginta, die ihrerseits dem hebräischen Text von Ps 82,6 genau entspricht. In diesem Psalm ist Gott vorgestellt "im Rat Gottes, inmitten der Götter" (V.1). Die rabbinische Auslegung versteht unter den Göttern Richter.[60] V.6 im ganzen lautet: "Ich habe gesagt: Götter seid ihr und allesamt Söhne des Höchsten." Weshalb V.6b in Joh 10,34 nicht mitzitiert wird – er hätte im Blick auf V.36 gut gepaßt –, läßt sich nicht sagen.[61]

Gegenüber dem Vorwurf der Vergötzung des Menschen Jesus setzt also der Evangelist in der Antwort, die er Jesus geben läßt, so an, daß er eine Schriftstelle zitiert, in der Gott selbst Menschen als Götter anredet. Darauf baut er die weitere Argumentation auf, indem er zunächst in V.35a die erste Hälfte eines Kal-Wachomer-Schlusses bringt: "Wenn er jene Götter nannte, an die das Wort Gottes erging." "Jene" sind hiernach die Adressaten des Gotteswortes, also die Israeliten. Das stimmt mit einer rabbinischen Auslegung von Ps 82,6 überein, die auf R. Eleazar, den Sohn des R. Jose des Galiläers, zurückgeführt wird.[62] Genau

58 Becker schreibt: "Vielleicht ist auch der folgende Schriftbeweis (V 34-36) am besten aus dieser Situation (sc. der Ablösung von der Synagoge) zu verstehen" (Komm. 1, 339). Auf S. 336 hatte er ihn der kirchlichen Redaktion zugewiesen. Dieses Phänomen, daß verschiedene Stücke, die derselben Situation entstammen, teils dem Evangelisten, teils der kirchlichen Redaktion zugeschrieben werden, findet sich öfter bei Becker. Er hält diese, seiner Meinung nach bereits beträchtlich zurückliegende Situation offenbar für einen Traditionshintergrund, aus dem beide sich speisen können. Warum sie das aber – zudem in gleicher Weise – tun, bleibt ungeklärt.

59 Zur Bezeichnung "eure Tora", an deren Stelle in V. 35 "die Schrift" tritt, s. u. S. 134-137

60 In MTeh zu Ps 82 wird der Satz in V. 1b: בקרב אלהים ישפט so verstanden: "In der Mitte richtet Gott."

61 Zur Bezeichnung von Menschen als Göttern vgl. auch TanB Shemot 7-9. Besonders hinzuweisen ist auf 8, weil es hier vom Pharao und drei weiteren Menschen heißt, daß sie "sich selbst zum Gott gemacht haben".

62 TanB Shemot 9.

wie in Joh 10,35 wird in ihr die Bezeichnung "Götter" aus Ps 82,6 von den Israeliten verstanden, und als Grund dessen gilt wie dort, daß Gott sein Wort an sie gerichtet hat.[63]

Bevor der Evangelist den zweiten Teil des Kal-Wachomer-Schlusses folgen läßt, fügt er in V.35b eine Parenthese ein: "Und die Schrift kann nicht aufgelöst werden." Diese ausdrückliche Betonung könnte darauf hindeuten, daß die Psalmstelle, um deren Auslegung es hier geht, in entsprechenden Diskussionen schon herangezogen und von der Gegenseite heruntergespielt worden ist. Demgegenüber beharrt der Evangelist darauf, daß in der Schrift Menschen bloß deshalb schon "Götter" genannt werden, weil sie Adressaten des Wortes Gottes sind.

In V.36 bietet der Evangelist die Folgerung: "Dann sagt ihr zu dem, den der Vater geheiligt und in die Welt gesandt hat: Du lästerst, weil ich gesagt habe: Sohn Gottes bin ich?" Wenn also schon alle Adressaten des Gotteswortes "Götter" genannt werden, um wieviel weniger verdient dann Jesus aufgrund seines Anspruches, Gottes Sohn zu sein, Anklage, da er doch von Gott geheiligt und in die Welt gesandt worden ist. Die Folgerichtigkeit des Schlusses hängt an dieser Begründung. Mit ihr knüpft der Evangelist wahrscheinlich an Jer 1,5 an und versucht, den für Jesus erhobenen Anspruch von der prophetischen Beauftragung her verständlich zu machen. In dem, was Jesus sagt und tut, redet und handelt, begegnet Gott selbst. In der Weise gilt es, daß er und der Vater eins sind, daß er "Gott" ist und "Sohn Gottes". Es geht nicht um die Vergötzung eines Menschen, sondern um die Präsenz Gottes in Jesus. "Jesus ist eins mit dem Vater, weder ein zweiter Gott noch ein subalterner Bote oder gehorsamer Prophet. Gerade darin, daß Gott selbst sich hier sinnlich wahrnehmbar macht und seine Liebe zur Welt im Sterben Jesu vollendet, bleibt Israels Monotheismus unangetastet."[64] Die Möglichkeit, von Jesus zu reden, wie er es tut, hat der

63 Die Tradition wahrt allerdings das souveräne Gegenüber Gottes zu seinem Volk, wenn es in Aufnahme von Ps 50,7 an ihrem Schluß heißt: "Obwohl ich euch zu Göttern gemacht habe, bin ich 'dein Gott'."

64 Thyen, Art. Johannesevangelium 221. – Vgl. auch Miranda, nach dem aus 5,18f; 10,33-36 hervorgeht, "daß nur im Munde der Gegner Jesu seine Gottessohnschaft im *metaphysischen* Sinn (= wesenhafte Gleichheit mit Gott) verstanden wird, was aber nach der Auffassung des Evangelisten geradezu als *Unterstellung* seiner rabbinischen Gegner

Evangelist in 10,34-36 von der Schrift her aufgezeigt. Aber ob der in seinem Kal-Wachomer-Schluß für Jesus erhobene Anspruch, daß Gott selbst in ihm präsent ist, zu Recht besteht, läßt sich außerhalb des Glaubens nicht erweisen.

In diesem Kapitel wurde zu zeigen versucht, daß sich im Johannesevangelium eine Auseinandersetzung um die Person Jesu widerspiegelt, die sehr gut in die bisher dargestellte Situation hineinpaßt.[65] Diese Auseinandersetzung macht deutlich, warum die johanneische Gemeinde von der entstehenden rabbinischen Orthodoxie als eine Gruppe von Ketzern eingeschätzt und entsprechend behandelt werden konnte.

demaskiert und als deren *Mißverständnis* hingestellt wird. Seine eigene Auffassung aber kommt Joh 5,19 und Joh 10,36 deutlich zur Sprache: hier wird die Gottessohnschaft Jesu in *funktionaler* Bedeutung verstanden, nämlich als *messianisches Wirken und messianische Sendung*" (78).

65 Zum gesamten Kapitel vgl. auch die Ausführungen von Richter, Studien 76-87.

VI Folgen für die johanneische Gemeinde

Die gegen die johanneische Gemeinde als eine Gruppe von Ketzern ergriffenen Maßnahmen und die gegen den für Jesus erhobenen Anspruch vorgetragenen Argumente haben offensichtlich Wirkung gehabt. Das lassen eine Reihe von Stellen im Johannesevangelium erkennen. Die in sozialer und wirtschaftlicher Hinsicht wirksamen Maßnahmen schufen eine Atmosphäre der Angst, in der – wie 9,22 zeigt - Menschen sich scheuten, auch nur indirekt mit Jesus in Zusammenhang gebracht zu werden. Hierzu gehört es auch, wenn in 19,38 von Josef von Arimathia gesagt wird, er sei "ein *heimlicher* Jünger Jesu aus Furcht vor den Juden"; und ganz entsprechend wird in 3,1f von Nikodemus berichtet, daß er *nachts* zu Jesus kommt.[1] Er ist Repräsentant einer bestimmten Gruppe, nämlich der oben erwähnten heimlichen Sympathisanten aus der Oberschicht (12,42)[2], an deren Verhalten der Erfolg der genannten Maßnahmen deutlich abzulesen ist: Sie wagten kein offenes Bekenntnis.

1 Daß durch das nächtliche Kommen "sein Eifer ... charakterisiert werden soll, wie denn nächtliches Studium bei den Rabbinen empfohlen wird" (Bultmann, Komm. 94 Anm. 4; dagegen: νύξ ist im Johannesevangelium durchweg negativ besetzt); daß damit "das Geheimnisvolle betont werden (soll)" (Schulz 54; dagegen: das "Gespräch" mit Nikodemus ist nicht geheimnisvoller als andere ähnlicher Art auch, die am hellen Tag stattfinden); daß es "sein Kommen aus der Finsternis zum Licht, das Jesus ist (vgl. 3,21), symbolisieren (soll)" (Schnakkenburg, Komm. 1, 380; ebenso Brown, Komm. I 130; dagegen: als ein "Täter der Wahrheit", der nach 3,21 zum Licht kommt, wird Nikodemus keineswegs geschildert) – diese Vorschläge sind wohl als geistreiche Einfälle zu beurteilen. Die von der im Johannesevangelium gegebenen Charakterisierung des Nikodemus her einzig richtige Erklärung ist treffend formuliert von Holtzmann: "νυκτός, nicht um ungestört mit ihm reden zu können, sondern nach 19,38.39 διὰ τὸν φόβον τῶν Ἰουδαίων : um nicht den Unwillen und Verdacht seiner Collegen zu erregen. Nicht in deren Namen also, eher schon im Namen der erst 12,42 erwähnten Gleichgesinnten, überhaupt als 'Muster seiner Gattung'... sagt er οἴδαμεν " (51).

2 Zu ihnen s. u. S. 137-140 sowie Leroy 135.173f.193. - Nach Richter repräsentiert Nikodemus "das Judenchristentum der Grundschrift" (Studien 329; Anm. 18 weitere Literatur).

Auch die Argumente scheinen ihren Eindruck auf die johanneische Gemeinde nicht verfehlt zu haben. Sie führten dazu, daß selbst Gemeindeglieder den für Jesus erhobenen Anspruch als ein "hartes Wort" (6,60) empfanden. Zusammen mit der Behandlung als Ketzer haben diese Argumente offensichtlich zu einer Abfallbewegung geführt, die sich deutlich in 6,60-71 widerspiegelt.[3] Hier wird im Anschluß an die Brotrede von einer doppelten Folge, von Abfall und Bekenntnis, erzählt. Mit dem Abschluß der Szene in V.59 kommen auch die bisherigen Gesprächspartner Jesu nicht mehr in den Blick, die Volksmenge, die in V.41 als "die Juden" gekennzeichnet wurde. Jetzt tritt eine andere Gruppe auf: nicht mehr die notorischen Gegner Jesu, sondern viele seiner Jünger. Auch sie nehmen Anstoß am Anspruch Jesu, wobei V.62 anzeigt, daß sich dieser Anstoß besonders an dem für den *Gekreuzigten* erhobenen Anspruch entzündet.[4] V.66 stellt dann fest: "Darauf gingen viele seiner Jünger zurück und zogen nicht mehr mit ihm." Der griechische Text bezeichnet das Tun dieser Jünger nicht einfach nur als ἀπέρχεσθαι (= weggehen), sondern als ἀπέρχεσθαι εἰς τὰ ὀπίσω (= zurückkehren). Sie geben die Gemeinschaft der Jünger Jesu auf und kehren zurück. Auf der Zeitebene des Evangelisten erhält das seinen präzisen Sinn, wenn man es als Verlassen der johanneischen Gemeinde und Rückwendung zum Mehrheitsjudentum versteht. An dieser Stelle führt der Evangelist in V.67 unvermittelt "die Zwölf" als die treu bei Jesus ausharrenden Jünger ein: "Da sagte Jesus zu den Zwölfen: Wollt etwa auch ihr weggehen?" Würde diese Frage mit "Ja" beantwortet, bedeutete das

3 In bezug auf das in 6,61 und 16,1 gebrauchte Wort σκανδαλίζειν stellt Barrett fest: "Johannes dachte zweifellos an die Möglichkeit, daß Christen ihren Glauben unter Verfolgung aufgeben mochten. Vielleicht hatte er Grund anzunehmen, daß die Möglichkeit tatsächlich bestand." (Komm. 403). – Vgl. auch Schnackenburg, Komm. 3,138: "Wenn diese Aufkündigung der Gemeinschaft (sc. der Synagogenausschluß) mit harten Argumenten gegen die Messianität Jesu verbunden war – und davon gibt das Joh(annes)-Ev(angelium) reichlich Zeugnis –, konnten frühere Juden, die zum Christenglauben übergetreten waren, wieder schwankend werden." Zu kritisieren ist jedoch die Redeweise von den "früheren Juden" – als hätten im 1. Jh. Juden, die zum Glauben an Jesus kamen, das als Übertritt zu einer anderen Religion verstanden und aufgehört, Juden zu sein.

4 Vgl. zu dieser Stelle u. S. 216 f

das Ende der Jüngerschaft Jesu. Hier dürfte wieder die Situation der Gemeinde transparent werden: Für sie war diese Frage offenbar keine bloß rhetorische, die nur flugs ein Bekenntnis auslösen soll. Die Situation der Gemeinde war vielmehr so, daß ihre Existenz auf dem Spiel stand. In diese Situation hinein läßt der Evangelist Petrus als Sprecher der Zwölf[5] das Bekenntnis sagen: "Herr, zu wem sollen wir gehen? Du hast Worte ewigen Lebens; und wir haben geglaubt und erkannt, daß du der Heilige Gottes bist" (6,68f). Ganz anders als in Mt 16,16-18 kommt dem Petrusbekenntnis hier keinerlei kirchengründende Bedeutung zu[6], sondern es ist ein Beispiel für treues Ausharren bei Jesus angesichts großen Abfalls. Das war offensichtlich die Situation der Gemeinde, daß sich aufgrund des argumentativ gestützten Vorgehens des Mehrheitsjudentums viele von ihr abwandten.

Diese Situation zeigt sich auch in 8,31. Dort wird eine Jesusrede mit dem Satz eingeführt: "Da sagte Jesus zu den Juden, die zum Glauben an ihn gekommen waren."[7] Nach Schnackenburg

5 Petrus spricht in der 1.pers.plur., und Jesus antwortet in V.70 in der 2.pers.plur, wie er auch in V.67 "die Zwölf" anredete. Damit wird Petrus deutlich als einer gekennzeichnet, der lediglich ausspricht, was von allen Zwölfen gilt.

6 Dem entspricht es, daß der Evangelist in 1,42 zwar erwähnt, daß der Jünger Simon den Namen Kephas erhält und daß er diesen Namen mit Petrus übersetzt, daß er aber – im Unterschied zu Mt 16,18 – die ekklesiologische Bedeutung solcher Namengebung übergeht. "Der Zusammenhang von Messiasbekenntnis und Namensgebung wird vom vierten Evangelisten aufgelöst" (Grundmann 32).

7 Wie verhält sich dieser Satz zu der Bemerkung von V.30: "Als er das gesagt hatte, glaubten viele an ihn"? Man könnte zwischen V.30 und V.31 eine Zäsur derart annehmen, daß jetzt ganz andere Gesprächspartner Jesu als vorher im Blick wären. Dafür sprächen folgende Punkte: Statt der Personalpronomina werden Subjekt und Objekt eigens genannt. Das part.perf. πεπιστευκότας überrascht, wenn die nach V.30 zum Glauben Gekommenen gemeint sein sollen; es wäre dann eher das part.aor. zu erwarten. Das part. perf. könnte dann die Bedeutung des Plusquamperfekts haben und solche bezeichnen, die an Jesus geglaubt hatten, es aber jetzt nicht mehr tun (vgl. Thyen, Art. Johannesbriefe 191). Für eine Anknüpfung von V.31 an V.30 sind jedoch folgende Punkte anzuführen: Auch die Glaubensaussage von V.30 war vom vorangehenden Kontext her überhaupt nicht motiviert. Der Gesprächscharakter ist in 8,12-30 von dem in 8,31-59 nicht unterschieden. Das οὖν von V.31 bindet diesen Abschnitt mit dem vorigen

dürfte die dann folgende scharfe "Auseinandersetzung[8] ... zeitgeschichtliche Verhältnisse des Evangelisten berücksichtigen und von ihm für bestimmte Kreise seiner Zeit zugeschnitten sein".[9] Er vermutet, "daß der Evangelist Judenchristen seiner Zeit im Sinne hat, die – vielleicht auf Grund der jüdischen Gegenpropaganda – in der Gefahr stehen, vom Christenglauben wieder abzufallen".[10] Die Schärfe der folgenden Auseinandersetzung spricht allerdings dafür, daß hier nicht nur eine Gefahr im Blick ist, sondern daß der Abfall tatsächlich stattgefunden hat und der Evangelist die Absicht verfolgt, die noch Gebliebenen davon abzuhalten, ebenfalls einen solchen Schritt zu unternehmen. Die Gesprächspartner Jesu, die zunächst als zum Glauben gekommene Juden eingeführt worden waren, werden ab V.48 ganz selbstverständlich wieder "die Juden" genannt. Mit ihnen sind also, aus der Perspektive des Evangelisten gesehen, Apostaten im Blick.[11] Dafür spricht auch der Beginn der Jesusrede in V.31: "Wenn ihr bei meinem Wort bleibt, seid ihr wirklich meine Jünger." Wer an Jesus glaubt, wie es von den Angesprochenen gerade festgestellt worden war, wäre damit ja zugleich auch als sein Jünger zu bezeichnen. Wahre Jüngerschaft aber – das wird hier nun sofort betont – erweist sich im Bleiben bei Jesu Wort. Daß nach der Kennzeichnung der Gesprächspartner als Glaubender sofort das Motiv des Bleibens angeschlagen und als Kriterium echter Jüngerschaft genannt wird, spricht entschieden für die Annahme, daß den konkreten Hintergrund das Problem der Apostasie bildet. Das Wort, bei dem geblieben werden soll, ist in diesem Zusammenhang vor allem das Selbstzeugnis Jesu, daß er der Gesandte Gottes sei. Das Bleiben meint daher das Durchhalten des Glaubens in der Gemeinschaft der

zusammen. In beiden sind Gesprächspartner "die Juden"; die Erwähnung des Glaubens bleibt Episode.

8 Zu ihr vgl. u. S. 129-134.

9 Komm. 2,258.

10 Ebd. 259; ähnlich 260.

11 Das ist auch gegen Brown anzuführen, wenn er in den 8,31 erwähnten Glaubenden Judenchristen sehen will, "die sich kräftig über die johanneische Gemeinde ärgern wegen deren hoher Christologie und der Vermischung mit samaritanischen Elementen" (Community 77). – Dodd, Arrière-plan passim, will – vor allem mit Hilfe des Galaterbriefes – Joh 8 aus der "judaistischen" Kontroverse erklären. Aber dafür bietet der johanneische Text keine klaren Anhaltspunkte.

Gemeinde. Dazu will der Evangelist seine Leserschaft veranlassen.[12]

12 Die Verheißungen in 10,28f, daß niemand die "Schafe" aus der Hand Jesu und des Vaters reißen wird, könnten ebenfalls auf dem Hintergrund erfahrenen Abfalls zu verstehen sein und der Vergewisserung derer dienen, die noch da sind und bleiben sollen. Schnackenburg vermutet, daß "die gleichen Motive in 6,39f; 17,12; 18,9" es anzeigen, "daß wir einen festen Topos der joh(anneischen) Glaubenskatechese vor uns haben ... Auch der polemische Ton gegen Versuche, Glieder dieser Gemeinde zum Abfall zu verführen, ist unüberhörbar" (Komm. 2,385).

VII Das distanzierte und differenzierte Verhältnis der johanneischen Gemeinde zum Judentum

In der bisherigen Darstellung wurde zu zeigen versucht, daß die johanneische Gemeinde als Minderheitsgruppe innerhalb eines normativ werdenden Judentums, das selbst ums Überleben kämpfte, bedrängende Erfahrungen machen mußte. Von daher steht zu erwarten, daß dieses Judentum im Johannesevangelium nicht gerade in einem günstigen Licht erscheint, sondern negativ dargestellt wird. So ist auch weithin eine deutliche Distanzierung unverkennbar. Im Blick auf einige Passagen muß sogar von einer tiefgreifenden Feindschaft gesprochen werden, die in ihnen zum Ausdruck kommt. Dennoch läßt sich das Verhältnis zum Judentum nicht als bloße Ablehnung beschreiben. Trotz allem zeigt sich eine differenzierte Wahrnehmung der Wirklichkeit; und es läßt sich eine Wertung erkennen, die keineswegs einlinig negativ ist.

1. Die Feindschaft

Immer wieder wird in den Kap. 5-10 das Gespräch zwischen Jesus und "den Juden" aufgenommen. Das weist auf eine untergründige Gemeinsamkeit, die allerdings überhaupt nicht zum Zuge kommt. Denn das Gespräch führt zu keinerlei Verständigung oder Annäherung. Die Gegensätze werden vielmehr so auf den Punkt gebracht, daß verhärtete Positionen unversöhnlich einander gegenüberstehen. Mehrfach wird "den Juden" ein Übergehen zu handgreiflichen "Argumenten" zugeschrieben: Sie versuchen, Jesus zu verhaften (7,30.44; vgl. 8,20); sie wollen ihn steinigen (8,59; 10,31.39). Es ist fast quälend, wie das Gespräch immer wieder neu beginnt und dann doch jedesmal völlig zusammenbricht. Von einem wirklichen Gespräch kann daher im Grunde nicht die Rede sein. Das wird schlaglichtartig deutlich, wenn der johanneische Jesus in 8,25 sagt: "Was rede ich überhaupt noch zu euch?" Was soll er noch mehr sagen, als was schon gesagt worden ist? Die Reaktion ist immer dieselbe. Die

Situation ist festgefahren. Hat es überhaupt noch Sinn, zu reden? Ist nicht das Ende des Dialogs bereits längst erreicht? Aber hat hier überhaupt schon ein Dialog stattgefunden? Die johanneische Gemeinde erfährt sich selbst in einer Situation der Ohnmacht; ihre eigene Selbstbehauptung flüchtet sich in der Darstellung des Evangelisten in die in souveräner Überlegenheit geschilderte Gestalt Jesu, die immer das letzte Wort hat.

Die von Feindschaft gekennzeichnete Situation wird besonders deutlich in dem langen Abschnitt 8,31-59. Hier liegt eine einzige Wechselrede zwischen Jesus und "den Juden" vor, die durch keinerlei kommentierende Bemerkung unterbrochen wird. Die Gesprächspartner Jesu werden zwar als zum Glauben an ihn gekommene Juden eingeführt (V.31), doch davon ist im Fortgang nicht das geringste zu spüren. Jesus redet ihnen gegenüber feindlich wie nirgends sonst. Nach den Reden geht die Wechselbezieung auch in der Schlußbemerkung in V.59 weiter, nun allerdings in handgreiflicher Tat: "Die Juden" heben Steine auf und wollen Jesus damit bewerfen. Der aber verbirgt sich und verläßt den Tempel. Dieser Schluß dokumentiert somit eindrücklich das Scheitern eines Dialogs. Auf solches Scheitern ist er allerdings von vornherein angelegt. Obwohl die Gesprächspartner Jesu als Glaubende eingeführt werden, schlägt dieser ihnen gegenüber alsbald äußerst provokante Töne an und benennt sie schon nach wenigen Redegängen als Teufelssöhne. Von der Aufteilung der Redebeiträge her ist es aufschlußreich, daß Jesus das erste und das letzte Wort erhält. Vor allem aber sind die Redeanteile ganz ungleich verteilt, nämlich etwa im Verhältnis von 4 zu 1 zu Jesu Gunsten. Auch das macht deutlich, daß hier kein wirklicher Dialog intendiert ist, sondern daß es um Proklamationen zur Vergewisserung der eigenen Gruppe geht.

Die Argumentation, die der Evangelist Jesus in diesem Abschnitt führen läßt, hat ihren Angelpunkt darin, daß "die Juden" auf die ihnen unterstellte Absicht fixiert werden, Jesus zu töten (V.37.40.44). Diese Aussage hat zwar Vorgänger in vorangehenden Kapiteln (5,18; 7,1.19.25) und ist insofern vorbereitet, vom unmittelbaren Kontext her überrascht sie jedoch völlig. Denn die Gesprächspartner Jesu waren ja in V.31 als solche eingeführt worden, die zum Glauben an ihn gekommen waren. Da ist es schon unerwartet, ja ungeheuerlich, daß ihnen in V.37 unvermittelt eine Tötungsabsicht unterstellt wird. In dem bis dahin abgelaufenen Gespräch haben sie zwar auf ihre Abrahamskindschaft gepocht, aber keinerlei Andeutungen gemacht, die auf eine Tötungsabsicht schließen lassen könnten. Auf der literarischen Ebene ist es daher nicht motiviert, daß der Evangelist Jesus so provokant reden läßt. Das gilt auch für die Wiederholung des Vorwurfs in V.40. Dazwischen haben die Gesprächspartner Jesu nichts anderes getan, als Abraham ihren Vater zu nennen (V.39a). Der Vorwurf muß also für den Evangelisten wie für seine erste Leser- und Hörerschaft auf einer anderen Ebene seine Plausibilität haben; und das kann dann nur eine bestimmte Erfahrung sein, die er mit ihr teilt. Es wurde schon oben wahrscheinlich zu machen versucht, daß es sich bei den zum Glauben gekommenen Juden von V.31, die dann im Fortgang des Textes zu "den Juden" werden, um Apostaten handelt.[1] Daß sie sich zur Kompensation des einstigen "Irrtums" bei der Bekämpfung der Ketzerei besonders hervorgetan haben, ist gut vorstellbar. Die extreme Schärfe des Abschnitts 8,31-59 ließe sich somit von daher verstehen, daß der Evangelist hier Apostaten im Blick hat, die er in besonderer Weise für die als schlimm und bedrängend erfahrene Situation verantwortlich hält. Negative Erfahrungen der eigenen Zeit veranlassen ihn also, in seiner Darstellung "die Juden" auf die Tötungsabsicht gegenüber Jesus festzulegen. Von da aus zieht er dann unerbittliche Konsequenzen, in denen die Feindschaft gipfelt, indem er "den Juden" die Abrahamskindschaft abspricht und eine völlig andere zuweist.

Die Wendung, mit der die Gesprächspartner Jesu in V.39a auf ihrer Abrahamskindschaft beharren: "Unser Vater ist Abraham", ist gerade im rabbinischen Judentum sehr geläufig. Sie bringt das Allerselbstverständlichste jüdischer Identität zum Ausdruck. Dagegen läßt der Evangelist Jesus in V.39b so ansetzen: "Wenn ihr Abrahams Kinder seid, würdet ihr Abrahams Werke tun." Für sich genommen ist eine solche Argumentation, daß sich Abrahamskindschaft im Tun der Werke Abrahams äußern muß, gut jüdisch.[2] Aber indem diese Argumentationsfi-

1 S. o. S. 125 f.

2 Nach bBes 32b sagt jemand, als ihm in Babylonien weder Beschäftigung noch Nahrung gegeben wurde: "Diese stammen vom Mischvolk ab. Denn es heißt: Er wird dir Erbarmen geben und sich deiner erbarmen. Wer sich seiner Mitmenschen erbarmt, ist sicher vom

gur, die eigentlich der Paränese dient[3], völlig von der unterstellten Tötungsabsicht dominiert wird, führt sie zwangsläufig zur Bestreitung der Abrahamskindschaft und dann weiter zur Behauptung der Teufelskindschaft, da ja der Teufel "ein Menschenmörder von Anfang an war" (V.44).

Diese äußerste und schlimme Zuspitzung, die "die Juden" zu Kindern des Teufels erklärt, der durch Mord und Lüge charakterisiert ist, wird aus einer Wirklichkeit heraus vorgenommen, die die johanneische Gemeinde als teuflisch erfährt.[4] Eine Analogie zeigt sich bei der Qumrangemeinde: Ihre Gründer wurden gewaltsam aus Jerusalem verdrängt; von dorther sieht sich die Gemeinde auch weiterhin Verfolgungsmaßnahmen ausgesetzt. Auch sie bezeichnet daraufhin ihre Feinde als Teufelskinder, als "Söhne Belials", wobei in Qumran so wenig wie im Johannesevangelium ein prinzipieller Dualismus besteht. So heißt es in 4Qflor 1,7-9 in Auslegung von 2Sam 7,11: "'Und ich will dir Ruhe verschaffen vor allen deinen Feinden', das heißt, daß er ihnen Ruhe verschaffen wird vor allen Söhnen Belials, die sie zu Fall bringen wollen, um sie zu vernichten ..., wie sie kamen mit einem Plan Belials, um zu Fall zu bringen die Söhne des Lichtes und um gegen sie frevlerische Ränke zu sinnen, damit sie seine Seele ausliefern an Belial in ihrer frevlerischen Verirrung." Becker schreibt im Blick auf den Vergleich mit Qumran: "So lebt doch offenbar auch die joh(anneische) Gemeinde zunächst im Synagogenverband, wird wegen ihres speziellen Offenbarungsanspruchs ausgestoßen ... und reagiert darauf wie in Joh 8 zu lesen ist."[5] Diese Reaktion macht nicht zuletzt das Elend einer verfahrenen Situation deutlich. Die als schlimm empfundene

Samen unseres Vaters Abraham, und wer sich seiner Mitmenschen nicht erbarmt, ist sicher nicht vom Samen unseres Vaters Abraham."

3 Vgl. Berger 377.

4 "Die darin sich zeigende 'Bosheit' ist so groß, daß sie gleichsam die menschliche Verantwortung übersteigt und nur noch auf die 'übermenschliche' Macht des Bösen zurückgeführt werden kann" (Blank, Komm. 1b, 163).

5 Komm. 1,306. Im unmittelbar folgenden Satz versteht Becker "die Juden" dennoch als "Paradigma für den Unglauben der Welt", hält also dafür, daß die Ausführungen von Kap. 8 nicht in einem unmittelbaren Zusammenhang mit dem Synagogenausschluß stehen, auf den sie doch eine Reaktion sein sollen.

Erfahrung, ausgeschlossen worden zu sein, führt zur Verteufelung derer, von denen man sich verleumdet und bedroht fühlt.

Das aber hatte eine verhängnisvolle Nachgeschichte. Unter anderen Bedingungen und veränderten Machtverhältnissen konnte diese ideologische Verteufelung, ursprünglich ein schlimmer Reflex leidvoller Erfahrung, bei höchst realen "Exorzismen" mitwirken. Ein Beispiel: In einem Sammelband über die Nazizeit ist ein Bild veröffentlicht[6], das den Ortseingang eines deutschen Dorfes zeigt. Ein Bauer – Rechen und Sense auf der Schulter, die Pfeife im Mund – und Schulkinder betrachten ein Schild mit der Aufschrift: "Der Vater der Juden ist der Teufel." Die Konsequenz war dann das weitere Schild, das allenthalben aufgestellt wurde: "Dieser Ort ist judenfrei."

Es ist m.E. verfehlt, Joh 8,44 irgendeinen positiven Sinn abgewinnen zu wollen. Von Hahn wird als "der eigentliche Sinn der schroffen Aussage in Joh 8,44" angegeben: "Wo die Tür, die durch Jesu Offenbarung der Wahrheit eröffnet worden ist, nicht glaubend und vertrauend durchschritten wird, der Mensch vielmehr im Unglauben verharrt, bleibt er der Macht des Bösen ausgesetzt, die zutiefst Feindschaft gegen Gott ist."[7]

Die Feindschaft, die in Joh 8,44 ihren schärfsten Ausdruck findet, artikuliert sich auch darin, daß der johanneische Jesus "den Juden" jedwede Gotteserkenntnis abspricht.[8] Am instruktivsten ist die Stelle 8,54f. Jesus stellt zunächst am Beginn von V.54 fest: "Wenn ich mich selbst verherrliche (δοξάσω), ist meine Herrlichkeit (δόξα) nichts." Er sucht gerade nicht die eigene Ehre, sondern geht den Weg in die größte Unehre, den Weg ans Kreuz. Auf diesem Weg kann er sich selbst gar nicht verherrlichen, sondern geht aller Ehre und Herrlichkeit radikal verlustig. Er kann sich nur ganz und gar Gott anheimgeben. Der aber sucht seinerseits seine Ehre im Kreuz Jesu: "Es ist mein Vater, der mich verherrlicht." Nur der österliche Glaube, daß im Weg und Werk Jesu Gott selbst zum Zuge kommt, läßt hier von "Herrlichkeit" sprechen. Dieser in Jesus präsente Gott ist aber nicht irgendein Gott. Im Fortgang des Textes von V.54 wird er vielmehr so näher bestimmt: "Von dem ihr sagt: Unser Gott ist er." So ist auf alle Fälle festzuhalten: "Zwischen dem Gott der Juden und dem

6 Die Reihen fest geschlossen. Beiträge zur Geschichte des Alltags unterm Nationalsozialismus, hg. v. Detlev Peukert u. Jürgen Reulecke, Wuppertal 1981, 385.

7 Juden 437 Anm. 48.

8 7,28; 8,19.55; 15,21; 16,3.

Gott Jesu besteht also kein Unterschied."[9] Obwohl "die Juden" nur zehn Verse vorher bezichtigt worden sind, aus dem Teufel zu sein, den Teufel zum Vater zu haben, gilt doch, daß es derselbe Gott ist, den Jesus im Johannesevangelium seinen Vater nennt und von dem sie als ihrem Vater reden. Man wird sagen müssen, daß es gerade diese Voraussetzung desselben Gottes ist, die die Auseinandersetzung so unerbittlich scharf werden läßt. Und die Schärfe der Auseinandersetzung tritt ja auch sofort wieder zutage, wenn Jesus unmittelbar anschließend in V.55 fortfährt: "Und ihr habt ihn nicht erkannt, ich aber kenne ihn." Diese Schärfe zeigt sich genau so auf der anderen Seite, wenn R. Tarfon in dem schon zitierten Diktum seine Bereitschaft, bei Gefahr eher einen Götzentempel zu betreten als Häuser von Ketzern, damit begründet, daß Götzenverehrer Gott nicht kennen und ihn verleugnen, Ketzer ihn aber kennen und doch verleugnen.[10] Im Johannesevangelium wird "den Juden" vorgeworfen, daß "sie ihren eigenen Gott nicht (erkennen)"[11], weil sie ihn nicht in Jesus erkennen. Umgekehrt dürfte den Judenchristen vorgeworfen worden sein, daß sie den Gott Israels verleugnen, weil sie behaupten, ihn in Jesus zu erkennen. Umstritten ist nicht die Selbigkeit Gottes, des Gottes Israels, sondern der Ort seiner Präsenz. Im Johannesevangelium wird dieser Streit um die Präsenz Gottes in Jesus zugespitzt zu einem scharfen Entweder-Oder über die Erkenntnis Gottes überhaupt. Wer die Präsenz Gottes in Jesus bestreitet, dem wird bestritten,

9 Blank, Komm. 1b, 175. - In der Auslegung von 8,54 durch Bultmann (Komm. 226f) wird der Schlußsatz des Verses bezeichnenderweise überhaupt nicht erwähnt.

10 S. o. S. 102. Nach Hengel erhält die Polemik des Evangelisten "nur deshalb solche Schärfe und Unerbittlichkeit, weil sich die jüdische Muttergemeinde und die johanneische Kirche immer noch relativ nahe stehen ... Ein Streit in der eigenen Familie, der zum endgültigen Bruch hinführt, ist wohl unter allen Streitigkeiten am schmerzhaftesten" (214). Vgl. auch Broer 337 und Thyen, Heil 177, der herausstellt, daß der "als Unglück und Unrecht" empfundene Synagogenausschluß "nicht etwa mit der Verleugnung der eigenen Herkunft oder der Gründungslegende einer die Synagoge ablösenden 'Kirche' quittiert (wird). So scheint es mir gerade diese enttäuschte Liebe zu sein, die den antijüdischen Passagen ihre verzweifelte Schärfe verleiht." Vgl. weiter ebd. 183.

11 Blank, Komm. 1b, 176.

Gott zu kennen.[12] Solch ausschließende Logik dürfte sich aus der realen Situation nähren, in der Christusbekenner als Häretiker eingeschätzt und behandelt wurden und sich ausgeschlossen erfuhren. Die Ausgeschlossenen schließen ihrerseits die Ausschließenden aus der Erkenntnis Gottes aus, indem sie diese exklusiv an die Anerkennung seiner Präsenz in Jesus binden.

2. Die distanzierte Redeweise

Den Umstand, als eine Gruppe von Ketzern eingeschätzt und behandelt zu werden, erfuhr die johanneische Gemeinde als einen Ausschluß aus der synagogalen Gemeinschaft, der sie in eine reale Distanz zum Mehrheitsjudentum versetzte. Diese Distanz schlägt sich im Johannesevangelium in einer distanzierten Redeweise nieder und betrifft selbst solche Dinge, die auch für die eigene Gemeinschaft grundlegend sind. So spricht der johanneische Jesus zu "den Juden" von der Wüstengeneration als "*euren* Vätern" (6,49), als wäre er selbst kein Jude. In Kap. 8 beanspruchen "die Juden" Abraham als "unseren Vater" (V.39.53; vgl. V.33). Obwohl ihnen Jesus in V.39f faktisch die Abrahamskindschaft abgesprochen hatte, redet er in V.56 in aller Selbstverständlichkeit von Abraham als "*eurem* Vater"; und das geschieht in einem Satz, in dem er Abraham zu sich selbst in eine positive Beziehung setzt: "Abraham, euer Vater, jubelte darüber, daß er meinen Tag sehen sollte; und er sah (ihn) und freute sich." Die Distanzierung betrifft also nicht die genannte Person selbst. Diese Redeweise ist vielmehr Ausdruck tatsächlicher Distanz der johanneischen Gemeinde zum Mehrheitsjudentum. Ihm kann es nicht abgesprochen werden, daß Abraham zu seinen Vätern gehört; zugleich aber wird diese Gestalt auch für die eigene Gruppe beansprucht und Jesus zugeordnet.

Dasselbe Phänomen zeigt sich im Blick auf Mose und die Tora. Wieder wird in großer Distanziertheit von "*eurer*" bzw. "*ihrer* Tora" gesprochen (8,17; 10,34; 15,25).[13] In der Tat ist die Orientierung an der Tora für das rabbinische Judentum grundlegend; und dem entspricht, daß sich "die Juden" im Johannes-

12 Zu diesem Umkehrschluß vgl. u. S. 150 f.
13 Vgl. weiter 7,19: "Hat euch nicht Mose die Tora gegeben?"

evangelium wiederholt auf Mose und die Tora berufen: "Wir haben aus der Tora gehört ..." (12,34); "wir haben ein Gesetz ..." (19,7).[14] Gegenüber dem von Jesus geheilten Blindgeborenen stellen sie fest: "Du bist ein Jünger von jenem, wir aber sind des Mose Jünger. Wir wissen, daß mit Mose Gott geredet hat; von diesem wissen wir aber nicht, woher er ist" (9,28f). In der Jüngerschaft des Mose sieht sich das rabbinische Judentum stehen.[15] Von ihm werden Mose und Jesus in Gegensatz zueinander gesetzt; Jüngerschaft des Mose und Jüngerschaft Jesu schließen einander aus. Mose ist ausgewiesene Autorität. Von ihm steht in der Schrift, daß Gott "von Mund zu Mund" mit ihm geredet hat (Num 12,8). Jesus dagegen "hat keine Legitimation".[16] Nur wer sich in der Tora nicht auskennt, läßt sich zum Glauben an Jesus verführen. So weisen "die Pharisäer" in 7,47-49 die ergebnislos zurückgekehrten Häscher, die sich zu ihrer Verteidigung lobend über Jesus äußern, zurecht und stellen schließlich verächtlich fest: "Aber dieser Haufen, der die Tora nicht kennt: verflucht sind sie!" (7,49).

Obwohl der Jesus des Johannesevangeliums so distanziert von der Tora reden kann, beruft er sich doch auch auf sie. Die johanneische Gemeinde ist offenbar mit dem rabbinischen Judentum in eine Auseinandersetzung um die Tora verwickelt.[17] Der Evangelist ordnet Mose und Jesus einander zu, indem er Mose als Zeugen Jesu erkennt: "Meint nicht, daß ich euch beim

14 Vgl. 7,51, wo Nikodemus im Synhedrium seine Kollegen fragt: "Verurteilt etwa unser Gesetz jemanden, ohne ihn erst verhört und erfahren zu haben, was er tut?"

15 "Jünger des Mose" sind die Schriftgelehrten. So heißt es byom 4a: "Der Hohepriester ziehe sich sieben Tage zurück, richte einen Tag den Dienst her, und zwei Schriftgelehrte, von den Jüngern des Mose, ausgenommen Sadduzäer, überliefern ihm während der sieben Tage (die Gesetze), um ihn in den Dienst einzuüben."

16 Haenchen, Komm. 381. An anderer Stelle wußten sie genau, woher er ist (vgl. 7,27 im Zusammenhang mit 6,42; 7,41.52) - aber gerade das ließ ja ebenfalls seine Legitimation bestreiten. In 8,14 hatte Jesus "den Pharisäern" gesagt, daß sie nicht wüßten, "woher ich komme und wohin ich gehe". Es liegt ein ironischer Zug in der Darstellung des Evangelisten, wenn er das, was dort als ihr Mangel beklagt wird, hier das Fundament ihrer Argumentation sein läßt.

17 Eine ausführliche und gründliche Darlegung der jüdisch-judenchristlichen Debatte, in der der Evangelist und seine Gemeinde stehen, bietet das umfangreiche Werk von Pancaro, Law.

Vater anklage. Euer Ankläger ist Mose, auf den ihr eure Hoffnung gesetzt habt. Wenn ihr nämlich Mose geglaubt hättet, hättet ihr mir geglaubt. Denn über mich hat jener geschrieben" (5,45f).[18] "Die Schriften" legen Zeugnis für Jesus ab (5,39).[19] In dem schon besprochenen Stück 10,34-36[20] wird beides besonders deutlich, daß die Tora auf die Seite "der Juden" gehört und doch zugleich für Jesus beansprucht wird. Der Evangelist läßt Jesus das Zitat mit der Frage einführen: "Steht nicht in eurer Tora geschrieben?" (V.34) So wird geredet, wenn der Kontrahent auf seinem eigenen Feld überwunden werden soll. Das heißt aber keineswegs, daß der Evangelist mit diesem Feld selbst nichts zu tun hätte. "Eure Tora" wird in V.35 als "die Schrift" aufgenommen; und von ihr heißt es, daß sie nicht aufgelöst werden kann. Im Blick ist also "die Schrift" als gemeinsam anerkannte Basis. Umstritten ist ihre Deutung; umstritten ist, ob Jesus ihr Interpretationsschlüssel sein kann und darf oder nicht. Auf der einen Seite wird sie gegen ihn angeführt(7,42)[21], auf der anderen wird bekannt: "Von dem Mose in der Tora geschrieben hat und die Propheten, den haben wir gefunden" (1,45).[22]

18 Vgl. zu diesem Zitat und seinem Kontext Meeks, Agent 57f. Nach ihm findet sich hier "eine gründliche christliche Umdeutung jüdischer Traditionen, bei der die johanneische Christologie zum Prüfstein jeden Gebrauchs der Schrift gemacht wird" (58).

19 Vgl. auch 1,17: "Die Tora ist durch Mose gegeben worden, die Gnade und die Wahrheit sind durch Jesus Christus gekommen." In Übersetzungen und Auslegungen wird der zweite Satz oft mit "aber" eingeführt. Das hat keinen Anhalt am griechischen Text. Der Evangelist nimmt keine Entgegensetzung, sondern eine Zuordnung vor. Das ist etwa gegenüber Schnelle (42-45) zu betonen, in dessen Deutung das Johannesevangelium geradezu prämarkionitisch wird.

20 S. o. S. 120-122

21 Vgl. auch 7,52.

22 Der Evangelist kann also auch den Begriff νόμος ohne Distanzierung positiv aufnehmen. Es ist jedoch bemerkenswert, daß sich die distanzierte Redeweise nicht beim Begriff γραφή findet, wohl aber beim Begriff νόμος. Das dürfte darin begründet sein, daß letzterer auf der Gegenseite eine zentrale Rolle spielte. - Vgl. zu den angeführten Stellen auch die zusammenfassende Bemerkung von Hahn: "So stoßen wir an diesen Stellen auf einen Sprachgebrauch, der für das Selbstverständnis der Christen im Gegenüber zum Judentum sehr bezeichnend ist, weil hiermit die gemeinsame Herkunft und die unterschiedliche Grund-

In der rabbinischen Überlieferung gibt es eine Erzählung, nach der R. Eliezer ben Hyrkanos in Sepphoris einem Jakob aus Kefar Sekhanja begegnete, der als ein Schüler Jesu des Nazareners bezeichnet wird. R. Eliezer erinnert sich an diese Begegnung, als ihn nach einer Verhaftung und - überraschenden - Freilassung R. Akiba fragt: "Meister, vielleicht hast du etwas Ketzerisches gehört und es gefiel dir und bist deshalb inhaftiert worden?" Jakob hatte ein Zitat aus der Tora gebracht und interpretiert und die Interpretation als Lehre Jesu ausgegeben. Das Zitat wird mit der Wendung eingeleitet: "Es heißt in eurer Tora."[23] Auch hier ist einerseits die Distanz offensichtlich; Eliezer und Jakob gehören zu verschiedenen Gruppen. Andererseits ist aber auch deutlich, daß die Tora als gemeinsame Basis gilt, die noch Kommunikation ermöglicht. Daß Jakob Ketzerisches von sich gegeben hat, wird Eliezer ja erst nachträglich bewußt.

Distanz zeigt sich schließlich, wenn innerhalb der Erzählung vom "Passa der Juden" (2,13; 11,55), vom "Fest der Juden" (5,1; 6,4; 7,2) und von der "Reinigung der Juden" (2,6) gesprochen wird. Das Judentum erscheint hier als eine gegenüber Jesus – und d.h. auf der Ebene des Evangelisten: gegenüber der an Jesus glaubenden Gemeinde – abgegrenzte religiöse Gemeinschaft mit ihren Festen und Gebräuchen. Diese Art der Formulierung beweist allerdings keineswegs, daß der Evangelist dem Judentum fernstand.[24]

3. Heimliche Sympathisanten und ungebetene Ratgeber

Auch wenn der Evangelist, veranlaßt durch leidvolle Erfahrungen seiner Gemeinde, sich dahin versteigt, "die Juden" Teufelskinder zu nennen, zeichnet er das Bild nicht nur in schwarz und weiß. Daß er auch Grautöne bringt, läßt auf eine differenzierte Wahrnehmung der Wirklichkeit schließen. Das zeigt sich zunächst an der dem Johannesevangelium eigentümlichen Gestalt

haltung gleichzeitig zum Ausdruck kommen, ohne daß damit eine prinzipielle Polemik verbunden ist" (Juden 432).

23 tHul 2,24; bAZ 16b.17a.

24 Vgl. Meeks, Jew 181 mit Anm. 67, der darauf hinweist, "daß Bar Kochba (oder jemand aus seiner nächsten Umgebung) genau in dieser Weise sprechen konnte". Das ist gegenüber Schnelle zu betonen, für den solche Stellen bezeugen, daß das Johannesevangelium nicht judenchristlich sei (45f).

des Nikodemus.[25] Dieser Mann ist ein pharisäischer Schriftgelehrter, "der Lehrer Israels" (3,1.10), ein gebildeter Mensch, dazu befugt und angehalten, andere zu belehren, dem Volk Weisung zu geben. Der bestimmte Artikel kennzeichnet ihn nicht als einzigen Lehrer, wohl aber als einen großen und bekannten. Darüber hinaus ist er ein "Oberer der Juden" (3,1), ein Ratsherr, womit er als ein Mitglied des Synhedriums vorgestellt wird, der höchsten jüdischen Behörde.[26] Auf seine hohe soziale Stellung weist auch die übergroße Menge einer Gewürzmischung aus Myrrhe und Aloe hin, die er nach 19,39 für die Bestattung Jesu beisteuert. Dieser gutsituierte Mann in geachteter Stellung bekundet Interesse für Jesus; er kommt zu ihm und erkennt ihn als seinesgleichen an (3,2). Im Gespräch mit Jesus zeigt er sich dann allerdings reichlich verständnisunwillig (3,4.9). Nach 7,50f wendet er sich gegen das Verfahren seiner Kollegen im Synhedrium, die schon von vornherein ihr Urteil über Jesus gefällt haben; gegenüber ihrem Zorn auf die erfolglos zurückgekehrten Häscher (7,45-49) legt er Wert auf ein gesetzlich einwandfreies und faires Verfahren. Auf die zurückweisende Antwort seiner Kollegen, die darin ein mögliches Eintreten für Jesus wittern (7,52), schweigt er. Nach 19,38-42 sorgt er zusammen mit Josef von Arimathia für eine aufwendige Bestattung des hingerichteten Jesus. Jener wird ausdrücklich "ein heimlicher Jünger Jesu" genannt (19,38) – eine Kennzeichnung, die wohl auch auf den hier mit ihm gemeinsam handelnden Nikodemus zutrifft. Daß die Stellen 7,50f und 19,39 "sein stufenweises Voranschreiten im Glauben an Jesus andeuten (sollen)"[27] oder daß, wie "sein Kommen zu Jesus seinen Ernst bezeugt, so sein späteres Verhalten ... seine Treue"[28], ist unwahrscheinlich. Denn nirgends wird ein offenes Bekenntnis zu Jesus von ihm berichtet. Der Evangelist beurteilt jedenfalls Leute wie Nikodemus und Josef von Arimathia durchaus negativ. In 19,38 wird die Heimlichkeit der Jüngerschaft Josefs mit seiner "Furcht vor den Juden" begrün-

25 Im folgenden nehme ich Teile aus meinem kleinen Aufsatz über Nikodemus auf (s. Literaturverzeichnis). Zu den "mit einer deutlichen Bitterkeit" dargestellten "heimlichen Jüngern Jesu" vgl. auch Schottroff, Messianismus 100f, sowie Renner 137-141.

26 Vgl. 7,50.

27 So Schnackenburg, Komm. 1,379.

28 So Bultmann, Komm. 94 Anm. 1.

det. Das erinnert an 12,42, daß auch "viele von den Oberen" an Jesus glaubten, aber aus Furcht vor dem Synagogenausschluß kein offenes Bekenntnis wagten. Zu diesen "Oberen" gehört auch Nikodemus. Über sie fällt der Evangelist in 12,43 ein wenig schmeichelhaftes Urteil: "Sie liebten die Ehre der Menschen mehr als die Ehre Gottes."

Will man nach diesem Überblick Nikodemus zusammenfassend charakterisieren, so wird man sagen müssen, daß er der Typ eines mit "weltlicher" und "geistlicher" Macht ausgestatteten "Oberen" ist, der sich gern mit einem gewissen liberalen Nimbus umgibt: Er ist aufgeschlossen und interessiert, grundsätzlich bereit, jedem Anerkennung zu zollen, der sie seiner Meinung nach verdient (3,2); er ist gegen voreilige, aus reinem Machtwillen heraus gefällte Urteile und verlangt gründliche, dem Gesetz genügende Prüfung des Falles (7,51); er ist hilfreich bis zu verschwenderischer Großzügigkeit, wenn es zu spät ist (19,39); im Entscheidungsfall paßt er sich opportunistisch an und geht in die innere Emigration (12,42); er hat zutiefst keine Ahnung, um was es geht, und erhebt statt dessen noch einen Einwand und stellt noch eine Frage (3,4.9), die ihn daran hindern, in klarer Weise Stellung zu beziehen und eindeutig Partei zu ergreifen.

Der Evangelist ist an Nikodemus nicht als einer möglicherweise historischen Person interessiert. Mag es sich mit einem Nikodemus und seinem Verhältnis zu Jesus in historischer Hinsicht verhalten haben wie auch immer, für den Evangelisten ist er vor allem Repräsentant einer bestimmten Gruppe, die im Umkreis seiner Gemeinde eine Rolle spielt. Dafür gibt es drei Indizien: 1. In 3,2 spricht Nikodemus in der 1.pers.plur. ("wir wissen"); das läßt sich am besten erklären, wenn er als Exponent einer Gruppe vorgestellt ist. 2. In den grundsätzlichen Ausführungen von 3,7b und 3,11f wird Nikodemus in der 2.pers.plur. angeredet, obwohl in den jeweiligen Einleitungsformulierungen der Singular steht. Hier gilt er in aller Deutlichkeit als Repräsentant einer Mehrzahl. 3. Trotz der singularischen Einführung ("*ich* sage *dir*") ist 3,11 im Plural formuliert: "Was *wir* wissen, reden *wir*, und was *wir* gesehen haben, bezeugen *wir*, und *unser* Zeugnis nehmt *ihr* nicht an." Hier spricht die christliche Gemeinde, die einer von Nikodemus repräsentierten Gruppierung gegenübersteht.

Bei dieser Gruppe handelt es sich gewiß um Juden; aber sie sind nicht identisch mit "den Juden", die im Johannesevangelium als Gegner Jesu schlechthin auftreten. Denn Nikodemus kommt ja zu Jesus und ist ihm gegenüber ganz und gar nicht feindlich eingestellt. Wen er repräsentiert, ergibt sich aus 12,42: Es sind heimliche Sympathisanten aus der Oberschicht, die sich nicht offen zur christlichen Gemeinde bekennen, weil sie befürchten, aus der Synagoge ausgeschlossen zu werden. Weil sie ihren sozialen Status nicht aufs Spiel setzen wollen, verhalten sie sich so, wie Nikodemus dargestellt wird. Deshalb heißt es von ihm in 3,2 auch, daß er *nachts* zu Jesus kommt.[29] Er geht nicht am Tage zu ihm, weil nicht bekannt werden soll, daß er hier Kontakte knüpft, die ihn in der öffentlichen Meinung diskreditieren könnten.

Daß die johanneische Gemeinde heimliche Sympathisanten in der Oberschicht hatte, mag für sie gelegentlich von Nutzen gewesen sein. Aufs ganze gesehen aber war es gewiß ärgerlich für sie, daß sich diese einflußreichen Menschen bedeckt hielten. Trotz dieser Erfahrung redet der Evangelist aber nicht der Devise das Wort, Öffentlichkeit um jeden Preis zu suchen. Das zeigt sich sehr schön in dem Abschnitt 7,1-10, in dem die Brüder Jesu ungebetene Ratgeber repräsentieren. Nachdem der Evangelist in V.1f die Situation geschildert hat, daß Jesus in Galiläa umherzog und nicht in Judäa umherziehen wollte, weil "die Juden" danach trachteten, ihn zu töten[30], und daß das Laubhüttenfest nahe war, läßt er die Brüder Jesus auffordern, nach Judäa

29 Vgl. dazu o. Anm. 1 auf S. 123

30 Der Vers 7,1 ist im übrigen kein Argument für die in diesem Teil des Evangeliums beliebten Umstellungen. Läßt man ihm Kap. 5, vermehrt durch 7,15-24, vorangehen, ist der vorausgesetzte Aufenthaltsort Jesu Jerusalem. Dann wäre aber als Überleitung ein Satz zu erwarten wie: "Danach begab sich Jesus nach Galiläa", wobei das Prädikat im Aorist und als Präposition εἰς stehen müßte. Es finden sich jedoch das Imperfekt περιεπάτει ("er zog umher") und die Präposition ἐν. Beides widerspricht der Annahme eines Ortswechsels; es ist im Gegenteil vorausgesetzt, daß Jesus in derselben Gegend bleibt, in der er vorher vorgestellt war: in Galiläa; und dort hielt er sich nach Kap. 6 auf. Die Angabe von V.1b, daß er nicht in Judäa umherziehen wollte, weil "die Juden" ihn zu töten trachteten, begründet nicht einen Ortswechsel nach Galiläa, sondern im Blick auf das im folgenden genannte Laubhüttenfest sein Verbleiben in Galiläa.

zu gehen, "damit auch deine Jünger deine Werke sehen, die du tust". Gegenüber Galiläa ist Judäa mit Jerusalem der Ort größerer Öffentlichkeit; und die Öffentlichkeit in Jerusalem ist am stärksten am Laubhüttenfest als dem größten Wallfahrtsfest gegeben. Der Evangelist hatte schon in V.1 begründet, warum sich Jesus nicht in Judäa aufhielt: Es war dort zu gefährlich für ihn, lebensgefährlich. Der Text reflektiert das Problem der Herstellung von Öffentlichkeit in gefahrvoller Situation, wobei die Situation der johanneischen Gemeinde transparent wird. Wie steht es mit Verborgenheit und Öffentlichkeit in Gefahr? Darf man sich verstecken und verborgen halten, oder muß um jeden Preis Öffentlichkeit gesucht werden? Letzteres ist eine Position, die in diesem Abschnitt von außen empfohlen wird und sich auch gut begründen läßt: "Denn niemand, der in der Öffentlichkeit sein will, tut etwas im Verborgenen. Wenn du das tun willst, offenbare dich der Welt!" (V.4) Aber als Aussage Nicht-Betroffener ist dieser Rat wohlfeil; sie haben die Kosten nicht zu tragen. Indem der Evangelist so darstellt, macht er deutlich, daß Öffentlichkeit nicht um jeden Preis zu suchen ist; er redet keiner Martyriumssehnsucht das Wort.[31] Daß die Brüder als Nicht-Betroffene reden, hebt die begründende Zwischenbemerkung des Evangelisten in V.5 hervor: "Denn auch seine Brüder glaubten nicht an ihn." Außenstehende geben aus der Distanz an, was Betroffene tun müßten. Aber der Glaube muß schon selbst wissen, wann er Zeugnis zu geben hat und wann er sich besser zurückhält. Entsprechend läßt der Evangelist Jesus in V.6 antworten: "Meine Zeit (καιρός [32]) ist noch nicht da." Für Betroffene, für in das Geschehen Einbezogene sind nicht alle Zeiten gleich. Es gibt Zeiten, wo es besser ist, sich zurückzuziehen und zu schweigen. Der Glaube muß sich nicht zu allem und jedem äußern; und er ist auch nicht unter allen Umständen darauf aus, verfolgt zu werden. Es kommt auf den Kairos, den rechten Zeitpunkt, an. Daß über ihn nicht von außen entschieden werden kann, unterstreicht die Entgegensetzung in

31 Auf dem Hintergrund der dargestellten Situation scheint mir eine solche Interpretationsrichtung angemessener zu sein als die von Blank, der meint, die Brüder seien auf "Publicity und Propaganda" aus (Komm. 1b, 78).

32 "Der καιρός ist der aus dem Fluß der Zeit (χρόνος) herausgehobene entscheidende Zeitpunkt des Handelns" (Bultmann, Komm. 220).

V.6b: "Eure Zeit aber ist ständig bereit." Die Zusammenstellung von "Kairos" und "ständig" ist eine höchst ironische Paradoxie. Wenn der Kairos immer da ist, heißt das ja zugleich, daß er in Wirklichkeit nie da ist, daß er nie wahrgenommen und ergriffen wird.[33] Den rechten Zeitpunkt als Dauererscheinung kann es nur für die Unbeteiligten geben, für die Zuschauer. Wer nicht betroffen ist, wer nichts zu befürchten hat, gibt als Zuschauer ständig Ratschläge, redet dauernd. Sein Geschwätz ist allerdings belanglos. Das unterstreicht V.7: "Euch kann die Welt nicht hassen." Die Welt ist hier nicht in einem unspezifischen Sinn alles, was sich außerhalb der Gemeinde befindet. Als eine Größe, die zu fürchten ist, muß sie genauer bestimmt werden als die starke, mächtige und einflußreiche Welt. Die kann euch nicht hassen, sagt Jesus hier zu seinen unbeteiligten, seinen nicht solidarisch engagierten Brüdern, weil ihr ihr nach dem Mund redet. "Mich aber haßt sie, weil ich über sie bezeuge, daß ihre Werke böse sind." Jesu Rede als Zeugnis des in ihm auf den Plan tretenden Gottes, des in seiner Erniedrigung bis zum Kreuz begegnenden und so den Erniedrigten solidarisch werdenden Gottes ist eine Herausforderung an die Welt der Starken und Mächtigen, die ihre Macht zu gebrauchen wissen. Und da will der Zeitpunkt wohl erwogen sein, wann die Herausforderung gewagt wird.

In V.8 fordert Jesus zunächst seine unbeteiligten Brüder auf, zum Fest zu gehen. Da für sie alles gleich-gültig ist, können sie auch gefahrlos nach Jerusalem pilgern. Danach setzt er sich wiederum betont von ihnen ab: "Ich gehe nicht hinauf zu diesem Fest, denn meine Zeit ist noch nicht erfüllt." Der Begründungssatz ist eine Anspielung auf die Passion, wie sie in diesem siebten Kapitel immer wieder erfolgt. Der Kairos schlechthin ist identisch mit "der Stunde", die seinen Tod am Kreuz bezeichnet. Das ist das entscheidende Zeugnis Jesu, seine "Offenbarung vor der Welt" (vgl. V.4). Dieser Zeitpunkt ist jetzt noch nicht da. Entsprechend stellt V.9 fest, daß er in Galiläa blieb.

In scharfem Kontrast dazu fährt jedoch V.10 fort: "Als aber seine Brüder zum Fest hinaufgestiegen waren, da stieg auch er

33 "Ist ihr (sc. der Welt) καιρός immer da, so ist er in Wahrheit nie da, und in all ihrem Handeln wird nie etwas entschieden, weil immer schon alles entschieden ist" (Bultmann, Komm. 220).

hinauf, nicht öffentlich, sondern im Verborgenen." Auf dem Hintergrund dieser Darstellung muß die Aussage Jesu von V.8, nicht zum Fest zu gehen, als bewußte Irreführung seiner Brüder bezeichnet werden.[34] Es gibt lebensrettende "Lügen", und es gibt tödliche Wahrheiten.

Nikodemus, der die heimlichen Sympathisanten repräsentiert, und die Brüder Jesu, die für ungebetene, in Zuschauerhaltung verharrende Ratgeber stehen, werden also vom Evangelisten in Grautönen gezeichnet. Weder von Nikodemus noch von den Brüdern Jesu läßt er irgendwelche Feindseligkeiten ausgehen. Das Mehrheitsjudentum, dem die johanneische Gemeinde gegenübersteht, bildet offenbar nicht eine einzige scharfe Front. Daß der Evangelist so darzustellen vermag, dokumentiert seine Fähigkeit zu einer differenzierten Wahrnehmung der Wirklichkeit, die nicht einfach nur in schwarz und weiß aufgeteilt wird.

4. Positive Aussagen

Trotz der Feindschaft zwischen der johanneischen Gemeinde und dem rabbinischen Judentum, die im Johannesevangelium mit Händen zu greifen ist, finden sich in ihm doch auch eindeutig positive Äußerungen, die es schlechterdings verbieten, das Verhältnis zum Judentum als bloße Ablehnung zu beschreiben. Es besteht ein verwickelter und widersprüchlicher Zusammenhang, der Ausdruck einer widersprüchlichen Wirklichkeit ist.

34 Weil man Jesus das nicht gestatten wollte, wurde schon in der Textüberlieferung von V.8 das οὐκ durch ein οὔπω ersetzt: "Ich steige *noch* nicht hinauf zu diesem Fest." Für die Ursprünglichkeit von οὐκ spricht vor allem die Überlegung, daß bei der Annahme eines ursprünglichen οὔπω dessen Ersetzung durch οὐκ nicht gut denkbar wäre. - Daß V.8 auch den Auslegern immer wieder Anstoß erregt hat, mit dem sie mehr oder weniger gezwungen fertig zu werden versuchten, nimmt nicht Wunder. Dafür nur zwei Beispiele: Nach Barrett verneint οὐκ ἀναβαίνω nur die Aufforderung der Brüder, nicht aber die Absicht Jesu (Komm. 258); und Brown will ein Wortspiel mit ἀναβαίνω erkennen: "Bei diesem Fest wird er nicht hinaufsteigen (v.8), d.h. hinaufsteigen zum Vater", sondern erst beim folgenden Passafest (Komm. I 308). Im Text steht allerdings in aller Eindeutigkeit: "Ich steige nicht hinauf *zu diesem Fest*" - in genauer Parallele zu der vorangehenden Aufforderung an die Brüder: "Steigt ihr hinauf *zu diesem Fest*!"

Vor der Besprechung der ausdrücklichen positiven Aussagen sei auf einen in diesem Zusammenhang aufschlußreichen Aspekt eingegangen. Es ist immer wieder beobachtet worden, daß in den Passionsgeschichten der Evangelien die Tendenz besteht, die Verantwortung für die Hinrichtung Jesu von der römischen Besatzungsmacht auf "die Juden" zu verlagern. Daran partizipiert auch das Johannesevangelium. Obwohl es jedoch oft genug äußerst feindlich von "den Juden" spricht, findet sich aber dennoch keine völlige Schuldzuweisung an sie in der Passionsgeschichte. Dabei zeigen sich bemerkenswerte Unterschiede zur synoptischen Darstellung. Auf einen wurde schon hingewiesen: Als Akteure auf jüdischer Seite sind nur "die Oberpriester und ihre Diener" vorgestellt, nicht die Volksmenge; "viele Juden" treten erst auf, als Jesus schon am Kreuz hängt.[35] Die Szenerie, daß die Menge, aufgestachelt von den Oberpriestern, die Freilassung des Barrabas und die Kreuzigung Jesu verlangt[36], findet sich im Johannesevangelium nicht, noch weiß es zu berichten, daß "das ganze Volk" ausrief: "Sein Blut komme über uns und unsere Kinder!"[37] Allerdings läßt es Pilatus in 18,35 zu Jesus sagen: "Dein Volk und die Oberpriester haben dich mir übergeben." Aber diese Zusammenstellung dürfte die Oberpriester als Repräsentanten des Volkes bezeichnen[38], so daß auch hier sie als die tatsächlich Handelnden im Blick sind. Das Johannesevangelium erzählt auch nichts von einem jüdischen Prozeß gegen Jesus mit abschließender Verurteilung zum Tode. Nach seiner Verhaftung wird Jesus zu Hannas, dem Schwiegervater des amtierenden Hohenpriesters, gebracht (18,12f); dort erfolgt eine kurze Vernehmung mit anschließender Überstellung an den Hohenpriester Kajaphas (18,19-24), der ihn seinerseits an Pilatus weiterleitet (18,28). Die jüdischen Instanzen werden so zu bloßen Übergangspunkten für die Auslieferung Jesu an die entscheidende römische Instanz, den Präfekten

35 S. o. S. 67. Zu den diesbezüglichen Besonderheiten der johanneischen Passionsgeschichte vgl. auch Townsend 76-78.

36 Mk 15,6-15 par.

37 Mt 27,25. Vgl. Schottroff, Messianismus 99: "Während in den synoptischen Evangelien das Volk sich am Geschrei 'kreuzige ihn' beteiligt, ist es im Johannesevangelium in dem ganzen Zusammenhang verschwunden."

38 S. o. S.67

Pilatus. Von einer Verhandlung des Synhedriums gegen Jesus hatte der Evangelist in 11,43-53 berichtet, die mit dem Ergebnis endete: "Von jenem Tage an waren sie entschlossen, ihn zu töten" (V.53). Was erstmals schon 5,18 festgestellt und dann öfter wiederholt worden war, Jesus töten zu wollen, gilt nun als definitiv und wird in V.48 mit politischer Opportunität begründet.

Daß jüdische Instanzen auf die Tötung Jesu aus waren und ihn zu diesem Zweck an Pilatus überstellten, wird vom Evangelisten ausdrücklich als Schuld konstatiert, wenn er Jesus in 19,11 zu Pilatus sagen läßt: "Der mich dir ausgeliefert hat, hat größere Schuld." Indem er den jüdischen Instanzen größere Schuld zuweist, partizipiert er an der genannten Tendenz, die Verantwortung an der Hinrichtung Jesu von der römischen auf die jüdische Seite zu verlagern.[39] Andererseits muß aber festgehalten werden, daß der Evangelist mit dieser komparativischen Ausdrucksweise auch ausdrücklich Pilatus Schuld zumißt, den er in 19,1-16a als einen Zyniker und Gefangenen der Macht darstellt. Bei ihm wäscht er seine Hände nicht in Unschuld.[40] Entsprechend hatte er schon eine römische Kohorte an der Verhaftung Jesu beteiligt sein lassen (18,3.12).

Das war also zunächst herauszustellen, daß gerade in der Passionsgeschichte die Darstellung des Johannesevangeliums viel differenzierter ist, als von den pauschalen Bekundungen der Feindschaft gegenüber "den Juden" her zu erwarten gewesen wäre. Wichtiger ist aber, daß sich in ihm auch ausdrücklich positive Aussagen finden. Es wurde schon hervorgehoben, daß gerade innerhalb einer scharfen Polemik in 8,54 daran festgehalten wird, daß der Vater Jesu kein anderer ist als der Gott der Juden.[41] In 2,16 spricht Jesus vom Tempel in Jerusalem als dem "Haus meines Vaters". Diese Wendung steht innerhalb der traditionellen Erzählung von der Tempelreinigung. Doch ist zu beachten, daß die Synoptiker an dieser Stelle im ausdrücklichen

39 Es ist möglich, daß diese Darstellung ebenfalls transparent ist für Vorgänge zur Zeit des Evangelisten. Doch auch dann ist mit Locher festzustellen: "Historisch kann man kaum sagen, daß der jüdische Denunziant eines Christen 'größere Schuld' gehabt hätte als der ein ungerechtes Urteil fällende römische Richter" (226).

40 Vgl. Mt 27,24.

41 S. o. S. 132 f

Zitat "mein (sc. Gottes) Haus" bieten.[42] Demgegenüber macht die Formulierung im Johannesevangelium die Beziehung zwischen Jesus und dem Tempel noch enger. Von der Sicht des Barnabasbriefes, nach dem der Tempeldienst von Anfang an ein jüdisches Mißverständnis war[43], ist es radikal geschieden.[44]

Als "König Israels" wird Jesus von Nathanael (1,49) und von der Volksmenge beim Einzug in Jerusalem (12,13) bekannt, und als "König der Juden" wird er gekreuzigt (19,19).[45] Daß der Evangelist sich gerade die Bezeichnung Jesu als "König der Juden" zu eigen macht, zeigt die ihm eigentümliche Szene in 19,20-22. Er stellt hier einmal heraus, daß die Aufschrift am Kreuz auf Hebräisch, Lateinisch und Griechisch abgefaßt war, womit deutlich wird: "Dieser Judenkönig geht die ganze Welt an"[46]; und zum anderen und vor allem läßt er Pilatus gegenüber dem Änderungswunsch der Oberpriester auf ihrem Wortlaut beharren. Er macht ihn damit zum unfreiwilligen Zeugen dafür, daß Jesus in der Tat "der König der Juden" ist.

Dieser König stirbt für sein Volk. Nach 11,50 wirft der Hohepriester Kajaphas seinen Kollegen im Synhedrium vor, nicht zu bedenken, "daß es euch nützt, daß einer für das Volk stirbt und

42 Mk 11,17 par mit Aufnahme von Jes 56,7 und Jer 7,11.

43 Vgl. Barn 2,1-10; 16,1-10.

44 Da hier "Kultkritik als Verbesserung der Kultpraxis" vorliegt, während "der Kult selbst ... in Geltung (bleibt)", und der Evangelist "seinen Christus" in 4,20-24 "das Gegenteil" sagen läßt, schließt Becker: "Es liegt also Tradition vor" (Komm. 1,124). Aber warum hat der Evangelist diese Tradition dann aufgenommen? Hat er etwa den Gegensatz nicht bemerkt? Eine mögliche Verbindung beider Stellen zeigt Blank auf: "Der Tempel war die Stätte der Gottesgegenwart. Später wird Jesus sagen, daß die Gottesgegenwart mit seiner eigenen Person verbunden ist. Er selbst wird ja an die Stelle des Tempels treten" (Komm. 1a, 206f). Der Frage, ob es ihm für die Gegenwart um Tempelreform gehe, ist der Evangelist ja schlicht dadurch enthoben, daß der Tempel zu seiner Zeit in Trümmern liegt und es keine Anzeichen für seinen Wiederaufbau gibt.

45 Vgl. weiter Joh 18,33.37.39; 19,3.14.15.

46 Becker, Komm. 2,588. Nach Culpepper proklamiert Pilatus "aller Welt Jesu Königtum auf Hebräisch, Lateinisch und Griechisch, den Sprachen der Religion, Herrschaft und Kultur (vgl. 12,32)" (Anatomy 172). Auch Leistner erkennt einen Bezug von 19,20b auf 12,32 und schreibt: "Die Dreisprachigkeit des Titulus signalisiert die Öffnung zur ganzen Ökumene hin" (138).

nicht das ganze Volk zugrundegeht". Er bringt damit unter dem Gesichtspunkt politischer Opportunität die von den anderen in V.48 gegebene Analyse, daß, lasse man Jesus weiter gewähren, "die Römer kommen und uns den Ort und das Volk wegnehmen werden", zur nötigen Konsequenz. Um den Tempel zu erhalten und das Volk vor dem Untergang zu bewahren, muß gegen einen mit härtesten Maßnahmen vorgegangen, muß er geopfert werden. Der Evangelist läßt Kajaphas so reden, daß christliche Bekenntnissprache hindurchscheint. Für die Leser- und Hörerschaft des Evangeliums sagt damit der Hohepriester viel mehr, als er selbst in der dargestellten Situation meinen kann. Das wird in den beiden folgenden Versen auch ausdrücklich entfaltet. So heißt es zunächst in V.51: "Das aber sagte er nicht aus sich selbst heraus, sondern weil er Hoherpriester in jenem Jahr war, redete er prophetisch, daß Jesus gewiß für das Volk sterben wird." Die Leser- und Hörerschaft des Evangeliums weiß wahrscheinlich aus der urchristlichen Tradition, daß "Christus für uns bzw. unsere Sünden gestorben ist", daß "Gott seinen Sohn für uns dahingegeben hat".[47] Das liest und hört sie auch in den Worten des Kajaphas.[48] In V.52 setzt der Evangelist seine Erläuterung fort: "Und nicht allein für das Volk" wird Jesus sterben, "sondern damit er auch die zerstreuten Kinder Gottes sammle." Da die reflektierende Bemerkung des Evangelisten die Aussage des Kajaphas aufnimmt, kann in ihr unter "dem Volk" nichts anderes verstanden sein als dort, nämlich das jüdische Volk.[49] Jesus stirbt nicht gegen, sondern für sein Volk.

47 Zur Dahingabe- und Sterbensformel vgl. Wengst, Formeln 55-86.

48 "Die realistische, ja geradezu zynische Äußerung des Hohenpriesters Kajafas hat also ... eine höchst positive Seite, von welcher der Hohepriester freilich nichts weiß" (Blank, Komm. 1b, 279). - Daß die V. 51f "kontextfremd einen Heilszusammenhang an die Aussage heran(führen)" und der "kirchlichen Redaktion" zuzuweisen seien (Becker, Komm. 2, 369), ist bloße Behauptung.

49 Pancaro will in einem komplizierten Gedankengang zwischen λαός und ἔθνος differenzieren (People 121f; Law 122-124). Aber seine scharfsinnige Unterscheidung wird vom Text nicht gedeckt; in V.50 stehen λαός und ἔθνος synonym, in V.51f wird nur noch ἔθνος gebraucht. - Haenchen postuliert: "Kajaphas redet ja vom jüdischen Volk. Aber die darin angeblich enthaltene Prophetie meint nicht die Juden, sondern die Christen" (Komm. 429). Aber daß der Evangelist sich ausgerechnet in einer reflektierenden Bemerkung so unklar aus-

Durch die Wiederholung in 18,14 erhält diese Aussage noch besonderes Gewicht. Über das jüdische Volk hinaus kommen in 11,52 "die zerstreuten Kinder Gottes" in den Blick.[50] Da es in der johanneischen Gemeinde auch Heidenchristen gab[51], dürften hiermit sie gemeint sein. Aufgrund von 11,51f bleibt jedenfalls festzuhalten, daß sich die johanneische Gemeinde trotz allem mit den Juden verbunden weiß in der Kontinuität der Geschichte Gottes mit seinem Volk.[52]

Dementsprechend kann sich der johanneische Jesus auch mit den Juden in einem gemeinsamen "Wir" zusammenfassen. Nachdem er in 4,9 von der samaritanischen Frau ausdrücklich als Jude angesprochen worden war, stellt er in 4,22 im Gegenüber zu den Samaritanern fest: "Ihr betet an, was ihr nicht kennt; wir beten an, was wir kennen, denn das Heil kommt von den Juden."[53] Wenn die Aussage, daß die Juden wissen, was sie

drücken soll, daß erst sein Kommentator weiß, was er eigentlich meint, ist doch nicht sehr wahrscheinlich. - Becker bietet eine literarkritische "Lösung": "Daß Jesus für das jüdische Volk stirbt, kann (der) E(vangelist) nach 8,41-47; 12,37-43 wohl kaum selbst sagen" (Komm. 2,369); also stamme dieser Text von der "kirchlichen Redaktion". Aber selbst wenn dem so wäre, hätte diese Redaktion zwar Texte wie 8,41-47 nicht selbst formuliert, aber doch immerhin übernommen, so daß dann auf ihrer Ebene eine Spannung bestünde, die interpretiert werden müßte.

50 Vgl. Joh 10,16; 17,20f. Martyn, Glimpses 116-119, will wahrscheinlich machen, daß es sich bei den Motiven der zerstreuten Gotteskinder und der zerstreuten Schafe um "eine johanneische Reinterpretation des weitverbreiteten und klassischen Motivs jüdischer Zerstreuung" handle (119), so daß also auch damit Judenchristen gemeint seien. Zur Interpretation auf Heidenchristen bemerkt er, daß sie "zutreffen kann" (117). Vgl. die Literaturangaben bei Martyn in Anm. 185-187, weiter Pancaro, People passim; ders., Relationship 396f.403f; Painters Entgegnung (Church passim) sowie Onuki, Gemeinde 60.

51 S. u. S.153.

52 Zu 11,51f vgl. auch Kossen 106f.

53 Der Vers 4,22 wird von vielen dem Evangelisten abgesprochen und einer späteren Redaktion zugeschrieben. Bultmann dekretiert: V.22b "ist bei Joh unmöglich nicht nur angesichts 8,41ff." (Komm. 139 Anm. 6). Sei mit dem "Wir" in V.22a "wir Juden" gemeint, müsse es sich wegen 5,37; 8,19 auch hier um eine Glosse handeln (ebd.). Gelegentlich wird für dieses "Wir" als Möglichkeit "wir Christen" erwogen (z.B. von Bauer 70; Schulz 76), wobei sich aber kein guter Anschluß zu V.23 ergibt. Nach Becker ist aber auch das "für den Evangelisten unerträglich..., wenn sich Jesus mit allen Christen in der Anbetung des Vaters

anbeten, damit begründet wird, daß von ihnen das Heil kommt, dann ist an dieser Stelle der Gedanke der Erwählung aufgenommen. Sie kennen Gott, weil es hier eben nicht um irgendeinen unbekannten Gott geht, sondern um Gott, der Israel erwählt und sich so bekannt gemacht hat.[54] In diese Erwählungsgeschichte, in der das Heil von den Juden kommt, gehört nach Joh 4 der Jude Jesus (V.9) als Messias (V.25f) so hinein, daß er zum "Heiland der Welt" (V.42) wird.[55]

Wie aber können die positiven Aussagen im Zusammenhang mit denen verstanden werden, die scharfe Feindschaft zu "den Juden" zum Ausdruck bringen? Wie verhält sich die Aussage, die von der Erwählung Israels her den Juden Kenntnis Gottes zugesteht, zu den Sätzen, die es ihnen absprechen, Gott zu kennen, weil sie ihn nicht in Jesus erkennen? Das Problem läßt

zusammenschließt, wo doch Jesus nicht wie alle anderen den Vater verehrt, sondern selbst verehrt wird und des Gebetes nicht bedarf (5,23; 9,38; 11,42f.; 12,27f.). Nach dem Evangelisten wissen auch die Juden nicht, was sie anbeten (vgl. 1,17f.; 5,3f. [gemeint: 5,37f]), denn unabhängig von Jesu Offenbarung ist der Vater unbekannt" (Literatur 322; vgl. Komm. 1, 175). Ähnlich Schulz 76: V.22b "ist ganz unjohanneisch und dürfte auf eine spätere Bearbeitung zurückgehen. Johanneisch sind vielmehr Äußerungen wie die von 7,28f.; 8,19.41ff.; 15,21; 16,3." So zuletzt auch Boers 28.71.74.121.193-195. - Was für ein Redaktor ist eigentlich vorgestellt, wenn man meint, mit der Zuweisung von 4,22 an eine spätere Bearbeitung den Text schon erklärt zu haben? Soll er gemeint haben, mit seinem kleinen Zusatz alle entgegenstehenden Aussagen neutralisieren zu können? Hätte er, wenn das seine Absicht war, nicht stärker in den Text eingreifen müssen? Oder hat er etwa die Spannung gar nicht bemerkt? Demgegenüber scheint es mir angemessener zu sein, den vorliegenden Text als spannungsvolle Einheit zu begreifen, die aus einer widersprüchlichen Wirklichkeit heraus entstanden ist. - Zur Zugehörigkeit von 4,22 zum Text des Johannesevangeliums vgl. vor allem Hahn, Heil; Haacker (s. Literaturverzeichnis) und Thyen, Heil.

54 Der Bezug auf die Erwählung wird völlig zu Recht von Calvin hervorgehoben (98). Wenn Haenchen betont, "daß für das J(ohannes-)E(vangelium) das Heil einzig von Gott und dessen Gesandten Jesus Christus kommt" und nicht von den Juden (Komm. 243), ist das eine falsche Alternative, weil es Gott gefallen hat, Israel als sein Volk zu erwählen.

55 Vgl. Schnackenburg, Komm. 1,470 Anm. 2: "Der joh. Gedanke ist, daß der σωτήρ aus dem Judentum hervorgeht, aber zum Retter der Welt, auch der Heiden wird."

sich an 8,19f verdeutlichen. Als Zeugen für sich bietet Jesus hier sich selbst auf und den Vater, der ihn gesandt hat. Darauf wird ihm die Frage entgegengehalten: "Wo ist dein Vater?" Vordergründig läßt der Evangelist hier die Gesprächspartner Jesu auf dessen Argumentation eingehen. Den einen genannten Zeugen, Jesus selbst, sehen sie ja; dazu haben sie in V.13 das Nötige gesagt, daß nämlich ein Selbstzeugnis nicht gültig ist. Aber wo ist der zweite Zeuge? Hintergründig läßt der Evangelist damit die Frage nach dem Ort der Präsenz Gottes gestellt sein. Für ihn ist sie durch Jesus beantwortet. Das Zeugnis des Vaters erklingt in Jesu Selbstzeugnis. Barth weist bei der Besprechung dieses Textes darauf hin, daß im Johannesevangelium Jesus nicht ein Zeugnis für den Vater ablegt, sondern dieser immer für ihn: "Jesus, der unbekannte Sohn Gottes, wird bekannt durch den bekannten Vater."[56] Im jüdischen Kontext, in dem das Evangelium geschrieben ist, wird also "der Vater" als bekannt vorausgesetzt. Dementsprechend lautet die Frage in 8,19 auch nicht: "*Wer* ist dein Vater?" Es geht nicht um einen unbekannten Gott, sondern um den in Israel bekannten Gott; umstritten ist der Ort seiner Präsenz. Gegenüber der Bestreitung der Präsenz Gottes in Jesus formuliert der Evangelist als Wort Jesu in V.19b: "Weder mich kennt ihr noch meinen Vater; wenn ihr mich kenntet, kenntet ihr auch meinen Vater."[57] Aufgrund der Voraussetzung, daß der Vater sich im Sohn zeigt, daß der Gott Israels in Jesus präsent ist, wird geschlossen, daß den Vater überhaupt nicht kennt, wer ihn nicht im Sohn erkennt. Die gerade noch vorausgesetzte Bekanntheit Gottes als des für Jesus Zeugnis Ablegenden schlägt also angesichts der Ablehnung dieses Zeugnisses um in die Behauptung völliger Unkenntnis Gottes. Wie kommt es zu dieser Logik, die Gemeinsamkeiten ausschließt und Exklusivität beansprucht? Da sie keineswegs zwangsläufig ist, legt sich die Annahme nahe, daß sie durch Veranlassung einer bestimmten Situation vollzogen wird, nämlich selbst in der eigenen Gotteserkenntnis in Jesus von der anderen Seite radikal in Frage gestellt und verneint zu werden. Das läßt sich an anderer Stelle wahrscheinlich machen. In einem ähnlichen Schlußverfahren wird in 8,42 "den Juden" bestritten, Gott zum Vater zu

56 365f.
57 Vgl. die parallelen Stellen 5,37f; 7,28f; 8,54f; 15,21; 16,3.

haben, wenn der Evangelist Jesus sagen läßt: "Wenn Gott euer Vater wäre, liebtet ihr mich." Der unausgesprochene, aber sozusagen laut gedachte Umkehrschluß heißt: Da ihr mich nicht liebt, sondern mich im Gegenteil umbringen wollt, ist Gott auch nicht euer Vater. Nach 14,15-21 erweist sich die Liebe zu Jesus im Halten seiner Gebote, d.h. im Befolgen des Liebesgebotes. Das ist das genaue Gegenteil zur Tötungsabsicht; und da das Befolgen des Liebesgebotes das Bleiben in der Gemeinschaft der Gemeinde einschließt, ist es auch das genaue Gegenteil zur Apostasie. Damit wird hier faßbar, daß die Härte, mit der "den Juden" abgesprochen wird, Gott zum Vater zu haben, bedingt ist durch die Härte der Situation, wie sie die johanneische Gemeinde erfährt. Deren Unerbittlichkeit verleitet zu unerbittlichen Schlüssen. Der Anspruch der Exklusivität ist Reflex der Erfahrung eigenen Ausgeschlossenseins.

Die johanneische Gemeinde teilt mit dem Judentum den Glauben an den einen Gott, den Gott Israels. Zugleich erfährt sie sich schärfstens getrennt von "den Juden", dem normativ werdenden Mehrheitsjudentum. Diese widersprüchliche Wirklichkeit kommt in der Darstellung des Evangeliums zum Tragen und wird nicht zur einen oder anderen Seite hin in eine spannungslose Einheit aufgelöst. Dabei gewinnt die Distanzierung aufgrund der bedrängenden Erfahrungen ohne Zweifel ein Übergewicht. Diese Distanzierung wird verstehbar aus der historischen Situation, aber zugleich auch von ihr begrenzt. Sie hat eine Wirkungsgeschichte gehabt, von der wir nicht absehen dürfen.[58] Die Bemerkung von Blank zu dem Abschnitt 15,18-16,4, in dem die erfahrene Bedrängnis ausgedrückt und verarbeitet wird, wurde schon zitiert, daß solche Sätze ihre Unschuld verloren haben angesichts dessen, "was in den zurückliegenden Jahrhunderten aus ihnen gemacht worden ist."[59] In ihnen "wurde die Situation von Joh 16,2 umgedreht und Christen brachten

58 Vgl. Baum 146: "Wenn man die ganze Geschichte des Hasses der Christen gegen die Juden zusammenfassen und den aus dem Neuen Testament entnommenen angeblichen Motiven für diesen Haß gegenüberstellen wollte, könnte man sich mit viel Recht darauf berufen, daß der Verfasser des vierten Evangeliums der Vater des Antisemitismus der Christen ist." Er ist sich aber sicher, "daß der angebliche Antisemitismus des Johannes nur ein scheinbarer ist" (147).

59 S. o. S. 87.

Juden zu Tode in der Meinung, damit Gott zu dienen".[60] Blank führt Beispiele aus der Kirchengeschichte an, die "den Beweis verstärken, daß die christlichen Kirchen sich nicht mehr unbefangen und mit gutem Gewissen auf solche Texte berufen können. Denn sie haben inzwischen so viel von der Welt und welthaftem Verhalten übernommen, vor allem vom Verhalten der Mächtigen, daß die Frage, ob jemand oder etwas 'aus der Welt' oder 'nicht aus der Welt' ist, auch von den Kirchen und ihrer Praxis her nicht mehr unbefangen zu beantworten ist."[61] Wenn es sich aber so verhält, daß die distanzierte und feindliche Rede gegenüber "den Juden" im Johannesevangelium sich aus einer Erfahrung speist, die schon lange nicht mehr die unsere ist, müßte dann nicht im Blick auf die eben angedeuteten Fakten der Kirchengeschichte der Satz von Joh 8,42a als Anrede an Christen so gefaßt werden: "Wenn ihr an den Sohn glaubtet, durch den ihr zum Vater gekommen seid, liebtet ihr sein Volk, das er erwählt hat"?

60 Brown, Community 68.
61 Komm. 2,174.

VIII Die nationale Zusammensetzung der johanneischen Gemeinde und ihrer Umwelt

Im vorangehenden konnte wahrscheinlich gemacht werden, daß die Situation der Gemeinde des Johannesevangeliums bestimmt ist durch Maßnahmen des normativ werdenden rabbinischen Judentums und Auseinandersetzungen mit ihm. Diese Situation, in der die Gemeinde aus der Perspektive des Mehrheitsjudentums als eine Gruppe von Ketzern gilt, wird von ihr als Ausschluß aus der Synagoge erfahren. Wenn das ein sie bedrängendes Problem war, ergibt sich daraus die zwingende Folgerung, daß sie zumindest vorwiegend aus Juden bestanden haben muß. Entsprechend wird "der jüdische Festkalender ... als bekannt behandelt"[1] und in 9,14 vorausgesetzt, daß durch die bloße Erwähnung des Sabbats die Leser- und Hörerschaft die vorher erzählte Tat Jesu als Sabbatbruch erkennt.[2] Einige Stellen jedoch, an denen der Evangelist erklärende Bemerkungen abgibt, zu denen er nur gegenüber nichtjüdischen Lesern genötigt sein kann, machen deutlich, daß auch Heidenchristen zu ihr gehörten.[3] So erläutert er in 4,9 die Frage der samaritanischen Frau, wieso Jesus, obwohl er ein Jude ist, sie um einen Trunk bitte: "Juden verkehren nämlich nicht mit Samaritanern." In 19,40 kommentiert er die Behandlung des Leichnams Jesu

1 Schlatter 240.

2 Vgl. auch die aufschlußreiche Beobachtung Culpeppers: "Es mag bloß zufällig sein, aber es scheint keinen einzigen Fall einer Innensicht (inside view) der Pharisäer zu geben, während es einige Innensichten 'der Juden' gibt" (Anatomy 25). – Sicher nicht zutreffend ist Culpeppers Annahme, der Evangelist gebrauche das römische und nicht das jüdische System der Tageszeitangaben (ebd. 219). Mag man an einigen Stellen keine Eindeutigkeit erreichen können, so ist die Sachlage doch in 19,14 völlig klar: In 18,28 war als Zeit πρωΐ angegeben worden; dann kann es in 19,14 schlechterdings nicht immer noch 6 Uhr morgens sein.

3 Painter will deshalb eine Komposition des verarbeiteten Materials vor dem Hintergrund eines Konfliktes zwischen Juden und Judenchristen unterscheiden von der Veröffentlichung des Evangeliums, nachdem sich Heiden der Gemeinde angeschlossen hatten (John 14; vgl. ders., Tradition 422). Eine solche Annahme ist denkbar, aber nicht notwendig.

durch Josef von Arimathia und Nikodemus mit den Worten: "wie es bei den Juden Brauch ist zu bestatten"; und die Krüge in 2,6 stehen an ihrem Platz "gemäß der Reinigung der Juden".[4] Die Sprache von Juden und Heiden in der johanneischen Gemeinde ist griechisch. Das ergibt sich unmittelbar aus dem griechisch abgefaßten Evangelium. Frühere Versuche, eine aramäische Urfassung des Johannesevangeliums nachzuweisen, müssen heute als gescheitert gelten.[5] Das einfache, semitisierende, fehlerfreie Griechisch des Evangeliums könnte die in der Gemeinde gesprochene Sprache repräsentieren, da es ja auch Traditionen wiedergibt.

Der Evangelist selbst wird auch des Aramäischen mächtig gewesen sein; zumindest hat er sich Kenntnisse angeeignet[6], wie seine an einer Reihe von Stellen vorgenommenen Übersetzungen zeigen. 1,38 übersetzt er ῥαββί als Anrede an Jesus mit διδάσκαλε. Die Anrede ῥαββί an Jesus begegnet danach noch öfter und wird nicht übersetzt. In 20,16 aber, wo der Evangelist die Form ῥαββουνί bietet, gibt er sofort wieder die Übersetzung διδασκαλε. 1,41 übersetzt er μεσσίας mit χριστός (vgl. 4,25), 1,42 Κηφᾶς mit Πέτρος.[7] In 9,7 gibt der Evangelist sogar die

4 Diese Beobachtungen verwehren die Annahme, daß das Johannesevangelium ausschließlich "für christliche Juden geschrieben wurde, die vom offiziellen Judentum aufgrund ihres Glaubens an Jesus als den Messias exkommuniziert worden waren", wie Kossen (102) will. Gegen die Einwände Robinsons, der diese Stellen als gegenüber einer jüdischen Leserschaft geschrieben verteidigt (Destination 123), vgl. Wind 61.

5 Einen instruktiven Überblick über die Forschung zu dieser Frage bietet S. Brown (s. Literaturverzeichnis). Sein Ergebnis: "Wenige, wenn überhaupt einer, werden heute mit der Vorstellung eines vollständigen aramäischen Evangeliums einhergehen wollen .... Auf der anderen Seite sind wenige bereit, jeden aramäischen Einfluß von der Hand zu weisen oder sogar die Möglichkeit, daß der Verfasser des vierten Evangeliums aramäische Quellen benutzt hat" (339).

6 Reim urteilt: "Der ... Evangelist spricht ein korrektes, aber sehr einfaches Griechisch wie einer, der diese Sprache zu seiner Muttersprache hinzuerworben hat, aber doch wie einer, der in einer auch griechisch sprechenden Gemeinschaft lebt. Seine eigene Sprache ist jedoch Aramäisch" (Lokalisierung 78; vgl. 84).

7 Zu der Kennzeichnung Simons als ὁ υἱὸς Ἰωάννου gegenüber Βαριωνᾶ in Mt 16,17 s. Schnackenburg, Komm. 1,311 Anm. 1.

Ortsangabe Σιλωάμ mit ἀπεσταλμένος wieder.[8] 19,13 nennt er neben der griechischen Ortsbezeichnung Λιθόστρωτος auch die aramäische Γαββαθά; und 19,17 gibt er als Ort der Hinrichtung Jesu ὁ κρανίου τόπος an und nennt dann die aramäische Bezeichnung Γολγοθά.[9] Alle diese Angaben zeigen nun auf der anderen Seite, daß der Evangelist bei seiner Leserschaft – oder zumindest bei einem Teil von ihr – solche Kenntnisse nicht voraussetzt, daß sie also nur Griechisch sprach.

Die vorwiegend aus Juden, aber auch aus Heiden bestehende, griechisch sprechende Gemeinde des Johannesevangeliums wird dann aller Wahrscheinlichkeit nach auch in einer griechisch sprechenden Umwelt gelebt haben. Aber – und das ist die andere Folgerung, die sich zwingend aus dem Tatbestand ergibt, daß der Ausschluß aus der Synagoge ein die johanneische Gemeinde bedrängendes Problem war – auch die Umwelt muß vorwiegend aus Juden bestanden haben, oder zumindest müssen Juden in ihr ein beherrschender Faktor gewesen sein. Hier ist daran zu erinnern, daß der Evangelist "die Juden" in geradezu behördlicher Macht darstellt. So können sie einem Betrachter nur in einer solchen Gegend erscheinen, in der es zwar einerseits nicht nur Juden gibt, in der sie vielleicht nicht einmal die erdrückende Mehrheit bilden, in der sie aber andererseits sehr wohl *die* dominierende Rolle spielen.[10] Nur für eine vorwiegend judenchristliche Gemeinde in einer jüdisch bestimmten Umwelt kann der Ausschluß aus der Synagoge ein ernsthaftes

8 Genau genommen bedeutet Siloah "das Entsenden" (sc. des Wassers) und bezeichnet also den Kanal. Mit einer nur geringfügig anderen Vokalisation ergibt sich jedoch die vom Evangelisten gebrachte Übersetzung "Gesandter". Im Rahmen rabbinischer Auslegung erscheint dieses Vorgehen ohne weiteres als möglich.

9 Das Wort ἀμήν wird vom Evangelisten nicht übersetzt – offensichtlich deshalb nicht, weil es in der Gemeinde in liturgischem Gebrauch war, vgl. van Unnik, Purpose 390 Anm. 1.

10 In einem 1914 veröffentlichten Beitrag weist Lütgert (s. Literaturverzeichnis) auf eine interessante Analogie hin: "Oder in einer Gegend mit national gemischter Bevölkerung, z.B. in Posen spricht man ganz ähnlich von den Polen und den Deutschen, wie der Evangelist von den Juden. Man spricht etwa von dem Verhältnis eines Beamten zu den Deutschen, auch wenn er selbst ein Deutscher ist. Nicht anders ist der Sprachgebrauch des Johannes" (153). Lütgert meint dann allerdings, Rückschlüsse auf die Zeit Jesu ziehen zu können.

Problem darstellen. Eine mehrheitlich heidenchristliche Gemeinde in heidnischer Umwelt würde davon nur am Rande berührt. Das gilt es für den Versuch einer Ortsbestimmung im Auge zu behalten.

Eine solche Ortsbestimmung soll im folgenden Kapitel versucht werden. Es sei aber vorweg ausdrücklich festgestellt, daß die dort vorgenommene Lokalisierung nicht das Hauptergebnis dieses Buches ist und daß von ihr nicht die Interpretation des Johannesevangeliums abhängt. Wesentlich für sie ist allerdings die bisher herausgearbeitete Situation der johanneischen Gemeinde. Ihr kommt auch ein höherer Grad an Wahrscheinlichkeit zu als einer genauen Lokalisierung. Andererseits ist m.E. nicht erkennbar, welches Gebiet unter den herausgestellten Bedingungen eher als Heimat der johanneischen Gemeinde in Frage käme als das dort genannte.[11]

11 Daher vermag ich es auch nicht, einem mündlich gegebenen Rat Hartwig Thyens zu folgen, meine Lokalisierung in dieser Neuauflage nur in einer Anmerkung zu erwähnen. Da ich sie für nicht widerlegt halte, wiederhole ich sie hier.

IX Lokalisierung der Gemeinde des Johannesevangeliums

1. Infragestellung der traditionellen Lokalisierung in Ephesus

In der kirchlichen Tradition gilt seit Irenäus Ephesus als Abfassungsort des Johannesevangeliums.[1] Diese Angabe findet bis heute Vertrauen.[2] Darüber hinaus werden weitere Argumente für eine Lokalisierung in Ephesus angeführt: Die Erwähnung der Griechen in 7,35 und 12,20 weise auf Griechenland oder Kleinasien[3], ebenso die Hervorhebung des Philippus im Johannesevangelium auf Ephesus, der in der kirchlichen Tradition fest mit dieser Stadt verbunden ist[4]; Ephesus war ein starkes Zentrum des Diasporajudentums, und Apk 2,9f; 3,9 bezeuge das Gegeneinander von Kirche und Synagoge für das westliche Kleinasien[5]; die Berührungen zwischen der sicher dort lokalisierten Apokalypse und dem Johannesevangelium wiesen auch dieses in denselben Raum.[6]

Es ist gewiß einzuräumen, daß zwischen dem johanneischen Kreis und Ephesus eine enge Beziehung bestanden haben muß. Die Identifizierung des durch Kap. 21 als Verfasser des Evangeliums ausgegebenen geliebten Jüngers mit dem Seher Johannes der Apokalypse ist wohl in Ephesus erfolgt. Zudem gehören auch die Johannesbriefe wahrscheinlich in das westliche Kleinasien.[7] Doch ist damit noch keineswegs über den Abfassungsort

1 Haer. III 1,1: "Zuletzt gab Johannes, der Jünger des Herrn, der an seiner Brust ruhte, während seines Aufenthaltes in Ephesus in Asien das Evangelium heraus." – "Diese Nachricht beruht auf der doppelten Voraussetzung, daß der Apostel Johannes das Evangelium geschrieben habe und daß dieser Apostel in Ephesus gewirkt habe. Da aber diese doppelte Voraussetzung für uns nicht mehr gilt, so ist auch diese ganze Nachricht einer ephesinischen Herkunft des 4. Evangeliums für uns doppelt hinfällig" (Overbeck 358).

2 Vgl. z.B. Vouga 10; Brown, Komm. I, CIIIf; Plastaras 19.

3 Van Unnik, Purpose 408.

4 Ebd. 409; Vouga 10f.

5 Brown, Komm. I, CIII; Plastaras 23.

6 Plastaras 23; Vouga 10.

7 Vgl. Wengst, Komm. Johannesbriefe 30.235. Es wäre dann also anzunehmen, "daß Teile der Gemeinde nach Kleinasien fortgezogen sind,

des Johannesevangeliums entschieden. Die kirchliche Tradition allein hat nicht genügend Gewicht, da ihr ältester uns faßbarer Zeuge (Irenäus) einen zu großen zeitlichen Abstand – etwa 100 Jahre – gegenüber dem Johannesevangelium aufweist. Auch von den übrigen Argumenten ist keines zwingend. Die Hinweise auf die Griechen und auf Philippus zeigen lediglich Möglichkeiten an.[8] Die Berührungen zwischen Johannesevangelium und Apokalypse sind keineswegs so stark, daß sie dasselbe Entstehungsgebiet wahrscheinlich machen könnten. Bei Apk 2,9f; 3,9 ist es strittig, ob überhaupt wirkliche Juden gemeint sind oder nicht vielmehr eine christliche Gruppe.[9] Sind aber Juden im Blick, dann allenfalls als Förderer und Helfer staatlicher Verfolgungsmaßnahmen.[10] Daß das Problem der Einschätzung und Behandlung von Judenchristen als Ketzern und deren damit verbundene Herausdrängung aus der synagogalen Gemeinschaft in der Apokalypse eine Rolle spielt, ist durch nichts angedeutet.

Gegen Ephesus als Abfassungsort des Johannesevangeliums ist anzuführen, daß das Judentum dort die Lebensbedingungen von Judenchristen in der christlichen Gemeinde, für die ein sehr starker heidenchristlicher Anteil anzunehmen ist, kaum in solch einschneidender Weise zu beeinflussen vermochte, wie das aus dem Johannesevangelium geschlossen werden muß. Diese Gemeinde hätte die sich aus der Einschätzung von Judenchristen als Ketzern ergebenden wirtschaftlichen und sozialen Fol-

vielleicht dort erst die 'Redaktion' erfolgte" (so Schnackenburg, Forschung 268, als Frage).

8 Wenn der Evangelist die Gegner Jesu in 7,35 eine "ahnungslose Äußerung" mit "prophetische(r) Bedeutung" machen läßt (Schnakkenburg, Komm. 2, 209), insofern in seiner Zeit die christliche Mission "die Diaspora unter den Griechen", also Griechenland und Kleinasien, bereits erreicht und auch "die Griechen" gelehrt hat, so folgt daraus keineswegs notwendig, daß er selbst in diesem Gebiet leben muß. – In bezug auf die Darstellung des Philippus im Johannesevangelium ist auffällig, daß er nur hier als "aus Bethsaida" kommend charakterisiert wird (1,44; 12,21). Damit zeigt sich ebensogut eine andere Möglichkeit der Lokalisierung.

9 So Kraft 60f.81; Schrage, Meditation 394f.

10 Vgl. o. S. 87 Anm. 43.

11 Zur Rechtsstellung der jüdischen Gemeinden in der Diaspora und zu ihrer inneren Organisation vgl. Applebaum, Legal Status; ders., Organization.

gen gewiß auffangen können. Weiter ist zu fragen, ob in Ephesus die Leitung der jüdischen Gemeinde in der Perspektive der aus Juden und Heiden zusammengesetzten christlichen Gemeinde als *die* Macht ausübende Behörde erscheinen konnte.[11] Das ist ausgeschlossen. Eine offene Frage bleibt zudem, ob das rabbinische Judentum von dem neuen Zentrum Jabne aus schon im ersten Jahrhundert entscheidenden Einfluß in der Judenschaft von Ephesus gewinnen konnte. Diese Erwägungen sprechen auch gegen jede andere hellenistische Großstadt.[12]

Die Argumente für die traditionelle Lokalisierung in Ephesus haben schon in der bisherigen Forschung viele nicht überzeugen können. Häufig wird Syrien als Ort der johanneischen Gemeinde genannt. Für eine solche Ansetzung nennt etwa Vielhauer folgende Gründe: "Die Berührungen mit den mandäischen Schriften, den Briefen des Ignatius von Antiochien und mit den Oden Salomos[13] ..., (der) Gegensatz zu 'den Juden' und die Polemik gegen die Anhänger Johannes des Täufers."[14] Der

12 Martyn, History, setzt als selbstverständlich voraus, daß die Gemeinde des Evangelisten in einer "Stadt" lebt (vgl. die erste Erwähnung von "John's city" auf S. 30) und daß die Gesandten aus Jabne dort sofort Gehör finden (61.65f). Er spricht von "einigen Hinweisen im Evangelium, die die Existenz eines besonderen jüdischen Viertels in der Stadt des Johannes anzuzeigen scheinen" (73 Anm. 100), ohne freilich diese "Hinweise" anzuführen. Er fährt fort: "Wenn es sich so verhält, wäre sofort an Rom, Antiochien und Alexandrien zu denken." Besonders die Möglichkeit einer Herkunft des Johannesevangeliums aus Alexandrien will Martyn nicht ausgeschlossen wissen (ebd.). – Diese Provenienz ist mehrfach vorgeschlagen worden, z.B. von Brownlee (188-191). Wenn er betont, daß Alexandrien eine fanatische Stadt war, in der auch manchmal Blut floß (190) und dafür auf Josephus, ant. Iud. XIII 74-79, hinweist, so ist das ein völlig anderer Fall, der in keiner Weise mit Joh 16,2 verglichen werden kann.

13 Als Beispiel für eine Lokalisierung, die von den Berührungen mit den Oden Salomos ausgeht, sei Charlesworth genannt (135f). Er hält "Nordpalästina und Syrien für die Herkunft der Oden und wenigstens einer Rezension des Johannesevangeliums" für wahrscheinlich. Er meint dann: "Antiochien sollte als ein erster Kandidat betrachtet werden" und erinnert in diesem Zusammenhang an Parallelen in den Briefen des Ignatius von Antiochien zum Johannesevangelium und zu den Oden.

14 Geschichte 460. Vgl. auch Schenke/Fischer, die im Blick auf die Lokalisierung in Syrien davon sprechen, daß sich hier "in der kritischen Johannesforschung ein Konsens ab(zeichnet)" (196).

pauschale Hinweis auf Syrien als Abfassungsort des Johannesevangeliums läßt sich aber wesentlich präzisieren, wenn die bisher in dieser Untersuchung herausgestellten Indizien beachtet werden.[15]

2. Das unter den gegebenen Bedingungen wahrscheinlichste Gebiet: Die südlichen Teile des Königreichs von Agrippa II.[16]

Die für eine Lokalisierung der Gemeinde des Johannesevangeliums wichtigen Punkte lassen sich folgendermaßen zusammenfassen:

- Die Sprache der Gemeinde ist griechisch.
- Sie besteht mehrheitlich aus Judenchristen.
- Sie lebt in einer national gemischten, aber von Juden dominierten Umwelt; das Judentum erscheint geradezu in behördlicher Machtstellung.[17]
- Sie ist den Maßnahmen des rabbinischen Judentums ausgesetzt, das sich nach 70 n.Chr. als normatives Judentum durchsetzt und Gruppen, die sich als nicht integrationsfähig erweisen, zurückdrängt und damit von dem neuen Zentrum Jabne aus zunächst in Palästina und seiner unmittelbaren Nachbarschaft Erfolg hat.

Diese Punkte werden am besten erfüllt in den südlichsten Teilen des Königreichs von Agrippa II. Josephus beschreibt sie so: "... die Gebiete von Gamala und Gaulanitis, Batanäa und Trachoni-

15 Außer auf Syrien hat Cullmann auf Transjordanien als möglichen Entstehungsort des Johannesevangeliums hingewiesen, was der im folgenden vorgenommenen Lokalisierung sehr nahe kommt (40.62.63.102f). Cullmanns Gesamtkonstruktion vermag ich allerdings nicht zu folgen.

16 "Darüber hinaus weiß Wengst sogar genau den Ort dieser bedrängten Gemeinde" (Schnelle 38). Ich behaupte nicht, genau zu wissen, was man vielleicht nicht wissen kann. Es geht mir vielmehr um den Versuch historischer Konkretisierung, der Wahrscheinlichkeiten abwägt. Ist denn in einer sichereren Position, wer allgemein auf Syrien hinweist? Man prüfe doch alle Teile Syriens durch, ob sich nicht gegen jeden anderen mehr und gewichtigere Argumente anführen lassen. Wenn aber alle Einzelgebiete in Frage gestellt werden können, was hilft dann der pauschale Hinweis auf Syrien?

Zeichnung: Ilse Eckart, Berlin

tis; das sind auch Teile des Königreichs Agrippas. Beginnend im Libanongebirge und den Jordanquellen dehnt sich das Land bis zum See von Tiberias aus, von dem Arpha[18] genannten Dorf erstreckt sich seine Größe bis Julias.[19] Das bewohnen Juden und Syrer gemischt".[20] Hier also, im nördlichen Ostjordanland, ist wahrscheinlich die Heimat der Gemeinde des Johannesevangeliums zu suchen.[21] In diesem Gebiet, unter der Herrschaft

17 Thyen wendet ein, bei mir werde "aus dem 'wie eine Behörde', das ein Phänomen der Textebene beschreibt, ... unversehens ein Urteil über einen Sachverhalt auf der historischen Referenzebene als Behörde" (Johannesevangelium 215). Auf der Ebene der Erzählung ist die seltsame Vorstellung von "den Juden" als Behörde zu beobachten. Es muß gefragt werden, wie es zu dieser Darstellung kommt. Sie würde verstehbar als Rückprojektion aus der Zeit des Evangelisten in die Zeit Jesu, wenn er in einem Bereich lebte, in dem Juden tatsächlich in behördlicher Machtstellung waren und man so von ihnen reden konnte, wie es im Johannesevangelium geschieht. Kann ein solcher Bereich aufgezeigt werden, hat es Wahrscheinlichkeit, dort die johanneische Gemeinde zu lokalisieren.

18 Vermutlich ein Ort in der Trachonitis.

19 Das vom Tetrarchen Philippus nach der Thronbesteigung des Tiberius ausgebaute und nach der Tochter des Kaisers benannte Bethsaida (Josephus, ant. Iud. XVIII 28).

20 Bell. Iud. II 56f.

21 Vgl. hierzu auch Reim, Lokalisierung passim. Ich freue mich der Zustimmung Schnackenburgs in einer Besprechung der ersten Auflage: "Kein anderes Gebiet als das genannte erfüllt alle Bedingungen, um der inneren Evidenz des Evangeliums gerecht zu werden" (Forschung 268.) – Besonders hingewiesen sei auf die Vertrautheit des Evangelisten mit dem Land, mit Jerusalem und mit den Festen. Das spricht für Reims Vermutung, daß er "sich ursprünglich (sc. bis zum Ausbruch des Krieges) an Tempelwallfahrten beteiligt" habe (Lokalisierung 84). – Wenn der Evangelist in 12,21 Bethsaida als "galiläisch" bezeichnet, ist das keineswegs ein Beleg dafür, daß er hier einen groben Irrtum begeht und dem Land fernsteht. "Es gibt ... Grund für die Annahme, daß während und nach dem Krieg von 66-70 n.Chr. das ganze Gebiet um den See als 'Galiläa' bezeichnet wurde ...; es ist verständlich, anzunehmen, daß er (sc. der Evangelist) dem späteren Usus folgt" (Barrett, Komm. 153). Schlatter weist darauf hin, daß der Jordan nur solange eine politische Grenze war, wie "Herodes Antipas regierte. Unter Agrippa I. und später unter Agrippa II. war das Seeufer mit dem Gaulan politisch vereint. Im Bericht des J(osephus) über die Ereignisse in Galiläa im Winter 66/67 zeigt sich keine Spur davon, daß zwischen Bethsaida und den anderen jüdischen Orten am See eine Tren-

Agrippas II., konnte das Judentum in der Zeit nach 70 eine solche behördliche Machtstellung gewinnen, wie sie sich im Johannesevangelium widerspiegelt.[22] Diese These gilt es nun durch nähere Betrachtung Agrippas II. und des genannten Raumes im einzelnen zu begründen und zu erhärten.

nung bestanden habe" (267). Vgl. auch Dalmann 172-178, besonders 177.

22 Thyen konzediert: "Wohl legen geographische Angaben, die Beziehungen zur Täuferbewegung, intime Kenntnis palästinischer Topographie, der jüdischen Festordnung und der targumischen Auslegung des Alten Testaments einen Ursprung in ostjordanischem Gebiet durchaus nahe" (Johannesevangelium 215 mit Hinweis auf weitere Literatur). Er fährt dann aber fort: "In ihrer Zuspitzung auf die Herrschaft Agrippas II. ist Wengsts These jedoch ebenso fragwürdig wie die Metabasis von der Textebene in die Historie, auf der sie beruht." Ich frage nach den Bedingungen der Möglichkeit für die Art der Darstellung, wie sie sich im Johannesevangelium im Blick auf "die Juden" in behördlicher Machtstellung findet. Ich behaupte nicht den Synagogenausschluß als "magistrale Maßnahme", meine aber zeigen zu können, daß das rabbinische Judentum in diesem Gebiet optimale politische Rahmenbedingungen vorgefunden hat. Wenn schon dem Ostjordanland Wahrscheinlichkeit eingeräumt wird, welcher Bereich davon käme dann eher in Frage als das Herrschaftsgebiet Agrippas II.? Daß die Formulierung in 19,15 gegen es spreche (so auch Theißen 17), leuchtet nicht ein. Wenn der Evangelist "mit der ihm eigenen Ironie die Juden ihre messianische Hoffnung und das Königtum Gottes verleugnen läßt mit der Loyalitätsbekundung: 'Wir haben keinen König als den Kaiser!'" (ebd.) – welche andere Formulierung als diese hätte ihm vom vorangehenden Kontext her zur Verfügung gestanden? Und welchen Grund sollte er haben, in solcher Formulierung auf das Königtum Agrippas Rücksicht zu nehmen?

3. Zu Agrippa II.[23]

Agrippa II.[24] war ein Urenkel Herodes des Großen, der letzte jüdische König. Beim Tode seines Vaters, des Königs Agrippa I., im Jahre 44 war er erst 17 Jahre alt. Er lebte zu dieser Zeit in Rom, wo er am Hofe des Kaisers Claudius erzogen wurde und "die traditionelle Rolle eines Prinzen aus dem herodäischen Haus in der julisch-claudischen Zeit erfüllte, nämlich die, die Juden am kaiserlichen Hof zu vertreten".[25] Claudius hatte die Absicht, ihn zum Nachfolger seines Vaters zu machen, dessen Königreich für kurze Zeit, in den Jahren 41-44, eine ähnliche Ausdehnung wie unter Herodes dem Großen hatte. Doch seine Ratgeber überzeugten Claudius, daß Agrippa aufgrund seines jugendlichen Alters der Aufgabe nicht gewachsen sei, so daß Claudius anders entschied und der Prinz in Rom blieb.[26] Als im Jahre 50 sein Onkel Herodes, der König von Chalkis, starb, schenkte ihm Claudius dessen Königreich.[27] Damit zugleich erhielt er die Oberaufsicht über den Jerusalemer Tempel und das Recht, den Hohenpriester zu ernennen. Im Jahre 53 wurde ihm gegen Herausgabe des kleinen Chalkis ein wesentlich größeres Gebiet zuteil, nämlich die ehemalige Tetrarchie des Herodes-Sohnes Philippus mit den Landschaften Gaulanitis, Batanäa und Trachonitis; dazu bekam er nördlich angrenzende Gebiete, vor

23 Wenn Schnelle schreibt: "Wengst ... stellt Agrippa II als Vertreter der jüdischen Orthodoxie dar, in dessen Machtbereich ... die Beschlüsse von Jabne schnell und umfassend vollzogen wurden" (38f Anm. 169), so ist das in jeder Hinsicht eine grobe Verzerrung dessen, was ich ausführe. Ich stelle Agrippa II. nicht "als Vertreter der jüdischen Orthodoxie dar", sondern versuche zu zeigen, daß das normativ werdende Judentum sich hier guter politischer Rahmenbedingungen erfreut. Daß "alles, was wir von Agrippa II wissen", gegen meine These spreche, übersieht großzügig die von mir herausgestellten Tatbestände. Das Wenige, was Schnelle dann als dieses "Wissen" anführt, ist in meine Darstellung einbezogen. Wissenschaftliche Auseinandersetzung sollte nicht darin bestehen, daß man die Argumentation für eine andere Meinung zur Karikatur macht.

24 Vgl. Schürer 585-600; Schürer rev. 471-483; Stern, Reign 300-304; ders., Dynasty 176-178.

25 Stern, Dynasty 177.

26 Ios. ant. Iud. XIX 360-362; bell. Iud. II 220.

27 Ios. ant. Iud. XX 104; bell. Iud. II 223.

allem Abilene.[28] Später hat Nero ihm das Reich noch vergrößert durch Zugabe der Städte Tiberias und Tarichäa in Galiläa und Abila und Julias in Peräa samt ihrem Hinterland.[29] Nach dem jüdischen Krieg, in dem er Bundesgenosse der Römer war, hat Vespasian seine Herrschaft noch beträchtlich nach Norden erweitert.[30] Bei einem Aufenthalt in Rom im Jahre 75 erhält er die *ornamenta praetoria*.[31]

Agrippa war ein bedingungslos römertreuer König. Er ließ sich φιλόκαισαρ und φιλορώμαιος nennen.[32] Er wußte genau, daß er als Herrscher allein von der römischen Gunst abhing, und entsprechend hat er sich als Verbündeter der Römer verhalten. Aber dazu steht nicht im Gegensatz, daß er sich als Jude fühlte – oder es wenigstens vorgab – und daß er das Judentum gefördert hat. Nach dem Tode des Herodes von Chalkis war er "das einzige Mitglied der Familie, das weiterhin ein aktives Interesse an allem zeigte, was die Politik der römischen Regierung gegenüber dem Judentum betraf".[33] So ist er schon bei seinem Aufenthalt in Rom als Jüngling, bevor er König wurde, mehrfach bei Hofe erfolgreich für seine jüdischen Landsleute eingetreten. Als nach dem Tode seines Vaters der als Eparch über Judäa eingesetzte Fadus verlangte, daß die hohenpriesterlichen Gewänder unter römischen Schutz auf die Burg Antonia gebracht würden, schickten die aufgebrachten Juden eine Gesandtschaft nach Rom mit der Bitte, ihnen die Gewänder zu belassen. In Rom angekommen, wendet sich die Gesandtschaft an den jungen

28 Ios. ant. Iud. XX 138.

29 Ios. ant. Iud. XX 159; bell. Iud. II 252. Wie schon o. in Anm. 21 bemerkt, gehörte damit auch das Westufer des Sees zum Herrschaftsgebiet Agrippas II.

30 Ios. bell. Iud. VII 97 bezeugt die Zugehörigkeit des 26 km nordöstlich von Tripolis gelegenen Arkea zum Königreich Agrippas.

31 "Das ist das letzte Faktum, das wir über die aufsteigende Karriere Agrippas II. kennen" (Frankfort, Royaume 665).

32 Vgl. die Inschriften Suppl. EpGr VII, Nr. 216.217.970; IGRom III, Nr. 1244.

33 Stern, Reign 300f. – "Ob durch persönliche Überzeugung veranlaßt oder auch bloß durch Erwägungen politischer Zweckmäßigkeit, Agrippa hat jedenfalls in verschiedenen Zusammenhängen die Sache des Judentums gefördert" (so Schürer rev. 476 in deutlicher Korrektur des "alten" Schürer).

34 Ios. ant. Iud. XX 9-12; vgl. auch die ebd. 118-136 berichtete weitere Intervention Agrippas.

Agrippa, der für sie bei Claudius interveniert. Der Kaiser gewährt der jüdischen Gesandtschaft ihre Bitte unter ausdrücklicher Berufung auf die Fürsprache Agrippas.[34] Ein besonders markanter Beweis für sein Bestreben, als Jude zu erscheinen, ist der Tatbestand, daß er seine Schwäger, Polemon von Kilikien und Azisos von Emesa, veranlaßte, sich beschneiden zu lassen, als sie seine Schwestern heiraten wollten.[35] Von seiner Schwester Berenike[36] ist überliefert, daß sie sich einem Nasiräat im Jerusalemer Tempel unterzogen hat.[37] Zu Beginn des jüdischen Aufstandes im Jahre 66 hat Agrippa zunächst versucht, beschwichtigend einzugreifen. Als das mißlungen war, kämpfte er auf seiten der Römer. Aus der Zeit nach dem jüdischen Krieg weiß die rabbinische Tradition von einer Frage zu berichten, die Agrippa an Rabbi Eliezer ben Hyrkanos richtete.[38] Mag das Judentum Agrippas sicherlich nicht das eines überzeugten Bekenners gewesen sein, so zeigen die angeführten Punkte doch mit hinreichender Deutlichkeit, daß er jedenfalls gegenüber Juden als ein solcher erscheinen wollte.[39] So liegt die Annahme nahe, daß Juden – vor allem in den mehr oder weniger stark jüdisch bewohnten Gebieten seines Reiches – wichtige Positionen in seinem Verwaltungsapparat eingenommen haben. Damit ist hier ein Umfeld gegeben, in dem einer aus Juden und Heiden zusammengesetzten Gemeinschaft "die Juden" in behördlicher

35 Ios. ant. Iud. XX 139.145f. In bezug darauf bemerkt Smallwood: "Wie sein Vater zeigte Agrippa II. eine fromme Hochachtung für das jüdische Gesetz" (273).

36 Sie wird mit ihm zusammen auch Act 25,13.23; 26,30 erwähnt.

37 Ios. bell. Iud. II 309-314. Sie tut das wahrscheinlich nicht aus tiefer Glaubensüberzeugung – Schürer nennt sie "die ebenso lüderliche als bigotte Berenike" (591) –, sondern aus politischer Einsicht. – Smallwood schreibt über Agrippa und Berenike: "Beide empfanden ein echtes Interesse für Judäa und die Juden" (274).

38 Tan Lekh lekha 20. In bSuk 27a ist es ein Hofbeamter Agrippas, der sich von Eliezer belehren läßt. Der Wert dieser Quellen ist allerdings fragwürdig; vgl. Neusner, Eliezer II 282. Immerhin setzt sich damit die rabbinische Tradition zu Agrippa II. keineswegs in eine negative Beziehung.

39 Deshalb ist Beckers Urteil mit Sicherheit nicht zutreffend: "Die wenigen Nachrichten über Agrippa II. sind nicht geeignet, ihn als besonders judenfreundlich zu kennzeichnen" (Methoden 53f).

Machtstellung erscheinen konnten.[40] Doch ist man hier nicht auf bloße Vermutungen angewiesen, was bei einer näheren Betrachtung der genannten Landschaft deutlich gemacht werden kann.

4. Zu den Landschaften Gaulanitis, Batanäa und Trachonitis

Bei den mehr oder weniger stark jüdisch bewohnten Teilen des Herrschaftsgebietes Agrippas II. handelt es sich also um das Gebiet der Stadt und Festung Gamala und um die Landschaften Gaulanitis, Batanäa und Trachonitis. Dieses Gebiet ist trotz seiner relativen Abgelegenheit schon von Beginn der hellenistischen Zeit an hellenisiert worden[41], was vor allem die Dominanz der griechischen Sprache bedeutete. Dieses Land hat eine wechselvolle Geschichte gehabt, die hier nur ein kleines Stück weit

40 Meine These impliziert nicht, daß Agrippa II. ein "Christenverfolger" war. Deshalb trifft der Einwand von Theißen nicht: "Herodes Agrippa II war kein Christenverfolger. Im Gegenteil: Als der Herrenbruder Jakobus im Jahre 62 n.Chr. in Jerusalem gesteinigt wird, wendet man (?) sich u.a. an ihn, um gegen dessen Hinrichtung zu protestieren (Jos. ant. 20,20 [gemeint: 200])" (17). Die Stelle erweist Agrippa II. allerdings auch nicht als Christenfreund. Veranlasser der Hinrichtung ist der sadduzäische Hohepriester Ananos, als der Prokurator Festus gestorben und sein Nachfolger Albinus noch nicht eingetroffen ist. "Das aber nahmen diejenigen Einwohner der Stadt übel, die am stärksten rechtlich gesonnen waren und es mit den Gesetzen genau nahmen"; sie intervenieren bei Agrippa und bei Albinus. Agrippa setzt daraufhin Ananos ab. Er tut das gewiß nicht aus Neigung zu den Christen, sondern zur Bestrafung der Eigenmächtigkeit des Ananos, der angesichts des ankommenden Albinus ohnehin nicht mehr zu halten war, und er folgt damit einer Mehrheitsstimmung. Letzteres mag ihn auch nach 70 geleitet haben. Gegen eine mögliche Unterstützung der rabbinischen Orthodoxie sind jedenfalls seine Münzprägungen, die sich von denen seines Vaters, der ausdrücklich als Pharisäerfreund geschildert wird, nicht grundlegend unterschieden, und sein – vielleicht anstößiges - Privatleben keine Einwände (gegen Theißen 17). Theißen räumt selbst ein: "Das schließt nicht aus, daß er aus religionspolitischen Gründen mit den pharisäischen Tendenzen sympathisierte" (ebd.).

41 Vgl. Avi-Yonah, Geography 81.

42 Vgl. Dtn 3,1-20.

verfolgt werden soll. Für das Bewußtsein Israels gehörte es zum Gebiet der zweieinhalb Stämme, die bei der Eroberung des Landes Kanaan jenseits des Jordan geblieben waren.[42] Im Jahre 23 v.Chr. erhielt Herodes der Große die Trachonitis, Batanäa und die Auranitis von Augustus seinem Reich eingegliedert.[43] In seinem Testament vermachte er die Gaulanitis, Trachonitis und Batanäa seinem Sohn Philippus.[44] Augustus bestätigte es, und Philippus wurde als Tetrarch eingesetzt.[45] Er regierte seine Tetrarchie von 4 v.Chr. bis zu seinem Tod 33/34 n.Chr.[46] Da er kinderlos starb, schlug Tiberius sein Reich der Provinz Syrien zu.[47] Nach dem Tode des Tiberius wurde Agrippa I. im Jahre 37 von Caligula zum König ernannt und mit der ehemaligen Tetrarchie des Philippus betraut.[48] Nach dessen Tod im Jahre 44 gehörte das Gebiet wieder zur Provinz Syrien, bis es – wie schon dargestellt – im Jahre 53 Agrippa II. erhielt.

Dieses Gebiet scheint relativ arm gewesen zu sein. Das geht daraus hervor, daß die Tetrarchie des Philippus 100 Talente einbrachte, die flächenmäßig ungefähr gleich große Tetrarchie des Herodes Antipas mit Galiläa und Peräa aber 200 Talente.[49]

Josephus bietet einen Text, der für die jüdische Befestigungs- und Kolonisationspolitik in diesem Bereich unter Herodes dem Großen aufschlußreich ist. Dieser Text ist auch deshalb wichtig, weil die in ihm geschilderte Maßnahme folgenreich war bis in die Zeit Agrippa II. Er lautet: "Weil Herodes damals gegenüber

43 Ios. ant. Iud. XV 343; bell. Iud. I 398.

44 Ios. ant. Iud. XVII 189.

45 Ebd. 319.

46 Ios. ant. Iud. XVIII 106: "Damals starb aber auch Philippus ... im zwanzigsten Jahr der Regierung des Tiberius, nachdem er 37 Jahre über die Bevölkerung der Trachonitis, Gaulanitis und Batanäas geherrscht hatte."

47 Ebd. 108.

48 Ebd. 237.

49 Ios. bell. Iud. II 95; ant. Iud. XVII 318f. Vgl. Wirth 408f: "Auf den 700 bis 1000 m hoch gelegenen Basaltplateaus des *Djolan* überwiegen flachgründige, steinige Böden; sie sind deshalb trotz hoher Niederschläge wenig fruchtbar. Weidewirtschaft hat größeres Gewicht als der Anbau ... Fließendes Wasser ist fast nirgends anzutreffen ... Von der Niederschlagshöhe her wäre Regenfeldbau fast überall möglich. Der basaltische Untergrund und das Relief setzen einer flächenhaften Nutzung aber nur schwer zu überschreitende Schranken."

den Trachonitern sicher sein wollte[50], beschloß er, zwischen den Juden und ihnen einen Ort zu gründen, der an Größe einer Stadt nicht nachstehen sollte, um sowohl sein Land gegen Einfälle abzuschirmen, als auch einen Platz zu haben, von dem er aus nächster Nähe gegen die Feinde aufbreche und sie durch plötzliche Einfälle schlage. Und als er erfahren hatte, ein Jude aus Babylonien habe mit 500 Reitern, alles Bogenschützen, und einer Menge von Verwandten, bis 100 Männer, den Euphrat überschritten[51], halte sich zufällig in Antiochia bei dem syrischen Daphne auf, weil ihm der damalige Statthalter Satorninus zur Niederlassung einen Platz mit Namen Ulatha gegeben hatte, ließ er ihn mit seinem Gefolge zu sich kommen mit dem Versprechen, ihm Land zu geben in der Batanäa genannten Toparchie, die an die Trachonitis angrenzte; er wollte mit seiner Besiedlung eine Pufferzone erhalten. Er versprach, daß das Land steuerfrei und sie von allen üblichen Abgaben entbunden seien, weil er ihnen das Land ohne Entgelt zum Siedeln überlasse. Dadurch überredet, kam der Babylonier, nahm das Land in Besitz und baute Festungen und einen Ort, dem er den Namen Bathyra gab. Dieser Mann war ein Schutz sowohl für die Einwohner als auch für die Juden, die aus Babylon nach Jerusalem zum Opfern kamen, so daß sie keinen Schaden durch räuberische Überfälle der Trachoniter erlitten. Und viele kamen zu ihm und von überall her, denen die Pflege der väterlichen jüdischen Sitten am Herzen lag. Und so wurde das Land sehr bevölkert wegen der völligen Abgabenfreiheit, die ihnen verblieb, solange Herodes lebte".[52] Im folgenden gibt Josephus den Namen des babylonischen Juden mit Zamaris an.

Für die Frage nach der Lokalisierung der johanneischen Gemeinde ist als ein erster bedeutsamer Punkt festzuhalten, daß Herodes seine Befestigungs- und Kolonisationspolitik noch innerhalb Batanäas ansetzte. Daraus ist zu schließen, daß der jüdische Bevölkerungsanteil in der weiter östlich gelegenen Trachonitis nicht allzu groß gewesen ist und daß die danach einsetzende jüdische Kolonisation nicht dort erfolgte. Die Familie

50 Die Trachonitis war ein höhlenreiches Gebiet und bildete so eine ideale Ausgangsbasis für Räuber; vgl. Ios. ant. Iud. XV 346f.

51 Erwägungen zum Ursprung einer solchen Gruppe im parthischen Feudalismus bei Applebaum, Legal Status 433f.

52 Ios. ant. Iud. XVII 23-27.

des Zamaris hatte ihre Basis in Bathyra in Batanäa; ihr Hauptsiedlungsgebiet lag jedoch nahe Gamala in der Gaulanitis.[53] Wenn also die johanneische Gemeinde in diesem Raum zu lokalisieren ist, scheidet die Trachonitis aus. Für eine stärkere Orientierung nach Westen spricht auch die Joh 1,44 überlieferte Lokaltradition, Philippus stamme, wie Simon und Andreas, aus Bethsaida, das am Nordostufer des Sees Genezareth liegt.

Weiter ist der Hinweis darauf wichtig, daß sich in diesem Gebiet toratreue Juden ansiedelten, weil sie hofften, unter dem gewährten militärischen Schutz unbehelligt gemäß ihren Überlieferungen leben zu können. Daran zeigt sich, daß in einem Land mit verschiedenen Bevölkerungsgruppen, die sich nicht unbedingt freundlich gegenüberstehen, die Herausstellung der religiös-nationalen Besonderheit nicht nachläßt, sondern im Gegenteil betont wird.

Schließlich ist hervorzuheben, daß diese Familie für die Verteidigung und Verwaltung des nördlichen Ostjordanlandes große Bedeutung nicht nur zur Zeit des Herodes hatte, der ihre Mitglieder in Schlüsselstellungen einsetzte, sondern auch unter dessen Enkel und Urenkel, den beiden Agrippae.[54] Die Nachkommen der babylonischen Siedler bildeten den Kern des Heeres von Agrippa II.[55] Dessen Befehlshaber war Philippus, ein Enkel des Zamaris, der zugleich die königliche Leibwache befehligte.[56] Josephus hebt ausdrücklich das enge Vertrauensverhältnis zwischen Agrippa und Philippus hervor. Zwischen ihnen "bestand treue Freundschaft und zuverlässiges Wohlwollen; ein wie großes Heer der König auch immer halten mochte, dieser mußte es ausbilden und es führen, wohin immer es ausrückte".[57] "Wie

53 Vgl. Stern, Aspects 614. - Es ist gewiß kein Zufall, daß Bathyra und Gamala innerhalb des fruchtbarsten Teiles dieses Bereichs liegen; vgl. Wirth 409.

54 Vgl. Stern, Aspects 613: "Die Politik des Herodes, den Zuzug von Familien aus der Diaspora nach Judäa zu unterstützen und sie in Schlüsselstellungen seiner Verwaltung einzusetzen, betraf besonders Familien, die aus Babylonien stammten. Eine dieser Familien, die des Zamaris, spielte eine bedeutsame Rolle in der Verteidigung und Verwaltung des nördlichen Ostjordanlandes. Die Führer dieser Familie vollzogen die Politik des Herodes, Agrippas I. und Agrippas II."

55 Vgl. Applebaum, Social Status 713.

56 Nach Ios. bell. Iud. II 421 war Philippus στρατηγός, nach 556 στρατοπεδάρχης.

57 Ios. ant. Iud. XVII 31.

Agrippas Armee war auch sein Verwaltungsapparat aus Juden und Heiden zusammengesetzt."[58] Daß Juden wichtige Positionen in Heer und Verwaltung einnahmen, änderte sich auch nicht durch den jüdischen Krieg.[59] Die führenden Juden in Agrippas Reich hatten so wenig wie dieser selbst ein Interesse am Aufstand, sondern erkannten ihn als Bedrohung. Das zeigt sehr deutlich eine von Josephus berichtete Episode aus der Anfangszeit des Krieges[60]: 70 Männer aus Batanäa, "nach Geburt und Bildung die Angesehensten der Bürger", verlangen am Hofe Agrippas Soldaten zur Verhinderung möglicher Aufstandsbewegungen in ihrem Bereich. Agrippa ist abwesend; er hatte sich zu Cestius Gallus nach Antiochien begeben. Mit der Verwaltung der Staatsgeschäfte ist ein gewisser Noaros beauftragt. Dieser läßt die Bittsteller umbringen, wofür Josephus als Motiv "maßlose Habgier" angibt. Als Agrippa das erfährt, setzt er Noaros ab; er läßt ihn nur deshalb nicht töten, weil er ein Verwandter des Königs Soemos von Ituräa ist.

An der Darstellung des Josephus ist aufschlußreich, daß er in der Einleitung dieser Episode von einem "Anschlag gegen die Juden" und in der Fortsetzung von weiteren Grausamkeiten des Noaros "gegen das (jüdische) Volk" spricht, in der Erzählung selbst aber ganz allgemein 70 Männer als die angesehensten Bürger nennt. Daraus geht hervor, daß die führende Schicht in Batanäa aus Juden bestand. Und diesen Juden lag daran, wie hier ausdrücklich dargestellt wird, den Aufstand in ihrem Bereich zu verhindern. Weiter zeigt sich, wie sehr die Juden der schützenden Hand Agrippas bedurften. Von daher ist es wahrscheinlich, daß – wie Agrippa seine Königswürde durch den jüdischen Krieg hindurch behauptete – so auch die führenden

58 Stern, Reign 302.

59 "Die jüdischen Siedler aus Babylonien waren bekannt für ihre Loyalität zu Agrippa; aber während des großen Aufstandes wurde auch ihre Loyalität ernsthaft geprüft, und einige beteiligten sich am Aufstand" (Stern, Reign 302). Zu letzteren gehörte "Silas, der Babylonier" (Ios. bell. Iud. II 520).

60 Ios. bell. Iud. II 481-483. Vita 54-61 wird die Episode in abweichender Form erzählt. Die wesentlichen Punkte aber, auf die es hier ankommt, stimmen überein. Vita 53 begründet die Untaten des Varus, wie Noaros hier genannt wird, gegenüber den Juden damit, daß er "den Syrern in Cäsarea zu Gefallen sein wollte".

61 Vgl. Schürer 593.

Juden in seinem Reich ihre Stellung behielten, zumal im Norden Palästinas der Krieg schon Ende 67 abgeschlossen war und Agrippa sein Königreich wieder ganz in Besitz nehmen konnte.[61] Daß die Truppe der babylonischen Siedler auch nach dem Krieg noch bestand, ist im übrigen inschriftlich belegt.[62]

Die Lokalisierung der johanneischen Gemeinde im nördlichen Ostjordanland läßt sich durch die von Riesner zur Evidenz gebrachte These stützen, daß mit Βηθανία πέραν τοῦ Ἰορδάνου in Joh 1,28 die Landschaft Batanäa gemeint ist.[63] Hier gewinnt Jesus seine ersten Jünger; hierhin zieht er sich zurück, bevor er sich zur Auferweckung des Lazarus wieder in die Nähe Jerusalems begibt. "Etwas zugespitzt kann man sagen: Im Johannesevangelium führt der Weg Jesu von Bethanien nach Bethanien."[64] Damit ist erfüllt, wonach Theißen fragt: "Hätte ein im Lande des Agrippa II schreibender christlicher Autor darauf verzichtet, Jesus mitten in dies Land zu führen...?"[65] Er gibt diesem Land zentrale Bedeutung.[66]

62 OGIS I, Nr. 425. Die Inschrift gehört in das Jahr 75 oder 80, je nachdem, welche Ära Agrippas zugrunde gelegt wird. (Zu den verschiedenen Ären Agrippas vgl. Seyrig passim.) Als στρατηγός und στρατοπεδάρχης ist hier ein Herodes, Sohn des Aumos, angegeben. Er ist offensichtlich der Nachfolger des Philippus; vgl. o. Anm. 56.

63 S. 42f nennt Riesner Vorgänger dieser These. Aufgrund der Zeitangaben in Joh 11 – Jesus ist nach 10,40 zunächst in dem 1,28 genannten Gebiet vorgestellt –, des Zeitplans in Kap. 1f und der in Kap. 1 genannten Personen und Örtlichkeiten macht Riesner eindeutig klar, daß Βηθανία πέραν τοῦ Ἰορδάνου im Norden liegen muß (43-48). Er zeigt die philologische Möglichkeit der Identifizierung von Βηθανία mit Batanäa auf (53f) und weist darauf hin, daß in 10,40 das in 1,28 genannte Bethanien als ein τόπος und nicht wie das Bethanien bei Jerusalem als eine κώμη (11,1.30) bezeichnet wird (55).

64 Riesner 33.

65 17. Theißen stellt die Frage allerdings als Einwand im Blick auf die Beobachtung, daß in den Synoptikern das Petrusbekenntnis bei Cäsarea Philippi lokalisiert ist, im Johannesevangelium aber offenbar in der Nähe von Kafarnaum. Dazu ist zu bemerken, daß es erstens nicht ausgemacht ist, ob der vierte Evangelist die synoptische Lokalisierung kannte, daß er zweitens Gründe gehabt haben könnte, die Hauptstadt nicht zu nennen, daß drittens Cäsarea Philippi zu seinem Gemeindebereich nicht näher gelegen haben muß als Kafarnaum, daß viertens das Westufer des Sees seit Neros Zeit ebenfalls zum Herrschaftsgebiet Agrippa II. gehörte.

66 Vgl. Riesner 62f.

5. Wahrscheinliche Beziehungen zwischen Rabbinen in Jabne und führenden Juden im Königreich Agrippas II.[67]

In rabbinischen Quellen begegnet mehrfach die Bezeichnung "die Söhne von Bathyra" oder "die Alten von Bathyra". Schon H. Graetz hat aus dem Nebeneinander beider Bezeichnungen geschlossen, daß mit "Bathyra" nicht ein Stammvater gemeint sein kann; "der Ausdruck *'Söhne'* scheint kein *Patronymicum*, sondern ein *Gentilicium* zu sein".[68] Und er hat wahrscheinlich zu machen versucht, daß sich "Bathyra" in dieser Verbindung auf die Siedlung babylonischer Juden in Batanäa bezieht.[69] Dafür spricht außer der Gleichheit des Namens, die eine solche Kombination nahelegt, daß Herodes der Große bevorzugt babylonische Juden in hohe Stellungen einsetzte, die in Bathyra von ihm selbst angesiedelte Familie des Zamaris aus Babylonien stammte und er "den Söhnen von Bathyra, denen er traute, einen der zentralen Posten im Tempel (gab)."[70]

Für die Frage nach der Lokalisierung der johanneischen Gemeinde ist es nun von Bedeutung, daß das Lehrhaus in Jabne, in dem Rabbi Jochanan ben Zakkai seine Wirksamkeit zur Konsolidierung des Judentums entfaltete, nachdem er gegen Ende des jüdischen Krieges Jerusalem verlassen hatte, "offenbar unter der Leitung der Söhne von Bathyra stand, die ebenfalls für

67 Entgegen der Unterstellung Schnelles (38 Anm. 169) erfolgt mein Lokalisierungsversuch der johanneischen Gemeinde keineswegs "vor allem" aufgrund der These des folgenden Abschnittes. Es handelt sich um ein zusätzliches Argument, das eine gewisse Wahrscheinlichkeit beansprucht und dafür auch Beobachtungen an Texten anführen kann. Die sind dadurch nicht erledigt, daß die wahrscheinlich gemachten Beziehungen einfach als "angebliche" abqualifiziert werden.

68 116; vgl. Stern, Aspects 615 Anm. 2.

69 116f. Für eine Identifizierung der "Alten" bzw. "Söhne von Bathyra" mit Mitgliedern der Familie des Zamaris vgl. auch Jeremias 275 Anm. 6; Urbach, Class-Status 12; Stern, Aspects 614f; Applebaum, Social Status 713; Meyer 27 und vor allem Alon 328-331.

70 Urbach, Class-Status 12. Für die Kombination wird auch angeführt, "daß ein zur Zeit des Tempelbestandes lebender R. Jehuda bhän Bethira sein Lehrhaus in Nisibis (Babylonien) hatte ... und daß ebendort ein gleichnamiger Gelehrter zur Zeit der hadrianischen Verfolgung wirkte" (Jeremias 275 Anm. 6; vgl. Applebaum, Social Status 713).

die römischen Autoritäten akzeptabel waren".[71] Das aber heißt, daß die Söhne von Bathyra eine aktive Rolle spielten in der pharisäisch-rabbinischen Neukonstituierung des Judentums nach der Katastrophe des Krieges gegen die Römer. Ist ihre Beziehung zu Bathyra in Batanäa und also zur Familie des Zamaris richtig gesehen, so bestand ein verwandtschaftliches Verhältnis zwischen Gelehrten in Jabne und führenden Juden im Militär- und Verwaltungsapparat Agrippas II. Dann wäre es völlig evident, daß das pharisäisch bestimmte, sich neu konsolidierende Judentum in Gaulanitis und Batanäa schon bald nach 70 kraftvoll auftreten konnte. In einer solchen Umgebung ist es klar, daß für die Gemeinde des Johannesevangeliums "die Juden" nicht bloße Repräsentanten der Welt sind, sondern die konkrete Welt, mit der sie es zu tun hat.[72]

6. Weitere Argumente für eine Lokalisierung im palästinisch-syrischen Raum

Auf zwei Punkte, die im bisher hier Erörterten nicht angesprochen wurden, sei in diesem Zusammenhang noch eingegangen. Sie stützen zwar nicht exklusiv die vorgeschlagene genauere Lokalisierung, stehen aber mit ihr in vollem Einklang.

a) Die Konkurrenz zur Täufergemeinde

"Der vierte Evangelist berichtet vom Täufer nicht nur deshalb, weil er in der urchristlichen Tradition bereits einen festen und bestimmten Platz hat, sondern auch deshalb, weil der Täufer, so

71 Urbach, Class-Status 18; vgl. ders., Sages 597. – Auch wenn das Lehrhaus nicht unter ihrer Leitung gestanden haben sollte, so ist auf jeden Fall gesichert, daß es zur Zeit Jochanans Gelehrte in Jabne gab, die als "Söhne von Bathyra" bezeichnet wurden: bRHSh 29b.

72 Das zeigt sich auch in dem Abschnitt 15,18-16,4a, der von Anfeindungen "der Welt" gegen die Jünger spricht. In den einleitenden Versen 18f ist das Subjekt "die Welt"; im folgenden steht statt dessen die 3. pers.plur. ("sie") oder, in zwei Fällen, sing. ("derjenige, der", "jeder, der"). Durch die Nennung "ihrer Tora" in V.25 und der konkreten Maßnahmen in V.2 (Synagogenausschluß, Tötung als Gottesdienst) ist es dann klar, daß diese "sie" – und also "die Welt" – Juden sind.

wie ihn die mit der christlichen Gemeinde rivalisierende Täufergemeinde versteht und verkündigt, mit zu den Problemen gehört, die den Glauben der christlichen Gemeinde an Jesus als den Messias, als alleinigen und einzigen Heilbringer, belasten bzw. diesem Glauben widersprechen".[73] Nach dem Johannesevangelium ist die Konkurrenz zwischen christlicher Gemeinde und Täufergemeinde noch stärker als nach den Synoptikern. Das zeigt sich an einer Reihe von Stellen.

Die Konkurrenz tritt besonders deutlich in dem Abschnitt 3,22-26 hervor.[74] Zunächst wird berichtet, daß sowohl Jesus als auch Johannes tauften. V.25 erzählt dann von einem Streit zwischen Johannesjüngern und einem Juden "über die Reinigung". Vom Kontext her ist klar, daß ein Streit über die Taufe gemeint ist. In V.26 wenden sich die Johannesjünger an ihren Meister: "Rabbi, der mit dir war jenseits des Jordan, dem du Zeugnis abgelegt hast, siehe, der tauft, und alle gehen zu ihm." Diese Formulierung stammt natürlich vom Evangelisten und entscheidet mit dem Hinweis auf das Zeugnis des Täufers bereits den Streit, der sich somit als ein Streit zwischen Johannesjüngern und Christen über die Rechtmäßigkeit der von beiden geübten Taufe herausstellt. Daß nämlich das Johannesevangelium hier wiederum nicht historische Wirklichkeit der Zeit Jesu wiedergibt, sondern die Konkurrenz zwischen Täufergemeinde und christlicher Gemeinde seiner Gegenwart in die Geschichte Jesu zurückprojiziert, ergibt sich aus der synoptischen Darstellung, nach der Johannes und Jesus nicht gleichzeitig gewirkt haben, sondern Jesus erst nach der Gefangennahme des Täufers selbständig öffentlich aufgetreten ist. Und diese Darstellung hat alle historische Wahrscheinlichkeit für sich. Denn nach Mk 6,14-16; 8,28 galt Jesus bei einigen als Johannes

73 Richter, Studien 13; ebd. Anm.77 weitere Literatur. Nach Becker "kennzeichnet die joh(anneische) Gemeindegeschichte noch ein tief sitzendes Rivalitätsverhältnis zu einer Randgruppe im Judentum, der Gemeinde des Täufers Johannes" (Auslegung 174). Zur Umkehrpredigt Johannes des Täufers und zur Rezeption seiner Botschaft bei seinen Jüngern vgl. die im Literaturverzeichnis angeführten Bücher von Ernst und von Dobbeler.

74 "Daß diese Szene ... ein literarisches Gebilde ist, in dem sich die Konkurrenz der Täufer- und der Jesus-Sekte widerspiegelt, dürfte nicht zweifelhaft sein" (Bultmann, Komm. 121).

redivivus; und das ist nur möglich, wenn er nicht gleichzeitig mit Johannes gewirkt hat.[75]

Rückprojektion der Konkurrenz zwischen Täufergemeinde und johanneischer Gemeinde in die Zeit Jesu liegt auch 4,1 vor, wonach "die Pharisäer hörten, daß Jesus mehr Jünger macht und tauft als Johannes". Interessant ist an dieser Stelle weiter, daß Jesus- und Johannesjünger nebeneinander aus der Perspektive der Pharisäer betrachtet werden: Für das pharisäisch-rabbinische Judentum nach 70 waren Täufergemeinde und johanneische Gemeinde offensichtlich in gleicher Weise Häretiker. Und schließlich ergibt sich aus dieser Stelle, daß die johanneische Gemeinde stärker war als die Täufergemeinde.

Als Ausdruck der Konkurrenz zwischen beiden Gruppen sind weiter zu nennen:

- die beiden Unterbrechungen im Prolog 1,6-8.15, die für den Täufer erhobene Ansprüche abwehren und für Jesus reklamieren, indem der Evangelist Johannes zum Zeugen für Jesus macht;
- die Abwehr aller Titel von sich selbst, die der Täufer in 1,19-27 vornimmt, und seine Einordnung als Wegbereiter des nach ihm Kommenden;
- das Übergehen des Faktums, daß Johannes Jesus getauft hat in 1,29-34 wie überhaupt die Vermeidung der Bezeichnung "Täufer" für Johannes[76];
- das Bekenntnis des Täufers vor seinen eigenen Jüngern in 3,27-30.[77]

75 Vgl. Vielhauer, Johannes 807. Thyen verweist zusätzlich auf "den archaischen 'Stürmerspruch' (Mt 11,12 par.), der wohl auf Jesus selbst zurückgeht und auf das Wirken des Täufers als auf eine abgeschlossene Ära zurückblickt" (Ἰωάννης 521).

76 "Das Johannesevangelium erwähnt nur die Tatsache der Tauftätigkeit des Johannes ..., verschweigt jedoch die lustrale Funktion der Täufertaufe völlig; ihr einziger Zweck ist die Proklamation Jesu vor Israel (Joh 1,31), ohne daß jedoch berichtet wird, Johannes habe Jesus wirklich getauft" (Böcher 174). Das Faktum der Taufe Jesu durch Johannes war ja offensichtlich im Streit zwischen Jesusjüngern und Johannesjüngern ein starkes Argument für letztere, wie an der Verarbeitung dieses Problems in Mt 3,14f besonders deutlich wird.

77 Vgl. noch die Verse 5,36; 10,41, die ebenfalls die Überlegenheit Jesu über den Täufer herausstellen.

Weiter scheint es Beziehungen zwischen der Gemeinde des Johannesevangeliums und der Täufergemeinde in der Weise gegeben zu haben, daß Johannesjünger zur christlichen Gemeinde gestoßen sind. Nach Joh 1,35-40 gewinnt Jesus seine ersten Jünger aus der Anhängerschaft des Johannes. Das hat durchaus historische Wahrscheinlichkeit für sich.[78] Wenn aber nur das Johannesevangelium davon berichtet, dann könnte das auch darin begründet sein, daß die johanneische Gemeinde Mitglieder aus Täuferkreisen gewonnen hat.[79] Dafür könnte auch die genaue Angabe über eine Taufstelle des Johannes in 3,23 sprechen.[80] Der Evangelist zeigt an ihr kein besonderes theologisches Interesse. Sie ist daher kaum seine Erfindung, sondern wahrscheinlich doch wohl eine Mitteilung aus Täuferkreisen, die zur Gemeinde gestoßene ehemalige Johannesjünger einbrachten.[81]

Zu den aufgezeigten Beziehungen zwischen johanneischer Gemeinde und Täufergemeinde paßt die vorgeschlagene Lokalisierung ausgezeichnet. Denn "(man kann) sich eine zur Zeit des Evangelisten lebendige, expansive und die Kreise, in denen er wirkt, ernsthaft geistig bedrohende, auf Johannes den Täufer bezogene (dem Christentum parallele) religiöse Bewegung – wie sie die Polemiken des Vierten Evangeliums als in seiner Umgebung existierend voraussetzen – wenn schon nicht in Palästina, so doch wenigstens in Syrien am ehesten vorstellen".[82]

78 Vgl. Cullmann 64.

79 Vgl. Brown, Ecclesiology 386.

80 Zu der Angabe über die erste Taufstelle des Johannes in 1,28; 10,40 s.o. S.172 Da sich mit dem Norden messianische Hoffnungen verbanden, insbesondere die Rückkehr des Elija dort erwartet wurde und sich der Täufer als endzeitlicher Elija verstanden haben kann, hält es Riesner für möglich, daß er tatsächlich seine Wirksamkeit in Batanäa begonnen hat (54-56).

81 Im Blick auf das in der vorigen Anmerkung genannte mögliche Selbstverständnis des Täufers weist Riesner zu der Ortsangabe von Joh 3,23 darauf hin, daß "nicht weiter als eine halbe Stunde Fußweg von Tel Salem entfernt Abd Mehulah liegt, wo Elija Elischa als seinen Nachfolger salbte" (31).

82 Schenke/Fischer 196. Dieses Urteil gilt, auch wenn man im Blick auf den historischen Wert von Act 18,24-19,7 nicht so skeptisch wäre wie etwa Conzelmann: "Man sieht schnell, wie sich die beiden Geschichten (sc. Act 18,24-28 und 19,1-7) angezogen haben, und fragt sich, ob

b) Die Sonderentwicklung der johanneischen Tradition

Wie immer das verwickelte Problem der im Johannesevangelium benutzten Quellen gelöst werden wird, falls es überhaupt zu klären ist, so ist doch auf jeden Fall deutlich, daß dem vierten Evangelisten eine besonders ausgeprägte Tradition überkommen ist, die sich charakteristisch von der synoptischen unterscheidet. Kysar schließt aus der eigentümlichen Gedankenwelt des Johannesevangeliums auf "eine Gestalt frühen Christentums, die durchaus verschieden und anscheinend unabhängig von anderen Ausdrucksformen des jungen Glaubens war".[83] Diese Besonderheit leuchtet sofort ein, wenn man die vorgeschlagene Lokalisierung der johanneischen Gemeinde akzeptiert. Bei den Landschaften Gaulanitis und Batanäa handelt es sich um ein relativ abgeschiedenes Gebiet jenseits der großen Kommunikationszentren. Hier konnte eine solche Sonderentwicklung erfolgen. Dieses Gebiet paßt ausgezeichnet zu den scharfsinnigen Überlegungen, die Smith hinsichtlich der johanneischen Besonderheit angestellt hat: "Der ziemlich geringe Umfang an klaren literarischen Bezügen und anderen Berührungspunkten zwischen der johanneischen Literatur und dem übrigen Neuen Testament läßt vermuten, daß die johanneische *Eigenart*[84] eher die Existenz besonderer johanneischer Gemeinden widerspiegelt als Gemeinden, in denen die johanneische Möglichkeit eine von mehreren war... Ferner läßt die relative Unabhängigkeit des johanneischen Stoffes auch vermuten, daß der geographische Ort ein Hauptfaktor für die Besonderheit des Johannesevangeliums sein dürfte ... Die relative Isolation und Unabhängigkeit des johanneischen Stoffes in Sprache und Entwurf dürfte der traditionellen Ansicht widerstreiten, da Ephesus ein Hauptzentrum des Christentums war. Dennoch könnte das Evangelium in Ephesus veröffentlicht worden sein, ohne daß seine Tradition dort ihren Ursprung hatte... Die relative

die zweite erst von Lk nach Ephesus verlegt wurde. Sie kann ja an jedem beliebigen Ort (und je näher bei Palästina desto besser) spielen, während die Verbindung des Apollos mit Ephesus fest ist" (110). Vgl. auch Käsemann, Johannesjünger passim.

83 Gospel 2463.

84 Smith gebraucht dieses deutsche Wort im englischen Originaltext und hebt es hervor.

Isolation des Johannesevangeliums von anderen Traditionsströmen scheint auf einen Herkunftsort etwas abseits des ausgetretenen Pfades hinzudeuten; und diese Möglichkeit darf vielleicht verbunden werden mit der Vermutung auf Syrien allgemein, obgleich kaum mit dem christlichen Antiochien."[85]

85 Christianity 21f. - Vgl. auch Haenchen, der aus der Beobachtung, daß im Johannesevangelium "eine nichtsynoptische Überlieferung im Spätstadium" vorliegt, folgert: "Sie (sc. diese Überlieferung) läßt, wie das ganze Evangelium, als Ursprungsort irgend eine kleine Gemeinde an der Grenze zwischen Syrien und Palästina denken, die abseits vom großen Strom der Entwicklung lebte. Damit ist nicht ausgeschlossen, daß das vierte Evangelium in einer großen Gemeinde – wie z.B. Ephesus – zum ersten Mal einer weiteren Öffentlichkeit bekannt wurde" (Probleme 112).

X Datierung des Johannesevangeliums

Auch ohne die hier vorgenommene Lokalisierung wird das Johannesevangelium bisher schon relativ genau datiert. Meist tippt man auf das letzte Jahrzehnt des ersten Jahrhunderts. Wichtigster Beleg dafür ist der Papyrus 52, der nach paläographischen Indizien aus der ersten Hälfte des zweiten Jahrhunderts stammt. "Wenn damals das Johannesevangelium schon in Ägypten bekannt war, wird man als seine Entstehungszeit die Wende vom 1. zum 2. Jh. annehmen."[1]

Die Untersuchungen dieser Arbeit erlauben eine etwas präzisere Datierung. Erkennt man die Bedeutung Agrippas II. für die dominierende Stellung des Judentums, wie sie sich im Johannesevangelium widerspiegelt, so ist sein Tod ein *terminus ante quem*. Nach Photius starb Agrippa "im dritten Jahr Trajans"[2], also 100. Diese Angabe trifft mit Sicherheit nicht zu.[3] Es ist inschriftlich gesichert, daß Agrippa im letzten Jahr Domitians, 96, nicht mehr regierte; das letzte Zeugnis seiner Regierung bildet eine Inschrift aus dem Jahre 92.[4] Für seinen bald danach erfolgten Tod spricht, daß einige Stellen der 93/94 veröffentlichten *antiquitates* des Josephus ihn voraussetzen.[5]

1 So Vielhauer, Geschichte 460.

2 Bibliothek 33. – Doch ist nicht einmal sicher, ob sich diese Zeitangabe wirklich auf den Tod Agrippas bezieht. Zur Problematik der Photius-Stelle vgl. Barish 71f.

3 Grundlegend für die Daten Agrippas II. sind die Aufsätze von Frankfort und Seyrig (s. Literaturverzeichnis) sowie Meshorer 81-87. Vgl. auch Smallwood 572-574. – Zu der Angabe des Photius vgl. Frankfort, Date 53; dies., Royaume 667; Stern, Sources 21 Anm. 2

4 Seyrig 62f; Frankfort, Date 55.58; dies., Royaume 665f.

5 Frankfort, Date 54. Noch Seyrig erwägt, daß diese Angaben erst einer späteren Auflage der *antiquitates* zugehören (62). Gegen eine solche Argumentation vgl. Frankfort, Date 54f, die zeigt, daß die entsprechenden Passagen nicht Frucht einer Überarbeitung sein können. Eine gründliche Widerlegung der Hypothese von einer zweiten Ausgabe der *antiquitates* gibt Barish. – Frankfort meint aufgrund von in Judäa geschlagenen Bronzemünzen Domitians, den Tod Agrippas noch auf das Jahr 92 festlegen zu können (Royaume 666); demgegenüber zeigt Seyrig gewisse Skepsis (63 Anm. 1). Zur Diskussion um das Todesdatum Agrippas vgl. auch das Resümee bei Schürer rev.: "Sowohl von

Auf ein noch früheres Abfassungsdatum führt die Beobachtung, daß das Johannesevangelium eine Situation erkennen läßt, die noch vor der Einfügung des "Ketzersegens" in das Achtzehngebet liegt.[6] Leider läßt sich der Zeitpunkt dieser Einfügung nicht genau bestimmen. Meistens wird ohne Angabe von Gründen die Zeit "um 90" angegeben.[7] Andere setzen sie – ebenfalls ohne Begründung – etwa fünf Jahre früher an.[8] Mit Hilfe von Erwägungen zur Chronologie Samuels des Kleinen, des Verfassers der *birkat ha-minim,* gelangte R. Travers Herford zu der Annahme, daß sie "sehr nahe an das Jahr 80 n. Chr. (sc. von der Folgezeit her gesehen) datiert werden muß."[9] Gesichert ist diese Datierung allerdings auch nicht.

Unter den in dieser Arbeit aufgestellten Voraussetzungen würde eine Abfassung des Johannesevangeliums vor 86 anzunehmen sein, wenn eine Erwägung Schürers zuträfe, daß Agrippa II. im Jahre 86 die jüdischen Teile seines Reiches an die Römer abgeben mußte.[10] Doch steht dem entgegen, daß die letzte Inschrift, die Agrippas Regierung noch für 92 bezeugt, aus Sanamein in Batanäa stammt.[11]

Josephus als auch von lokalen Inschriften her scheint der Schluß notwendig zu sein, daß es (sc. das Zeugnis des Photius) unzuverlässig ist und daß Agrippa um 92/93 n.Chr. starb" (481; ausführliche Begründung in Anm. 47 auf S. 481-483).

6 S. o. S. 100

7 Z.B. Forkman 91.98; Jocz 55f, der auf S. 56f abschließend feststellt: "Die Annahme dürfte zutreffen, daß die *Birkat ha-Minim* um das Jahr 90 n.Chr. eingeführt wurde oder sogar früher."

8 Z.B. Davies 276: "Es war wahrscheinlich ungefähr um 85 n.Chr." Vgl. noch Hare 54; Brownlee 182f. Hunzinger vermutet, daß die Aufnahme der *birkat ha-minim* in das Achtzehngebet "wohl zu Anfang seiner (sc. Rabbi Gamliels II.) Amtszeit als Nasi" erfolgte (Bannpraxis 69) und nimmt deshalb "etwa" das Jahr 80 an (70).

9 135; vgl. den ganzen Zusammenhang 125-137.

10 598 mit Anm. 45 auf S. 598f; vgl. Frankfort, Royaume 668-671.

11 OGIS I, Nr. 426. Die Historisch-Archäologische Karte von Palästina (Beilage zu BHH IV), Göttingen 1979, Blatt Nord, lokalisiert Aire (= Sanamein) in Batanäa, was sich daran zeigt, daß hier Bathyra noch östlich von Aire vermutet wird. Nach Schürer 599 (Anm. 45 von 598), und Frankfort, Date 58, liegt Sanamein allerdings in der Trachonitis. - Gegen die Annahme, Agrippa habe seine Besitzungen in Galiläa und Peräa verloren (Frankfort, Royaume 669), vgl. Smallwood 354 Anm. 85, die auf das Zeugnis von Münzen hinweist, das "zeigt, daß jedenfalls Tiberias unter Agrippa verblieb". Dadurch verlieren auch die zusätzlichen Erwägungen Stengers (89-94) für die These Schürers ihren Wert.

Da die Konsolidierung des Judentums in Jabne sicherlich nicht mit einem Schlag erfolgt ist, dürfte sich somit die Zeit zwischen 80 und 90 als der wahrscheinlichste Zeitraum für die Abfassung des Johannesevangeliums ergeben, wobei – falls die Datierung der *birkat ha-minim* durch Herford zutrifft – die erste Hälfte dieses Jahrzehnts eher in Frage zu kommen scheint als die zweite.

Es ist zuzugestehen, daß der Papyrus 52 nach wie vor der sicherste Anhaltspunkt für die Datierung des Johannesevangeliums bleibt. Doch können die vorstehenden Erwägungen vielleicht zumindest das leisten, daß sie die Sicherheit in Frage stellen, mit der das Johannesevangelium meistens ins letzte Jahrzehnt des ersten Jahrhunderts oder um die Jahrhundertwende datiert wird.[12]

12 Zur Zeit scheint es mir nicht möglich zu sein, für die Frage der Datierung des Johannesevangeliums sein Verhältnis zu den Synoptikern in Anschlag zu bringen. Dieses Problem ist wieder heftig umstritten. Im vorigen und am Anfang dieses Jahrhunderts gab es schon einen Konsens, daß der vierte Evangelist alle drei Synoptiker kannte und benutzte; vgl. etwa Overbeck: "Die Geschichtserzählung des johanneischen Evangeliums beruht auf unsern drei Synoptikern, die es nicht nur, wie gegenwärtig allgemein anerkannt ist, kennt, sondern die es auch schriftstellerisch benutzt" (248; vgl. den ganzen Zusammenhang S. 248-278). Diese These findet in jüngerer Zeit wieder Vertreter; vgl. z.B. die im Literaturverzeichnis genannten Arbeiten von Neirynck, Sabbe und Kleinknecht. Nach Thyen "bahnt sich ... ein neuer Konsens darüber an, daß jedenfalls derjenige, dem wir das Evangelium in seiner überlieferten Gestalt verdanken, die Synoptiker kannte und benutzte" (Johannesevangelium 208). Auf der anderen Seite wird das Verhältnis traditionsgeschichtlich vermittelt gesehen. So lautet das Fazit von Kysar: "Es scheint klar zu sein, daß es viel einfacher ist, die Gemeinsamkeiten und Unterschiede zwischen den Synoptikern und dem vierten Evangelium unter Verweis auf vorliterarische Berührungen zu erklären als durch das Postulat irgendeiner Art von literarischer Abhängigkeit" (Gospel 2410). Vgl. weiter Haenchen, Probleme 110f; Smalley 13-38; Vielhauer, Geschichte 418-420; Becker, Literatur 289-294; ders., Methoden 21-48. – Hingewiesen sei noch auf die These von Cribbs, der gegenüber der oft vertretenen Annahme, der vierte Evangelist habe wenigstens das Lukasevangelium gekannt (z.B. Kümmel 138), feststellt, "daß Lukas bei der Abfassung seines Evangeliums eher von einer Frühform der entstehenden johanneischen Tradition beeinflußt war als *vice versa*" (Study 1-93; das Zitat auf S. 92).

XI Zusammenfassung der Ergebnisse der historischen Analyse

Die Abfassung des Johannesevangeliums erfolgte auf dem Hintergrund eines jüdisch-judenchristlichen Konflikts. In der johanneischen Gemeinde, die in einer jüdisch dominierten Umwelt lebte, bildeten Judenchristen eine Mehrheit. Ihre Situation wurde entscheidend mitbestimmt vom Verhalten ihrer nicht an Jesus glaubenden jüdischen Landsleute, denen gegenüber sie in der Minderheit waren. Das Mehrheitsjudentum wurde geprägt von den von Jabne ausgehenden Einigungsbemühungen, die nach der Katastrophe des Krieges um des jüdischen Überlebens willen auf Integration aus waren und zur Herausbildung eines normativen Judentums führten. Nicht integrationswillige und nicht integrationsfähige Gruppen wurden als Ketzer eingeschätzt und behandelt, was für die Betroffenen vor allem in sozialer und wirtschaftlicher Hinsicht einschneidende Folgen hatte. Zu diesen Gruppen zählte auch die johanneische Gemeinde wegen ihres für Jesus erhobenen Anspruchs. Dieser Anspruch wurde auch mit Argumenten aus Schrift und Tradition bestritten, die es evident machen sollten, daß Jesus nicht der Messias oder eine andere Heilsgestalt jüdischer Enderwartung sein kann. Die Situation, in die das Johannesevangelium hineingeschrieben wurde, ist also die einer bedrängten Gemeinde.

Es wurde wahrscheinlich zu machen versucht, daß diese Gemeinde in den stärker jüdisch besiedelten südlichen Teilen des Königreichs Agrippas II. lebte, den Landschaften Gaulanitis und Batanäa. Hier fand das rabbinische Judentum günstige politische Rahmenbedingungen vor. In diesen Landschaften hatten sich in der Vergangenheit toratreue Juden angesiedelt, Juden bildeten die führende Bevölkerungsschicht, sie waren im Militär- und Verwaltungsapparat des Königs vertreten; zwischen einigen von ihnen und Gelehrten in Jabne bestanden wahrscheinlich sogar verwandtschaftliche Beziehungen.

Die Einschätzung und Behandlung als Ketzer wurde von der johanneischen Gemeinde als Ausschluß aus der synagogalen Gemeinschaft erfahren. Der Ausschluß und die mit ihm verbundene theologische Argumentation führten dazu, daß es in der johanneischen Gemeinde zu einer Abfallbewegung kam und viele zur Mehrheit zurückkehrten. In dieser Situation schrieb der vierte Evangelist zwischen 80 und 90 n.Chr. sein Werk. Er wollte seine Leser- und Hörerschaft zum "Bleiben" veranlassen und ihr klarmachen, was sie an Jesus hat. Er wollte ihr Gewißheit darüber verschaffen, daß Jesus der Messias, der Sohn Gottes, ist (20,31).

XII Konsequenzen für die Interpretation des Johannesevangeliums

1. Infragestellung der Interpretationen Bultmanns und Käsemanns aufgrund der historischen Analyse[1]

Konfrontiert man Bultmanns Verständnis der Christologie des Johannesevangeliums mit der dargestellten Situation, so erkennt man sofort, daß es sie nicht trifft. "Der Anstoß des ὁ λόγος σὰρξ ἐγένετο"[2] ist der zentrale Punkt dieses Verständnisses. "In einer bestimmten Gestalt muß dieser Jesus den Menschen natürlich begegnen; aber Johannes beschränkt sich darauf, von ihm nur das sichtbar werden zu lassen, was Anstoß ist".[3] Dieser Anstoß ist "die Erschütterung und Negierung des Selbstverständnisses der 'Welt'"[4]; Jesus ist "der ständig das Gegebene Zerbrechende, alle Sicherheit Zerstörende, ständig von jenseits Hereinbrechende und in die Zukunft Rufende".[5] Entsprechend ist die Glaubensforderung "die Forderung an die Welt, ihre Maßstäbe und Urteile, ihr bisheriges Selbstverständnis preiszugeben; das ganze Gebäude ihrer Sicherheit, das sie in der Abkehr vom Schöpfer, in angemaßter Selbständigkeit errichtet hat..., in Trümmer gehen zu lassen".[6] Und schließlich ist der Glaube selbst "die Zerbrechung aller menschlichen Maßstäbe und Wertungen".[7] Die wesentliche Funktion der als Paradox und Anstoß verstandenen Christologie des Johannesevangeliums ist also

1 Im Blick auf Kohlers Ausführungen 150-152 ist zu bemerken, daß der folgende Abschnitt nicht die theologische Auseinandersetzung mit Bultmanns und Käsemanns Johannesinterpretationen ersetzen will. Es soll lediglich herausgestellt werden, daß sie auch und schon von der aufgezeigten Gemeindesituation her hinterfragbar sind.

2 So die Überschrift von § 46 seiner Theologie des Neuen Testaments.

3 Theologie 421.

4 Ebd. Auf S. 420 wird das bloße Daß der Offenbarung "als die Erschütterung und Negierung aller menschlichen Selbstbehauptung und aller menschlichen Maßstäbe und Wertungen" beschrieben.

5 Komm. 431.

6 Theologie 427.

7 Ebd. 428. Diese Zitatenreihe ließe sich leicht um ein Vielfaches verlängern.

die Infragestellung, wobei allerdings Bultmanns Aussagen in ihrer Pauschalität seltsam abstrakt bleiben.[8]

Die Gemeinde des Johannesevangeliums ist aber schon von ihrer Situation her in äußerst konkreter und fundamentaler Weise in Frage gestellt. "Da müssen 'erschrockene Herzen' aufgerichtet werden, in die sich Zweifel eingeschlichen haben. Da ist einer Angst und Verlassenheitserfahrung zu begegnen, für die es handfeste und blutige Gründe gibt. Denn wie für die Jünger in der Erzählung, so geht ja für die Leser nach der Erzählung der 'Prozeß Jesu' weiter: 16,1f. Das Evangelium ist nicht einfach Abspiegelung der realen Welt und ihrer widerstreitenden Schulmeinungen, sondern symbolischer Entwurf einer Gegenwelt, zu deren Bewohnern es seine Leser machen möchte. So wird ihnen gesagt, daß sie bei aller offenkundigen Verlassenheit nicht verlassen sein werden."[9] Gegenüber der auf den ideellen Bereich abhebenden Formulierung Bultmanns: "Das *Bewußtsein*, zur Jüngerschaft zu gehören, darf nicht zur Illusion der Sicherheit verführen"[10] ist festzustellen, daß die

8 Wo Bultmann in dieser Hinsicht im politisch-sozialen Raum konkret wird, entpuppt sich seine scheinbar radikale Veränderung anzeigende Phraseologie schlicht als bürgerlicher Konservatismus: "Diese Gefahr (sc. der Freiheitsbedrohung) ... lastet als ein Verhängnis überall auf der abendländischen Kultur, indem das kulturelle Leben mehr und mehr der *Organisation* unterworfen wird und der Staat mehr und mehr seiner ursprünglichen und eigentlichen Aufgabe, Rechtsstaat zu sein, entfremdet wird, indem er zum Kultur- und Wohlfahrtsstaat wird. Hier gilt es nun einen Verzicht, wenn das wertvollste Erbe der Geschichte erhalten bleiben soll. Es klingt wohl hart; aber es gilt den *Verzicht auf die Sekurität* ... Je mehr die Beseitigung von Mangel und Not zur Sache des Staates gemacht wird, desto mehr wird die menschliche Liebe und Barmherzigkeit zum Absterben gebracht. Wo der Grundsatz gilt: 'Ich will nichts geschenkt, sondern nur 'zugeteilt' erhalten', wo alles Notwendige (!) rechtmäßig vom Einzelnen beansprucht werden kann, da verlieren die Freude des Schenkens und die Tugend der Dankbarkeit ihren Boden" (Bedeutung 284.285f).

9 Thyen, Johannesevangelium 217. Was Thyen hier im Blick auf die Abschiedsreden gegenüber Woll und Becker formuliert, nach denen sie ein "pneumatisches Zuviel" oder ein "eschatologisches Zuwenig" an Glauben "theologisch" korrigieren sollen (ebd.), läßt sich gegenüber Bultmanns Interpretation des ganzen Evangeliums entsprechend sagen.

10 Komm. 365; Hervorhebung von mir. – Bultmann formuliert diesen Satz in der Auslegung von 13,21-30, der Ansage des Verrats. Es gehört

bloße *Zugehörigkeit* zur Gemeinde in sehr reale Ungesichertheit versetzte. Und von solcher existentiellen Erfahrung her war es der Gemeinde offensichtlich ungewiß geworden, was sie an Jesus hatte. Welchen Sinn soll es in solcher Situation haben, wenn der Evangelist in der Darstellung Jesu sich darauf beschränkte, "von ihm nur das sichtbar werden zu lassen, was Anstoß ist"? Dieses Geschäft wurde bereits von den Gegnern der Gemeinde in aller Gründlichkeit besorgt, indem sie u.a. die glanzlose Herkunft Jesu und sein schmähliches Ende hervorkehrten. Die Infragestellung war dieser Gemeinde bereits von ihrer Situation her in schärfster Weise vorgegeben. Sie brauchte nicht erst vom Evangelisten betrieben zu werden; ihm geht es im Blick auf seine Gemeinde ganz im Gegenteil um Vergewisserung.[11]

Gerade von dieser Situation der Gemeinde, insbesondere von den Argumenten der Gegner her, ist aber auch Käsemanns Verständnis der Christologie des Johannesevangeliums zu hinterfragen. Seine Charakterisierung Jesu als des über die Erde schreitenden Gottes im Sinne eines naiven Doketismus wirft eine Problematik auf, die in der konkreten Situation überhaupt keine Rolle spielt, an die aber auch der Evangelist in seinem Eingehen auf diese Situation nicht rührt.

Daß Jesus ein wirklicher Mensch aus Fleisch und Blut ist, steht in dem Streit, in den sich die johanneische Gemeinde mit

zu den Besonderheiten der johanneischen Behandlung dieses Themas, daß die Betonung der Betroffenheit der Jünger fehlt. Sie drückt sich bei Mk (14,19) und Mt (26,21) nach der Ankündigung des Verrats durch Jesus in der Frage aus: "Bin ich's etwa?", und dieser Frage entspricht es, daß bei Mk der Verräter überhaupt nicht gekennzeichnet wird und bei Mt erst am Schluß der Szene. Die betroffene Frage der Jünger bei Mk und Mt könnte man im Sinne Bultmanns interpretieren. Aber gerade sie wird im Johannesevangelium nicht geboten. Der vierte Evangelist hebt in seiner Darstellung ganz stark hevor, daß Jesus den Verräter kennt und kennzeichnet; und das geschieht auf dem Hintergrund dessen, daß der Judas-Verrat ein Argument der Gegner der Gemeinde war.

11 Kohler fragt, "inwiefern er (sc. Wengst) für die joh(anneische) Gemeinde den Glauben als so selbstverständlich voraussetzen kann, daß dieser nur noch vergewissert werden muß" (151). Das klingt, als wäre die durch die Situation gegebene Infragestellung als nur oberflächlich und harmlos vorzustellen und die Vergewisserung als bloß schulterklopfende Bestätigung.

dem orthodoxen Judentum verwickelt sieht, in keiner Weise zur Debatte, sondern ist eine von beiden streitenden Parteien selbstverständlich anerkannte Voraussetzung.[12] Für die jüdischen Gegner beweisen das die oben angeführten Einwände gegen die Messianität Jesu[13], die durchgängig Tatsachen betreffen: Jesus ist der Sohn Josefs und Marias, er hat nicht studiert, er war vor seinem öffentlichen Auftreten nicht verborgen, er stammt aus Galiläa, er ist kein Davidide und ist nicht in Bethlehem geboren, er wurde aus dem engsten Anhängerkreis heraus verraten, und er starb schließlich eines elenden Todes. Daß auf der anderen Seite auch der Evangelist die Voraussetzung des tatsächlichen Menschseins Jesu teilte, wird dadurch bewiesen, daß er die jüdischen Einwände, soweit es die Anführung dieser Tatsachen betrifft, keineswegs bestreitet.[14] Weder macht er Jesus zu einem Davididen, noch läßt er ihn in Bethlehem geboren sein[15], noch verfällt er auf die Vorstellung der Jungfrauengeburt. Alle genannten Tatsachen läßt er stehen; sie werden also offensichtlich von ihm anerkannt. Sieht man das, dann kann von einem naiven Doketismus bei ihm keine Rede sein.[16]

12 Vgl. auch Vouga 50.113; Richter, Studien 175.

13 Vgl. o. S. 106-117.

14 Vgl. Becker Wunder 147 Anm. 2. – Schnackenburg schreibt: "Dem joh(anneischen) Jesus kommt es gar nicht auf die 'Widerlegung' an" (Messiasfrage 262) – aber nicht etwa deshalb, weil der Evangelist "erwartet, daß seine Leser Bescheid wissen" (250), sondern weil es hier nichts zu widerlegen gibt, so daß er im entscheidenden in der Tat nur "einfach seine eigene Behauptung dagegen" setzen kann (262). – Joh 7,27-29 stellt der johanneische Jesus ausdrücklich fest, daß seine Gegner ihn kennen; was sie über ihn wissen, trifft durchaus zu – und doch kennen sie ihn nicht! Vgl. den folgenden Abschnitt.

15 Damit soll nicht behauptet werden, die schon in der vorpaulinischen Formel Röm 1,3f belegte Vorstellung der Davidssohnschaft Jesu und die Erzählung von der Geburt in Bethelehm in der mt und lk Vorgeschichte seien als bewußte apologetische Erfindungen gegen jüdische Einwände entstanden. Vielmehr wird es so gewesen sein, daß von dem Glauben her, Jesus sei der in der Schrift verheißene Messias, gefolgert wurde, daß er dann auch selbstverständlich die "Bedingungen" dieser Messianität erfülle, also etwa Davidssohnschaft und Geburt in Bethlehem. Diese Vorstellungen sind daher als Ausdrucksmittel des Glaubens an Jesus zu werten.

16 Nach Schottroff ist "die vorliegende Abweisung Käsemanns ... wirkungslos", da sie von der Voraussetzung ausgehe, "Käsemanns Vorstellung von 'naivem Doketismus' sei, daß Jesus nach Johannes kein

2. Die Funktion der christologischen Hoheitsaussagen

Wenn also auch der Evangelist alle in den gegnerischen Einwänden gegen Jesus angeführten Tatsachen für richtig hält, so behauptet er dennoch: Genau der durch diese Tatsachen zutreffend gekennzeichnete Mensch Jesus ist der Messias, der Sohn Gottes, und zwar in einzigartiger Weise.[17] Und um das zum Ausdruck bringen zu können, bedient er sich der Hoheitsaussagen.

Dieser Absicht dient bereits der Prolog des Evangeliums.[18] Er macht von vornherein unmißverständlich klar, daß es im Evangelium bei der Darstellung der Geschichte Jesu, um nichts weniger als um *Gott selber* geht, daß *Er* hier auf den Plan tritt und

wirklicher Mensch war" (ThLZ 107, 1982, 903 in einer Rezension der ersten Auflage). Aber welchen Sinn soll die Rede von "Doketismus" – auch von "naivem Doketismus" – haben, wenn das wirkliche Menschsein Jesu nicht tangiert wäre? Käsemanns Anfragen an das Verständnis des Satzes "Das Wort ward Fleisch" (Wille 27-29) machen es m.E. klar, daß nach seiner Interpretation vom wirklichen Menschsein Jesu nicht gesprochen werden kann. Er konzediert zwar "Züge der Niedrigkeit des irdischen Jesus im 4.Evangelium", fragt jedoch sofort: "Charakterisieren sie aber johanneische Christologie derart, daß durch sie das 'wahrer Mensch' der späteren Inkarnationsdogmatik glaubhaft wird?" (28) Nicht zufällig gebraucht er unmittelbar anschließend Theaterterminologie (vgl. o. S. 14 mit Anm. 10). – Mit diesem Hinweis auf die Situation ist Käsemanns Interpretation gewiß noch nicht abgetan; auf sie wird noch einzugehen sein. Aber ihre Wahrscheinlichkeit wird von hier aus nicht gerade gefördert.

17 Dabei werden die aufgenommenen traditionellen Titel überboten. Keiner ist in der Lage, diesen für Jesus erhobenen Anspruch hinreichend zum Ausdruck zu bringen. Von daher ist auch de Jonge zuzustimmen, wenn er in bezug auf die im Johannesevangelium geführte Auseinandersetzung, ob Jesus der erwartete Messias sei, schreibt, daß "diese Ausführungen einer klareren Darbietung der johanneischen Christologie vollständig untergeordnet sind" (96). Vgl. auch seinen Aufsatz über "Jesus as Prophet and King in the Fourth Gospel" (49-76), besonders 52: "Jesu Königtum und seine prophetische Sendung werden beide neu erklärt in Begriffen der einzigartigen Beziehung zwischen Sohn und Vater."

18 Kysar stellt heraus, daß der Prolog im jetzigen Text "Bekenntnis für einen bestimmten Anlaß ist. Das heißt, mit ihm ist offensichtlich beabsichtigt, eine Sicht von Christus innerhalb einer Situation zu behaupten, die eine solche Sicht verneint" (Christology 355; vgl. 360).

erkennbar wird.[19] Diese Dimension reißt sofort der erste Vers des Prologs auf: "Im Anfang war das Wort, und das Wort bei Gott, und Gott war das Wort".[20] Diese Dimension wird durchgehalten bis zum letzten Vers: "Keiner hat Gott jemals gesehen. Ein einziger, Gott[21], der am Busen des Vaters weilt, jener hat Kunde gebracht" (1,18). Besonders diese beiden Verse stellen die Gewißheit der Präsenz Gottes in Jesus heraus. Wenn irgendwo, dann liegt hier "gleichsam das Herz Gottes offen vor uns".[22] Das wird einer Gemeinde gesagt, die durch ihre schlimmen Erfahrungen dabei war, nicht mehr recht zu begreifen, daß in Jesus wirklich Gott gehandelt hat, der Jesus in ihrem tatsächlichen Erleben entrückt war, die von ihm wohl einerseits noch als Wundertäter der Vergangenheit erzählen konnte[23] und anderer-

19 "Der Glaube, der vom Leben des Gekreuzigten lebt – nicht mehr und nicht weniger glaubt der Osterglaube – ist auf den *Weg Jesu ans Kreuz* verwiesen als den Weg, wo *Gott* ihm begegnet" (Kohler 159).

20 "Wir stehen mit einem Sprung mitten in der Welt der jenseitigen, der ewigen, göttlichen Realitäten. Aber unübersehbar ... ist die unausgesprochene, aber schon vom ersten Wort an tatsächliche Beziehung aller Aussagen auf die Person Jesu des Christus. Das will sagen: es sind keine freischwebenden Spekulationen, sondern Interpretationen eines Gegebenen, das aber unerhörterweise daheim ist in der Welt der nichtgegebenen, der ewigen Realitäten" (Thurneysen 18). Vgl. auch Kohler 271: "Um die bleibende Bedeutung der Ankunft Jesu und damit des Weges Jesu ans Kreuz zu sichern, verlegt das vierte Evangelium den Ursprung dieses Weges in Gottes Ewigkeit, ohne die Beziehung zur irdischen Geschichte Jesu auch nur einen Moment zu lockern."

21 Zur Textkritik dieser Stelle vgl. Schnackenburg, Komm. 1,255.

22 Calvin 27; im Zusammenhang lautet die Stelle: "Wenn Johannes sagt, der Sohn sei im Schoße des Vaters gewesen, so ist das eine Übertragung aus dem Bereich des Menschlichen. Bei ihnen heißt es, man gibt dem einen Platz an seinem Herzen, mit dem man alle Geheimnisse teilt. Also lehrt Johannes, der Sohn habe an den tiefsten Geheimnissen des Vaters teilgehabt, damit wir wissen, im Evangelium haben wir gleichsam das Herz Gottes offen vor uns." – Vgl. auch die Verhältnisbestimmung der Verse 1 und 18 durch Kysar, Christology 356.

23 Die Herkunft der im Johannesevangelium erzählten Wunder wird häufig in einer "Zeichenquelle" erblickt (zur Forschungsgeschichte vgl. van Belle). Becker konnte 1982 noch schreiben: "Sie (sc. die Semeiaquelle) ist mit wenigen Ausnahmen so etwas wie zu einem verbreiteten Grundkonsens geworden" (Literatur 297). Wenn ich recht sehe, mehren sich die Ausnahmen (vgl. Thyen, Johannesevangelium 207f; Schnelle 105-108.152-154.168-192; Bittner 1-13). – Doch wie auch immer es sich mit einer möglichen "Zeichenquelle" oder gar

seits auf die Hineinführung in die himmlischen Wohnungen durch ihn in der Zukunft hoffte[24], während ihre Gegenwart leer von Jesus zu sein schien.[25] Dieser Gemeinde zeigt der Evangelist im Evangelium, daß sie mit ihrer Bedrängnis in Konformität mit Jesus steht (15,18-20). Das kann sie aber nur trösten und hoffnungsvoll machen, wenn sie dessen gewiß wird, daß Jesus mehr ist, als ihre Gegner in ihm sehen, wenn sie zu einer Sicht gelangt, die "in den Menschen Jesus mehr hineinsieht, als er weltlich gesehen ist", die ihn in seinem "wahren Gewicht wahr(nimmt)".[26] Weltlich wird Jesus als Sohn Josefs gesehen, als ungelehrter Galiläer und schändlich Hingerichteter verspottet, der gescheitert und erledigt ist. In der Darstellung des Evangelisten aber erhält dieser Gekreuzigte das Gewicht Gottes selbst. Deshalb beginnt er nicht einfach mit der Erzählung, sondern stellt sie durch den Prolog sofort in die Dimension Gottes. Er reißt hier

einem "Zeichenevangelium" (Fortna, Gospel 15-220) verhalte, ist es wahrscheinlich, daß der Evangelist die Wundererzählungen aus der Gemeindetradition aufgenommen hat. Rebell nimmt an, daß die "Gemeindefrömmigkeit von einer 'Zeichentheologie' (geprägt gewesen zu sein scheint). In der Situation, in der man sich nunmehr vorfand, reichte diese Zeichentheologie nicht mehr dazu aus, um sich in der Welt zu verstehen" (55f). Angesichts der Leidenserfahrungen der Gemeinde, die es offenkundig machen, daß der auf Zeichen basierende Glaube "Anfechtungen nicht stand(hält)", rekurriere der Evangelist "auf das Kreuz Jesu ... Jeder Wirklichkeitsentwurf, der nicht um das Kreuz Jesu herum angeordnet ist, zerbricht bei Grenzerfahrungen" (58f).

24 Mit Becker, Abschiedsreden 221f; Komm. 2, 460f, bin ich der Meinung, daß Joh 14,2f in der Form eines Jesuswortes ein Stück johanneischer Gemeindetradition vorliegt, ohne mit ihm in allen Einzelheiten der Analyse übereinzustimmen. Gegen Becker: G. Fischer 15-17. Von seinen Argumenten ist aber kaum die These von der Traditionalität des Logions getroffen, zumal er selbst feststellt, daß diese Verse "formal ein in sich geschlossenes Logion (sind), das sich von der Rede abhebt und auch außerhalb dieser seinen Sinn behält. Als solches fällt es schon durch seine Singularität innerhalb des Evangeliums wie des gesamten NT auf. Es ist darum möglich, daß ein solches Logion der Rede schon vorgelegen ist" (38f). Fischer meint allerdings, daß diese Aussage seiner Ablehnung der These Beckers nicht widerspreche, und will das Logion als Bildung des Evangelisten erklären.

25 Gegenüber Beckers Interpretation hebt Thyen mit Recht hervor: "Doch die 'heilsleere' Gegenwart ist nicht naiver Glaube, sondern bedrückende Erfahrung" (Johannesevangelium 217).

26 Weder, Mythos 59.

den Horizont auf, unter dem allein die dann erzählte Geschichte Jesu angemessen verstanden werden kann. So gibt er seiner bedrängten Gemeinde mit dem Prolog die Leseanweisung, die folgende Darstellung des Evangeliums so zu verstehen, daß im dort wiedergegebenen Wort des Menschen Jesus wirklich Gott spricht und daß im dort erzählten Schicksal des Menschen Jesus wirklich Gott handelt.[27] Mit dieser Leseanweisung treibt der Evangelist keine mythologische Spielerei oder metaphysische Spekulation, sondern mit Hilfe der ihm zur Verfügung stehenden Ausdrucksmittel ein Stück notwendiger Dogmatik.[28] Damit

27 Thurneysen gibt als Zweck des Prologs an: "Es soll der Ort bezeichnet werden, von wo aus über Jesus einzig geredet werden kann" (17). Und der hier zur Geltung gebrachte Gesichtspunkt ist nicht "ein mehr oder weniger zufälliger, von außen eingetragener", sondern "ganz einfach die richtige, die aus dem Thema der Evangelien selber hervorbrechende, weil ihnen innewohnende, den Evangelienstoff letztlich aus sich entlassende und ihn beherrschende Grundvoraussetzung" (13). Die Situation der Gemeinde konstituiert also nicht die Darstellung des Evangeliums, sondern sie ist der Anlaß, um die Voraussetzung, unter der hier überhaupt gesprochen wird, klarer zu formulieren. Aber die Intention dieses Sprechens läßt sich nur dann genau erfassen, wenn erkannt ist, in welche Situation hinein es erfolgte (zu Kohler 141 Anm. 5 und 149 Anm. 70).

28 Zum dogmatischen Denken des Evangelisten vgl. auch Ruckstuhl 155f. – Schwartz hatte scharfzüngig formuliert: "Der Prolog ist schon in der alten Kirche zu einem geheimnisvollen Tempel geworden, in dem die Dogmatik in philosophischem Pomp thronen sollte" und dann gemeint, "daß die wirklichen Räthsel anderswo liegen" (352), die er literarkritisch lösen zu können glaubte. Gegenüber einer solchen – keineswegs auf Schwartz und seine Zeit beschränkten – Sicht bleibt etwa die "dogmatische" Auslegung Karl Barths trotz mancherlei exegetischer Gewaltsamkeiten sachlich im Recht, weil sie den Textzusammenhang und seine theologische Aussage ernstnimmt (vgl. seine Auslegung des Prologs S. 12-163). Wenn man nur noch "die Risse und Sprünge des Gedankenganges" sieht und das Ganze nicht mehr in den Blick zu nehmen vermag, wird es fast notwendig, "des Exegeten erste und nächste Aufgabe" in dem Eingeständnis zu erblicken, "daß ein Sinn nicht vorhanden ist" (Schwartz 532). – In Aufnahme literaturwissenschaftlicher Aspekte stellt Culpepper zum Prolog fest: "Der johanneische Erzähler ... beginnt die Erzählung mit einem Überblick über die Identität der Hauptfigur und den Gang der folgenden Handlung ... Von Anfang an teilt der Erzähler den Vorteil seines allwissenden Standpunktes mit der Leserschaft, so daß der Leserschaft sofort alles gegeben ist, was sie zum Verständnis der Geschichte braucht ... Daher

hält er fest, daß in dem erniedrigten und getöteten Jesus Gott selbst zum Zuge kommt, hier irdisch auf den Plan tritt. Von vornherein wird somit deutlich: Wer Jesus sieht und an ihn glaubt, glaubt nicht an ihn als "an einen besonderen Menschen"[29], sondern an den, der ihn gesandt hat, nimmt Jesus wahr als den Ort der Präsenz Gottes (12,44f.)[30]

Vom Prolog spannt sich ein Bogen bis zum Bekenntnis des Thomas in 20,28, das er gegenüber dem Auferweckten ausbringt, der seine Identität an den Wundmalen des Gekreuzigten erweist: "Mein Herr und mein Gott."[31] In der Linie dieses Bogens liegen die christologischen Hoheitsaussagen des Evangeliums; sie "explizieren die Geschichte Jesu als Geschichte Gottes".[32] So heißt es, daß Jesus "von Gott ausgegangen ist und

weiß die Leserschaft wie der Erzähler mehr als jede der Personen, die zu Jesus in Beziehung treten" (Anatomy 19; vgl. auch Thyen, Johannesevangelium 201). – Aufgrund der Beobachtung, daß "der Prolog ... älter (ist) als das Evangelium und ... ihm voraus(liegt)", ist es nach Hofrichter "daher Zeit, die Dinge endlich umzukehren und nicht länger vom Verhältnis des Prologs zum Evangelium zu reden, sondern vom Verhältnis des Evangeliums zum Prolog" (16f). Und so versteht er das Evangelium als einen nach und nach gewachsenen Kommentar zu einem autoritativen Text, der allerdings "vielfach nur in äußerer Assoziation und gegen seine Eigenaussage" erfolgte (104). Die Beobachtung, daß im Prolog Tradition vorliegt, macht diese noch lange nicht zu einem Grundtext, zu dem das Evangelium nur den Kommentar bildete. Der Nachweis, daß das Verhältnis von Prolog und Evangelium das von Text und Kommentar sei, ist Hofrichter nicht gelungen – ganz zu schweigen von den weitgespannten Erörterungen, die die Prologtradition zu dem Schlüsseltext des Neuen Testaments überhaupt machen.

29 Barrett, Komm. 361.

30 Daß das Johannesevangelium in den Verdacht des Doketismus gerät, ist also durch die Sache bedingt: "Es muß uns jedenfalls klar sein, daß jede Darstellung der Geschichte Jesu, die mit dem urchristlichen Glauben ernst macht, daß in diesem Menschen Gott in einzigartiger Weise gegenwärtig war und gehandelt hat, an die Grenzen des Doketismus streifen wird" (Klaiber 323).

31 Kohler spricht von "jenem genau geschlagenen Zirkel ..., der das Bekenntnis des Thomas *angesichts* des auferstandenen Gekreuzigten zu seinem Herrn und Gott ... mit demjenigen Logos verbindet, der in der Archee war (1,1) und der im herrlichen Ereignis seiner Fleischwerdung (1,14) den ungesehenen Gott vollkommen anschaulich ausgelegt hat (1,18)" (159).

32 Kohler 147.

zu Gott geht" (13,3; vgl. 16,28). Er weiß, "woher ich gekommen bin und wohin ich gehe" (8,14). Das meinen die Menschen außerhalb der Gemeinde ja auch sehr genau zu wissen, woher Jesus gekommen und wohin er gegangen ist, nämlich von Nazareth in Galiläa bis ans Kreuz; und dieses Wissen enthält keine falschen Tatbestände. Aber indem sie nicht erkennen, daß Jesus genau darin den Weg von Gott zu Gott gegangen ist, wird ihnen doch Nichtwissen über Ursprung und Ziel seines Weges bescheinigt: "Ihr aber wißt nicht, woher ich komme und wohin ich gehe" (8,14).

Gott ist nicht nur Ursprung und Ziel des Weges Jesu, sondern auch seine Mitte. Nur zwei Verse weiter sagt Jesus: "Ich bin nicht allein, sondern ich und der Vater, der mich gesandt hat" (8,16). Betrachtet man Jesus allein für sich, wird man nur ein Urteil "nach dem Fleisch" über ihn fällen können (8,15), das sich nach dem richtet, was vor Augen liegt (7,24), nach den allen zugänglichen Fakten über die Herkunft und das Ende Jesu. Der Evangelist bestreitet, auf diese Weise eine zutreffende Erkenntnis Jesu gewinnen zu können. Jesus ist vielmehr erst wirklich erkannt in der Wahrnehmung des in ihm präsenten Gottes. Daß in Wort und Werk Jesu Gott selbst begegnet, bringt ja auch die Aussage von der Einheit Jesu mit dem Vater zum Ausdruck (10,30).[33] Demgemäß wird von dieser Einheit her in 5,17-20 das Handeln Jesu als dem Handeln Gottes entsprechend beschrieben; ja mehr noch: Gott vollzieht sein Handeln im Handeln Jesu. Dabei ist es durch V.18 eindeutig sichergestellt, daß dieser Anspruch vom Handeln des bestimmten Menschen Jesus erhoben wird.[34]

33 S. die Besprechung dieser Stelle o.S. 118; vgl. weiter 17,11.

34 Die vollständige Identifizierung des Handelns Gottes mit dem Handeln Jesu treibt dann im folgenden Abschnitt 5,21-30 dazu, das im zeitgenössischen Judentum von Gott am Ende der Zeit erwartete und ihm ganz und gar eigentümliche Handeln, nämlich Tote lebendig zu machen und Gericht zu halten, vom gegenwärtigen Handeln Jesu auszusagen.

3. Die Darstellung Jesu als Souverän seines Geschicks

Die sich in den christologischen Hoheitsaussagen des Johannesevangeliums ausdrückende Absicht, den Weg des Menschen Jesus in seinem Reden, Handeln und Erleiden als Weg der Begegnung Gottes kenntlich zu machen, als den letztgültigen Ort seiner Präsenz, hat für die Art der Darstellung die Konsequenz, daß Jesus als Souverän seines eigenen Geschicks erscheint, gerade und besonders auch in der Passion.[35] Jesus ist sozusagen immer auf der Höhe des Geschehens; er wird nie von ihm überrascht, ist nicht sein Objekt und Opfer, sondern hat als Subjekt selbst die Fäden in der Hand. Nach 5,10-13 haben "die Juden" den von Jesus am Teich Betesda am Sabbat Geheilten vernommen, wer ihm den Befehl gab, sein Bett zu tragen; der Geheilte kann keine Auskunft geben. Danach formuliert der Evangelist in V.14 bezeichnenderweise nicht, daß der Geheilte Jesus findet, sondern Jesus findet den Geheilten. Nicht der Gesuchte wird gefunden, sondern der Gesuchte findet. Ganz entsprechend heißt es in V.16, daß "die Juden" Jesus verfolgten; aber in V.17 tritt der Verfolgte plötzlich selbst auf und antwortet ungefragt.

Eine wichtige Rolle spielt in diesem Zusammenhang das häufig begegnende Motiv des Wissens Jesu. Nach 6,6 "wußte er, was er zu tun gedachte". Seine vorangehende Frage an Philippus, woher Brot für so viele zu besorgen sei, bezeugte also nicht seine Ratlosigkeit, sondern diente, wie ausdrücklich festgestellt wird, nur der Erprobung des Jüngers. Nach 6,61 weiß Jesus, daß seine Jünger über die zuvor gehaltene Brotrede murren; die hier erfolgende große Scheidung unter den Jüngern überrascht ihn also nicht. So kennt er auch nach 6,64 "seit Anfang her" die Ungläubigen und seinen Verräter (vgl. 13,11). Nach 13,1 weiß er, daß seine Stunde gekommen ist, aus dieser Welt zum Vater zu gehen (vgl. 13,3). Nach 18,4, angesichts der bewaffneten Schar, die ihn gefangen nehmen will, weiß er alles, was auf ihn zukommt; und so stellt er sich selbst seinen Häschern. Schließlich weiß er nach 19,28, am Kreuz hängend, daß alles vollendet

35 "Jesus tut nichts und nichts geschieht an ihm durch Zufall" (Smith, Presentation 179).

ist. So ist auch die Stunde der Passion und des Todes *seine* Stunde (13,1) und nicht die seiner Gegner. Diese können ihn nicht festnehmen, wann sie wollen, sondern erst dann, wenn *seine* Stunde gekommen ist (7,30; 8,20).

Auf die in 7,40-44 über ihn geäußerten Vermutungen, auf den dort ausgetragenen Streit, ob er der Prophet oder der Messias sei, antwortet Jesus ungefragt in 8,12 mit einem Selbstzeugnis: Wieder erweist er sich so als Souverän; er entscheidet und sagt, was gilt, den Streit um ihn weit transzendierend: "Ich bin das Licht der Welt."

In 13,21 wird Jesus geradezu als Regisseur des eigenen Verrats dargestellt. Der von ihm dem Judas gegebene Bissen wird zur Anweisung für den Satan, in diesen einzugehen (V.27a).[36] Und gleich anschließend fordert er Judas ausdrücklich auf, seinen Part im Drama zu vollziehen: "Was du tun willst, tue bald" (V.27b).[37] So kann der Evangelist gerade im Blick auf die Passion sagen, in der Jesus verraten und ausgeliefert wird, "daß ihm der Vater alles in die Hände gegeben hat" (13,3). Der Weg Jesu, der vom Haß der Welt seine Richtung zu erhalten scheint, ist nach 15,24f schriftgemäß und daher ein Weg, auf dem doch *Gott* zum Zuge kommt.

Der Inszenierung des Verrats durch Jesus selbst entspricht die aktive Rolle, die er bei seiner Festnahme spielt (18,1-10). Er erscheint hier nicht als der angefochtene Mensch wie bei den Synoptikern, der "sich in den Willen seines himmlischen Vaters erst hineinfinden, gewissermaßen 'hineinbeten' mußte"[38], sondern als der von vornherein im Willen Gottes stehende Gesandte, der souverän in Leiden und Tod hineingeht. Der Gesuchte tritt der Übermacht seiner Häscher, einer ganzen römischen

36 Auch Lk 22,3 spricht vom Eingehen des Satan in Judas. Demgegenüber besteht die Besonderheit dieser Aussage im Johannesevangelium darin, daß er es auf ein Zeichen Jesu hin tut. Vgl. Bultmann, Komm. 368: "Jesus gibt ihm gleichsam das Stichwort, indem er dem Judas jenen Bissen gibt."

37 Das ist natürlich nicht mit Holtzmann in einem heroischen Sinn zu verstehen: "Im Unterschiede von dem synopt(ischen) fordert der johann(eische) Christus selbst zum Vollzug der göttlichen Vorherbestimmung auf, tritt dem gezückten Stahl entgegen mit einem kühnen 'Stoss zu'" (157).

38 Blank, Komm. 3,39f.

Kohorte und "Dienern der Juden", allein und von sich aus entgegen; er fragt, sie antworten. Als er sein ἐγώ εἰμι sagt, fallen sie zu Boden; er selbst muß das Geschehen vorantreiben und sie dazu bringen, ihn gefangen zu nehmen. "Jesus ist nicht ein ohnmächtig Ausgelieferter, sondern der sich selbst Ausliefernde."[39]

Mit all dem bringt der Evangelist zum Ausdruck, daß Jesus nicht bloßer Spielball eines willkürlichen Schicksals ist. Auch hiermit bestreitet er, daß Jesus "allein" ist, daß das zufällige historische Geschehen um Jesus, als das es von außen erscheint, isoliert für sich betrachtet werden darf; und er bezeugt so, daß es endlich doch dem Willen Gottes dienen muß.[40] Gerade im Leiden und Sterben Jesu führt niemand anders als Gott *sein* Werk zu Ende. Anders formuliert: Wenn sich Gott mit dem Tod Jesu am Kreuz identifiziert hat, dann kann der Weg Jesu und sein Ziel am Kreuz nicht bloß zufällig und schon gar nicht belanglos gewesen sein. Deshalb stellt der Evangelist Jesus als Souverän seines eigenen Geschicks dar.

4. Die Darstellung des Geschicks der Jünger

In diesen Zusammenhang gehört es, wenn sich in der Darstellung des Geschicks der Jünger eine gewisse Entsprechung zeigt - nicht daß sie Souveräne ihres Schicksals wären, wohl aber steht ihre Leidenserfahrung unter der Souveränität Jesu.[41] Mit dem

39 Schnackenburg 3, 253. Vgl. auch die von Richter, Studien 75f, zusammengestellten Besonderheiten der johanneischen Erzählung von der Gefangennahme Jesu. "Das Gesetz des Handelns liegt ganz in den Händen Jesu" (75).

40 "In der Tat hing für den Christusglauben des Johannes alles davon ab, daß nicht irgendein sinnloses oder feindliches Schicksal Jesus zum Kreuz geführt hat, sondern daß er als der vom Vater in die Welt Gesandte dorthin gegangen ist: darum auch die besondere Betonung 19,17 der Tatsache, daß Jesus selbst sein Kreuz getragen habe" (Haenchen, Vater 77). Vgl. auch Blank, Krisis 85, nach dem das johanneische Verständnis von der Erhöhung "der deutlichste Ausdruck dafür (ist), daß das Kreuz in Wahrheit göttliches Offenbarungs- und Heils-Ereignis, nicht zufälliges historisches Ereignis ist".

41 Der Unterschied zwischen Jesus und seinen Jüngern in dieser Beziehung wird an folgender Beobachtung deutlich: Ist die Stunde der Passion und des Todes Jesu *seine* Stunde (7,30; 8,20; 13,1) und nicht die

sie treffenden Haß der Welt widerfährt den Jüngern nichts anderes, als was Jesus auch widerfahren ist (15,18). Haß und Verfolgung erfahren sie nicht zufällig, sondern weil Jesus sie erwählt hat (15,19; vgl. 17,14) und um seines Namens willen (15,21). Die Erwählung der Jünger durch Jesus begründet den Haß der Welt, weil diese Erwählung sie aus der Konformität mit der Welt herausreißt und sie zu einem mit Jesus konformen Verhalten führt.[42] Nach 7,7 traf Jesus der Haß der Welt, weil er ihr bezeugte, "daß ihre Werke böse sind", weil er sie angriff und herausforderte. So erfahren die Jünger auch in ihrem Erleiden die Konformität mit Jesus. Wie dieser sein eigenes Schicksal kennt, so auch das seiner Jünger, das er ihnen voraussagt (16,1-4a). Damit tröstet und vergewissert der Evangelist seine Gemeinde in ihrer bedrängten Situation. Dabei geht es ihm keinesfalls darum, das Leiden zu legitimieren, sondern darum, daß die Menschen in der Gemeinde angesichts der sie treffenden Bedrängnisse nicht abfallen[43], womit sie ihnen entgehen könnten, sondern ausharren. So macht er sie gewiß, daß sie nicht dem Wüten eines blinden Schicksals ausgeliefert sind, sondern in der Konformität mit Jesus stehen, mit dessen Leiden und Tod sich Gott identifizierte. Diese Einbeziehung der Leidenserfahrungen der Jünger in das Vorherwissen Jesu hebt also deren Realität nicht auf, sondern setzt sie gerade voraus.[44]

seiner Gegner, so heißt es in 16,4a, nachdem Jesus den Jüngern Synagogenausschluß und Tötung angekündigt hat: "Aber das habe ich euch gesagt, damit ihr euch, wenn *ihre* Stunde kommt, daran erinnert, daß ich es euch gesagt habe." Dieser Unterschied ist offenbar gewollt. Es besteht daher kein Anlaß, die Einheit 16,1-4a wegen dieser Formulierung einer "sekundären Hand" zuzuweisen (so Schnackenburg, Komm. 3, 140).

42 "Die Christen waren die Nonkonformisten der Antike par excellence und bekamen das zu spüren", bemerkt Haenchen zu Joh 16,1 (Komm. 493). Kurz vorher hatte er geschrieben: "Die Welt sieht in den Jüngern nur – bestenfalls! – eine in die Irre gehende und in die Irre führende Minorität, die man nicht gewähren lassen darf" (492).

43 Zu σκανδαλίζειν in 16,1 vgl. o. S. 81 mit Anm. 14.

44 Die Intention des Evangelisten ist m.E. verzeichnet, wenn Müller schreibt: "Not und Bedrängnis bleiben nicht mehr wirklich das, was sie nun einmal sind, sondern der Glaubende ist ja wie Jesus aus dem Tode ins Leben hinübergeschritten (5,24). Damit wird die harte Wirklichkeit der johanneischen Gemeinde, die Verfolgung und Anfeindung durch die Welt zum Inhalt hat, überspielt und in ihrer tatsächlichen Bedeu-

5. Die Bedeutung des Todes Jesu

Die Art der Darstellung, die Jesus als Souverän seines Geschicks zeichnet, bedeutet keine Infragestellung der Tatsächlichkeit seines Menschseins. Das zeigt sich insbesondere daran, was der vierte Evangelist über den Tod Jesu sagt und wie er ihn deutet. Auch er hält an der Einmaligkeit dieses Todes fest - in dem doppelten Sinn, daß es sich bei ihm um ein einmal erfolgtes bestimmtes historisches Geschehen handelt und daß er eine einzigartige Bedeutung hat, indem er ein für allemal Heil bewirkte. An dieser Stelle ist die Diskussion vor allem mit Käsemann zu führen. Nach ihm "symbolisiert" der Tod Jesu "exemplarisch, was der Glaube immer wieder erfährt. Johanneisch lebt man auch nach Ostern nicht von dem, was 'einmal' oder 'ein für alle Male' geschah. Der Glaube ist stets neu in die Anfechtung gestellt, von seinem Herrn verlassen zu scheinen, und auf das Kommen des Parakleten im Wort angewiesen."[45]

tung wesenlos – gleichwie der Tod Jesu eine erledigte Größe ist" (Bedeutung 68). Vgl. dagegen nur 16,33, wo der Zuspruch angesichts der Bedrängnis erfolgt.– Die Situation der verfolgten Gemeinde mit ihren sehr realen Leiden hebt Schweizer hervor; er schreibt: "Mindestens hier ist von Doketismus keine Rede, sondern von höchst konkreten Nöten. Diese sind aber wiederholt und direkt mit den Leiden Jesu zusammengebunden. Sollte das wirklich so zu verstehen sein, dass die Realität von Not und Schmerz zwar bei der Gemeinde ernst genommen wird, nicht aber bei Jesus, in dessen Passion diese Leiden wurzeln?" (166)

45 Wille 19 Anm. 2 von S. 18. Vgl. weiter 50 Anm. 55: "Die Abschiedsreden (können) in neutestamentlich unerhörter Schärfe selbst den Tod Jesu seiner Einmaligkeit berauben und zum Exempel eines sich stets wiederholenden Geschehens machen. Der Abschied des Herrn vollzieht sich wie sein Kommen immer neu. Es ist die Situation des Glaubens, in dieser Weise unaufhörlich von Jesus verlassen zu werden, um ihm im Wort des Parakleten unaufhörlich wiederzubegegnen." "Besondere Bedeutung" habe Jesu Tod "nur als Rückkehr zur zeitlich und räumlich unbegrenzten Herrlichkeit des Präexistenten" (49 Anm. 53). Zur Auseinandersetzung mit Käsemann an dieser Stelle vgl. auch Fortnas Überlegungen zur Bedeutung des Todes Jesu im Johannesevangelium (Gospel 274-283). Nach ihm "kann das Evangelium als *eine erweiterte Passionserzählung* betrachtet werden" (283).

a) Jesus als das endzeitliche Passalamm

In der Erzählung des Evangeliums tritt Jesus erstmals in 1,29 auf. Er kommt zu Johannes dem Täufer, der zuvor gegenüber der Jerusalemer Delegation alle messianischen Ansprüche von sich abgewiesen und seine Funktion allein in Hinsicht auf den nach ihm Kommenden bestimmt hatte. Über ihn legt Johannes jetzt Zeugnis ab. Obwohl dieses Zeugnis und besonders die ausdrücklich mit "siehe" eingeleitete Proklamation am Beginn ein Publikum voraussetzen, sind nur Johannes und Jesus im Blick. "Der Text verfährt wie eine Großaufnahme, die alles Nebensächliche ausblendet."[46] Das Publikum wird von der Leser- und Hörerschaft des Evangeliums gebildet; sie soll hören, was Johannes zu sagen hat.[47] Das alles unterstreicht die Wichtigkeit, die der Evangelist dieser Szene und damit auch und vor allem der sie eröffnenden Proklamation gibt, die Jesus eine einzigartige Bedeutung zuschreibt: "Siehe, das Lamm Gottes, das die Sünde der Welt fortschafft!" Es ist umstritten, welchen Inhalt die Bezeichnung Jesu als Lamm Gottes hier hat; keiner der vorgeschlagenen Vorstellungshintergründe vermag die Stelle vollständig zu erklären.[48] Man kann auf den "Sündenbock" von Lev 17 hinweisen, auf das Passalamm und auf das Lamm in Jes 53, mit dem der leidende Gottesknecht verglichen wird. "Diese verschiedenen Gestalten des Jesusbildes werden in V.29 zu einer neuen Größe eigenen Rechts ineinander gespiegelt."[49] Daß der

46 Blank, Komm. 1a, 130; vgl. Haenchen, Komm. 170, der von einem "Standfoto" spricht.

47 Haenchen, Komm. 166: "Eigentlich angesprochen sind die Leser des Buches."

48 Eine Darstellung und Diskussion der Forschungsgeschichte zu Joh 1,29.36 bietet die Arbeit von May. Er geht von der Authentizität des Täuferwortes aus. "Was der Vorläufer ursprünglich in Aramäisch sprach, das berichtet uns unter Inspiration der vierte Evangelist zuverlässig in Griechisch" (44; vgl. auch die harmonisierende Bestimmung des Kontextes auf S. 1f). Davon abgesehen bietet May jedoch eine nützliche Übersicht. – Vgl. weiter Brown, Komm. I 58-63; Schnackenburg, Komm. 1, 285-288; du Plessis 122-125; Barrett, Lamb passim. – O'Neill will – kaum mit Erfolg – "Lamm Gottes" als vorchristlich-jüdische Messiasbezeichnung nachweisen, indem er die beiden Stellen in den TestXII, die diese Bezeichnung enthalten, nicht – wie allgemein üblich– als christliche Interpolationen versteht.

49 Haenchen, Komm. 170. Er fügt hinzu: "wobei alle Einzelheiten nur

Evangelist aber insbesondere an einen Bezug auf das Passalamm denkt und Jesus als das endzeitliche Passalamm versteht, zeigt sich an der Wiederaufnahme der Passatypologie in der Passionsgeschichte, womit er einen Bogen über das ganze Evangelium hin spannt. "Daß das erste Wort, das der Täufer über Jesus zu sagen hat, sofort auch das Letzte sagt, was überhaupt über ihn zu sagen ist, daß die Weihnachtsbotschaft hier sofort als Passionsbotschaft auftritt, das ist keine Frage."[50]

Nachdem der Evangelist in 19,13 berichtet hat, daß sich Pilatus auf den Richterstuhl setzte, um Jesus zu verurteilen, macht er in V.14 eine Zeitangabe: "Es war aber der Rüsttag zum Passa; ungefähr die sechste Stunde war es." Das war die Zeit, zu der sich "die Hausväter in Jerusalem etwa anschickten, ihr Passahlamm zur Schlachtung nach dem Tempel zu schaffen".[51] Die Verurteilung Jesu, sein Gang nach Golgota und seine Hinrichtung werden damit der Hinführung der Passalämmer zum Tempel und ihrer Schlachtung parallelisiert. Das kann nur den Sinn haben, daß damit Jesus in seinem Tod als das endzeitliche Passalamm dargestellt werden soll.[52]

Wenn der Evangelist in 19,33 feststellt, daß dem am Kreuz hängenden Jesus, weil er schon gestorben war, nicht die Schenkel gebrochen wurden, und wenn er in 19,36 diesen Tatbestand als Erfüllung der Schriftstelle deutet: "Ein Knochen soll ihm nicht gebrochen werden", so gehört das offenbar in denselben Zusammenhang. Denn nach Ex 12,46 durfte am Passalamm kein Knochen gebrochen werden.[53] Ist also Jesus in 19,14.33.36 als das

noch unterbewußt mitwirken." Daß zumindest der Passabezug bewußt ist, wird gleich zu zeigen sein. Meist wird angenommen, daß sich Joh 1,29 sowohl auf den leidenden Gottesknecht von Jes 53 als auch auf das Passalamm bezieht; vgl. z.B. Brown, Komm. I 63; Schnackenburg, Komm. 1, 288; Blank, Komm. 1a, 133.

50 Barth 169.

51 Bill. II 836f; vgl. den ganzen Zusammenhang 834-837. Billerbeck setzt das eben gebrachte Zitat in folgender Weise fort: "In derselben Stunde tritt Christus als ἀμνὸς τοῦ ϑεοῦ ... seinen Gang nach der Opferstätte des Kreuzes an, um die letzte Erlösung zu vollenden" (837).

52 Vgl. schon Güdemann 302f; s. auch Gryglewicz, Lamm passim.

53 Vgl. weiter Num. 9,12 und den Septuaginta-Zusatz in Ex 12,10. Da kein genaues Zitat vorliegt, ist auch ein Bezug auf Ps 34,21 und damit eine Deutung Jesu als des leidenden Gerechten denkbar (so. z.B. Haenchen, Komm. 554). Aber der sachliche Zusammenhang mit der Zeitangabe

endzeitliche Passalamm verstanden, dann kann man nicht annehmen, daß diese Stellen keinerlei Beziehung zu dem Täuferwort von Jesus als dem Lamm Gottes hätten.[54] Dann beziehen sie sich zurück auf dieses Wort, und dann ist das Täuferwort ein Vorverweis auf dieses Ende – der erste in der Reihe der Hinweise auf den Tod Jesu im Verlauf der Darstellung des Evangeliums.[55]

Welche Bedeutung der Evangelist Jesus als dem endzeitlichen Passalamm näherhin zumißt, ergibt sich aus der Kennzeichnung des Lammes in 1,29: "das die Sünde der Welt fortschafft".[56] Die Wendung vom Fortschaffen der Sünde begegnet im urchristlichen Schrifttum außer hier nur noch an der davon abhängigen Stelle 1Joh 3,5. Der Evangelist schließt sich also nicht einer auch sonst bekannten traditionellen Formulierung an, sondern scheint selbständig zu formulieren.[57] Der hiermit

in 19,14 legt einen Bezug auf das Passalamm entschieden näher. Zu den Passamotiven – die Erwähnung des Ysop in 19,29 ist nach Barrett ebenfalls ein Passabezug (Komm. 460) – vgl. Pfitzner 14f.

54 Zu 19,36 und seinem möglichen Zusammenhang mit 1,29 und 19,14 vgl. Pancaro, Law 344-350; dagegen äußert sich Loader skeptisch (96).

55 Vgl. die Aufzählung der Stellen mit Vorverweisen auf Jesu Tod bei Bornkamm 114. In diesen Zusammenhang gehören auch die Erwähnungen des "Passa" im Verlauf des Evangeliums, die "den Leser regelmäßig an das schicksalhafte Passa erinnern sollen, an dessen Abend Jesus, von Beginn an als Lamm Gottes bestimmt, getötet wurde" (Fortna, Christology 502).

56 Diese Kennzeichnung des Lammes ist immer wieder als Einwand gegen das Passaverständnis erhoben worden, weil mit dem Passalamm keine Opfer- und Sühnevorstellungen verbunden sind. Schnackenburg hält das mit Recht für "nicht sehr wichtig; denn sobald Jesus als ntl. Passalamm betrachtet wurde, mußte sich damit auch der Gedanke an seinen Sühnetod verbinden: *Dieses* Lamm tilgt die Sünden der Welt" (Komm. I 287; ähnlich Brown, Komm. 1,62).

57 Käsemann versucht sich der Stelle 1,29 dadurch zu entledigen, daß er sie für Tradition erklärt. Nachdem er alle anderen Vorausverweise auf den Tod Jesu für eine *theologia crucis* ausgeschieden zu haben meint, schreibt er: "Anders steht es allein mit 1,29.36, die aber nicht zufällig dem Täufer in den Mund gelegt und damit(?) als Gemeindetradition charakterisiert werden" (Wille 23 Anm. 7 von S. 22). Auch Haenchen spielt den Vers 1,29 in seiner Bedeutung für den Evangelisten herunter, indem er ihn für Tradition erklärt: "'Die Sünde der Welt wegtragen' paßt eigentlich nicht zur Christologie des Evangelisten. Nach ihr ist nämlich Jesus nur für die gekommen, die ihm der Vater gegeben hat ... So wird man V.29 als Stück einer Vorlage ansehen dürfen" (Komm. 166f; vgl. 493f). Aber selbst wenn es sich um Tradition handelte, wäre

zum Ausdruck gebrachte Sachverhalt kann aber – besonders wenn es durch 19,14 als gesichert gelten darf, daß der Tod Jesu im Blick ist – kein anderer sein als die Vorstellung von der durch Jesu Tod bewirkten stellvertretenden Sühne, die eine breite Tradition im Urchristentum hat.[58] Wie der Bogen von 1,29 zu 19,14.33.36 zeigt, hat sie für den Evangelisten ganz offensichtlich großes Gewicht.[59] Dieser Bogen, der auf die Hinrichtung am Kreuz zuläuft[60], ist neben den schon genannten anderen zu stellen, der vom Prolog bis zum Thomasbekenntnis reicht und die Hoheit Jesu herausstellt. Beide gehören zusammen: Gerade auf dem Weg Jesu zum Kreuz begegnet Gott zum Heil für die Welt.[61]

damit für Käsemann noch gar nichts gewonnen. In bezug auf einen anderen Komplex sagt er selbst: "Man kann die Verantwortung für die erzählten Wundergeschichten nicht der Tradition zuschieben" (Wille 53); und die Wundergeschichten entstammen im Gegensatz zu 1,29 tatsächlich der Tradition. In 1,29 ist im Zusammenhang mit 19,14.33.36 das von Käsemann für das Johannesevangelium bestrittene ἅπαξ ἐφάπαξ ("einmal" und "ein für allemal") mit Händen zu greifen. Von daher ist seine Behauptung zu hinterfragen, daß an den übrigen Stellen "der Tod als Weg zur Herrlichkeit des Erhöhten verstanden" ist. Und von daher ist auch Müllers Meinung zu kritisieren, der Evangelist übernehme solche Deutung des Todes Jesu "nebenbei" (Geschichte 70; vgl. 51; und ders., Bedeutung 63).

58 Zu den Anfängen dieser Tradition vgl. Wengst, Formeln 55-104; Gubler 206-335.

59 Nach Bultmann "spielt der Gedanke vom Tode Jesu als dem Sühnopfer bei Johannes keine Rolle; und sollte er ihn aus der Gemeindetradition übernommen haben, so wäre er bei ihm ein Fremdkörper" (Theologie 407). In 1,29 findet sich dieser Gedanke, sogar in wahrscheinlich eigenständiger Formulierung. Warum übernimmt der Evangelist in dieser Weise einen "Fremdkörper" und gibt ihm dazu noch eine so ausgezeichnete Stellung? Ein "Fremdkörper" ist dieser Gedanke allerdings in der Interpretation Bultmanns, weil er das bloß formal verstandene Paradox der Offenbarung sprengt.

60 Den durch 1,29.36 und 19,14.33.36 angezeigten "Spannungsbogen vom ersten Auftreten Jesu zur Kreuzigung hin" erkennt auch Langbrandtner (70), allerdings für die "Grundschrift"; und er interpretiert ihn von dem für sie vorausgesetzten Dualismus her (70f).

61 Käsemann verabsolutiert die Hoheitsaussagen, so daß der vierte Evangelist nach ihm "Jesu Erdenleben nur als Folie des durch die Menschenwelt schreitenden Gottessohnes benutzt" (Wille 35). Von diesem Verständnis her muß er sich immer wieder der Passion und dem Tod Jesu im Johannesevangelium stellen. Er sieht, daß "die

b) Der Gekreuzigte als König

Innerhalb des Passionsbogens kommt dem Abschnitt 19,1-5 besonderes Gewicht zu. Er stellt die Erniedrigung Jesu in großer Eindringlichkeit dar und zieht so die "extremste Konsequenz" aus der Aussage von 1,14, daß das Wort Fleisch geworden ist.[62] In souveräner Verwendung traditionellen Materials hat der Evangelist eine eigenständige Szene geschaffen.[63] Vorgegeben ist ihm der Bericht von der Geißelung und Verspottung Jesu (V.1-3).[64] Im Markus- und Matthäusevangelium steht er zwischen der Verurteilung zum Tod und der Exekution. So entspricht es auch römischem "Recht". Gemeint ist die *verberatio*; der Delinquent wurde vor seiner Hinrichtung ausgepeitscht.[65] Weiter war er dem Mutwillen einer rüden Soldateska ausgeliefert, die mit ihm ihren Spott treiben konnte. Der vierte Evangelist läßt beides vor der Verurteilung geschehen: "Da ließ Pilatus Jesus geißeln. Und die Soldaten flochten einen Kranz aus Dornen und drückten den auf seinen Kopf und zogen ihm einen pur-

Passion als die eigentliche Stunde der Verherrlichung (gilt)" (Wille 43); und so fragt er: "In welchem Verhältnis steht Jesu Erdenleben zu seiner Passion?" (44) Diese Frage kehrt er bezeichnenderweise sofort um: "Welchen Charakter hat die Passion dann, wenn schon im irdischen Jesus die Auferstehung und das Leben erscheint?" Diese Umkehrung präformiert natürlich die Antwort, insofern die Passion von vornherein unter das Vorzeichen eines Erdenlebens gestellt wird, das als bloßer Raum für die Epiphanie himmlischer Herrlichkeit verstanden wird. So kann die Passion nur "die Rückkehr zum Vater", "die Rückkehr in die Herrlichkeit des präexistenten Logos" sein (44). Wenn aber die gemachte Voraussetzung nicht zutrifft, wird auch die Antwort anders ausfallen; und dann braucht man 1,29.36 nicht kurzerhand auszuschließen.

62 Vgl. Bultmann, Komm. 510. Becker beeilt sich, demgegenüber festzustellen. "Für (den) E(vangelisten) ist das Kreuz nicht Tiefpunkt in der Konsequenz der Inkarnation, vielmehr Rückkehr des Gesandten zum Vater" (Komm. 2, 573).

63 Das gilt nicht nur für 19,1-5, sondern für den ganzen Abschnitt 19,1-16a.

64 Vgl. Mk 15,16-20/Mt 27,27-31.

65 Vgl. C. Schneider 523. Das Lukasevangelium läßt die Geißelung bezeichnenderweise ganz weg. Dort gibt Pilatus zweimal als seine dann unausgeführt bleibende Absicht an, Jesus zu "züchtigen" (παιδεύειν) und frei zu lassen, womit die leichteste Form einer selbständigen Prügelstrafe bezeichnet ist.

purfarbenen Mantel an. Und sie kamen zu ihm und sagten: Sei gegrüßt, König der Juden! Und sie gaben ihm Schläge" (19,1-3). Jesus wird gemäß der gegen ihn erhobenen Anklage, er habe als Aufrührer nach dem Königtum gestrebt (vgl. 18,33), als König der Juden verspottet. Die Szene ist eine einzige Persiflage auf eine Inthronisation. Der neue König erhält bei seiner Einsetzung die Insignien seiner Macht: die Herrscherkrone und das königliche Purpurgewand. Jesus erhält als "Krone" einen aus Dornengestrüpp geflochtenen Kranz und als Gewand "wohl einen schäbigen Soldatenmantel" von roter Farbe.[66] Der Einsetzung des Königs folgt die Begrüßung und Huldigung durch seine Untertanen. Auch Jesus wird als "König der Juden" begrüßt; die Soldaten spielen in diesem phantastischen Stück seine Untertanen. Aber als Huldigung erhält er Schläge.

Nach V.4 kündigt Pilatus den vor dem Prätorium wartenden Anklägern Jesu an: "Siehe, ich lasse ihn zu euch herausführen, damit ihr erkennt, daß ich keine Schuld an ihm finde." Er wiederholt damit seine nach dem ersten Verhör ausgesprochene Überzeugung von der Unschuld Jesu (18,38). In der Zwischenzeit hatte er Jesus nicht weiter verhört, sondern den für unschuldig Gehaltenen grausam mißhandeln und verspotten lassen, als wäre er schon zum Tode verurteilt. Daß er damit nach Meinung des Evangelisten an das Mitleid der Ankläger appellieren wolle[67], ist unwahrscheinlich. Wer jemanden, den er für unschuldig hält, gegen jedes Recht so zurichten läßt wie Pilatus Jesus, legt menschenverachtenden Zynismus an den Tag. Vielmehr soll die Anklage, Jesus habe die Königswürde erstrebt, lächerlich gemacht werden. Mit seiner Aktion verhöhnt Pilatus Jesus und die Ankläger gleichermaßen. Indem der Evangelist Geißelung und Verspottung Jesu vor der Verurteilung bringt, stellt er einmal Pilatus als einen Zyniker der Macht dar. Zum anderen aber – und das dürfte der Hauptgrund dieser Umstellung sein – kann er mit der Vorführung des so zugerichteten Jesus durch Pilatus diese Elendsgestalt seiner Leser- und Hörerschaft eindrücklich vor Augen führen.

66 Schnackenburg 3, 294.

67 Nach Haenchen "(gibt) Pilatus mit seiner Bemühung, Jesus freizubekommen, ... nicht auf"; er verfolge "einen bestimmten Plan ...: der Anblick des so zugerichteten Jesus soll das Mitleid der Juden wecken" (Komm. 537); vgl. auch C. Schneider 523.

"Jesus kam nun heraus; er trug den Dornenkranz und den purpurfarbenen Mantel" (19,5). Eine elende Erscheinung, ein Opfer mißbrauchter Macht und sadistischer Roheit, zum Hohn und Spott als König ausstaffiert - "die Karrikatur eines Königs".[68] Im Blick auf ihn sagt Pilatus: "Siehe, der Mensch!" Das nächstliegende und einfachste Verständnis dieses Ausrufs hält sich ganz eng an die dargestellte Situation, in der Pilatus seine Einschätzung des als Königsprätendenten angeklagten Jesus demonstrieren will. "So sagt er wohl mit einem verächtlichen Beiklang: 'Seht, da ist der Mensch!'"[69] Das ist im Blick auf die dargestellte Situation sicher zutreffend. Aber ist es auch alles? Sagt Pilatus für die Leser- und Hörerschaft des Evangeliums nicht mehr, als er selbst meinen kann? Gewiß soll hier nicht der Mensch überhaupt dargestellt werden, der eigentlich ein geschundenes und elendes Wesen sei. Wenn hier davon gesprochen werden darf, daß Jesus den Menschen repräsentiert, dann ist er Repräsentant der Erniedrigten und Beleidigten, dann steht er in der Reihe und auf der Seite der Unterdrückten, der Gedemütigten und Verachteten, der Geschlagenen und Gefolterten. Im Blick auf die Situation der Gemeinde ist eine solche Interpretation keineswegs abwegig. Sie konnte ihre bedrängenden Erfahrungen in diesem Bild Jesu wiederentdecken. Nach 15,18 soll sie das auch.

Im Blick auf diese Gemeinde ist bei der Vorführung Jesu mit dem abschätzigen "Da ist der Mensch!" des Pilatus noch ein weiterer Aspekt verbunden. Dieses Urteil über die Elendsgestalt Jesus ist ja auch die Einschätzung der die Gemeinde bedrängenden Umwelt. Daß Jesus nur die Karikatur eines Messias sei, wird ihr von dort entgegengehalten; und an der Tatsächlichkeit dieser Elendsgestalt gibt es nichts zu rütteln. Die Darstellung des Evangelisten enthält kein "Scheinbar".[70] Jesus *ist* erniedrigt und ohnmächtig. Mit nichts deutet der Evangelist an, daß die Peitschenhiebe, die Schläge, der Hohn und der Spott ihn

68 Bultmann, Komm. 510.

69 Schnackenburg, Komm. 3, 295.

70 Seltsamerweise findet es sich gleich dreimal in der Auslegung dieses Abschnitts durch Schnackenburg, wenn er von Jesus als dem "scheinbar Erniedrigten" (Komm. 3, 296), dem "scheinbar ohnmächtigen Angeklagten" (301) und dem "scheinbar Ohnmächtigen" (302) spricht.

eigentlich gar nicht träfen. Hier ist nicht die Spur von Doketismus.[71]

Pilatus spricht sein "Siehe, der Mensch!" über den als König ausstaffierten Jesus. Für ihn ist es derselbe Spott, wenn er – schon auf dem Richterstuhl sitzend und zur Verurteilung entschlossen – am Ende von 19,14 sagt: "Siehe, euer König!" Und er treibt diesen Spott weiter, wenn er in V.15 fragt: "Euren König soll ich kreuzigen?" Auf einer tieferen Ebene aber sagt er, der in 18,38 mit der Wahrheit nichts zu tun haben wollte, ohne es selbst zu wissen, die Wahrheit: Dieser geschundene Mensch, der gekreuzigt wird, ist in der Tat der wahre König. Das unterstreicht der Evangelist durch die von ihm besonders stark herausgestellte Aufschrift, mit der Pilatus den am Kreuz hängenden Jesus als "König der Juden" bezeichnet (19,19-22)[72], womit er seinen Spott auf die Spitze treibt. Der Evangelist bringt aber damit zugleich zu stärkstem Ausdruck, was er bezeugen will, daß nämlich gerade der Gekreuzigte wahrhaftig der König ist.

c) Die Fußwaschung als Symbol der im Kreuz Jesu erwiesenen Liebe Gottes

Daß der Tod Jesu für den Evangelisten ein einmaliges Ereignis ist, ergibt sich auch daraus, wie er die von Jesus an seinen Jüngern vollzogene Fußwaschung deutet. Auch wenn der Text Joh 13,1-20 verschiedenen literarkritischen Analysen unterzogen worden ist[73], besteht doch ein weitgehender Konsens darüber, daß der Evangelist in 13,6-10 seine eigene Interpretation der Fußwaschung bietet. Die aber deutet sich schon vorher dadurch in aller Klarheit an, daß er der Erzählung von der Fußwaschung in den Versen 1-3 eine Einleitung vorangestellt

71 Die johanneische Schilderung ist hier von brutaler Realistik" (Haenchen, Komm. 538).

72 Vgl. dazu o. S. 146

73 Vgl. Richter, Studien 42-57; ders., Fußwaschung 285-320; Thyen, Redaktion passim; Schnackenburg, Komm. 3,6-15; Langbrandtner 50-56; Becker, Komm. 2, 419-430. Der jetzige Textzusammenhang ist sicher aus verschiedenen Teilen zusammengesetzt. Die Frage ist jedoch, ob einzelne Elemente relativ unverbunden nebeneinander- oder gar konkurrierend gegeneinanderstehen oder ob es sich um eine gestaltete Einheit handelt. Vgl. dazu u. S. 224-226, wo nach einem möglichen Zusammenhang der beiden Deutungen gefragt wird.

hat, die zugleich Einleitung des ganzen zweiten Teils des Evangeliums mit dem Schwerpunkt der Passion Jesu ist.[74] Gerade Jesus, über den in dieser Einleitung gesagt wird, daß er von Gott gekommen ist, daß er wieder aus dieser Welt zum Vater zurückkehrt, daß ihm der Vater alles in die Hände gegeben hat, gerade er, der eigentlich so Hoheitsvolle, verrichtet dann den niedrigen Sklavendienst der Fußwaschung.[75] Damit kommt hier zur Dar-

74 Diese Einleitung ist allerdings für Literarkritiker ein beliebtes Exerzierfeld, auf dem dann nur noch Einzelteile übrigbleiben und das Ganze – ohne den geringsten Verstehensversuch – als "Monstrum" und "nunmehr unmögliches Satzmonstrum" abgetan wird (so Becker, Komm. 2, 419.421; einen – m.E. gelungenen – Versuch, den jetzigen Text zu verstehen, bietet dagegen Kohler 199-205). Thyen bemerkte, daß sich schon Wellhausen an dieser "langatmigen Periode" gestoßen habe, und referiert dann Bultmanns Lösung, die er zu einem wesentlichen Teil übernimmt, indem er folgenden Satz als Einleitung der unredigierten Fußwaschungsszene gewinnt, wie sie in der "Grundschrift" gestanden habe: "Als aber Jesus vor dem Passafest bei Gelegenheit einer Mahlzeit inne ward, daß ihm der Vater alles in die Hände gelegt hatte, und daß er – von Gott ausgegangen – nun im Begriff war, zu Gott zurückzukehren ..." Einziges Argument: der jetzige Text ist sprachlich überladen, der "gewonnene Text ist bestechend klar und eindeutig" (Redaktion 346f). – Hier wird nicht in Anschlag gebracht, daß es sich bei den Versen 1-3 nicht nur um die Einleitung der Fußwaschungsszene handelt, sondern zugleich damit um die Einleitung des ganzen zweiten Hauptteils des Evangeliums. Das bedeutet: Die gewiß zutreffend beobachtete sprachliche Überladenheit des Textes ist sachlich bedingt durch die Funktion, die er im Ganzen des Evangeliums wahrnehmen soll. Vgl. Lindars 62: "Die Anfangsverse von Kapitel 13 ... haben höchste Feierlichkeit, die sie zu einer Einleitung der Passion als ganzer macht." – Neuerdings spricht Thyen von der "hohen Komplexität" dieser Einleitung, die "zum Aufweis der semantischen Kohärenz des gesamten Kapitels (anleitet)" (Johannesevangelium 205).

75 Zur "Bedeutung der Fußwaschung in der alten Welt" vgl. die Zusammenstellung bei Lohse 8-15, die sich dahingehend zusammenfassen läßt: Die Fußwaschung war ein besonders niedriger Dienst, den Sklaven und andere als niedrig stehend angesehene Personen auszuführen verpflichtet waren. Er konnte aber auch von anderen übernommen werden, um derjenigen Person, der dieser Dienst erwiesen wurde, die besondere Verehrung, Achtung und Liebe zum Ausdruck zu bringen. Den Aspekt der Fußwaschung als Sklavendienst hebt in Joh 13,4f auch die Erwähnung des Leinenschurzes hervor: Er ist die Sklavenkleidung. – Becker schwächt ab, wenn er es als "nicht ganz richtig" bezeichnet, "wenn Jesu Tat als Sklavendienst gedeutet wird:

stellung, was in V.1 einleitend gesagt worden ist: Jesus liebte die Seinen; und es wird zugleich deutlich, daß diese Liebe dienende Liebe ist, nicht huldvoll von oben gewährte Gunst eines Potentaten. Indem der Evangelist weiter durch V.1 die Erzählung von der Fußwaschung in den Rahmen "seiner Stunde" stellt, die die Stunde der Passion und des Todes ist[76], macht er damit die Fußwaschung zum prägnanten Symbol des als endgültigen Liebeserweis verstandenen Todes Jesu. In "seiner Stunde" zeigt der von Gott Gesandte in aller Deutlichkeit sein eigentliches Wesen; und damit wird hier auch das Wesen seiner Sendung erkennbar: Gott erscheint in der Niedrigkeit, und zwar in der Niedrigkeit dienender und sich hingebender Liebe.

Dieser Bezug der Fußwaschung auf den Tod Jesu wird bestätigt durch die in dem Dialog zwischen Jesus und Petrus erfolgende Deutung des Evangelisten. In V.6 wehrt es Petrus ab, daß der Herr einen niedrigen Sklavendienst verrichtet. Das läuft den gültigen Maßstäben und Vorstellungen zuwider; von ihnen her erhebt Petrus Protest. Er assoziiert mit Gott Macht und Herrlichkeit. Offenbart sich aber der von Gott Gekommene als solcher gerade in der Niedrigkeit dienender Liebe, so wird er abgewiesen: "Herr, du willst meine Füße waschen?" (V.6) "Nie und nimmer sollst du meine Füße waschen!" (V.8). Wenn Jesus in V.7 zu Petrus sagt, daß er nicht schon jetzt den Sinn der Fußwaschung versteht, sondern erst "danach", ist klar, daß der Evangelist sie als symbolische Handlung versteht. Nach den Parallelen, die ein späteres Verstehen in Aussicht stellen[77], ist mit dem "Danach" eindeutig die Zeit nach Jesu Tod und Auferweckung gemeint.[78] Damit wie überhaupt mit dem Motiv des Jüngerun-

Sicherlich waren für den niedrigen Dienst auch die Hausknechte zuständig, doch war er ebenso Frauenpflicht dem Mann und Kinderdienst dem Vater gegenüber" (Komm. 2, 421f). Aber welche der angebotenen Rollen soll denn hier auf Jesus passen, wenn nicht die des Sklaven? Dafür spricht weiter die ausdrücklich in 13,16 (vgl. V.13f) aufgenommene Herr-Sklave-Relation.

76 Zur "Stunde" Jesu vgl. Kohler 200f.

77 2,22; 8,28; 12,16; 14,20; vgl. 20,9.

78 Das spätere Verstehen wird in der Erzählung des Evangeliums nicht dargelegt, vielmehr von der Leser- und Hörerschaft, die ja schon in der Zeit "danach" lebt, erwartet, daß sie beim Lesen und Hören versteht. – Mußner schreibt zu 2,22 mit Recht: "Die Bemerkung des Textes 'als er von den Toten erweckt war' hat nicht nur die Funktion einer

verständnisses bringt der Evangelist zum Ausdruck, daß es kein wirkliches Verstehen Jesu gibt abgesehen von seinem Tod am Kreuz und vom Auferweckungszeugnis der Gemeinde.[79] Dann aber weist das Symbol des niedrigen Sklavendienstes der Fußwaschung auf den niedrigen Tod Jesu am Kreuz als endgültige Besiegelung seiner Liebe.[80] Jesus liebt die Seinen εἰς τέλος (V.1), nämlich "bis zum Ende" und gerade dort "ganz und gar".[81]

Zeitangabe, sondern gibt zugleich den Grund an, der es den Jüngern ermöglichte, sich so zu 'erinnern', daß damit Glauben verbunden ist" (39).

79 Nach Culpepper legen es die Stellen mit der Ankündigung späteren Verstehens nahe, "daß die Perspektive der glaubenden Gemeinde als unbedingt notwendig für ein adäquates Verstehen Jesu vorgestellt wird" (Anatomy 28). – Becker schreibt: "Auch das Thomasbekenntnis (20,28) ist keine neue österliche Erkenntnis im strengen Sinn, vielmehr soll sich der Leser an 1,1f. erinnern, wonach der Irdische als Präexistenter seinen Ausgang nahm. Nach dem vierten Evangelium führt nicht der Paraklet zur 'hohen' Christologie, sondern der Irdische selbst stellt seine Hörer vor sie, zuletzt unmittelbar vor der Verheißung des Parakleten (14,6-11)" (Methoden 42). Diese Argumentation bringt die genannten Merkmale des Textes (Ankündigung späteren Verstehens, Unverständnis der Jünger) nicht in Anschlag und ist deshalb nicht in der Lage, die konstitutive Bedeutung zu bestreiten, die Ostern auch für die Christologie des Johannesevangeliums hat. Vgl. auch Dietzfelbinger, Freude 344, zu 16,25.

80 Nach Thyen ist die Aussage "der Kyrios als Sklave" ein Mißverständnis des Petrus, das in den Versen 6-10 abgewehrt werde (Redaktion 350). - Das bedeutet eine folgenschwere Verschiebung des Textsinnes. Es wird doch nicht die *Meinung* des Petrus abgewehrt, Jesus trete als Sklave auf. Wie sollte eine solche Abwehr auch möglich sein, da in aller Ausführlichkeit erzählt worden ist, daß Jesus in der Tat einen Sklavendienst verrichtet hat? Abgewehrt wird vielmehr der Versuch des Petrus, Jesus an der Ausübung dieses Sklavendienstes zu hindern; und abgewehrt wird das Mißverständnis, als ginge es bei der Fußwaschung isoliert um diesen Akt allein und als bemesse sich die Gemeinschaft mit Jesus nach dem Grad der Waschung (13,9f). Thyen meint, daß die "Grundschrift" die Fußwaschung als Symbol der Rückkehr des Erlösers in die Herrlichkeit verstanden habe. (So auch Langbrandtner 52.54.88f.) Das scheint mir schlechterdings ausgeschlossen zu sein. In diesem Fall wäre es überhaupt nicht einsichtig, welche Beziehung zwischen dem Symbol – die Fußwaschung als ein niedriger Sklavendienst! – und dem von ihm Symbolisierten – Rückkehr zur Herrlichkeit – besteht. Vom Text her kann man zu einer solchen Ansicht nicht kommen, sondern nur von dem Vorurteil eines vermeintlichen "strikten Dualismus" in der "Grundschrift" (vgl. Thyen, Redaktion 347-349). Das häufige Unverständnis der Jünger im Johannesevange-

d) Die Einmaligkeit des Todes Jesu nach den Abschiedsreden

Auch die Abschiedsreden halten an der Einmaligkeit des Todes Jesu fest und machen ihn nicht "zum Exempel eines sich stets wiederholenden Geschehens".[82] In 16,7 läßt der Evangelist Jesus gegenüber den zurückbleibenden Jüngern beteuern: "Aber ich sage euch die Wahrheit: Es nützt euch, daß ich weggehe." Diese Versicherung erfolgt auf dem Hintergrund des zuvor in 15,18-16,4 angekündigten Hasses der Welt. Damit ist zunächst zumindest dies gesagt, daß der Haß der Welt, den die Gemeinde so stark erfährt und dessen Wirklichkeit der Evangelist nicht verschweigt und nicht verharmlost, doch nicht die letztlich entscheidende Wirklichkeit ist, sondern daß es durch den Weggang Jesu etwas gibt, das stärker ins Gewicht fällt und mehr zählt. Als der Nutzen, den die Jünger durch den Weggang Jesu haben werden, wird in der Fortsetzung von V.7 der Paraklet genannt[83]: "Wenn ich nämlich nicht weggehe, kommt der Paraklet nicht zu euch; wenn ich aber gehe, werde ich ihn zu euch schicken." Wenn hiernach der Weggang Jesu, also sein Tod, für die Jünger kein Unglücksfall ist, sondern ihnen ganz im Gegenteil nützt, weil an diesen Weggang die Sendung des Parakleten gebunden ist, dann ist der Paraklet ganz offensichtlich nicht bloßer Ersatz für Jesus, sondern dann muß seine Gegenwart von solcher Art sein, daß sie über die Gegenwart des irdischen Jesus hinausgeht.[84] Dann aber kann der Weggang Jesu nicht als Symbol dafür

lium ergibt sich nicht aus diesem "strikten Dualismus" (so auch Schulz 185), sondern aus dem Absehen von Jesu Tod, mit dem sich Gott identifiziert. – Zur Fußwaschung als Symbol für den Kreuzestod Jesu vgl. ausführlich Richter, Studien 42-48; ders., Fußwaschung 287-300.

81 Nach Bauer "empfiehlt es sich kaum, eine bestimmte Entscheidung (sc. zwischen den beiden Übersetzungsmöglichkeiten von εἰς τέλος) zu treffen. Für ihn (sc. den Evangelisten) fließt wohl beides zusammen: das 'bis zuletzt' und das 'in höchster Vollendung'" (167).

82 So Käsemann, Wille 50 Anm. 55.

83 Zum Problem des Parakleten im Johannesevangelium sei hier nur auf die Exkurse bei Schnackenburg (Komm. 3, 156-173) und Becker (Komm. 2, 470-475) hingewiesen.

84 "Das mythologisch klingende Wort von der Ablösung Jesu durch den Parakleten besagt in Wirklichkeit die Einsetzung Jesu in seine volle Wirksamkeit" (Schnackenburg, Komm. 3, 145). Zu dieser vollen Wirksamkeit gehört jedoch, worauf gleich einzugehen ist, sein Tod bestimmend dazu.

verstanden sein, daß der Glaube immer wieder durch die Verlassenheit von Jesus angefochten ist und angewiesen auf die erneute Begegnung mit ihm im Wort des Parakleten. Wenn die Gegenwart Jesu im Parakleten über die Gegenwart des irdischen Jesus hinausgeht, dann ist der Weggang Jesu, sein Tod, an den die Sendung des Parakleten und damit der verheißene Nutzen gebunden ist, ein einmaliges Ereignis, das eine entscheidende Zäsur darstellt und das zugleich den Nutzen begründet. Der Weggang Jesu zu dem, der ihn gesandt hat (16,5), nützt den Jüngern, weil es der Tod ist, mit dem Gott sich identifiziert. Die Vergegenwärtigung der darin zutage getretenen Wirklichkeit Gottes ist das Werk des Parakleten; und das ist der den Jüngern verheißene Nutzen.[85]

In dieser Weise ist auch das Wort Jesu in 14,28 zu verstehen: "Wenn ihr mich liebtet, würdet ihr euch freuen, daß ich zum Vater gehe, weil der Vater größer ist als ich." Diese Aussage ist gewiß mißverstanden, wenn man meint: "Sie sollten sich für ihren Herrn freuen, der von seinem Hingang zum Vater großen Vorteil für sich erwartet."[86] Es geht nicht um einen Vorteil für Jesus, sondern um einen Vorteil für die Jünger. Ihr Leben als Jünger – die Liebe zu Jesus ist ja nach 14,15.21 nichts anderes als das Halten seiner Gebote und also die Erfüllung seines Vermächtnisses von 13,34f, einander zu lieben – erhält hier seine Begründung im Weggang Jesu, seinem Tod.

Sieht man, daß der Tod Jesu in dieser Weise eine heilvolle Zäsur bildet, erschließt sich auf dem Hintergrund der Gemeindesituation auch ein wesentlicher Sinn der Abschiedsredeform. In 14,1.27 sagt Jesus seinen Jüngern in der Situation des Abschieds: "Euer Herz erschrecke nicht und verzage nicht!" Und 16,20-22 kündigt ihnen der Weggehende für die Zeit bis zu seinem Wiederkommen im Parakleten Weinen, Klagen und Trauern an. Genau das aber kennzeichnet die Situation der Gemeinde des Evangelisten. Er parallelisiert also deren Trostlosigkeit mit der Situation der geängsteten Jünger vor und bei Jesu Tod. Und dann läßt der Evangelist Jesus den Jüngern sagen, daß

85 Barrett, Komm. 486, und Brown, Komm. II 705, weisen bei 16,7 zu Recht auf 11,50 und 18,14 hin, die beiden einzigen weiteren Stellen, an denen συμφέρει im Johannesevangelium begegnet. Auch dort geht es um den Nutzen des Todes Jesu (vgl. o. S. 146-148).

86 Bauer, Komm. 187.

sein Weggang notwendig, ja heilvoll für sie ist, daß sie aus der Frucht des Weggangs leben, daß sie Friede und Freude haben werden.

Indem so in der Darstellung des Evangeliums die Jünger in der Situation des Weggangs Jesu durch den Blick auf die Situation nach seinem Weggang Trost erfahren, wird damit der das Evangelium hörenden und lesenden Gemeinde des Evangelisten deutlich gemacht, daß *ihre* Zeit, die ja schon jenseits der Situation des Abschieds Jesu liegt, bereits die Zeit seiner neuen Gegenwart ist, daß der den Jüngern verheißene Trost für ihre Gegenwart schon gilt. Ihre Furcht, ihre Trauer und Resignation ist deshalb anachronistisch. Der Evangelist will also seine Gemeinde nicht ver-trösten, sondern ihr Trost zusprechen gerade *in* ihrer schwer erträglichen Gegenwart.[87] Die in der Welt lebende Gemeinde hat Drangsal (16,33). Das will der Evangelist nicht wegdisputieren, sondern das hat er Jesus in 15,18-16,4 ankündigen lassen. Aber indem er der Gemeinde in Jesu Weggang den Grund ihrer Existenz aufweist, macht er ihr klar, daß ihr in und trotz aller Drangsal nicht Furcht und Klagen eigentümlich sind, sondern Friede und Freude.[88]

Eine weitere wichtige Stelle aus den Abschiedsreden bestätigt die These, daß der Tod Jesu als einmaliges Ereignis gilt. Der Abschnitt 16,29-32 handelt vom verfrühten Glauben der vorösterlichen Jünger. "Siehe, jetzt redest du offen, und kein Rätselwort sagst du. Jetzt wissen wir, daß du alles weißt und es nicht nötig hast, daß einer dich fragt.[89] Deshalb glauben wir, daß du

87 Genau diese Intention ist es, die den Evangelisten in ganz einseitiger Weise betonen läßt, daß den Glaubenden das Leben, das ewige Leben, schon gegeben ist. Die Situation der Gemeinde bedingt es nicht, daß überhaupt von der Gabe des Lebens gesprochen wird. Sie kommt zur Wirkung, wo immer das Evangelium erklingt und ihm vertraut wird. Wohl aber läßt sich deren einseitige Betonung von der Gemeindesituation her begreifen (zu Kohler 153). Versteht man diese Einseitigkeit situationsbezogen und nicht absolut und prinzipiell, muß man m.E. nicht mit von der Osten-Sacken meinen: "Diese johanneische Eschatologie verurteilt nahezu zur Ideologisierung der Theologie" (173 Anm. 65).

88 Vgl. auch Onukis Überlegungen zu 16,4b-33 (Gemeinde 144-166). "Die Gegenwart der johanneischen Gemeinde ist gekennzeichnet durch die *Dialektik der Drangsal inmitten der feindlichen Welt einerseits und der bereits gegenwärtigen Freude des Widersehens mit Jesus andererseits*" (158); vgl. ders., Analyse 178-183.

von Gott gekommen bist" (V.29f). Sie verstehen die Aussage Jesu in V.28, daß er vom Vater gekommen und in die Welt gegangen ist und daß er die Welt wiederum verläßt und zum Vater geht, als unverhüllte Rede, während ihnen die Ankündigung, daß sie Jesus erst nicht mehr sehen und dann sehen werden, als verhüllte Rede erschien (16,17-19). Sie sind zu der Überzeugung gekommen, daß Jesus alles weiß; daraus schließen sie auf seine göttliche Herkunft, und deshalb glauben sie.[90] Das Ungenügen eines solchen Glaubens, der sich auf ein alles wissendes Himmelswesen bezieht – wenn man so will: auf einen gnostischen Offenbarer –, wird dann in der Antwort Jesu deutlich zum Ausdruck gebracht. Er stellt die Adäquatheit[91] des von den Jüngern ausgesprochenen Glaubens in Frage. "Schon glaubt ihr?" (V.31) Diese Infragestellung hat darin ihren Grund, daß der Glaube der Jünger noch nicht den Tod Jesu im Blick hat. Auf dieses "Noch nicht" des Todes Jesu bezieht sich das fragende "Schon" in Hinsicht auf den Glauben der Jünger.[92] Daß sich

89 Die Aussage, daß der Allwissende es nicht nötig hat, daß ihn einer fragt, hat immer wieder zur Verwunderung Anlaß gegeben. Sie ist vielleicht mit Bultmann (u.a.) so zu verstehen: "Du weißt schon voraus, was jeder dich fragen möchte, – wie es ja gerade vorher durch V.19 demonstriert war" (Komm. 455). Besser aber Bream, referiert und aufgenommen von Brown, Komm. II 726, der hier die Vollmacht des wahren Propheten ausgedrückt findet, der ungefragt von sich aus spricht (vgl. Herm mand 11,5).

90 Dieser Schritt von der Erkenntnis der Allwissenheit Jesu zu einem Bekenntnis bzw. zum Glauben findet sich noch dreimal im Johannesevangelium; und immer gilt dieser Glaube als ein nur vorläufiger: 1,48-50; 4,17-19.29f; 4,39-42.

91 Von "complete inadequacy" dieses Glaubens spricht Barrett, Komm. 415.

92 "So verständlich der Glaube an einen allwissenden und das heißt denn auch immer an einen allmächtigen Gott sein mag, er kommt zu früh, weil er die Stunde Jesu noch nicht in sich aufgenommen hat. Dieser Glaube ist unzeitgemäßer und damit zeitlos gültiger Glaube. Erst wenn der Tod Jesu am Kreuz in diesen Glauben kommt, kommt der Glaube zu seinem wahren Ursprung" (Kohler 146). – Nach Becker ist das Bekenntnis von V.30 "abschließende volle christologische Einsicht" und bedeutet die Folge von V.30 und V.31f: "unmittelbare Gewißheit und drohender Abfall liegen nahe beieinander" (Komm. 2, 505). Hier wird dem ἄρτι von V.31 kein Gewicht zugemessen. Bultmann, der dieses ἄρτι ausdrücklich wahrnimmt, hebt jedoch den mit ihm und mit V.32 gegebenen Bezug auf den Tod Jesu in einem

die Frage von Glaube und Unglaube erst und nur angesichts des Gekreuzigten stellt, macht die Ankündigung Jesu in V.32 deutlich: "Siehe, es kommt die Stunde, und sie ist gekommen, daß ihr zerstreut werdet, ein jeder zu dem Seinen, und mich laßt ihr allein." Das hier aufgenommene traditionelle Motiv der Jüngerflucht bei Jesu Passion[93] zeigt, daß die Jünger Jesu vor der Passion nicht wirklich glauben können, und d.h. für die Gemeinde des Evangelisten, daß für sie das Durchhalten des Glaubens gerade angesichts dessen gilt, den ihre Gegner aufgrund seines Endes am Kreuz verspotten.

An die Ankündigung, daß die Jünger ihn allein lassen werden, schließt Jesus die Versicherung an: "Und ich bin nicht allein, weil der Vater mit mir ist." Gerade mit dem in den Tod gehenden Jesus, den die Jünger verlassen, ist Gott. Hier ist das Ungenügen ihres soeben bekannten Glaubens besonders deutlich; und es wird klar, warum dieser Glaube ungenügend ist: Weil er sich genau da von Jesus abwendet, wo Gott ganz und gar da ist, weil er sich da ins Eigene begibt, wo Gott in Jesu Tod als seine Wirklichkeit sich selbst hingebende Liebe zeigt.[94]

e) Das Sehen des Vaters im Gekreuzigten

Die große Bedeutung des Todes Jesu im Johannesevangelium erhellt auch aus dem häufig gebrauchten Motiv des "Sehens".[95]

Allgemeinen auf: "Weiß der Glaubende, daß er mit dem Bekenntnis im Jetzt die Zukunft auf sich nimmt?" (Komm. 456) "Die historische Situation der Jünger beim Tode Jesu repräsentiert die sich stets wiederholende Situation der Glaubenden. Immer wieder scheint die Welt zu siegen, und immer wieder wird der Glaubende wankend und sucht seine Zuflucht im Heimischen, in der Welt, und läßt Jesus allein" (ebd.).

93 Vgl. Mk 14,27/Mt 26,31.

94 Vgl. Kohler 146: "In diesem Tod am Kreuz ist der Vater dem Sohn so nah (16,32), daß sich fortan der gekreuzigte Sohn nicht mehr abgesehen vom Vater und der Vater nicht mehr abgesehen vom gekreuzigten Sohn begreifen läßt. Der von der Ohnmacht des gekreuzigten Sohnes selbst betroffene Vater konkretisiert seine Allmacht in der Ohnmacht des Gekreuzigten und also sich selbst als wahrhaft Liebenden."

95 Im folgenden wird das Thema "Sehen" im Johannesevangelium nicht umfassend erörtert. Breiter angelegt, aber auch nicht umfassend und den hier betonten Aspekt m.E. zu wenig berücksichtigend ist der Aufsatz von Hahn, Sehen; dort 125 Anm. 1 u. 2 weitere Literatur.

In 6,30 fordern die Gesprächspartner Jesu ein Wunder, "damit wir sehen und dir glauben". Nachdem sich Jesus ihnen gegenüber als "das Brot des Lebens" (V.35) vorgestellt hat, sagt er ihnen in V.36: "Aber ich habe euch gesagt: Ihr habt mich[96] gesehen, und ihr glaubt (doch) nicht." Es gibt nicht mehr zu sehen, als was schon gesehen worden ist: Jesus selbst. Die Entscheidung des Glaubens stellt sich angesichts der Person Jesu und ihres Geschicks. Darüber hinaus gibt es nichts zu sehen. Vollbrächte Jesus noch so viele Wunder, sie würden als Zeichen letztlich doch immer wieder auf ihn hinweisen, der die Sache selbst ist.

Diese Aussagen sind dahingehend zu präzisieren, daß sich die Entscheidung zuspitzt angesichts des gekreuzigten Jesus. So fragt Jesus in 6,61f die Jünger, die über seinen Anspruch murren, er sei das vom Himmel herabgestiegene Lebensbrot: "Daran nehmt ihr Anstoß? Wenn ihr nun den Menschensohn hinaufsteigen seht, wo er vorher war?" Dem "Hinaufsteigen" hier entspricht das vorher erwähnte "Herabsteigen". Schon daran wurde Anstoß genommen, weil Jesus doch niemand anders ist als "der Sohn Josefs, dessen Vater und Mutter wir kennen" (6,42). Von dieser Entsprechung her ist deutlich, daß das "Hinaufsteigen" den Anstoß auf die Spitze treiben wird, wie der Evangelist dann ja auch in V.66 von einem Abfall vieler Jünger zu berichten weiß.[97] Wenn also das Hinaufsteigen des Menschensohnes, wo

96 Das με wird vom Sinaiticus und Alexandrinus, von wenigen weiteren griechischen Handschriften, einigen Altlateinern sowie vom Sinai- und Cureton-Syrer nicht geboten; die qualitativ besten und quantitativ meisten Zeugen haben es. Eine sekundäre Hinzufügung des με ließe sich kaum erklären; dagegen ist eine Auslassung leicht vorstellbar, wenn man das Sehen auf das vorher erzählte Wunder bezog.

97 Nach Bauer will V.62 "das σκάνδαλον keineswegs noch weiter steigern, sondern vielmehr das Rätsel seiner (sc. Jesu) paradoxen Rede lösen" (Komm. 101; aufgenommen von J. Schneider 156). Vgl. dagegen Becker, Komm. 1, 215: "Wenn die irdische Geburt Kontrast zum Anspruch Jesu ist, vom Himmel gekommen zu sein, ist die Kreuzigung Kontrast zum Aufstieg in den Himmel ... Bei der Kreuzigung ist dieser Gegensatz nur noch stärker, da nicht eine irdische Normalität (Geburt), sondern sogar eine irdische Anomalie, also der Kreuzestod, als Triumph interpretiert wird." – Schnackenburg spricht im Blick auf V.62 von einer "Verständnishilfe" (Komm. 2, 204) – aber das ist dieser Vers nur insofern, als er deutlich macht, auf wen präzise sich Glaube und Unglaube beziehen: auf den am Kreuz erhöhten Jesus.

er vorher war, als *der* Punkt gilt, der Anstoß provoziert, dann ist es klar, daß es hier nicht um einen offenbaren Aufstieg in Herrlichkeit gehen kann.[98] Was die Jünger vielmehr *sehen* werden, ist die Kreuzigung Jesu. Daß aber gerade hier Gott auf den Plan tritt, bringt die Redeweise vom Aufstieg des Menschensohnes dahin, wo er vorher war, zum Ausdruck. Sie signalisiert zugleich die Überwindung des Anstoßes.

Daß das glaubende Sehen den Blick auf den Gekreuzigten richten muß, ergibt sich auch aus 14,7-9. Nachdem Jesus in V.7 den Jüngern mit dem Erkennen seiner Person Erkenntnis Gottes verheißen hat, stellt er am Schluß des Verses fest: "Von jetzt an[99] erkennt ihr ihn und habt ihr ihn gesehen." Und nach dem in V.8 geäußerten Unverständnis des Philippus sagt Jesus in V.9: "Wer mich gesehen hat, hat den Vater gesehen" (vgl. 12,45). "Von jetzt an", d.h. von Beginn der 13,1 genannten "Stunde" an, die die Stunde der Passion und des Todes Jesu ist[100] – "von jetzt an" tut Jesus keine Wunder mehr, sondern geht den Weg ans Kreuz.[101] Genau im Blick darauf wird Erkennen und Sehen Gottes ausgesagt, der hier, gerade hier, präsent ist.[102]

98 Vgl. Bultmann, Komm. 341: "Wollte man einwenden, daß Jesu ἀναβαίνειν doch kein σκάνδαλον sein könne, sondern vielmehr das Ärgernis des σκληρὸς λόγος aufheben würde, so würde man verkennen, daß sich dieses ἀναβαίνειν gar nicht als glorreiche Demonstration der δόξα Jesu vor der Welt vollzieht; es ist ja nichts anderes als das am Kreuz geschehende ὑψωθῆναι und δοξασθῆναι."

99 Zur Übersetzung von ἀπ' ἄρτι vgl. de Jonge 8 mit Anm. 27 auf S. 23. – Anders Bultmann, Komm. 470 Anm. 1; Schnackenburg, Komm. 3, 76, die in Entsprechung zu 13,19 mit "schon jetzt" übersetzen. Aber auch dann müßte ἀπ' ἄρτι in diesem Kontext auf die Passion bezogen werden.

100 Wenn Blank die Zeitangabe "von jetzt an" mit: "seit der Erscheinung Jesu in der Welt" bestimmt (Komm. 2, 86), scheint mir das aufgrund dessen, daß die Abschiedsreden im Kontext der Passion stehen, nicht präzise genug zu sein.

101 Zum Verhältnis der Wunder zur "Stunde" Jesu vgl. Brown, Essays 187f, der betont, daß das Wunder auch in zeitlicher Hinsicht Zeichen ist. "Deshalb konzentrieren sich die Zeichen Jesu auf die erste Hälfte des Johannesevangeliums; denn wenn die Stunde gekommen ist (13,1), wird nicht mehr erwähnt, daß Jesus Zeichen vollbringt. Es ist in der Zeit der Stunde, daß sein 'Werk' vollendet wird (17,4; 19,30); die Stunde ist die Wasserscheide zwischen dem wunderbaren prophetischen Zeichen und der prophetischen Wirklichkeit."

102 Korteweg (s. Literaturverzeichnis) bekommt diese Spitze des Textes

Das wird auch in der letzten Erzählung des ursprünglichen Evangeliums von der Erscheinung des auferweckten Jesus vor Thomas deutlich (20,24-29). Angesichts des Zeugnisses der anderen Jünger, "den Herrn gesehen" zu haben, läßt der Evangelist Thomas sagen, daß er ganz bestimmt nicht glaube, "wenn ich nicht an seinen Händen die Wundmale sehe und meinen Finger nicht an die Nagelstelle lege und meine Hand nicht an seine Seite lege" (V.25). Thomas fordert hier nicht einfach allgemein eine Erscheinung Jesu, sondern er will wissen, ob der Auferstandene, von dem die anderen reden, wirklich identisch ist mit dem, der hingerichtet wurde. Zur Identität Jesu gehören unaufgebbar die Wundmale des Gekreuzigten. Dementsprechend hatte sich an ihnen Jesus schon in der Erscheinung vor den anderen Jüngern ausgewiesen (20,20), ohne daß das dort weiter thematisiert worden wäre. Das ist nun der wesentliche Ertrag der Thomasgeschichte, daß in aller Klarheit herausgestellt wird, *wer* "der Herr" ist, von dem Maria (20,18) und die anderen Jünger bezeugen, ihn "gesehen" zu haben, *wer* es ist, vor dem Thomas bekennt: "Mein Herr und mein Gott!" (V.28), *wer* also Gegenstand des Glaubens ist: der auferweckte Gekreuzigte.[103]

Wenn der Evangelist nicht mit dem Bekenntnis des Thomas abschließt, sondern als letztes Wort Jesu noch hinzufügt: "Weil du mich gesehen hast, hast du geglaubt. Heil denen, die nicht gesehen haben und (doch) zum Glauben kommen!" (V.29), nimmt er damit die späteren Glaubenden in den Blick, in deren Zeit es kein Sehen des Auferstandenen mehr gibt, wie es Maria, Thomas und den anderen Jüngern widerfahren ist. Mit diesen

bei seiner gelehrsamen Ausbreitung religionsgeschichtlichen Materials nicht in den Blick. Die von ihm dargestellte "griechische philosophische Tradition" von der *cognitio Dei ex operibus* mag in irgendeiner Weise zum Hintergrund von Joh 14,7ff gehören, aber verstanden werden kann diese Stelle von ihr her nicht.

103 Angesichts dessen, daß das Sehen den Gekreuzigten zum Gegenstand hat, erscheint es m.E. als wenig hilfreich, Paulus gegen das Johannesevangelium auszuspielen, wie von der Osten-Sacken es tut: "Für Paulus (setzt) der Glaube die Hoffnung aus sich heraus und löst sie nicht durch Erfüllung bzw. ins Schauen auf; Glauben und Schauen bleiben verschiedenen Zeiten zugeordnet" (174). So erscheint auch die Aussage Müllers als unzutreffend: "Niemals könnte Johannes Christus gerade als den Gekreuzigten verkünden (vgl. dagegen 1Kor 1,23; 2,2)" (Bedeutung 69). Genau das Gegenteil ist richtig.

Späteren ist Thomas zunächst in derselben Situation, da er nach V.24 nicht bei der zuvor erzählten Erscheinung Jesu vor seinen Jüngern zugegen war und er durch deren Zeugnis erfährt, daß Jesus nicht tot ist, sondern lebt. Von daher mag bei dem letzten Wort Jesu in V.29 auch ein Tadel an Thomas mitschwingen, da die einzig angemessene Reaktion auf das Zeugnis der Glaube wäre. Die abschließende Seligpreisung derjenigen, "die nicht gesehen haben und (doch) glauben", ist jedoch mißverstanden, wenn man in ihr eine grundsätzliche Kritik an den Erscheinungsgeschichten erblickt.[104] Diese Geschichten halten "die konstitutive Bedeutung und Funktion der ersten Zeugen" für die Späteren fest.[105] Dabei hat die Thomasgeschichte ihren besonderen Akzent darin, daß sie denjenigen, "die nicht gesehen haben und (doch) glauben", die nicht mehr in der Weise des Thomas und der anderen Jünger sehen können, den Auferweckten als *Gekreuzigten* vor Augen hält, ihnen anschaulich macht, daß hier der Ort der Präsenz Gottes ist.

6. Die Bedeutung der Form "Evangelium" für die Interpretation des Johannesevangeliums

Gegenüber Käsemanns grundlegender These: "Die Offenbarung des Logos ist der Sinn und das Maß der Inkarnation, nicht umgekehrt die Inkarnation die Wahrheit und Grenze des Logos"[106] ist also nach den bisherigen Erörterungen festzuhalten, daß Bultmann exegetisch im Recht bleibt. Der irdische Jesus ist nicht Transparent für das Aufscheinen göttlicher Herrlichkeit,

104 Nach Bultmann "wird der Schwachheit der Jünger die Erscheinung des Auferstandenen konzediert. Im Grunde sollte es dessen nicht bedürfen!" (Komm. 539; vgl. Theologie 409; ähnlich Schulz 247) Vgl. dagegen Kohler 183-187. Wollte der Evangelist die Erscheinungsgeschichten kritisieren, wäre es zudem äußerst seltsam, daß er in Kap. 20 gleich drei nacheinander bringt.

105 Hahn, Sehen 131. Vgl. auch Mußner 23: "Der Glaube der Gemeinde hat seinen geschichtlichen Ursprung im glaubenden Sehen der Augenzeugen."

106 Wille 95f. In der hieran angeschlossenen Anm. 37 stellt Käsemann fest: "An dieser Alternative entscheidet sich das Recht meiner gesamten Interpretation."

sondern an ihm und seinem Kreuzesschicksal macht der Gott Israels aller Welt offenbar, wer er ist. Bultmann hat in seiner Darstellung der Christologie des Johannesevangeliums mit außerordentlicher Klarheit und großer Beharrlichkeit herausgestellt, daß der Gottessohn kein anderer ist als Jesus von Nazareth, daß der Verherrlichte der Fleischgewordene und Gekreuzigte ist, daß die Aussage von der Herrlichkeit Jesu das Kreuz nicht zu einem bloßen Durchgangsstadium macht.[107] Als ein Beispiel für viele sei ein Satz aus seiner Auslegung zu 1,14 zitiert: "Aber das ist die Paradoxie, die das ganze Evangelium durchzieht, daß die δόξα nicht *neben* der σάρξ oder durch sie, als durch ein Transparent, *hindurch* zu sehen ist, sondern nirgends anders als in der σάρξ, und daß der Blick es aushalten muß, auf die σάρξ gerichtet zu sein, ohne sich beirren zu lassen, – wenn er die δόξα sehen will".[108] Aber dieser exegetisch richtig erkannte Tatbestand darf nicht zu einem bloßen Paradox formalisiert werden, so daß mit der Inkarnationsaussage schon alles gesagt ist[109] – einem Paradox, das lediglich eine Funktion innerhalb

107 Das wäre jetzt wieder u.a. gegen Becker zu betonen, nach dem der Tod Jesu im Johannesevangelium "ein überwundener Aspekt des Weges in die Erhöhung als Rückkehr zum Vater" ist (Auslegung 181).

108 Komm. 41. – Daher könnte man ein Urteil Overbecks über F.Ch. Baurs Arbeit am Johannesevangelium mit leichter Änderung auf Bultmann anwenden: "Aufmerksam auf diesen Punkt (das ist bei Baur ein anderer als der eben zu Bultmann genannte) wie keiner seiner Vorgänger hat (er) ihn ... doch nicht fest genug im Auge zu behalten gewußt und ihn in seiner Darstellung des Evangeliums nur sehr unvollkommen 'getroffen', weil ihm selbst das Konkrete, Individuelle, Eigentümliche, auf das er aus war, im Nebel seiner abstrakten Betrachtungsweise wieder verdunstete. Immerhin war er mit dem 4. Evangelium auf dem richtigen Wege wie keiner seiner Vorgänger und ist es noch jetzt wie keiner seiner Nachfolger" (19). – Nach Baur ist "bei Johannes σὰρξ ἐγένετο nur von der Annahme eines Leibes verstanden" und "schliesst auch der Zusammenhang des Prologs die Möglichkeit aus, die Fleischwerdung von einer eigentlichen Menschwerdung zu verstehen" (363).

109 Vgl. z.B. Komm. 356, wo Bultmann ausführt, daß die Passion "nicht als etwas Neues hinzu(kommt), sondern ... von vornherein in seinem Kommen schon enthalten ist; sein Tod ist nur die *Demonstration* dessen, was in und seit seiner Fleischwerdung immer schon geschah" (Hervorhebung von mir). So auch Theologie 392: "Das Thema des ganzen Johannes-Evangeliums ist der Satz: ὁ λόγος σὰρξ ἐγένετο (1,14)."

eines anthropologischen Rahmens wahrnimmt.[110] Dagegen spricht nicht nur – wie ausgeführt – die Gemeindesituation. Dagegen spricht auch, daß der vierte Evangelist keinen Traktat, sondern eben ein *Evangelium* geschrieben hat.[111]

Bei aller Andersartigkeit stellt dieses Evangelium "literaturgeschichtlich nicht eine Weiterentwicklung des synoptischen Typs dar".[112] Auch es erzählt die *Geschichte* Jesu von Nazareth, angefangen mit seinem Auftreten neben Johannes dem Täufer bis zu seinem Tod und seiner Auferweckung.[113] Damit beschränkt es sich keineswegs auf das bloße Daß, auf das Kierkegaardsche "weltgeschichtliche Nota bene": "Selbst wenn die gleichzeitige Generation nichts anderes hinterlassen hätte als die Worte: 'Wir haben geglaubt, daß der Gott anno so und so sich gezeigt hat in der geringen Gestalt eines Knechts, unter uns gelebt und gelehrt hat, und alsdann gestorben ist' – das ist mehr als genug. Das gleichzeitige Geschlecht hat getan, was nötig war".[114] Nicht nur die Synoptiker, sondern auch das Johannesevangelium enthält wesentlich mehr als "diese kleine Anzeige".

110 Kohler hat an "Bultmanns Entwurf joh(anneischer) Theologie ... die Ambivalenz aufgezeigt zwischen der Betonung der Inkarnation einerseits *und* der gleichzeitigen Zurücknahme dieses Gedankens durch seine Formalisierung andererseits" (45).

111 Vgl. Smith, Presentation 175; Onuki, Gemeinde 201-205. Daß dieses literarische Dokument, das wir "Johannesevangelium" nennen, – nicht anders als die drei Synoptiker – ein *Evangelium* ist, leidet keinen Zweifel, wie auch immer sein Verfasser zu dieser Form gekommen sein mag. Zu letzterem vgl. Beutler, Gattungen 2560f.

112 Vielhauer, Geschichte 420.

113 Vgl. auch Dietzfelbinger: "Bei aller Freiheit der Gestaltung schafft der Evangelist keinen neuen Christus, der, wie später in der Gnosis, in keinem Zusammenhang steht mit Welt und Geschichte und der nichts zu tun hat mit dem Jesus von Nazareth, der im jüdischen Land lebte und unter Pontius Pilatus gekreuzigt wurde. Der Evangelist läßt keinen Zweifel daran, daß er in seinem Evangelium die Geschichte und das Wort des geschichtlichen Jesus von Nazareth in seine Sprache übersetzen will" (Paraklet 406).

114 Sören Kierkegaard, Philosophische Brocken, übersetzt von Emanuel Hirsch, Düsseldorf und Köln 1960, 101. In seinem Literaturbericht fühlt sich Haenchen bei der Besprechung Bultmanns "auffallend" an diesen Gedanken Kierkegaards erinnert (Literatur 334f). Interessanterweise hat Bultmann genau diese Kierkegaard-Stelle in einem Brief an Karl Barth vom 10.12.1926 (Barth/Bultmann 63-65) zitiert – mit der Einleitung: "Ich weiß natürlich wohl, daß grundsätzlich Kierkegaard

Wenn es auch für die historische Rückfrage nach Jesus weit unergiebiger ist als die Synoptiker, so bietet es doch eine fortlaufende Erzählung und keine traktatmäßige Entfaltung eines theologischen Gedankens.[115] Daß dem Evangelisten ganz wesentlich an dem in der Erzählung berichteten Geschehen liegt, zeigt sich daran, daß der Tod Jesu – wie im vorigen Abschnitt aufgezeigt – eine eigenständige Bedeutung hat und daß auf ihn im Verlauf der Erzählung immer wieder hingewiesen wird. Auch das spricht gegen die Formalisierung der Christologie des Johannesevangeliums zum bloßen Paradox.[116]

Die Erzählung der Geschichte Jesu mit bestimmtem Ziel und das in ihr sich findende Zusammenstehen von Hoheitsaussagen und Niedrigkeitsaussagen[117] sind also inhaltlich ernst zu neh-

recht hat" (65). Im selben Brief behauptet Bultmann für das Johannesevangelium im Unterschied zu den Synoptikern das bloße Daß (63f).

115 Vgl. Thyen: "Wie immer Johannes das seit Markus vorgegebene Genre auch variieren mag, er schreibt nicht einen gnostischen Traktat, sondern ein Evangelium. Er erzählt die tief im Alten Testament verankerte evangelische Geschichte. Dieser narrative Charakter seines Werkes läßt sich nicht als bloßes 'Formproblem' vom 'theologischen Inhalt' lösen, sondern ist dessen unverwechselbares Signum" (Johannesevangelium 219). – Es ist ein auffälliger, aber gewiß nicht zufälliger Tatbestand, daß die "Evangelien" genannten Produkte gnostischer Herkunft literaturgeschichtlich keine Evangelien im Sinne der kanonischen sind. Zu ihnen s. Wilhelm Schneemelcher, Neutestamentliche Apokryphen I. Evangelien, Tübingen [3]1959, 50f. Vgl. weiter Ruckstuhl, der gegenüber Schottroff ausführt: "Ist ein solcher geschichtlicher Entwurf als gnostisches Werk verstehbar? Die Fachleute für Fragen der Gnosis scheinen sich darüber einig zu sein, daß im gesamten uns zugänglichen Schrifttum der christlichen Gnosis die geschichtlichen Züge der Gestalt und des Schicksals Jesu einer sehr starken Schrumpfung unterworfen waren" (151f). – Gegen die Behauptung einer einseitigen Hoheitschristologie im Johannesevangelium spricht also "die einfache Tatsache, daß der Evangelist zu seinem Ausdrucksmittel die Form eines Evangeliums gewählt hat ... Falls das Fleisch für den Evangelisten irrelevant ist oder falls der Offenbarer in keiner Weise tatsächlich fleischliche Existenz auf sich genommen hat, warum schrieb der Evangelist ein *Evangelium*?" (Kysar, Evangelist 191). Vgl. weiter Moloney, Son of God 85f.

116 Zur Würdigung und Kritik Bultmanns in diesem Zusammenhang vgl. auch Weder, Menschwerdung 352f.

117 Hier ist auch auf die Beobachtung Pfitzners hinzuweisen, daß der Evangelist die Passionsgeschichte als Krönungsvorgang schildert (18-21).

men: Mit dem gefolterten und verspotteten (19,1-5), mit dem in den Tod gehenden Jesus identifiziert sich Gott selbst. Damit werden in der Person Jesu Gott und Erniedrigung, Gott und Leiden, Gott und Tod und auch Gott und Sünde zusammengedacht, wenn anders Jesus das Lamm Gottes ist, das die Sünde der Welt fortschafft (1,29). Wenn es wirklich Gott ist, und zwar der sich in Liebe der Welt zuwendende Gott (3,16), der in der Niedrigkeit des Kreuzestodes Jesu handelt, der gerade hier seine Gottheit offenbart, dann sind Erniedrigung, Leiden, Tod und Sünde nicht das letzte Wort, dann wird – gegen allen Augenschein – ihre in Jesus schon geschehene Überwindung durch die hier als sich selbst hingebende Liebe offenbargewordene Wirklichkeit Gottes proklamiert.[118] Diese Proklamation bedeutet zugleich eine Kampfansage an Erniedrigung, Leiden, Tod und Sünde, die sich im Leben der Gemeinde manifestiert.

7. Das Verständnis des Gebotes, einander zu lieben

Von hier aus wie von der dargestellten Gemeindesituation her leuchtet es ein, warum die Ethik des Johannesevangeliums einzig in dem Gebot bestehen kann, einander zu lieben. Dieses

118 In dieser Weise ist es m.E. zu verstehen, daß der Evangelist schon in bezug auf den Inkarnierten und Gekreuzigten von Herrlichkeit spricht. Anders Kysar, Christology 360f; er schreibt: "Auf die Anklage: 'Wie könnt ihr an einen Messias glauben, der erniedrigt am Kreuz starb?', antwortet der Verfasser des Prologs: 'Da war gar keine Erniedrigung, sondern nur Herrlichkeit!'" (361). Nach dieser Sicht hätte der Evangelist die jüdischen Tatsacheneinwände lediglich recht hilflos übertüncht; sie verkennt, daß er diese Einwände als solche ja gar nicht bestreitet (vgl. o. S. 106-117). Wird das Zugleich von Niedrigkeits- und Hoheitsaussagen festgehalten und wird es nicht zum bloßen Paradox formalisiert, muß man es in der gekennzeichneten dynamischen Weise interpretieren.

119 Kohler versteht das hier gegebene Vorbild "als Vorbild Jesu für Gottes Handeln an uns ... Demgemäß gebietet mir das Handeln Jesu nicht Nachahmung, sondern *Entsprechung* ... Im Verhältnis der Entsprechung bleibt gewahrt, daß ich dem Tun Jesu nichts hinzufüge, weil in ihm alles gegeben ist" (225). – Lindemann spricht von 13,14f als dem "Grundgesetz, das der aus der Welt scheidende Jesus den in der Welt bleibenden Seinen hinterläßt" (148).

den Jüngern gegebene Gebot begegnet bereits der Sache nach in der ersten Szene des zweiten Teils, der in den Kapiteln 13 bis 17 Jesus vor seiner Gefangennahme zusammen mit seinen Jüngern darstellt, nämlich in der Erzählung von der Fußwaschung (13,1-20). In V.14 sagt Jesus: "Wenn ich also eure Füße gewaschen habe, der Herr und der Lehrer, müßt auch ihr einander die Füße waschen." Vom Tun Jesu her, das er den Jüngern erwiesen hat, wird ein entsprechendes Tun der Jünger untereinander gefordert. Daß es dabei keineswegs speziell um die Fußwaschung geht, sondern daß diese nur exemplarische Bedeutung hat, spricht V.15 deutlich aus: "Ein Beispiel habe ich euch nämlich gegeben, damit – wie ich euch getan habe – auch ihr tut." Es geht also überhaupt um ein Tun entsprechend dem hier exemplarisch dargestellten Tun Jesu. Sein Vorbild[119] weist die Jünger ein in den gegenseitigen Dienst gleicher Geschwister. Das ist die Aussage der vom Evangelisten in V.2a ("bei Gelegenheit eines Mahles"). 4f.12-15.17 aufgenommenen Tradition.[120] Er selbst hat nach den V.1-3.6-10 Jesu Fußwaschung als Symbol seines Todes am Kreuz

120 Über die Traditionalität von V.4f gibt es keinen Streit. Für sie spricht der dem Evangelisten nicht eigentümliche breite Erzählstil. Besonders atypisch ist für ihn der Gebrauch von ἤρξατο c.inf. (V.5). Diese Konstruktion, die in den Synoptikern äußerst häufig vorkommt, begegnet im Johannesevangelium nur an dieser Stelle. Die traditionelle Erzählung von der Fußwaschung kann aber nicht mit V.4 begonnen haben; es muß eine Situationsschilderung vorangegangen sein, die wahrscheinlich in V.2a erhalten ist. Dazu ist wohl noch die Angabe μετὰ τῶν μαθητῶν αὐτοῦ zu ergänzen und als Subjekt Ἰησοῦς. Daß dieser sozusagen nackte Bericht isoliert überliefert worden ist, ohne jede weitere Erklärung, Folgerung oder Deutung, erscheint als sehr unwahrscheinlich. Für die ursprüngliche Zugehörigkeit der V.12-15.17 zu dieser Tradition spricht, daß sich hier derselbe Stil findet, daß V.12 die genaue Fortsetzung von V.5 ist und zu den V.4f in einer klaren Entsprechung steht. Diese These ist im wesentlichen schon von Bultmann vertreten worden (Komm. 351f). Vgl. auch Onuki, Abschiedsreden 157-170. – Thyens Behauptung: "Literarisch setzt die nun folgende neue Interpretation der Szene (sc. 12ff) ganz eindeutig die gnostisierende Deutung der Verse 6-10 voraus" (Redaktion 350) leuchtet in keiner Weise ein. – Becker sieht die ursprüngliche Zusammengehörigkeit von V.4f mit V.12ff, nimmt aber an, der Evangelist habe bei der Hinzufügung seiner Deutung in V.6ff die der Tradition weggebrochen, die dann von der Kirchlichen Redaktion wieder hinzugefügt worden sei (Komm. 2, 426). Auch so etwas ist denkbar – aber ist es auch wahrscheinlich? Vgl. u. Anm. 124.

gedeutet, der damit als Tat sich selbst hingebender Liebe verstanden wird.[121] Aber der Evangelist hat die traditionelle Deutung nicht weggelassen, sondern gebracht. Die Annahme, daß er sie lediglich "mitgeschleppt" habe, verbietet sich von seinem häufig zu beobachtenden souveränen Umgang mit der Tradition her. Beide Deutungen stehen auch keineswegs im Widerspruch zueinander. Indem der Evangelist in die Wiedergabe der Tradition seine eigene Deutung einschiebt, vertieft er den Begründungszusammenhang zwischen dem Handeln Jesu und dem Handeln seiner Jünger oder stellt ihn allererst her. Die bedingte Seligpreisung in V.17[122], die – indem sie auf das Tun der Jünger abhebt – imperativischen Charakter hat, und die unbedingte Heilszusage in V.10 schließen sich nicht aus, sondern sind im Gegenteil vom Evangelisten ganz bewußt einander zugeordnet worden. Diese Zuordnung zeigt sich daran, daß er den Zielaussagen der beiden Deutungen eine genau parallele Fortsetzung gibt.[123] Er will sie also im Zusammenhang miteinander verstanden wissen: Die unbedingte Heilszusage, die aufgrund des Todes Jesu am Kreuz erfolgt, hat auf seiten der angesproche-

121 Vgl. o. S. 207-210

122 Zum Verhältnis von Wissen und Tun in V.17 vgl. die schönen Darlegungen von Kohler (227-229).

123 V.10c: ἀλλʼ οὐχὶ πάντες, V.18: οὐ περὶ πάντων ὑμῶν λέγω, und dann folgt jeweils die Ankündigung des Verrats. – Wie schon besprochen, hat der Evangelist ein in der aktuellen Situation seiner Gemeinde begründetes besonderes Interesse am Thema der Verratsansage (vgl. o. S.109f). Auch Richter sieht das so, daß es hier um die Widerlegung eines Einwandes gegen die Messianität Jesu geht (Fußwaschung 308). Dann aber schreibt er: "Wenn es sich jedoch herausstellen sollte, daß an einigen Stellen der Hinweis auf Judas in erster Linie den Zweck hat, die Gläubigen zu mahnen und vor einem ähnlichen Weg zu warnen, *könnte* man darin eine Tendenz sehen, die mehr den Interessen des Bearbeiters oder Herausgebers des Evangeliums entspricht" (Fußwaschung 308). Schließlich meint er: "... der Schluß der ersten Deutung ... (*könnte*) auch im Sinn der Tendenz der Herausgeber (Warnung der Gemeinde) verstanden werden" (Fußwaschung 308f; Hervorhebungen von mir). Bereits die Ausdrucksweise zeigt an, auf wie schwachen Füßen diese Argumentation steht. Die Motive der V.10fin.11 – nicht alle, Jesus als Wissender - kehren in V.18 wieder. Wenn es sich aber so verhält, daß der *Evangelist* am Thema der Verratsansage ein besonderes Interesse hat, sind diejenigen Stellen in Kap. 13, die dieses Thema vor seiner ausführlichen Behandlung in 13,21ff vorbereiten, für seine eigene Formulierung zu halten.

nen Menschen ihre konkrete Wirklichkeit in einem ihr entsprechenden Handeln. Und umgekehrt: Wer entsprechend dem Tun Jesu handelt, läßt sich damit auf die Wirklichkeit Gottes selbst ein, die im Kreuz Jesu als Liebe offenbar geworden ist.[124]

Was der Evangelist mit der traditionellen Deutung der Fußwaschung aufgenommen hat, formuliert er dann auch ausdrücklich selbst, wenn in 13,34f der weggehende Jesus den Jüngern als sein Vermächtnis hinterläßt: "Ein neues Gebot gebe ich euch, daß ihr einander liebt, wie ich euch geliebt habe, damit

124 Zur sachlichen Einheit der Erzählung von der Fußwaschung als einer "in ihrem Gedankengang geschlossenen Textkomposition" vgl. die Zusammenfassung von Kohler 198; daraus: "Die Geschichte von der Fußwaschung Jesu erzählt symbolisch von der Bewegung Jesu ans Kreuz, bearbeitet das von dieser Bewegung ausgehende scandalum crucis in der dialogisch aufbereiteten Szene zwischen Petrus und Jesus und schließt mit der Reflexion über den aus dieser Bewegung resultierenden Ertrag." – Becker nimmt für Joh 13 die Möglichkeit kurz in den Blick, daß sich in den beiden Deutungen die "Abfolge von christologisch begründetem Heil und sich daraus ergebendem Verhalten" findet, verwirft sie jedoch sofort: "Aber Joh 13 liegen die Verhältnisse anders" (Komm. 2, 426). Das wird allerdings dekretiert: "V.12ff. folgen nur formal auf V.6ff., sachlich folgen beide getrennt auf V.4f., so daß nun V.4f. unvermittelt ohne Ausgleich zweierlei sein muß: heilsabbildendes Symbol und Exempel für Liebesverhalten. Die Unvermitteltheit dieser Doppelfunktion entspricht sachlich einem Entweder-Oder" (ebd.). Gewiß hat die erzählte Handlung der Fußwaschung hier eine "Doppelfunktion", aber was berechtigt dazu, das Zusammenstehen der beiden Deutungen "unvermittelt ohne Ausgleich" zu nennen und zu einem "Entweder-Oder" zu stilisieren? Hier ist deutlich: Wer immer dem Text seine jetzige Gestalt gegeben hat, er *darf* ihn nicht als Ganzheit bedacht haben – sonst käme Beckers Literarkritik am Johannesevangelium ins Rutschen. Dementsprechend sucht man bei Becker auch vergeblich eine Antwort auf die Frage, warum die zweite Deutung, die der Evangelist weggebrochen habe, von der "Kirchlichen Redaktion" wieder eingefügt worden sei. Dazu liest man: "Die K(irchliche) R(edaktion) fordert für V12-15.16f.20 alte Rechte ein und bringt bei dieser Einfügung den Text auf seine jetzige Form" (428). Dabei hat dann für sie als "Sachwalter des traditionellen joh(anneischen) Christentums" (426) die zwischenzeitlich erfolgte Zutat des Evangelisten offenbar keinerlei Bedeutung. Becker meint mir gegenüber: "Wird einmal nach Tradition gesucht (sc. bei Joh 13), dann bleibt das Ergebnis ohne Konsequenz" (Methoden 52). Auf literarkritische Konsequenzen solcher Art, die ein mögliches Verständnis des gewordenen Textes ausschließen, verzichte ich allerdings gern.

auch ihr einander liebt. Daran werden euch alle erkennen, daß ihr meine Jünger seid, wenn ihr Liebe untereinander habt".[125] In V.34 wird die Forderung an die Jünger, einander zu lieben, ausdrücklich in der Liebe Jesu zu ihnen begründet. Diese Liebe Jesu findet aber ihren tiefsten Ausdruck in seinem Tod am Kreuz. Auf diesen Tod am Kreuz nimmt im unmittelbar vorangehenden die Rede von der Verherrlichung des Menschensohnes Bezug (V.31f). Wenn die Verherrlichung Jesu durch seinen Tod am Kreuz das Zugleich von Gott einerseits und Erniedrigung, Leiden, Tod und Sünde andererseits ist und damit deren Überwindung proklamiert, dann ist es klar, daß der an das Kreuz Gehende seinen Jüngern das Liebesgebot als sein Vermächtnis hinterläßt, so daß die in Jesus geschehene Überwindung ihre Entsprechung im Miteinander der Gemeinde erhält.[126]

Die johanneische Forderung, einander zu lieben[127], wird oft als mehr oder weniger bewußte Einschränkung gegenüber der vom synoptischen Jesus geforderten Nächsten- und Feindesliebe verstanden.[128] Demgegenüber schreibt Bultmann: "... hier

125 Vgl. Kohler 220: "Das Tun Jesu, das sich in das Tun der Jünger hineinerstreckt, um sich in ihrem auf den Anderen ausgerichteten Tun ganz auszuwirken, kann deshalb auch als das *Testament* des Lebens und Sterbens Jesu verstanden werden, das im neuen Gebot der Geschwisterliebe aufbewahrt wird." – Die beiden Verse 13,34f sind öfter literarkritisch einer späteren Redaktion zugewiesen worden, z.B. von Schnackenburg, Komm. 3, 59; Becker, Abschiedsreden 220; ders., Komm. 2, 450f; Onuki, Abschiedsreden 198.208-212.

126 An diesen Zusammenhang ist zu erinnern gegenüber dem Diktum von Becker: "Nach vorne und hinten fehlt beiden Versen jeder erkennbare Zusammenhang" (Abschiedsreden 220). Schnackenburg hält sie dagegen für "recht passend und im Geist des Evangelisten eingefügt" (Komm. 3, 59).

127 So formuliert das Johannesevangelium. Der erste Johannesbrief spricht daneben auch vom Lieben "des Bruders" oder "der Brüder". Sachlich besteht zwischen diesen Formulierungen kein Unterschied. Der Begriff "Brüder" für Jünger findet sich im Johannesevangelium einmal (20,17), wo Jesus von den Jüngern als seinen Brüdern spricht.

128 So z.B. Schulz: "Im Unterschied zur Nächstenliebe (3.Mose 19,18: 'du sollst deinen Nächsten lieben wie dich selbst') oder gar der Feindesliebe (vgl. Lk. 6,27 Par.) wird im Johannesevangelium eine eindeutige Einschränkung vorgenommen. Das neue Gebot bezieht sich nur noch auf die Bruderliebe" (179). Vgl. auch Käsemann, Wille 123f. – Lattke (206-218) findet hier nur von "Einheit im Wort" geredet; vgl. dazu aus der Rezension von Nikolaus Walter, ThLZ 102, 1977 (580-583), 581:

steht ja einfach die Existenz des Jüngerkreises in Frage! Wie bleibt der scheidende Offenbarer den Seinen gegenwärtig?"[129] Die "Existenz des Jüngerkreises" stand fundamentaler und banaler in Frage, als Bultmann meint. Die Gemeinde wurde – wie dargestellt – von außen durch die Pressionen einer feindlichen Umwelt aufs schwerste bedrängt, was im Innern eine Abfallbewegung zur Folge hatte. In diese Situation hinein läßt der Evangelist den scheidenden Jesus als sein Vermächtnis das Gebot sagen, einander zu lieben.[130] Dieses Gebot erhält so den Charakter einer Aufforderung zur Solidarität[131], die für diese Gemeinde eine schlichte Notwendigkeit ist, will sie überleben, und zwar *als Gemeinde* überleben.[132] Als einzelne, unter Aufgabe der offenbaren Zugehörigkeit zur Gemeinde, hätten sich alle besser durchschlagen können, weil ihnen dann Nachteile erspart geblieben wären. Es ist damit deutlich, daß die Befolgung des Gebots, einander zu lieben, keineswegs einen Rückzug ins Konventikel bedeutet.[133] Denn gerade wer dem Gebot nach-

"L.'s Exegese zu 13,34f ... unterliegt allzu deutlich einem Schematismus, der für das Liebes-Gebot jeden ethischen Aspekt dekretorisch ausschaltet, so daß sich die Exegese in Tautologien erschöpft, das Verb *agapan* semantish entleert wird und *allelous* exegetisch gar nicht mehr erfaßt werden kann."

129 Komm. 406.

130 Schrage weist darauf hin, daß das Liebesgebot in 13,34f "auffallenderweise zwischen Judasverrat und Petrusverleugnung (steht)", und bemerkt dazu: "Gerade das Liebesgebot soll offenbar zur Bewältigung einer Krisensituation dienen" (Ethik 304).

131 Becker spricht im Blick auf diese und andere Formulierungen mit kritischem Unterton vom "Echo neuzeitlicher gewerkschaftlicher Sprache, die nun eine Situation des ersten Jh.s ausdeutet" (Methoden 55). Nun, auch Becker legt die Texte des ersten Jahrhunderts mit einer neuzeitlichen Sprache aus. Ist es eigentlich ausgemacht, daß "bürgerliche" Sprache zur Auslegung urchristlicher Texte angemessener ist als "gewerkschaftliche"? Der Begriff Solidarität scheint mir das hier geforderte praktisch helfende Miteinander in einer bedrängten Minderheit besser zum Ausdruck zu bringen als der Begriff Liebe (zu Kohler 154 Anm. 93).

132 Becker wendet ein – nachdem er das in der vorigen Anmerkung genannte "Echo" übersehen (!) und doch nicht übersehen hat, daß die Texte, die das Liebesgebot enthalten, keinen Außendruck erkennen ließen (Methoden 55). So kann m.E. nur argumentieren, wer sie nicht in ihrem Zusammenhang stehen läßt, sondern literarkritisch isoliert.

133 Schrage bemerkt: "Mag also sein, daß die äußere Krisen- und Verfol-

kommt und so auch materiell Zugehörigkeit zur christlichen Gemeinde bekundet, setzt sich der Gefährdung aus. Deshalb belassen es nach 12,42 auch viele von den Oberen lediglich bei heimlicher Sympathisantenschaft.[134]

Weiter macht dieses Gebot auf diesem Hintergrund deutlich, daß es nicht bloß um Individual- und Situationsethik gehen kann, je und je erfolgendes liebendes Verhalten, das in der Begegnung des einzelnen mit dem Nächsten immer wieder für die Zukunft offen sein läßt. Es geht vielmehr darum, daß sich die Liebe in einer bestimmten Sozialgestalt manifestiert, nämlich einer Gemeinde solidarischer Geschwister.[135] Eine solche Gemeinde ist als ein Stück Gegenwelt eine eminente Herausforderung. Die Oberen, die sich nach 12,42 nicht offen zu Jesus zu

gungssituation die Reihen auch hier fester schließen ließ und die Einschärfung der Bruderliebe besonders dringlich machte, aber damit ist eine partikularistische Konventikelethik – und das ist bloße Bruderliebe im Ergebnis eben doch – noch nicht legitim" (Ethik 322). Der Evangelist schreibt kein theologisches Handbuch, in dem er auf Vollständigkeit achten müßte, sondern für eine Gemeinde in konkreter Situation. Ist für diese Situation die Mahnung, einander zu lieben, schlechthin notwendig, erscheint es mir nicht angemessen, ihm vorzuwerfen, daß er nicht auch noch andere Mahnungen ausgesprochen hat. Ein Vorwurf wäre erst dann angebracht, wenn die Mahnung, einander zu lieben, Nächsten- und Feindesliebe prinzipiell ausschlösse; nur dann wäre "die Einschärfung der Bruderliebe" zugleich auch "eine partikularistische Konventikelethik". Darüber ist im nächsten Abschnitt zu handeln. Vgl. auch Culpepper, School 432 Anm. 28. – Nach Kohler "(kann) das joh(anneische) Liebesgebot ... nicht als Produkt der joh(anneischen) Gemeindeverhältnisse interpretiert werden, sondern als das diesen Verhältnissen zuvorkommende Gebot des sich selbst in den Dienst der Liebe stellenden Kyrios" (154). Das will ich nicht bestreiten. Aber damit ist noch nicht erklärt, warum die *Formulierung* des Liebesgebotes im Johannesevangelium eben *anders* ist als bei den Synoptikern. Bringt man nicht den Bezug auf die konkrete Situation in Anschlag, besteht das Ergebnis nur noch in schön formulierten theologischen Richtigkeiten.

134 Von hier aus erweist sich die These, daß für den vierten Evangelisten in bezug auf die Gemeinde "die Frage nach dem Leiblich-Gestalthaften unwesentlich (wird), obwohl die johanneische Inkarnationstheologie auf eine Verleiblichung in der Gemeinde zielt" (Baumbach 127), als unzutreffend.

135 Vgl. Culpepper: "Abgesehen von der besonderen Position des geliebten Jüngers sind keine weiteren Amts- oder Rangunterschiede zwischen den Gemeindegliedern zu erkennen" (School 428).

bekennen wagen, haben das sehr wohl begriffen und schlagen sich lieber auf die andere Seite. Sie lieben nach V.43 die Ehre der Menschen mehr als die Ehre Gottes, der seine Ehre in der Ohnmacht des Kreuzes Jesu gesucht hat. Das Lieben der Ehre der Menschen ist hiernach das bewußte Mitmachen oder auch stille Mitprofitieren auf seiten der Stärkeren, es ist die Verweigerung der praktischen Solidarität mit den Ohnmächtigen, einer Solidarität, die auch das Risiko des eigenen sozialen Status bedeutet.[136] Aber gerade um diese Solidarität geht es offensichtlich der Ehre Gottes.[137]

8. Gottes Liebe zur *Welt* (Joh 3,16)

Aber auch wenn das Gebot, einander zu lieben, in der dargelegten Weise zu verstehen ist, bleibt jedoch die Frage noch zu klären, ob hier nicht die Liebe prinzipiell auf einen Innenbereich beschränkt wird, der sich nach außen durch Haß abgrenzt[138]; es bleibt Käsemanns These zu prüfen, daß die Gemeinde des Johannesevangeliums "selbst im Bewußtsein ihrer Sendung dem Irdischen gegenüber keine Solidarität verspürt".[139] Da die

136 Vgl. Meeks, Funktion 279: "Zum Glauben an Jesus kommen, bedeutet für die johanneische Gemeinschaft einen Wechsel in der sozialen Situation." Nur wenn man diese Wirklichkeit der Gemeindesituation nicht in die Betrachtung einbezieht, kann man dem vierten Evangelisten "ein gebrochenes Verhältnis zur Wirklichkeit" vorwerfen und die These vertreten: Von der "Erkenntnis Jesu als des Lebens führt kein Weg zur Wirklichkeit zurück außer dem auf die Gemeinde begrenzten allgemeinen Gebot, einander zu lieben" (von der Osten-Sacken 173).

137 Becker "fragt sich, was denn im joh(anneischen) Gemeindeverband vorher gelehrt und wie in ihm gehandelt wurde ..., wenn vor allem joh(anneische) Christologie und Ethik ganz aus diesem einen Ereignis (sc. dem Synagogenausschluß) heraus verstanden werden" (Methoden 51). Ob man die Vorgeschichte der johanneischen Gemeinde aus dem Johannesevangelium rekonstruieren kann, sei dahingestellt; ich habe begründete Skepsis. Mir kam es hier darauf an, zu zeigen, daß sich Christologie und Ethik, wie sie im Johannesevangelium formuliert sind, als präzis und konkret in die Situation hineingesprochen verstehen lassen, wie sie aus Daten dieses Evangeliums rekonstruiert werden konnte.

138 Wie das in der Qumrangemeinde der Fall ist; vgl. 1QS 1,9f.

139 Wille 137.

Liebe der Jünger untereinander ihren Grund in der Liebe Jesu zu ihnen hat, die sich im Kreuz vollendet, weil hier Gottes Wirklichkeit als Liebe offenbar wird, würde das Gebot, einander zu lieben, dann eine grundsätzliche Einschränkung bedeuten, wenn das Johannesevangelium die Welt aus der Liebe Gottes ausschlösse. Das aber ist nicht der Fall. Es muß als sehr erstaunlich festgestellt werden, daß das Johannesevangelium trotz der außerordentlich scharfen Kontroverse, in der es steht, trotz seiner harten Urteile über "die Juden" als die die Gemeinde bedrängende konkrete Welt nun doch ausdrücklich von der Liebe Gottes zur *Welt* spricht und davon, daß Gott die *Welt* retten will (3,16f).[140]

Dieser Tatbestand wird um so auffälliger, wenn man beachtet, daß der Evangelist an dieser Stelle Tradition verarbeitet. Daß Tradition vorliegt, ist so gut wie durchgängig anerkannt. Ihre genaue Gestalt läßt sich jedoch nicht eindeutig bestimmen. Es bestehen zwei Möglichkeiten. Einmal kann in der Formulierung von 3,16 die Dahingabeformel aufgenommen sein, die schon in den Paulusbriefen in zwei Typen faßbar ist: 1. ὁ θεὸς τὸν υἱὸν αὐτοῦ ὑπὲρ ἡμῶν παρέδωκεν. 2. ὁ υἱὸς τοῦ θεοῦ (ἠγάπησεν ἡμᾶς καὶ) (παρ)έδωκεν[141] ἑαυτὸν ὑπὲρ (τῶν ἁμαρτιῶν) ἡμῶν. Der zweite Typ begegnet statt als Aussagesatz auch als Partizi-

140 Nach Becker ist das hier eingeschlagene Vorgehen kein gangbarer Weg. Das Gebot, einander zu lieben, hatte er der Kirchlichen Redaktion zugewiesen. Auf dieser Ebene sei Objekt der göttlichen Liebestat nur die Gemeinde. "Man kann diese Aussagen nicht mit Hilfe von Joh 3,16 (E); 4,1ff. (SQ und E) ausweiten, um ihnen wenigstens tendenziell einen weltweiten missionarischen Horizont zu geben ..., weil so die schichtenspezifischen Theologien vermengt werden" (Komm. 2, 455). Selbst wenn Beckers literarkritische Analyse zuträfe, läge dann nicht im jetzigen Text eine "Vermengung" vor, die gerade als solche ernstgenommen werden müßte?

141 Gal 1,4 zeigt, daß das Simplex ἔδωκεν dieselbe Bedeutung haben kann wie das Kompositum παρέδωκεν. Für ἔδωκεν in Joh 3,16 kann daher die Bedeutung "Hingabe in den Tod" nicht mit dem Argument ausgeschlossen werden, "daß es eben nicht παρέδωκεν ... heißt" (Lattke 75). – Pancaro hat herausgestellt, daß der Evangelist zwischen ἔδωκεν (durch den "Vater") und παρέδωκεν (durch Judas, "die Juden" und Pilatus) unterscheidet. "Der Sohn wird dadurch 'gegeben', daß der Vater ihn sendet, um für die Welt zu sterben ... Hinter dem παρέδωκεν steht das ἔδωκεν des Vaters" (Law 324).

pialprädikation.[142] In Joh 3,16 wäre dann terminologisch geblieben: ο θεὸς ... τὸν υἱὸν ... ἔδωκεν. Die Bezeichnung des Sohnes als μονογενής geht auf den Evangelisten zurück.[143] Statt der ὑπέρ-Wendung steht ein ἵνα-Satz, der ebenfalls deutlich johanneische Handschrift zeigt.[144] Nach der zweiten Möglichkeit stünde hinter 3,16 die Sendungsformel, die die Sendung des Sohnes durch Gott aussagt und in einem Finalsatz deren Ziel angibt.[145] Wie dem auch sei, bei Aufnahme der Dahingabeformel ist durch V.17 der Gedanke der Sendung einbezogen, bei Aufnahme der Sendungsformel durch V.14 der Gedanke des Todes Jesu am Kreuz.[146] Wichtiger aber ist, daß weder die Dahingabeformel noch die Sendungsformel das Motiv von der Liebe Gottes zur *Welt* enthält. Dieses Motiv ist im Zusammenhang dieser Formeln in Joh 3,16 einzigartig. Wohl wird in einer

142 Zur Dahingabeformel vgl. Wengst, Formeln 55-77.

143 Außerhalb der johanneischen Schriften begegnet μονογενής im urchristlichen Schrifttum noch dreimal im Lukasevangelium in Wundergeschichten (7,12; 8,42; 9,38; die zu heilenden bzw. zum Leben zu erweckenden Personen sind jeweils das einzige Kind), Hebr 11,17 (Isaak als einziger Sohn Abrahams) und 1Clem 25,2 (der Vogel Phönix als einziger seiner Art). Im johanneischen Traditionskreis wird μονογενής immer nur christologisch verwandt, viermal im Evangelium (1,14.18; 3,16.18) und einmal im ersten Johannesbrief (4,9).

144 Glauben, Nicht-verloren-Gehen und ewiges Leben stehen ebenfalls 6,39a.40 zusammen, die beiden letzten Motive in 10,28. Für die häufige Verbindung von Glauben und ewigem Leben seien nur die Stellen 3,15f.36; 5,24; 6,47 angeführt. – Aus der Ersetzung der ὑπέρ-Wendung ist nicht zu schließen, daß der Evangelist die mit ihr ausgedrückte Vorstellung von der stellvertretenden Sühne für die Sünden bewußt vermeiden wollte, die er ja an anderer Stelle bringt (vgl. o.S. 202 f).

145 Zur Rekonstruktion der Sendungsformel vgl. Kramer 108-112; bestritten von Wengst, Formeln 59 Anm. 22. Von den dort vorgetragenen Argumenten bin ich zwar immer noch überzeugt. Da aber die Sendungsformel in der Literatur nach wie vor ein Weiterleben hat und besonders zu Joh 3,16 bemüht wird, setze ich für den obigen Zusammenhang ihre Existenz einmal hypothetisch voraus.

146 Es bleibt jedenfalls festzuhalten, daß durch den Kontext "der Gedanke der Hingabe in den Tod mit eingeschlossen (wird)" (Miranda 19). Vgl. auch Kohler 256: Es "bleibt im 'geben' von V.16 (gegenüber dem 'senden' von V.17) eine Konnotation zur Hingabe in den Tod aufbewahrt. Es könnte sein, daß sich das joh(anneische) Interesse an der Vermittlung von Kreuz und Sendung im vermittelnden 'geben' niedergeschlagen hat".

Variante des zweiten Typs der Dahingabeformel von der Liebe des Gottessohnes zu *uns* gesprochen; und in ihrem Kontext schreibt Paulus in Röm 8,35 von der Liebe Christi und im Kontext der der Dahingabeformel ähnlichen Sterbensformel[147] in Röm 5,8 von der Liebe Gottes zu uns, als wir noch Sünder waren. Aber das Motiv von der Liebe Gottes zur *Welt* ist eine Eigentümlichkeit von Joh 3,16 und darum mit aller Wahrscheinlichkeit dem Evangelisten zuzuschreiben, der damit selbst betont herausstellt, daß sich Gottes Heilswille auf die Welt richtet.[148] Die Bedeutung dieser Aussage, daß Gott die *Welt* geliebt hat, läßt sich also nicht dadurch mindern, daß man Joh 3,16 für Tradition erklärt.[149]

Es trifft auch keineswegs zu, daß die Stelle 3,16 im Johannesevangelium vereinzelt dastünde.[150] Hier sind die sachlichen Parallelen zu dieser Aussage in Erinnerung zu rufen. Johannes hat Zeugnis von Jesus abgelegt, "damit *alle* durch ihn glauben" (1,7); und er weist auf Jesus als "das Lamm Gottes, das die Sünde der *Welt* fortschafft" (1,29). Die Samaritaner bekennen von ihm, "daß dieser wahrhaftig der Retter der *Welt* ist" (4,42). Er ist "das Brot Gottes, das vom Himmel herabsteigt und der *Welt* Leben

147 Zur Sterbensformel vgl. Wengst, Formeln 78-86.

148 Beachtet man den Traditionshintergrund, kann man Joh 3,16 gegenüber Röm 5,8 nicht herabsetzen, wie von der Osten-Sacken es tut (174). – Daß gerade der Gedanke, der sich am entschiedensten einer gnostischen Interpretation widersetzt – Gottes Liebe zur *Welt* - vom Evangelisten selbst in Abänderung einer traditionellen Formel formuliert wurde, spricht gegen Schottroffs Erklärung, daß sich der Evangelist hier mißverständlich ausdrücke (Glaubender 286; vgl. 288).

149 Vgl. z.B. Käsemann, Wille 124; aufgenommen von Lattke 50.70; Langbrandtner 23 Anm. 2; Schulz 60: "Es dürfte meines Erachtens kaum zweifelhaft sein, daß Johannes hier eine Überlieferung zur Sprache bringt, die die Liebe des Vaters zum Kosmos verkündigte. Joh 3,16 weist am ehesten in den Gemeindebereich, der durch die Paulus-Stoffe repräsentiert wird, wo wir die meisten Parallelen für diesen Spruch haben: Röm. 4,25; 5,8; 8,32; Gal. 1,4 und 2,20." Gerade der Gedanke der Liebe Gottes zur Welt jedoch wird an den genannten Stellen nicht ausgesprochen. Aber selbst wenn der ganze Vers ein wörtliches Zitat wäre, müßte die Frage gestellt und beantwortet werden, warum der Evangelist diese Tradition bringt.

150 So betont Lattke, "daß im Johannesevangelium von Liebe Gottes zum Kosmos nur an dieser Stelle die Rede ist" (67); vgl. Käsemann, Wille 124.

gibt" (6,33). Er ist nicht gekommen, die Welt zu richten, sondern die *Welt* zu retten (3,17; 12,47). So wird er *alle* zu sich ziehen (12,32). Dementsprechend ist auch schon "*alles* durch ihn geworden" (1,3).[151]

Aber schränkt der Evangelist seine Aussage, daß Gott die Welt geliebt hat, nicht selbst durch seinen Kontext ein? Immerhin konnte eine Analyse von Joh 3,16 zu dem Ergebnis kommen: "Die Aussage von der Liebe Gottes zur Welt paßt genausowenig ins Johannesevangelium wie die heilsuniversalistisch interpretierten Feststellungen, daß Jesus der Heiland der Welt sei".[152] Es ist daher nötig, diesen Vers in seinem Kontext zu betrachten. Er steht innerhalb des größeren Zusammenhangs 3,10-21, der auf die in V.9 gestellte Frage des Nikodemus nach der Möglichkeit der Geistgeburt antwortet. Innerhalb dieses Zusammenhangs stellt der erste Teil (V.10-13) die Legitimität Jesu heraus, zu diesem Thema zu reden: Er kann über die Geburt "von oben" sprechen, weil er selbst "von oben" kommt. Der zweite Teil (V.14-17) legt den eigentlichen Grund der Geistgeburt dar: Sie beruht auf der Liebe Gottes zur Welt, die er in der Sendung und Hingabe des Sohnes erwiesen hat. Der dritte Teil (V.18-21) beschreibt die Folge der Zuwendung Gottes zur Welt, wie sie sich im Gegenüber von Glaubenden und Nicht-Glaubenden zeigt.

Der grundlegende Mittelteil besteht aus drei der Struktur nach nahezu parallelen Sätzen. Ein Hauptsatz nennt jeweils zuerst eine Tat Gottes als den Ermöglichungsgrund; ein darauf folgender Finalsatz gibt als Ziel das ewige Leben oder die Rettung an:

1. Aussage: Entsprechend der Erhöhung der Schlange durch Mose in der Wüste muß auch der Menschensohn erhöht werden.
   Ziel: Jeder Glaubende hat durch ihn ewiges Leben (V.14f).
2. Aussage: Die Liebe Gottes zur Welt hat ihn den einzigen Sohn hingeben lassen.
   Ziel: Jeder Glaubende geht nicht verloren, sondern hat ewiges Leben (V.16).

151 Vgl. auch Lindemann 139 sowie Onuki, Gemeinde 88-91, zu Joh 20,23.
152 Lattke 84.

3. Aussage: Gott hat den Sohn in die Welt geschickt.
   Ziel: Die Welt wird durch ihn nicht gerichtet, sondern gerettet (V.17).

Hier liegt ein wohlüberlegter Aufbau vor. In den Aussagen wird das eine zusammengehörige christologische Geschehen vom Ab- und Aufstieg des Menschensohnes, von dem der vorangehende Abschnitt zur Legitimation zuletzt in V.13 sprach, von hinten nach vorn in seine einzelnen Aspekte aufgefächert: Zuerst ist von der *Erhöhung* die Rede, dann von der *Hingabe* und schließlich von der *Sendung*.[153] In den Zielangaben fällt das Fortschreiten von einem Bezug auf den einzelnen Glaubenden in den ersten beiden Finalsätzen zu einem universalen Bezug im dritten auf: Wird zunächst vom ewigen Leben für den Glaubenden gesprochen, so schließlich von der Rettung der Welt. Diese universale Dimension erscheint schon in den Aussagen des zweiten und dritten Satzes. So sind also auch die Aussagen und Zielangaben miteinander verknüpft: Der die Welt liebende Gott will die Rettung der Welt. V.16 ist an V.15 mit "denn" angeschlossen, wie wiederum V.17 an V.16. Die in den Aussagen der V.14-17 vorgenommene Auffächerung des einen christologi-

153 Die Stellung zwischen der Erhöhung am Kreuz und der Sendung in die Welt macht es wahrscheinlich, daß bei ἔδωκεν in V.16 der Weg des Sohnes in der Niedrigkeit im Blick ist. Die Versuche, ἔδωκεν von V.17 her auf die Sendung festzulegen (z.B. Lattke 74f), übersehen den Zusammenhang der V.14-17. Lattke weist andere Interpretationen apodiktisch ab: "kaum zu Recht" (74 Anm. 2), "wird der joh Theologie nicht gerecht" (Anm. 3), "geht am Johannesevangelium vorbei" (Anm. 4). Die johanneische Umformulierung des traditionellen "für uns" bzw. "für unsere Sünden" in: "damit jeder an ihn Glaubende nicht verlorengeht, sondern ewiges Leben hat", sagt nichts aus über die genaue Bedeutung von ἔδωκεν (gegen Lattke 75). Wohl selbst nicht davon überzeugt, daß seine bis dahin gebrachten Argumente durchschlagend sind, meint Lattke schließlich: "Entscheidend bleibt jedoch letztlich der theologische Stellenwert, den der Kreuzestod Jesu für Johannes hat" (75). Die damit gestellte Frage wird ohne jede weitere Argumentation so beantwortet, daß "das Johannesevangelium insgesamt der Versuch (ist), eine Sendungs- und Inkarnationschristologie und das damit verknüpfte Heilsverständnis ... mit der urchristlichen Passionschristologie und Eschatologie zu amalgamieren" (76). Von daher gilt dann 3,16 endlich als "eine bewußte Korrektur ... des gemeinchristlichen Gedankens, daß Theologie und Heil konstitutiv und notwendig verknüpft seien mit dem Kreuz des irdischen Jesus" (77)!

schen Geschehens von Ab- und Aufstieg erfolgt also in einer Begründungskette. Aus ihr wird ersichtlich, warum diese Auffächerung von hinten nach vorn vorgeht. Der Menschensohn wird erhöht, das Kreuz Jesu ist Tat Gottes, weil schon der ganze Weg der Niedrigkeit des Sohnes der Liebe Gottes entsprang; und dieser Weg wiederum war ein Weg der Begegnung Gottes mit der Welt, weil er in der Sendung des Sohnes in die Welt durch Gott gründet.[154] Die Glieder dieser Kette führen also vom Kreuz Jesu aus zurück auf die ursprüngliche Initiative Gottes, die in dieser Auffächerung als *Heils*wille für die *Welt* beschrieben wird.[155]

Unterstreicht also die Untersuchung des näheren Kontextes von V.16 dessen Aussage, daß Gott die Welt geliebt hat, so bleibt die Frage, ob sie nicht vom dritten Teil der Antwort auf die Frage nach der Möglichkeit der Geistgeburt (V.18-21) kräftig relativiert wird. Hier ist davon die Rede, daß der Glaubende nicht gerichtet wird, während der Nicht-Glaubende schon gerichtet ist. Dem universalen Heilswillen Gottes steht also faktisch nur eine partikulare Rettung gegenüber. Hier besteht offensichtlich eine spannungsvolle Differenz. Wie ist sie zu interpretieren? Man darf m.E. nicht so vorgehen, daß man den dritten Teil, der nur eine Folgerung aus dem grundlegenden zweiten Teil zieht, zum Interpretationsschlüssel dieser Differenz macht. Damit isoliert man den dritten Teil vom zweiten, versteht das Gegenüber von Glaubenden und Nicht-Glaubenden statisch und muß dann die grundlegenden Aussagen des zweiten Teils als uneigentliche, mißverständliche, gar nicht so gemeinte hinstellen.

154 Der Wechsel in der Titulatur vom Menschensohn zum Gottessohn besagt nichts. Der Titel Menschensohn haftet an der Erhöhungsvorstellung, der Titel Gottessohn ist in V.16 durch die Dahingabeformel (oder Sendungsformel) vorgegeben und in V.17 durch das Motiv der Sendung bedingt.

155 Vgl. Barth: "Gott liebt die Welt ..., wie sie *ist*, und seine Liebe hat keinen Grund als in sich *selber*. Aber darauf ist Gewicht zu legen, daß dieses göttliche Lieben durch den Aorist als göttlicher *Akt* bezeichnet wird, *nicht* etwa als ruhende Relation. Keine Metaphysik ist aus diesem Satz abzuleiten. Schlechthin ereignishaft *geschieht* es, daß Gott den Kosmos (höchst unbegreiflicherweise!) liebt" (220). "Die Sendung des Sohnes Gottes in ihrer v 14-16 geschilderten Konsequenz ist ganz undialektisch, ganz unzweideutig auf die *Errettung* der Welt gerichtet, sie ist *Lebens*mitteilung und nichts sonst" (222).

Vielmehr ist umgekehrt der zweite Teil, der doch in diesem Abschnitt der Hauptteil ist, zum Ausgangspunkt für die Interpretation der aufgezeigten Differenz zu nehmen. Dann zeigt diese Differenz auf, daß Gottes Wege noch nicht an ihr Ziel gekommen sind; dann ist das Gegenüber von Glaubenden und Nicht-Glaubenden nicht statisch[156], dann sind die Feststellungen des dritten Teils nichts anderes als Ausdruck des notwendigen Kampfgeschehens, in das die gesendete Gemeinde gestellt ist.[157] Alles Gericht, alle Scheidung, die darin erfolgt, kann dann nur eine vorläufige sein, die in der Klammer steht, daß Gott die Welt in der Sendung und Hingabe des Sohnes geliebt hat, und unter der Verheißung, daß Gott die Welt retten will.[158]

Weil also der vierte Evangelist die Welt nicht aus der Liebe Gottes ausschließt, sondern sie im Gegenteil in diese Liebe

156 Daß das Gegenüber von Glaubenden und Nichtglaubenden im Johannesevangelium kein statisches ist, ergibt sich auch daraus, wie die Herkunft der Glaubenden bestimmt wird. Hier besteht ein entscheidender Unterschied zu Jesus, der "nicht aus dieser Welt" ist (8,23; vgl. 17,14.16). Er ist vielmehr der "von oben", "vom Himmel Kommende" (3,31; vgl. 6,33.38.41.50f.58; 8,23), der "von Gott", "vom Vater ausgegangen" und in die Welt gekommen ist (8,42.47; 13,3; 16,27f; 17,8). Auch von den Glaubenden kann gesagt werden, daß sie nicht "aus der Welt" sind (15,19; 17,14.16). Aber sie sind deshalb nicht "aus der Welt", weil Jesus sie "aus der Welt erwählt" hat (15,19). Sie sind nicht "vom Himmel" oder "von Gott ausgegangen". Nicht von vornherein gilt von ihnen, daß sie "nicht aus der Welt" sind. Sie mußten diese Herkunft erst nachträglich bekommen, indem sie "von oben her neu", "aus Wasser und Geist geboren" wurden (3,3.5; vgl. 3,8), "aus Gott gezeugt" wurden (1,13). In dieser Weise wurden sie Jesus von Gott "aus der Welt gegeben" (17,6), die ihre natürliche Herkunft bildet. Die prädestinatianisch-deterministischen Sätze sind also nicht zu verabsolutieren, sondern es ist nach ihrer Aussage und Funktion im Zusammenhang des Textes und der Gemeindesituation zu fragen. Wenn z.B. betont wird, daß die Zerstreuten, die zu sammeln sind und bewahrt werden müssen und nicht verlorengehen dürfen, Jesus von Gott *gegeben* sind, wird damit in der Situation des Abfalls als letzter Grund treuen Bleibens die Entscheidung Gottes kenntlich gemacht. Vgl. dazu Hofius passim (s. Literaturverzeichnis).

157 Onuki beginnt seine Zusammenfassung zum Kapitel über die Einstellung der johanneischen Gemeinde zur Außenwelt mit dem Satz: "Der johanneischen Gemeinde stellt sich die bereits definitiv gerichtete Welt weiterhin als Aufgabe dar" (Gemeinde 91).

158 Blank spricht mit Recht von einer "Präponderanz des Heils" (Komm. 1a, 259; vgl. Krisis 87f. 342).

eingeschlossen sieht, kann auch das Gebot, einander zu lieben, nicht eine prinzipielle Beschränkung meinen und als seine Kehrseite den Haß gegen die Menschen außerhalb der Gemeinde haben. Daß die Welt außerhalb der Gemeinde für den Evangelisten nicht durchgängig schwärzeste Finsternis ist, dafür gibt es einen bedeutsamen Hinweis. Obwohl nach dem Johannesevangelium die Konkurrenz zwischen Täufergemeinde und christlicher Gemeinde ein stärkeres Ausmaß hat als nach den Synoptikern[159], ist die Funktion des Täufers in bezug auf Jesus im Johannesevangelium noch ein gutes Stück positiver dargestellt als dort.[160] Bei den Synoptikern ist er Vorläufer; im Johannesevangelium wird er darüber hinaus als der exemplarische Zeuge für Jesus dargestellt. Und es ist wohl nicht von ungefähr, daß er gerade Zeuge für Jesus als das Lamm Gottes ist, das die Sünde der Welt fortschafft (1,29), also Zeuge für den für die Welt in den Tod gegebenen Jesus. Hinter dem Täufer aber - der nach 1,8 nicht "das Licht" war, aber doch offensichtlich auch alles andere als Finsternis! - steht in der Gegenwart des Evangelisten eine an ihn als *die* eschatologische Gestalt glaubende Gemeinde. Gerade die Existenz dieser an den Täufer glaubenden Gemeinde nötigt ja den Evangelisten, so ausführlich auf Johannes einzugehen. Der Glaubensgegenstand einer konkurrierenden Gruppe gerät nun im Johannesevangelium nicht auf die Seite der Finsternis[161], sondern wird zum Zeugen für den eigenen Glauben!

Sollte das nicht auch darin begründet sein, daß zwischen christlicher Gemeinde und Täufergemeinde offenbar ein anderes Verhältnis bestand als zu "den Juden"?[162] "Die Juden" waren ja für die johanneische Gemeinde konkret "die Welt", mit der sie es unmittelbar zu tun hatte und die sie als bedrängende Macht erfuhr. Alle Wahrscheinlichkeit spricht dafür, daß die Täuferge-

159 S. o. S. 174-176
160 Vgl. Moloney, Son of God 77f.
161 Das ist in den Pseudo-Klementinen der Fall; vgl. Schnackenburg, Komm. 1,250.
162 Vgl. auch Brown, der darauf hinweist, daß der Evangelist die Johannesjünger nicht so darstellt, daß sie "Jesus so hassen, wie 'die Juden' und die Welt ihn hassen. Vielleicht machte ihr eigener Ursprung in der Bewegung Johannes des Täufers die johanneischen Christen weniger streng gegenüber ihren früheren Brüdern, die nicht Finsternis dem Licht vorgezogen, sondern einfach nur eine Lampe mit dem Licht der Welt verwechselt hatten" (Community 71).

meinde als eine jüdische Sondergruppe von seiten der entstehenden rabbinischen Orthodoxie denselben Bedrängnissen ausgesetzt war.[163] Die äußerst positive Stellung des Täufers im Johannesevangelium könnte also herrühren von der Erfahrung gemeinsamer Leiden von Judenchristen und Anhängern des Täufers: Wo Menschen leiden und Unterdrückung erfahren, da wird das für die Gemeinde zum Zeugnis, zum Hinweis auf *den* Erniedrigten, auf seine universale Verheißung. Und solches sozusagen von außen kommende Zeugnis, das die christliche Gemeinde auf ihren eigensten "Gegenstand" verweist, wird sie zur Solidarität mit diesen Zeugen verpflichten.[164]

9. Schlußbemerkungen

Die Theologie des Johannesevangeliums ist eine "faszinierende und gefährliche Theologie" genannt worden.[165] Aber welche Theologie, die in konsequenter Zuspitzung die Herausforderungen der ihr vorliegenden Situation zu verarbeiten sucht, wäre das nicht? Gegenüber Argumentationen, die Jesus als unmöglichen Messias erweisen sollten, hat der Evangelist in bis dahin unerhörter Betonung in Jesu Reden, Tun und Erleiden Hoheitszüge herausgestellt, um so die Präsenz Gottes in diesem Geschehen bezeugen zu können, und in der Erfahrung eigenen Ausgeschlossenseins gerade wegen des Glaubens an Jesus hat er dabei in Spitzensätzen die Christologie in einer Exklusivität formuliert, die das Judentum aus einer positiven Beziehung zu seinem Gott ausschließt. Die Situation, der der Evangelist sich gestellt hat, ist bei der Überlieferung seiner Schrift natürlich nicht explizit mitüberliefert worden. Die Gefährlichkeit seiner

163 Vgl. die Vernehmung des Täufers in 1,19-28 und die 3,25 erwähnte Auseinandersetzung von Johannesjüngern "mit einem Juden".

164 Es ist mir bewußt, daß diese Erwägungen sich nicht zwingend ergeben, sondern daß es sich um hypothetische Rückschlüsse handelt. Aber sie sind nicht unbegründet. Sie haben zum Ausgangspunkt die Beobachtung der überaus positiven Stellung des Täufers im Johannesevangelium, die sie erklären sollen, und sie haben als Anhaltspunkt, daß sich in diesem Evangelium wohl starke Konkurrenz zur Täufergemeinde erschließen läßt, nicht aber Feindschaft.

165 Käsemann, Wille 161; aufgenommen von von der Osten-Sacken 175.

Theologie hat sich alsbald erwiesen: Wahrscheinlich schon die im ersten Johannesbrief bekämpften Gegner, die aus einer Spaltung des johanneischen Kreises hervorgegangen sind (1 Joh 2,18f), verabsolutierten die christologischen Hoheitsaussagen des Evangeliums; sie legten dieses Evangelium offenbar gnostisch aus und fanden dafür auch genügend Anhaltspunkte.[166] Und in der entwickelten christlichen Gnosis, in deren Vorgeschichte das Johannesevangelium hineingehören dürfte, hat dann der von Jesus Christus verkündete Gott mit dem Gott Israels gar nichts mehr zu tun. Die Gnosis blieb, aufs Ganze gesehen, Episode. Aber daß der Mann aus Nazareth mit seinem Ende am Kreuz hinter einem hoheitsvollen Christus verblaßte und dem Judentum eine positive Gottesbeziehung abgesprochen wurde, gehört zu einer langen Wirkungsgeschichte des vierten Evangeliums innerhalb der Kirche, als es als kanonischer Text unter gegenüber seiner Ursprungssituation völlig veränderten Bedingungen tradiert wurde. Sollen wir deswegen den vierten Evangelisten schelten, weil er das nicht von vornherein verhindert, sondern durch seine Einseitigkeit und Zuspitzung mit ermöglicht hat?[167] Diese Frage ist kein Plädoyer gegen Sachkritik. Doch der Kritik unterliegt zunächst einmal der Ausleger, der sich fragen lassen muß, ob er auch scharf genug hinhört und die Stimme dessen zu Wort kommen läßt, von dem allein als dem Ort der Präsenz des Gottes Israels der vierte Evangelist Zeugnis ablegen wollte.

166 Vgl. Wengst, Häresie; Richter, Studien 197f; Brown, Relationship passim. Zur möglichen Weiterentwicklung der Christologie des Johannesevangeliums in der Gnosis vgl. auch die Erwägungen von Meeks, Funktion 281-283; ders., Jew 171.

167 "Vielleicht vollzog Johannes einen Drahtseilakt, und man könnte fragen, wie weit es ihm glückte, das Gleichgewicht zu halten – gewiß, wenn man spätere Normen anlegt" (Lieu 236).

Literaturverzeichnis

Die Abkürzungen richten sich nach: Theologische Realenzyklopädie. Abkürzungsverzeichnis, zusammengestellt von Siegfried Schwertner, Berlin und New Yor 1976. – Alle im folgenden angegebenen Werke werden abgekürzt mit Verfassername zitiert. Bei mehreren Arbeiten desselben Verfassers wird zusätzlich zum Namen ein Stichwort des Titels angegeben (Inkonsequenzen sind bei Kügler und Schnelle unterlaufen), bei Kommentaren zum Johannesevangelium lediglich "Komm." Da sich der Forschungsbericht von Thyen über mehrere Jahrgänge erstreckt, wird er mit "ThR" und Bandzahl zitiert.

Alon, Gedalyahu: The Patriarchate of Rabban Johanan ben Zakkai, in: Ders., Jews, Judaism and the Classical World. Studies in Jewish History in the Times of the Second Temple and Talmud, Jerusalem 1977, 314 - 343.

Applebaum, Shimon: The Legal Status of the Jewish Communities in the Diaspora, in: CRI I 1, [2] 1974, 420 - 463.

Ders.: The Organization of the Jewish Communities in the Diaspora, in: CRI I 1, [2] 1974, 464 - 503.

Ders.: The Social and Economic Status of the Jews in the Diaspora, in: CRI I 2, 1976, 701 - 727.

Ashton, John: The Identity and Function of the Ἰουδαῖοι in the Fourth Gospel, NT 27, 1985, 40 - 75.

Aune, David E.: Orthodoxy in first Century Judaism? A Response to N.J. McEleney, JSJ 7, 1976, 1 - 10.

Avi-Yonah, Michael: Historical Geography, in: CRI I 1, [2] 1974, 78-116.

Ders.: The Jews of Palestine. A Political History from the Bar Kokhbah War to the Arab Conquest, Oxford 1976.

Barish, David A.: The *Autobiography* of Josephus and the Hypothesis of a Second Edition of his *Antiquities*, HThR 71, 1978, 61 - 75.

Barnett, P.W.: The Jewish Sign Prophets - A.D. 40-70. Their Intentions and Origins, NTS 27, 1981, 679 - 697.

Barrett, Charles Kingsley: Das Johannesevangelium und das Judentum, Franz-Delitzsch-Vorlesungen 1967, Stuttgart 1970.

Ders.: The Gospel according to St John, London [2]1978.

Ders.: "The Lamb of God", NTS 1, 1954/55, 210 - 218.

Barth, Karl: Erklärung des Johannes-Evangeliums (Kapitel 1-8), hg. v. W. Fürst, Zürich 1976.

Barth, Karl/Bultmann, Rudolf: Briefwechsel 1922-1966, hg. v. Bernd Jaspert, Zürich 1971.

Bauer, Walter, Das Johannesevangelium, HNT 6, [3]1933.

Baum, Gregory, Die Juden und das Evangelium. Eine Überprüfung des Neuen Testaments, Einsiedeln 1963.

Baumbach, Günther: Gemeinde und Welt im Johannes-Evangelium, Kairos 14, 1972, 121 - 136.

Baum-Bodenbender, Rosel: Hoheit in Niedrigkeit. Johanneische Christologie im Prozeß Jesu vor Pilatus (Joh 18,28-19,16a), FzB 49, 1984.

Baur, Ferdinand Christian: Vorlesungen über neutestamentliche Theologie, hg. v. Ferd. Fried. Baur, mit einer Einführung zum Neudruck von Werner Georg Kümmel, Darmstadt 1973 (= Leipzig 1864).

Becker, Jürgen: Die Abschiedsreden Jesu im Johannesevangelium, ZNW 61, 1970, 215-246.

Ders.: Aufbau, Schichtung und theologiegeschichtliche Stellung des Gebetes in Johannes 17, ZNW 60, 1969, 56 - 83.

Ders.: J 3,1 - 21 als Reflex johanneischer Schuldiskussion, in: Das Wort und die Wörter. FS Gerhard Friedrich, hg. v. Horst Balz und Siegfried Schulz, Stuttgart u.a., 1973, 85 - 95.

Ders.: Zur gegenwärtigen Auslegung des Johannesevangeliums, EvErz 33, 1981, 169 - 184.

Ders.: Beobachtungen zum Dualismus im Johannesevangelium, ZNW 65, 1974, 71-87.

Ders.: Das Evangelium nach Johannes, Ökumenischer Taschenbuchkommentar zum NT, Gütersloh und Würzburg, 4/1, 1979, 4/2, 1981.

Ders.: Das Johannesevangelium im Streit der Methoden (1980 - 1984), ThR 51, 1986, 1 - 78.

Ders.: Aus der Literatur zum Johannesevangelium (1978 - 1980), ThR 47, 1982, 279 - 301.305 - 347.

Ders.: Wunder und Christologie. Zum literarkritischen und christologischen Problem der Wunder im Johannesevangelium, NTS 16, 1969/70, 130 - 148.

Belle, Gilbert van: De *semeia-bron* in het vierde evangelie. Ontstaan en groei van een hypothese, Studiorum Novi Testamenti Auxilia 10, Leuven 1975.

Ders.: Johannine Bibliography 1966-1985. A Cumulative Bibliography on the Fourth Gospel, BEThL 82, 1988.

Ben-Chorin, Schalom: Die Ketzerformel, in: Kontinuität und Einheit. FS Franz Mußner, hg. v. Paul-Gerhard Müller und Werner Stenger, Freiburg u.a. 1981, 473 - 483.

Berger, Klaus: Art. Abraham II. Im Frühjudentum und Neuen Testament, TRE 1, 1977, 372 - 382.

Beutler, Johannes: Habt keine Angst. Die erste johanneische Abschiedsrede (Joh 14), SBS 116, 1984.

Ders.: Literarische Gattungen im Johannesevangelium. Ein Forschungsbericht 1919 - 1980, ANRW II 25.3, 1985, 2506 - 2568.

Bittner, Wolfgang J.: Jesu Zeichen im Johannesevangelium. Die Messias-Erkenntnis im Johannesevangelium vor ihrem jüdischen Hintergrund, WUNT 2, 26, 1987.

Blank, Josef: Das Evangelium nach Johannes, Geistliche Schriftlesung 4, Düsseldorf (1a: 1981; 1b: 1981; 2: 1977; 3: 1977).
Ders.: Krisis. Untersuchungen zur johanneischen Christologie und Eschatologie, Freiburg 1964.
Böcher, Otto: Art. Johannes der Täufer, TRE XVII, 1988, 172 - 181.
Boers, Hendrikus: Neither on this mountain nor in Jerusalem. A Study of John 4, SBLMS 35, 1988.
Bornhäuser, Karl: Das Johannesevangelium, eine Missionsschrift für Israel, BFChTh.M 15, 1928.
Bornkamm, Günther: Zur Interpretation des Johannes-Evangeliums. Eine Auseinandersetzung mit Ernst Käsemanns Schrift "Jesu letzter Wille nach Johannes 17", in: Ders.: Geschichte und Glaube I. Gesammelte Aufsätze III, BETh 48, 1968, 104 - 121 (= EvTh 28, 1968, 8 - 25).
Bowker, J.W.: The Origin and Purpose of St John's Gospel, NTS 11, 1964/65, 398 - 408.
Bowman, John: The Fourth Gospel and the Jews. A Study in R. Akiba, Esther and the Gospel of John, Pittsburgh 1975.
Broer, Ingo: Die Juden im Johannesevangelium. Ein beispielhafter und folgenreicher Konflikt, Diak. 14, 1983, 332 - 341.
Brown, Raymond E.: The Community of the Beloved Disciple, New York u.a. 1979. (Deutsch: Ringen um die Gemeinde. Der Weg der Kirche nach den Johanneischen Schriften, Salzburg 1982.)
Ders.: Johannine Ecclesiology - The Community's Origins, Interp. 31, 1977, 379 - 393.
Ders.: The Gospel according to John, AncB, I, New York 1966, II, London 1971 (repr. 1978).
Ders.: New Testament Essays, London u.a. ²1967.
Ders.: "Other Sheep not of this Fold": The Johannine Perspective on Christian Diversity in the Late First Century, JBL 97, 1978, 5-22.
Ders.: The Relationship to the Fourth Gospel shared by the Author of 1 John and by his Opponents, in: Text and Interpretation. FS Matthew Black, hg. v. Ernest Best and R. McL. Wilson, Cambridge u.a. 1979, 57 - 68.
Brown, Schuyler: From Burney to Black: the Fourth Gospel and the Aramaic Question, CBQ 26, 1964, 323 - 339.
Brownlee, William Hugh: Whence the Gospel According to John? in: John and Qumran, hg. v. J. H. Charlesworth, London 1972, 166 - 194.
Bühner, Jan-Adolf: Der Gesandte und sein Weg im 4. Evangelium. Die kultur- und religionsgeschichtlichen Grundlagen der johanneischen Sendungschristologie sowie ihre traditionsgeschichtliche Entwicklung, WUNT 2,2, 1977.
Bultmann, Rudolf: Die Bedeutung des Gedankens der Freiheit für die abendländische Kultur, in: Ders.: Glauben und Verstehen. Gesammelte Aufsätze II, Tübingen 1952, 274 - 293.
Ders.: Das Evangelium des Johannes, KEK 2, 1941; Ergänzungsheft 1957.
Ders.: Art. Johannesevangelium, RGG³ 3, 1959, 840 - 850.
Ders.: Johanneische Schriften und Gnosis, in: Ders.: Exegetica. Aufsätze zur

Erforschung des Neuen Testaments, hg. v. E. Dinkler, Tübingen 1967, 230 - 254 (= OLZ 43, 1940, 150 - 175).
Ders.: Theologie des Neuen Testaments, Tübingen (1953) [6]1968.
Calvin, Johannes: Auslegung des Johannes-Evangeliums, übs. von Martin Trebesius und Hans Christian Petersen, Johannes Calvins Auslegung der Heiligen Schrift. Neue Reihe 14, hg. v. Otto Weber, Neukirchen-Vluyn 1964.
Campenhausen, Hans von: Die Jungfrauengeburt in der Theologie der alten Kirche, SHAW.PH 1962/3, 1962.
Carroll, Kenneth L.: The Fourth Gospel and the Exclusion of Christians from the Synagogues, BJRL 40, 1957/58, 19 - 32.
Carson, D.A.: The Purpose of the Fourth Gospel: John 20,31 Reconsidered, JBL 106, 1987, 639 - 651.
Charlesworth, James H.: Qumran, John and the Odes of Solomon, in: John and Qumran, hg. v. dems., London 1972, 107 - 136.
Chilton, Bruce: John 12,34 and Targum Isaiah 52,13, NT 22, 1980, 176 - 178.
Cohen, Shaye J.D.: The Significance of Yavneh: Pharisees, Rabbis, and the End of Jewish Sectarianism, HUCA 55, 1984, 27 - 53.
Conzelmann, Hans: Die Apostelgeschichte, HNT 7, 1963.
Cribbs, F. Lamar: A Reassessment of the Date of Origin and the Destination of the Gospel of John, JBL 89, 1970, 38 - 55.
Ders.: A Study of the Contacts that exist between St. Luke and St. John, Society of Biblical Literature. Seminar Papers 1973, 2, hg. v. G. MacRae, Cambridge, Mass. 1973, 1 - 93.
Cullmann, Oscar: Der johanneische Kreis. Sein Platz im Spätjudentum, in der Jüngerschaft Jesu und im Urchristentum. Zum Ursprung des Johannesevangeliums, Tübingen 1975.
Culpepper, R. Alan: Anatomy of the Fourth Gospel. A Study in Literary Design, Philadelphia 1983.
Ders.: The Johannine School. An Evaluation of the Johannine-School Hypothesis Based on an Investigation of the Nature of Ancient Schools, SBLDS 26, 1975.
Dalman, Gustav: Orte und Wege Jesu, Gütersloh [3]1924.
Dauer, Anton: Die Passionsgeschichte im Johannesevangelium. Eine traditionsgeschichtliche und theologische Untersuchung zu Joh 18,1-19,30, SANT 30, 1972.
Davies, W.D.: The Setting of the Sermon on the Mount, Cambridge 1964.
Dexinger, Ferdinand: Limits of Tolerance in Judaism: The Samaritan Example, in: Jewish and Christian Self-Definition II, hg. v. E.P. Sanders, A.J. Baumgarten und A. Mendelson, London 1981, 88 - 114.327 - 338.
Dietzfelbinger, Christian: Die eschatologische Freude der Gemeinde in der Angst der Welt. Joh 16,16 - 33, EvTh 40, 1980, 420 - 436.
Ders.: Paraklet und theologischer Anspruch im Johannesevangelium, ZThK 82, 1985, 389 - 408.
Dinger, Rainer: Der johanneische Weg zum Verstehen des Glaubens. Eine Aufzeichnung des Gespräches über die Auslegung des Johannesevan-

geliums zwischen Rudolf Bultmann und seinen Schülern unter besonderer Berücksichtigung des Beitrages von Ernst Fuchs, Diss. ev.-theol. Tübingen 1979 (Masch.).

Dobbeler, Stephanie von: Das Gericht und das Erbarmen Gottes. Die Botschaft Johannes des Täufers und ihre Rezeption bei den Johannesjüngern im Rahmen der Theologiegeschichte des Frühjudentums, BBB 70, 1988.

Dodd, Charles Harold: A l'arrière-plan d'un dialogue Johannique, RHPhR 37, 1957, 5 - 17.

Dunn, James D.G.: Let John be John. A Gospel for Its Time, in: Das Evangelium und die Evangelien. Vorträge vom Tübinger Symposium 1982, hg. v. Peter Stuhlmacher, WUNT 28, 1983, 309 - 339.

Eckle, Wolfgang: Geist und Logos bei Cicero und im Johannesevangelium. Eine vergleichende Betrachtung des "Somnium Scipionis" und der johanneischen Anschauung vom Abstieg und Aufstieg des Erlösers, Spudasmata 36, Hildesheim und New York 1978.

Edgar, S.L.: New Testament and Rabbinic Messianic Interpretation, NTS 5, 1958/59, 47 - 54.

Elbogen, Ismar: Der jüdische Gottesdienst in seiner geschichtlichen Entwicklung, Hildesheim [4]1962 (= Frankfurt/Main [3]1931).

Ernst, Josef: Johannes der Täufer. Interpretation, Geschichte, Wirkungsgeschichte, BZNW 53, 1989.

Fischer, Günter: Die himmlischen Wohnungen: Untersuchungen zu Joh 14,2f, EHS.T 38, 1975.

Fischer, Karl Martin: Der johanneische Christus und der gnostische Erlöser. Überlegungen auf Grund von Joh 10, in: Gnosis und Neues Testament. Studien aus Religionswissenschaft und Theologie, hg.v. K.-W. Tröger, Gütersloh o.J., Lizenzausgabe Ev. Verlagsanstalt Berlin (DDR) 1973, 245 - 266.

Flusser, David: Das Schisma zwischen Judentum und Christentum, EvTh 40, 1980, 214 - 239.

Forkman, Göran: The Limits of the Religious Community. Expulsion from the Religious Community within the Qumran Sect, within Rabbinic Judaism, and within Primitive Christianity, CB.NT 5, 1972.

Fortna, Robert T.: Christology in the Fourth Gospel: Redaction-Critical Perspectives, NTS 21, 1975, 489 - 504.

Ders.: The Fourth Gospel and its Predecessor, Edinburgh 1989.

Ders.: Theological Use of Locale in the Fourth Gospel, in: Gospel Studies in Honour of Sherman Elbridge Johnson, hg. v. M.H. Shepherd und E.C. Hobbs, AThR Supplementary Series 3, 1974, 58 - 95.

Frankfort, Thérèse: La date de l'autobiographie de Flavius Josèphe et des oeuvres de Justus de Tibériade, RBPH 39, 1961, 52 - 58.

Dies.: Le royaume d'Agrippa II et son annexion par Domitien, in: Hommages à Albert Grenier 2, Collection Latomus 58, Bruxelles-Berchem 1962, 659 - 672.

Fuller, Reginald: The "Jews" in the Fourth Gospel, Dialog 16, 1977, 31 - 37.

Gafni, Isaiah M.: The Historical Background, in: CRI II 3/1, 1987, 1 - 34.
Giblet, Jean: Développements dans la théologie johannique, in: L'Évangile de Jean. Sources, rédaction, théologie, hg. v. M. de Jonge, BEThL 44, 1977, 45 - 72.
Glatzer, Nahum Norbert: Geschichte der talmudischen Zeit, Neukirchen-Vluyn ²1981.
Grabbe, Lester L.: Orthodoxy in First Century Judaism. What are the Issues?, JSJ 8, 1977, 149 - 153.
Gräßer, Erich: Die Juden als Teufelssöhne in Johannes 8,37-42, in: Ders.: Text und Situation. Gesammelte Aufsätze zum Neuen Testament, Gütersloh 1973, 70 - 83 (= Antijudaismus im Neuen Testament? Exegetische und systematische Beiträge, hg. v. W.P. Eckert, N.P. Levinson und M. Stöhr, München 1967, 157 - 170).
Ders.: Die antijüdische Polemik im Johannesevangelium, in: Ders.: Text und Situation. Gesammelte Aufsätze zum Neuen Testament, Gütersloh 1973, 50 - 69 (= NTS 11, 1964/65, 74 - 90).
Grätz, H.: Jüdisch-geschichtliche Studien I. Die Söhne Bethyra בתירא בני, MGWJ 1, 1851/52, 115 - 120.
Grundmann, Walter: Der Zeuge der Wahrheit. Grundzüge der Christologie des Johannesevangeliums, mit einer Einführung hg. v. W. Wiefel, Berlin 1985.
Gryglewicz, Feliks, "Das Lamm Gottes", NTS 13, 1966/67, 133 - 146.
Ders.: Die Pharisäer und die Johanneskirche, in: Probleme der Forschung, hg. v. A. Fuchs, Studien zum Neuen Testament und seiner Umwelt A/3, Wien und München 1978, 144 - 158.
Gubler, Marie-Louise: Die frühesten Deutungen des Todes Jesu. Eine motivgeschichtliche Darstellung aufgrund der neueren exegetischen Forschung, OBO 15, 1977.
Güdemann, M.: Neutestamentliche Studien II. Das IV. (Johannes-) Evangelium und der Rabbinismus, MGWJ 37 (= NS 1), 1893, 249 - 257.297 - 303.345 - 356.
Haacker, Klaus: Gottesdienst ohne Gotteserkenntnis. Joh 4,22 vor dem Hintergrund der jüdisch-samaritanischen Auseinandersetzung, in: Wort und Wirklichkeit. Studien zur Afrikanistik und Orientalistik I. FS Eugen Ludwig Rapp, hg. v. B. Benzing u.a., Meisenheim am Glan 1976, 110 - 126.
Haenchen, Ernst: Das Johannesevangelium. Ein Kommentar, aus den nachgelassenen Manuskripten hg. v. U. Busse, Tübingen 1980.
Ders.: Aus der Literatur zum Johannesevangelium 1929 - 1956, ThR 23, 1955 (1956), 295 - 335.
Ders.: Johanneische Probleme, in: Ders.: Gott und Mensch. Gesammelte Aufsätze, Tübingen 1965, 78 - 113.
Ders.: "Der Vater, der mich gesandt hat", in: Ders.: Gott und Mensch. Gesammelte Aufsätze, Tübingen 1965, 68 - 77.
Hahn, Ferdinand, "Das Heil kommt von den Juden" - Erwägungen zu Joh 4,22b, in: Wort und Wirklichkeit. Studien zur Afrikanistik und Orienta-

listik I. FS Eugen Ludwig Rapp, hg. v. B. Benzinger u.a., Meisenheim am Glan 1976, 67 - 84.

Ders.: "Die Juden" im Johannesevangelium, in: Kontinuität und Einheit. FS Franz Mußner, hg. v. P.-G. Müller und W. Stenger, Freiburg u.a. 1981, 430 - 438.

Ders.: Sehen und Glauben im Johannesevangelium, in: Neues Testament und Geschichte. Historisches Geschehen und Deutung im Neuen Testament. FS Oscar Cullmann, hg. v. H. Baltensweiler und B. Reicke, Zürich und Tübingen 1972, 125 - 141.

Hare, Douglas R.A.: The Theme of Jewish Persecution of Christians in the Gospel according to St Matthew, SNTS.MS 6, 1967.

Harnisch, Wolfgang: Verhängnis und Verheißung der Geschichte. Untersuchungen zum Zeit- und Geschichtsverständnis im 4. Buch Esra und in der syr. Baruchapokalypse, FRLANT 97, 1969.

Heise, Jürgen: Bleiben. Menein in den Johanneischen Schriften, HUTh 8, 1967.

Hengel, Martin: Reich Christi, Reich Gottes und Weltreich im 4. Evangelium, ThBeitr 14, 1983, 201 - 216.

Ders.: Die Zeloten. Untersuchungen zur jüdischen Freiheitsbewegung in der Zeit von Herodes I. bis 70. n.Chr., AGJU 1, 1976.

Herford, R. Travers: Christianity in Talmud and Midrash, Clifton, N.J. 1966 (repr).

Hickling, C.J.A.: Attitudes to Judaism in the Fourth Gospel, in: L'Évangile de Jean. Sources, rédactions, théologie, hg. v. M. de Jonge, BEThL 44, 1977, 347 - 354.

Hirsch, Emanuel: Das vierte Evangelium in seiner ursprünglichen Gestalt verdeutscht und erklärt, Tübingen 1936.

Ders.: Studien zum vierten Evangelium. Text, Literarkritik, Entstehungsgeschichte, BHTh 11, 1936.

Hofius, Otfried: Erwählung und Bewahrung. Zur Auslegung von Joh 6,37, ThBeitr 8, 1977, 24 - 29.

Hofrichter, Peter: Im Anfang war der "Johannesprolog". Das urchristliche Logosbekenntnis - die Basis neutestamentlicher und gnostischer Theologie, BU 17, 1986.

Holtzmann, H.J.: Evangelium, Briefe und Offenbarung des Johannes, HC IV, 1891.

Horbury, William: The Benediction of the Minim and Early Jewish Christian Controversy, JThS 33, 1982, 19 - 61.

Hummel, Reinhart: Die Auseinandersetzung zwischen Kirche und Judentum im Matthäusevangelium, BEvTh 33, ²1966.

Hunzinger, Claus-Hunno: Art. Bann II, TRE 5, 1980, 161 - 167.

Ders.: Die jüdische Bannpraxis im neutestamentlichen Zeitalter, Diss. theol. Göttingen 1954 (Masch).

Ibuki, Yu: Das Zeugnis Jesu im Johannesevangelium, AJBI 8, 1982, 123 - 161.

Jeremias, Joachim: Jerusalem zur Zeit Jesu. Eine kulturgeschichtliche Untersuchung zur neutestamentlichen Zeitgeschichte, Göttingen ³1962.

Jocz, Jakob: The Jewish People and Jesus Christ. A Study in the Controversy between Church and Synagogue, London ²1954.

Jonge, Marinus de: Jesus: Stranger from Heaven and Son of God. Jesus Christ and the Christians in Johannine Perspective, Society of Biblical Literature. Sources for Biblical Study 11, Missoula, Mont. 1977.

Käsemann, Ernst: Aufbau und Anliegen des johanneischen Prologs, in: Ders.: Exegetische Versuche und Besinnungen II, Göttingen 1964, 155 - 181 (= Libertas Christiana. FS F. Delekat, München 1957, 75 - 99).

Ders.: Jesu letzter Wille nach Johannes 17, Tübingen ³1971.

Ders.: Die Johannesjünger in Ephesus, in: Exegetische Versuche und Besinnungen I, Göttingen 1960, 158 - 168.

Ders.: Ketzer und Zeuge. Zum johanneischen Verfasserproblem, in: Exegetische Versuche und Besinnungen I, Göttingen 1960, 168-187 (= ZThK 48, 1951, 292 - 311).

Katz, Steven T.: Issues in the Separation of Judaism and Christianity after 70 C.E.: A Reconsideration, JBL 103, 1984, 43 - 76.

Kierkegaard, Sören: Philosophische Brocken, übersetzt von Emanuel Hirsch, Düsseldorf und Köln 1960.

Kilpatrick, G.D.: What John tells us about John, in: Studies in John. FS J.N. Sevenster, hg. v. W.C. van Unnik u.a., NT.S 24, 1970, 75 - 87.

Kimelman, Reuven: *Birkat Ha-Minim* and the Lack of Evidence for an Anti-Christian Jewish Prayer in Late Antiquity, in: Jewish and Christian Self-Definition II, hg. v. E.P. Sanders, A.I. Baumgarten, A. Mendelson, London 1981, 226 - 244.391 - 403.

Klaiber, Walter: Die Aufgabe einer theologischen Interpretation des 4. Evangeliums, ZThK 82, 1985, 300 - 324.

Kleinknecht, Karl Theodor: Johannes 13, die Synoptiker und die "Methode" der johanneischen Evangelienüberlieferung, ZThK 82, 1985, 361 - 388.

Kohler, Herbert: Kreuz und Menschwerdung im Johannesevangelium. Ein exegetisch-hermeneutischer Versuch über das Johannesevangelium, AThANT 72, 1987.

Korteweg, Theo: The Reality of the Invisible. Some Remarks on St John XIV 8 and Greek Philosophic Tradition, in: Studies in Hellenistic Religions, hg. v. M.J. Vermaseren, EPRO 78, 1979, 50 - 102.

Kossen, H.B.: Who were the Greeks of John 12,20?, in: Studies in John. FS J.N. Sevenster, hg. v. W.C. van Unnik u.a., NT.S 24, 1970, 97 - 110.

Kramer, Werner: Christos Kyrios Gottesohn. Untersuchungen zu Gebrauch und Bedeutung der christologischen Bezeichnungen bei Paulus und den vorpaulinischen Gemeinden, AThNT 44, 1963.

Kraft, Heinrich, Die Offenbarung des Johannes, HNT 16a, 1974.

Kügler, Joachim: Das Johannesevangelium und seine Gemeinde - kein Thema für Science Fiction, Biblische Notizen 23, 1984, 48 - 62.

Kümmel, Werner Georg, Einleitung in das Neue Testament, Heidelberg ¹⁵1967.

Kuhn, Karl-Georg: Achtzehngebet und Vaterunser und der Reim, WUNT 1, 1950.
Ders.: Giljonim und sifre minim, in: Judentum, Urchristentum, Kirche. FS Joachim Jeremias, hg. v. W. Eltester, BZNW 26, [2]1964, 24 - 61.
Kysar, Robert: Christology and Controversy. The Contribution of the Prologue of the Gospel of John to New Testament Christology and their Historical Setting, CThMi 5, 1978, 348 - 364.
Ders.: Community and Gospel. Vectors in Fourth Gospel Criticism, Interp. 31, 1977, 355 - 366.
Ders.: The Fourth Evangelist and his Gospel. An examination of contemporary scholarship, Minneapolis, Minn. 1975.
Ders.: The Fourth Gospel. A Report on Recent Research, ANRW II 25,3, 1984, 2389 - 2480.
Langbrandtner, Wolfgang: Weltferner Gott oder Gott der Liebe. Der Ketzerstreit in der johanneischen Kirche. Eine exegetisch-religionsgeschichtliche Untersuchung mit Berücksichtigung der koptisch-gnostischen Texte aus Nag-Hammadi, Beiträge zur biblischen Exegese und Theologie 6, Frankfurt a.M. u.a. 1977.
Lattke, Michael: Einheit im Wort. Die spezifische Bedeutung von ἀγάπη, ἀγαπᾶν und φιλεῖν im Johannesevangelium, SANT 41, 1975.
Leistner, Reinhold: Antijudaismus im Johannesevangelium? Darstellung des Problems in der neueren Auslegungsgeschichte und Untersuchung der Leidensgeschichte, TW 3, 1974.
Léon-Dufour, Xavier: L'évangile de Jean, RSR 73, 1985, 246 - 280.
Lerle, Ernst: Liturgische Reformen des Synagogengottesdienstes als Antwort auf die judenchristliche Mission des ersten Jahrhunderts, NT 10, 1968, 31 - 42.
Leroy, Herbert: Rätsel und Mißverständnis. Ein Beitrag zur Formgeschichte des Johannesevangeliums, BBB 30, 1968.
Lietzmann, Hans: Geschichte der Alten Kirche 2, Berlin und Leipzig 1936.
Lieu, Judith M.: Gnosticism and the Gospel of John, ET 90, 1979, 233 - 237.
Lindars, Barnabas: Behind the Fourth Gospel, London 1971.
Lindemann, Andreas: Gemeinde und Welt im Johannesevangelium, in: Kirche. FS Günther Bornkamm, hg. v. D. Lührmann und G. Strecker, Tübingen 1980, 133 - 161.
Lisowsky, Gerhard / Schereschewsky, Emanuel: Die Tosefat VI/2, mit Beiträgen von K.H. Rengstorf, Stuttgart 1965.
Loader, William: The Christology of the Fourth Gospel. Structure and Issues, Beiträge zur biblischen Exegese und Theologie 23, Frankfurt a.M. u.a. 1989.
Locher, Clemens: Die Johannes-Christen und "die Juden", Orien. 48, 1984, 223 - 226.
Lohse, Wolfram: Die Fußwaschung (Joh 13,1-20). Eine Geschichte ihrer Deutung, Diss. theol. Erlangen-Nürnberg 1967.
Lowe, Malcolm: Who were the IOYΔAIOI?, NT 18, 1976, 101 - 130.

Lütgert, Wilhelm: Die Juden im Johannesevangelium, in: Neutestamentliche Studien für Georg Heinrici, hg. v. H. Windisch, Leipzig 1914, 147 - 154.

Maier, Johann: Jüdische Auseinandersetzung mit dem Christentum in der Antike, EdF 177, 1982.

Ders.: Grundzüge der Geschichte des Judentums im Altertum, Darmstadt 1981.

Malatesta, Edward: St John's Gospel 1920 - 1965. A cumulative and classified bibliography of books and periodical literature on the Fourth Gospel, AnBib 32, 1967.

Manns, Frédéric: L'Évangile de Jean, réponse chrétienne aux décisions de Jabne, SBFLA 30, 1980, 47 - 92.

Martyn, James Louis: History and Theology in the Fourth Gospel, New York 1968, Nashville [2] 1979.

Ders.: Glimpses into the History of the Johannine Community. From Its Origin Through the Period of Its Life in Which the Fourth Gospel Was Composed, in: Ders.: The Gospel of John in Christian History. Essays for Interpreters, New York u.a. 1978, 90 - 121 (= L'Évangile de Jean. Sources, rédaction, théologie, hg. v. M. de Jonge, BEThL 44, 1977, 149 - 175).

Mattill Jr., A.J.: Johannine Communities behind the Fourth Gospel: Georg Richter's Analysis, TS 38, 1977, 294 - 315.

May, Eric Edward: Ecce agnus dei! A philological and exegetical approach to John 1:29,36, Washington 1947.

McEleney, Neil J.: Orthodoxy in Judaism of the First Christian Century. Replies to David E. Aune and Lester L. Grabbe, JSJ 9, 1978, 83 - 88.

McNamara, Martin: Targum and Testament. Aramaic Paraphrases of the Hebrew Bible: A Light on the New Testament, Shannon 1972.

McNeil, Brian: The Quotation at John XII 34, NT 19, 1977, 22 - 33.

Meeks, Wayne A.: The Divine Agent and His Counterfeit in Philo and the Fourth Gospel, in: Aspects of Religious Propaganda in Judaism and Early Christianity, hg. v. Elisabeth Schüssler Fiorenza, Notre Dame und London 1976, 43 - 67.

Ders.: Die Funktion des vom Himmel herabgestiegenen Offenbarers für das Selbstverständnis der johanneischen Gemeinde, in: Zur Soziologie des Urchristentums, hg. v. W.A. Meeks, TB 62, 1979, 245 - 283 (= The Man from Heaven in Johannine Sectarianism, JBL 91, 1972, 44 - 72).

Ders.: "Am I a Jew?" Johannine Christianity and Judaism, in: Christianity, Judaism and other Greco-Roman Cults. Studies for Morton Smith I, hg. v. J. Neusner, SJLA 12, 1975, 163 - 186.

Ders.: The Prophet-King. Moses Traditions and the Johannine Christology, NT.S 14, 1967.

Meshorer, Ya'akov: Jewish Coins of the Second Temple Period, Tel-Aviv 1967.

Meyer, Rudolf: Art. φαρισαῖος. Der Pharisäismus im Judentum, ThWNT 9, 1973, 12 - 36.

Minear, Paul S.: The Audience of the Fourth Evangelist, Interp. 31, 1977, 339 - 354.

Ders.: The Original Functions of John 21, JBL 102, 1983, 85 - 98.

Miranda, Juan Peter: Die Sendung Jesu im vierten Evangelium. Religions- und theologiegeschichtliche Untersuchungen zu den Sendungsformeln, SBS 87, 1977.

Moloney, Francis J.: The Fourth Gospel's Presentation of Jesus as 'the Christ' and J.A.T. Robinson's Redating, DR 95, 1977, 239 - 253.

Ders.: The Johannine Son of God, Sal. 38, 1976, 71 - 86.

Moore, George Foot: Judaism in the First Centuries of the Christian Era. The Age of the Tannaim I, Cambridge [9]1962.

Moule, C.F.D.: The Individualism of the Fourth Gospel, NT 5, 1962, 171 - 190.

Ders.: A neglected Factor in the Interpretation of Johannine Eschatology, in: Studies in John. FS J.N.Sevenster, hg.v. W.C. van Unnik u.a., NT.S 24, 1970, 155 - 160.

Müller, Ulrich B.: Die Bedeutung des Kreuzestodes Jesu im Johannesevangelium. Erwägungen zur Kreuzestheologie im Neuen Testament, KuD 21, 1975, 49 - 71.

Ders.: Die Geschichte der Christologie in der johanneischen Gemeinde, SBS 77, 1975.

Ders.: Messias und Menschensohn in jüdischen Apokalypsen und in der Offenbarung des Johannes, StNT 6, 1972.

Ders.: Die Parakletenvorstellung im Johannesevangelium, ZThK 71, 1974, 31 - 77.

Mußner, Franz: Die johanneische Sehweise und die Frage nach dem historischen Jesus, QD 28, 1965.

Neirynck, Frans: Jean et les synoptiques. Examen critique de l'exégèse de M.-E. Boismard, BEThL 49, 1979.

Ders.: John and the Synoptics, in: L'Évangile de Jean. Sources, rédaction, théologie, hg.v. M. de Jonge, BEThL 44, 1977, 73 - 106.

Neusner, Jakob: Art, Akiba ben Josef, TRE 2, 1978, 146f.

Ders.: Eliezer Ben Hyrcanus. The Tradition and the Man I.II, SJLA 3.4, 1973.

Ders.: The Formation of Rabbinic Judaism: Yavneh (Jamnia) from A.D. 70 to 100, in: ANRW II 19,2, 1979, 3 - 42.

Ders.: Early Rabbinic Judaism. Historical Studies in Religion, Literature and Art, SJLA 13, 1975.

Ders.: A Life of Rabban Yohanan ben Zakkai. Ca. 1 - 80 C.E., StPB 6, 1962.

Nicol, W.: The Semeia in the Fourth Gospel. Tradition and Redaction, NT.S 32, 1972.

O'Neill, J.C.: The Lamb of God in the Testaments of the Twelve Patriarchs, Journal for the Study of the New Testament, 1979 (2), 2 - 30.

Onuki, Takashi: Die johanneischen Abschiedsreden und die synoptische Tradition. Eine traditionskritische und traditionsgeschichtliche Untersuchung, AJBI 3, 1977, 157 - 268.

Ders.: Zur literatursoziologischen Analyse des Johannesevangeliums, AJBI 8, 1982, 162 - 216.

Ders.: Gemeinde und Welt im Johannesevangelium. Ein Beitrag zur Frage nach der theologischen und pragmatischen Funktion des johanneischen "Dualismus", WMANT 56, 1984.

Oppen, Dietrich von: Die Schrift und die Bewältigung menschlicher Situation, in: Sola Scriptura. Ringvorlesung der theologischen Fakultät der Phillips-Universität, hg.v. C.-H. Ratschow, Marburg 1977, 178 - 192.

Osten-Sacken, Peter von der: Leistung und Grenze der johanneischen Kreuzestheologie, EvTh 36, 1976, 154 - 176.

Overbeck, Franz: Das Johannesevangelium. Studien zur Kritik seiner Erforschung, hg.v. C.A. Bernoulli, Tübingen 1911.

Painter, John: The Church and Israel in the Gospel of John: a Response, NTS 25, 1978/79, 103 - 112.

Ders.: John. Witness and Theologian, London 1975.

Ders.: Tradition and Interpretation in John 6, NTS 35, 1989, 421 - 450.

Pancaro, Severino: The Law in the Fourth Gospel. The Torah and the Gospel, Moses and Jesus, Judaism and Christianity according to John, NT.S 42, 1975.

Ders.: "People of God" in St John's Gospel, NTS 16, 1969/70, 114 - 129.

Ders.: The Relationship of the Church to Israel in the Gospel of St John, NTS 21, 1975, 396 - 405.

Petuchowski, Jakob J.: Der Ketzersegen, in: Das Vaterunser. Gemeinsames Beten von Juden und Christen, hg.v. M. Brocke, J. Petuchowski und W. Strolz, Freiburg u.a. 1974, 90 - 101.265f.

Pfitzner, Victor C.: The Coronation of the King - The Passion in the Gospel of St John, CThMi 4, 1977, 10 - 21.

Plastaras, James: The Witness of John: A Study of Johannine Theology, New York 1972.

Plessis, P.J. du: Zie het Lam Gods. Overwegingen bij de knechtsgestalte in het Evangelie van Johannes, in: De knechtsgestalte van Christus. FS Herman Nicolaas Ridderbos, Kampen 1978, 120 - 138.

Rebell, Walter: Gemeinde als Gegenwelt. Zur soziologischen und didaktischen Funktion des Johannesevangeliums, Beiträge zur biblischen Exegese und Theologie 20, Frankfurt a.M. u.a. 1987.

Reim, Günter: Zur Lokalisierung der johanneischen Gemeinde, BZ 32, 1988, 72 - 86.

Ders.: Joh 9 - Tradition und zeitgenössische messianische Diskussion, BZ 22, 1978, 245 - 253.

Renner, George L.: The Life World of the Johannine Community: An Investigation of the Social Dynamics which resulted in the composition of the Fourth Gospel, Michigan 1982.

Richter, Georg: Die Fußwaschung im Johannesevangelium. Geschichte ihrer Deutung, BU 1, 1967.

Ders.: Studien zum Johannesevangelium, hg.v. J. Hainz, BU 13, 1977.

Riesner, Rainer: Bethany beyond the Jordan (John 1,28). Topography,

Theology and History in the Fourth Gospel, TynNTL 1986, 29 - 63.

Robinson, John A.T.: The Destination and Purpose of St John's Gospel, in: Ders.: Twelve New Testament Studies, London 1962, 107 - 125 (= NTS 6, 1959/60, 117 - 131).

Ders.: A New Look on the Fourth Gospel, in: Ders.: Twelve New Testament Studies, London 1962, 94 - 106 (= Studia Evangelica. TU 73, 1959, 338 - 350).

Ruckstuhl, Eugen: Das Johannesevangelium und die Gnosis, in: Neues Testament und Geschichte. Historisches Geschehen und Deutung im Neuen Testament. FS Oscar Cullmann, hg.v. H. Baltensweiler und B. Reicke, Zürich u. Tübingen 1972, 143 - 156.

Rudolph, Kurt: Die Gnosis. Wesen und Geschichte einer spätantiken Religion, Göttingen 1978.

Sabbe, M.: The Arrest of Jesus in Jn 18,1-11 and its Relation to the Synoptic Gospels. A Critical Evaluation of A. Dauer's Hypothesis, in: L'Évangile de Jean. Sources, rédaction, théologie, hg.v. M. de Jonge, BEThL 44, 1977, 203 - 234.

Dies.: John and the Synoptists: Neirynck vs. Boismard, EThL 56, 1980, 125 - 131.

Safrai, Shmuel: Das Zeitalter der Mischna und des Talmuds (70 - 640), in: Geschichte des jüdischen Volkes I, hg.v. H.H. Ben-Sasson, München 1978, 375 - 469.

Schäfer, Peter: Geschichte der Juden in der Antike. Die Juden Palästinas von Alexander dem Großen bis zur arabischen Eroberung, Stuttgart 1983.

Ders.: Die sogenannte Synode von Jabne. Zur Trennung von Juden und Christen im 1./2. Jh. n.Chr., in: Ders.: Studien zur Geschichte und Theologie des rabbinischen Judentums, AGJU 15, 1978, 45 - 64 (= Jud. 31, 1975, 54 - 64.116 - 124).

Schenke, Hans-Martin / Fischer, Karl Martin: Einleitung in die Schriften des Neuen Testaments II. Die Evangelien und die anderen neutestamentlichen Schriften, Gütersloh 1979.

Schiffman, Lawrence H.: At the Crossroads: Tannaitic Perspectives on the Jewish-Christian Schism, in: Jewish and Christian Self-Definition II, hg.v. E.P. Sanders, A.I. Baumgarten und A. Mendelson, London 1981, 115 - 156.338 - 352.

Schlatter, Adolf: Der Evangelist Johannes. Wie er spricht, denkt und glaubt, Stuttgart [3] 1960.

Schmithals, Walter: Neues Testament und Gnosis, EdF 208, 1984.

Schnackenburg, Rudolf: Entwicklung und Stand der johanneischen Forschung seit 1955, in: Ders.: Das Johannesevangelium IV. Ergänzende Auslegungen und Exkurse, HThK IV 4, 1984, 9 - 32 (= L'Évangile de Jean. Sources, rédaction, théologie, hg.v. M. de Jonge, BEThL 44, 1977, 19 - 44).

Ders.: Aus der johanneischen Forschung, BZ 27, 1983, 281 - 284; 28, 1984, 116 - 118.267 - 269.

Ders.: Die Hirtenrede Joh 10,1-18, in: Ders.: Das Johannesevangelium IV. Ergänzende Auslegungen und Exkurse, HThK IV 4, 1984, 131 - 143.

Ders.: Das Johannesevangelium, HThK IV (1: [3]1972, 2: 1971, 3: [2]1976).
Ders.: Die Messiasfrage im Johannesevangelium, in: Neutestamentliche Aufsätze. FS Josef Schmid, hg.v. J. Blinzler, O. Kuss, F. Mußner, Regensburg 1963, 240 - 264.
Ders.: Zur Redaktionsgeschichte des Johannesevangeliums, in: Ders.: Das Johannesevangelium IV. Ergänzende Auslegungen und Exkurse, HThK IV 4, 1984, 90 - 102.
Schneider, Carl: Art. μαστιγόω κτλ., ThWNT IV, 1942, 521 - 525.
Schneider, Johannes: Das Evangelium nach Johannes, ThHK Sonderband, 1976.
Schneiders, Sandra M.: Reflections on Commitment in the Gospel According to John, BTB 8, 1978, 40 - 48.
Schnelle, Udo: Die Abschiedsreden im Johannesevangelium, ZNW 80, 1989, 64 - 79.
Ders.: Antidoketische Christologie im Johannesevangelium. Eine Untersuchung zur Stellung des vierten Evangeliums in der johanneischen Schule, FRLANT 144, 1987.
Schottroff, Luise: Animae naturaliter salvandae. Zum Problem der himmlischen Herkunft des Gnostikers, in: Christentum und Gnosis, hg.v. W. Eltester, BZNW 37, 1969, 65 - 97.
Dies.: Der Glaubende und die feindliche Welt. Beobachtungen zum gnostischen Dualismus und seiner Bedeutung für Paulus und das Johannesevangelium, WMANT 37, 1970.
Dies.: Heil als innerweltliche Entweltlichung. Der gnostische Hintergrund der johannesichen Vorstellung vom Zeitpunkt der Erlösung, NT 11, 1969, 294 - 317.
Dies.: Johannes 4,5-15 und die Konsequenzen des johanneischen Dualismus, ZNW 60,1969, 199 - 214.
Dies.: "Mein Reich ist nicht von dieser Welt". Der johanneische Messianismus, in: Religionstheorie und politische Theologie 2. Gnosis und Politik, hg.v. Jacob Taubes, München 1984, 97 - 108.
Schrage, Wolfgang: Art. ἀποσυνάγωγος, ThWNT VII, 1964, 845 - 850.
Ders.: Ethik des Neuen Testaments, GNT 4, [2]1989.
Ders.: Meditation zu Offenbarung 2,8-11, EvTh48, 1988, 388 - 403.
Schram, Terry Leonard: The Use of *IOUDAIOS* in the Fourth Gospel. An Application of some linguistic Insights to a New Testament Problem, Diss. theol Utrecht 1974.
Schürer, Emil: Geschichte des jüdischen Volkes im Zeitalter Jesu Christi I. Einleitung und politische Geschichte, Leipzig [3.4]1901.
Ders.: The History of the Jewish People in the Age of Jesus Christ (175 B.C.-A.D. 135) I, revised and edited by Geza Vermes, Fergus Millar, Pamela Vermes, Matthew Black, Edinburgh 1973.
Schulz, Siegfried: Das Evangelium nach Johannes, NTD 4, 1972.
Schwartz, Eduard: Aporien im vierten Evangelium, NGWG.PH 1907, 342 - 372; 1908, 115 - 188.497 - 560.
Schweizer, Eduard: Jesus der Zeuge Gottes. Zum Problem des Doketismus

im Johannesevangelium, in: Studies in John. FS J.N. Sevenster, hg.v. W.C. van Unnik u.a., NT.S 24, 1970, 161 - 168.

Seyrig, Henri: Monnaies hellénistiques XIII.2. Les ères d'Agrippa II, Revue numismatique 6, 1964, 55 - 65.

Shepherd, Massey H., Jr.: The Jews in the Gospel of John. Another Level of Meaning, in: Gospel Studies in Honour of Sherman Elbridge Johnson, hg.v. M.H. Shepherd und E.C. Hobbs, AThR Supplementary Series 3, 1974, 95 - 112.

Sjöberg, Erik: Der verborgene Menschensohn in den Evangelien, SHVL 53, 1955.

Smalley, Stephen S.: John: Evangelist and Interpreter, Exeter 1978.

Smallwood, E. Mary: The Jews under Roman Rule. From Pompey to Diocletian, SJLA 20, 1981 (repr.).

Smith, D. Moody: Johannine Christianity, in: Ders.: Johannine Christianity. Essays on its Setting, Sources, and Theology, Columbia 1984, 1 - 36 (= NTS 21, 1975, 222 - 248).

Ders.: The Presentation of Jesus in the Fourth Gospel, in: Johannine Christianity. Essays on its Setting, Sources, and Theology, Columbia 1984, 175 - 189 (= Interp. 31, 1977, 367 - 378).

Stauffer, Ethelbert: Agnostos Christos. Joh 2,24 und die Eschatologie des vierten Evangeliums, in: The Background of the New Testament and its Eschatology. FS Charles Harold Dodd, hg.v. W.D. Davies und D. Daube, Cambridge 1956, 281 - 299.

Stemberger, Günter: Das klassische Judentum. Kultur und Geschichte der rabbinischen Zeit, München 1979.

Ders.: Die sogenannte "Synode von Jabne" und das frühe Christentum, Kairos 19, 1977, 14 - 21.

Stenger, Werner: "Gebt dem Kaiser, was des Kaisers ist ...!" Eine sozialgeschichtliche Untersuchung zur Besteuerung Palästinas in ntl. Zeit, BBB 68, 1988.

Stern, Menahem: Aspects of Jewish Society: The Priesthood and other Classes, in: CRI I 2, 1976, 561 - 630.

Ders.: The Reign of Herod and the Herodian Dynasty, in: CRI I 1, ^{2}1974, 216 - 307.

Ders.: The Herodian Dynasty and the Province of Judea at the End of the Period of the Second Temple, in: The World History of the Jewish People, hg.v. M. Avi-Yonah, I 7: The Herodian Period, New Brunswick 1975, 124 - 178.

Ders.: Sources II. The Greek and Latin Literary Sources, in: CRI I 1, ^{2}1974, 18 - 37.

Strack, Hermann L.: Jesus, die Häretiker und die Christen nach den ältesten jüdischen Angaben. Texte, Übersetzungen und Erläuterungen, Leipzig 1910.

Strecker, Georg: Die Anfänge der johanneischen Schule, NTS 32, 1986, 31 - 47.

Theißen, Gerd: "Meer" und "See" in den Evangelien. Ein Beitrag zur Lokal-

koloritforschung, in: Studien zum Neuen Testament und seiner Umwelt A 10, hg.v. A. Fuchs, Linz 1985, 5 - 25.
Thornton, T.C.G.: Christian Understandings of the *birkath ha-minim* in the Eastern Roman Empire, JThS 38, 1987, 419 - 431.
Thurneysen, Eduard: Der Prolog zum Johannesevangelium, ZZ 3, 1925, 12 - 37.
Thyen, Hartwig: "... denn wir lieben die Brüder" (1Joh 3,14), in: Rechtfertigung. FS Ernst Käsemann, hg.v. J. Friedrich u.a., Tübingen und Göttingen 1976, 527 - 542.
Ders.: Entwicklungen innerhalb der johanneischen Theologie und Kirche im Spiegel von Joh. 21 und der Lieblingsjüngertexte des Evangeliums, in: L'Évangile de Jean. Sources, rédaction, théologie, hg.v. M. de Jonge, BEThL 44, 1977, 259 - 299.
Ders.: "Das Heil kommt von den Juden", in: Kirche. FS Günther Bornkamm, hg.v. D. Lührmann und G. Strecker, Tübingen 1980, 163 - 184.
Ders.: Art. Ἰωάννης 2, EWNT II, 1981, 518 - 521.
Ders.: Art. Johannesbriefe, TRE 17, 1988, 186 - 200.
Ders.: Art. Johannesevangelium, TRE 17, 1988, 200 - 225.
Ders.: Aus der Literatur zum Johannesevangelium, ThR 39,1975, 1 - 69.222 - 252.289 - 330; 42, 1977, 211 - 270; 43, 1978, 328 - 359; 44, 1979, 97 - 134.
Ders.: Johannes 13 und die "Kirchliche Redaktion" des vierten Evangeliums, in: Tradition und Glaube. Das frühe Christentum und seine Umwelt. FS Karl Georg Kuhn, hg.v. G. Jeremias u.a., Göttingen 1971, 343 - 356.
Townsend, John T.: The Gospel of John and the Jews: The Story of a Religious Divorce, in: Antisemitism and the Foundations of Christianity, hg.v. Alan Davies, New York 1979, 72 - 97.
Tröger, Karl-Wolfgang: Ja oder Nein zur Welt. War der Evangelist Johannes Christ oder Gnostiker?, in: Theologische Versuche 7, hg.v. J. Rogge und G. Schille, Berlin 1976, 61 - 80.
Unnik, W.C. van: The Purpose of St John's Gospel, StEv 1, hg.v. K. Aland u.a., TU 73, 1959, 382 - 411.
Ders.: The Quotation from the Old Testament in John 12,34, NT 3, 1959, 174 - 179.
Urbach, Ephraim E.: Class-Status and Leadership in the World of the Palestinian Sages, The Israel Academy of Sciences and Humanities. Proceedings II 4, Jerusalem 1966.
Ders.: The Sages. Their Concepts And Beliefs I.II, Translated from the Hebrew by Israel Abraham, Jerusalem ²1979.
Vielhauer, Philipp: Geschichte der urchristlichen Literatur. Einleitung in das Neue Testament, die Apokryphen und die Apostolischen Väter, Berlin und New York 1975.
Ders.: Art. Johannes der Täufer, RGG³ III, 1959, 804 - 808.
Vouga, François: Le cadre historique et l'intention théologique de Jean, Paris 1977.

Wagner, Günter (Hg.): An Exegetical Bibliography on the Gospel of John, Bibliographical Aids No. 8, Rüschlikon-Zürich 1975.

Wahlde, Urban C. von: A Literary Analysis of the *ochlos* Passages in the Fourth Gospel in their Relation to the Pharisees and Jews material, Diss. phil. Marquette University 1975, Xerox University Microfilms, Ann Arbor, Mich. 1975.

Ders.: The Johannine 'Jews': A Critical Survey, NTS 28, 1982, 33 - 60.

Walter, Nikolaus: Glaube und irdischer Jesus im Johannesevangelium, in: StEv 7, hg. von A. Livingstone, TU 126, 1982, 547 - 552.

Weder, Hans: Die Menschwerdung Gottes. Überlegungen zur Auslegungsproblematik des Johannesevangeliums am Beispiel von Joh 6, ZThK 82, 1985, 325 - 360.

Ders.: Der Mythos vom Logos (Johannes 1). Überlegungen zur Sachproblematik der Entmythologisierung, in: Mythos und Rationalität, hg. v. H.H. Schmid, Gütersloh 1988, 44 - 75.

Weiser, Alfons: Joh 13,12-20 - Zufügung eines späteren Herausgebers?, BZ 18, 1968, 252 - 257.

Wellhausen, Julius: Erweiterungen und Änderungen im vierten Evangelium, Berlin 1907.

Ders.: Das Evangelium Johannis, Berlin 1908.

Wengst, Klaus: Der erste, zweite und dritte Brief des Johannes, Ökumenischer Taschenbuchkommentar zum Neuen Testament 16, GTB / Siebenstern 502, Gütersloh und Würzburg 1978.

Ders.: Christologische Formeln und Lieder des Urchristentums, StNT 7, Gütersloh 1972.

Ders.: Häresie und Orthodoxie im Spiegel des ersten Johannesbriefes, Gütersloh 1976.

Ders.: Nikodemus. Bemerkungen zu Joh 3,1-5, Neue Stimme 1978, Heft 6/7, 38 - 40.

Wiefel, Wolfgang: Die Scheidung von Gemeinde und Welt im Johannesevangelium auf dem Hintergrund der Trennung von Kirche und Synagoge, ThZ 35, 1979, 213 - 227.

Wind, A.: Destination and Purpose of the Gospel of John, NT 14, 1972, 26 - 69.

Wirth, Eugen: Syrien. Eine geographische Landeskunde, Wissenschaftliche Länderkunden 4/5, Darmstadt 1971.

Wrede, William: Charakter und Tendenz des Johannesevangeliums, SGV 37, 1903 (Nachdruck 1933).

Zimmermann, Johannes Otto: Die johanneische ΑΛΗΘΕΙΑ, Diss. theol. Freiburg 1977.

Nachwort zur 4. Auflage

Daß die Neubearbeitung dieses Buches so schnell vergriffen war und der Verlag bereit ist, eine Taschenbuchausgabe herauszubringen, gibt mir die Gelegenheit zu diesem Nachwort. In ihm will ich erstens bemerken, daß die Widmung in der 3. Auflage durch ein – nicht von mir zu verantwortendes – Versehen ausgefallen ist. Dahinter steckte keine Absicht, schon gar keine böse. Ich freue mich, daß dieses Versehen nun behoben werden kann.

Zweitens will ich auf ein wichtiges Buch eingehen, das noch vor meiner 3. Auflage erschienen ist, aber erst nach Abschluß des Manuskriptes: Martin Hengel, The Johannine Question, London u. Philadelphia 1989. Das Buch enthält die von Hengel 1987 gehaltenen und für die Veröffentlichung – vor allem um einen ausführlichen Anmerkungsapparat – erweiterten "Stone Lectures", denen ein noch nicht veröffentlichtes umfangreiches deutsches Manuskript zugrundeliegt (ix). Hengel behandelt alle johanneischen Schriften und bezieht dabei auch, allerdings mehr am Rande, die Apokalypse mit ein. Er beantwortet "die johanneische Frage" durch die Herausarbeitung und Darstellung einer einzigen Person: "Johannes der Alte" von Ephesus, wie ihn Papias anführt. Nach Hengel hat er die drei Johannesbriefe, das Johannesevangelium und die Apokalypse verfaßt. Er wurde ca. 15 n.Chr. in Jerusalem als Glied der priesterlichen Aristokratie geboren, geriet als junger Bursche unter den Einfluß der Bewegung Johannes des Täufers und wurde dann von Jesus angezogen, dessen Schicksal in Jerusalem er miterlebte und zu dessen weiterem Jüngerkreis er gehörte. Er war dann auch Mitglied der ersten Gemeinde in Jerusalem und insbesondere Schüler des Zebedaiden Johannes. Anfang der 60er Jahre, im Kontext der Hinrichtung des Herrenbruders Jakobus und der Wirren vor dem offenen Aufstand gegen Rom, emigrierte er nach Kleinasien. Dort, in Ephesus, gründete er im Alter von ungefähr 50 Jahren eine Schule, in der er etwa 35 Jahre lang als ihr Haupt wirkte. In spätneronischer und frühflavischer Zeit mußte er eine Verbannung nach Patmos erdulden. Damals verfaßte er die Apokalypse, die seine Schüler nach seinem Tod in der ersten Zeit der Herrschaft Trajans überarbeiteten und herausgaben. Gegen Ende seiner Wirksamkeit gerät die Schule in eine Krise durch einige seiner Schüler, die sich vom Zeitgeist, nach dem das Göttliche radikal vom Irdischen getrennt zu denken ist und schon gar nicht leiden kann, verführen lassen und einen himmlischen Christus und Gottessohn scharf vom irdischen Jesus trennen. Dazu nimmt Johannes in den drei Briefen entschieden Stellung. Schon lange vorher hat er seine Arbeit am Evangelium begonnen, das in einem langen Entstehungsprozeß langsam gewachsen ist. "Zehn (sc. Jahre) oder zwanzig – wer weiß?" (95) "Vielleicht einige Jahrzehnte" (102). Johannes starb um 100, ohne die Arbeit an seinem Evangelium abgeschlossen zu haben. Hengels Angaben darüber, in welchem Zustand sich das Manuskript beim Tod seines Verfassers befand, sind allerdings nicht ganz einheitlich. Einerseits vermutet er: "wahrscheinlich in kleinen Teilen" (99). Häufiger aber betont er, "daß das Werk im wesentlichen vollständig war" (100), "daß fast alles von ihm nahezu in diesem Zustand war", nämlich "vollständig fixiert" (105), daß es "nicht ganz fertiggestellt war, aber fast" (106). Jedoch blieb den Schülern des Meisters noch Arbeit. Sie stellten möglicherweise parallele Ausarbeitungen hintereinander und fügten Randnotizen in den Text ein. Vor allem aber gaben sie dem Werk mit Kap. 21 einen Anhang, in dem sie den "geliebten Jünger" des Evangeliums mit ihrem inzwischen verstorbenen Meister als Verfasser des Evangeliums identifizierten. Dadurch erhielt diese Gestalt im jetzigen Gesamtwerk eine eigenartige "Doppelbelichtung". Hengel hält es für "denkbar, daß 'Johannes der Alte' mit dem 'geliebten Jünger' mehr auf den Zebedäussohn hinweisen wollte, der für ihn ein idealer, ja *der* ideale Jünger im Gegensatz zu Petrus war, während seine Schüler dieser rätselhaften Figur am Ende das Gesicht *ihres* Lehrers aufprägten, indem sie sie mit dem Autor identifizierten, um das Evangelium so nah wie möglich an Jesus heranzuführen" (132). Zusammen mit dem Evangelium gaben sie die drei Briefe heraus, fügten diesen die Autorangabe "Johannes" hinzu und jenem die Überschrift "Evangelium nach Johannes". So überlieferten sie der Kirche das Vermächtnis dieses überaus bedeutsamen Lehrers des Urchristentums. Diese Herausgabe ist die letzte uns erkennbare Aktion der "johanneischen Schule".

Man wird ohne Einschränkung feststellen müssen, daß Hengel

ein Bild von eindrucksvoller Geschlossenheit entwirft, das nicht nur auf Beobachtungen an den johanneischen Texten selbst basiert, sondern auch auf einer sorgfältigen Untersuchung der Nachrichten aus dem 2. Jahrhundert, mit der er einsetzt (1-23.136-160). Mich wird seine Argumentation z.B. dazu führen, bei einer erneuten Beschäftigung mit den Johannesbriefen die in meinem Kommentar vertretene Trennung in der Verfasserschaft zwischen dem großen Brief und den beiden kleinen Briefen gründlich zu überdenken.

Ich stimme Hengel zu in seinem literarkritischen Urteil: "Das einzige klare Anzeichen irgendeiner Herausgebertätigkeit ist das *oidamen* in 21,24 oder das *oimai* in 21,25. Aber es ist unmöglich, irgendeine überzeugende oder weitreichende Hypothese über Redaktion oder Schichten zu konstruieren" (83). "Die besonderen Schlüsselverse 21,24.25 zeigen, daß der Autor, der am Ende kundgetan wird wie ein *deus ex machina*, der anonyme geliebte Jünger, nicht der Autor des ganzen Werkes von A bis Z sein kann" (84). In Kap. 21 sprechen andere (oder ein anderer) als in Kap. 1-20. Ich stimme Hengel auch darin zu, daß das jetzt mit Kap. 21 vorliegende Evangelium nach der Abfassung der Johannesbriefe und möglicherweise mit ihnen gemeinsam in Kleinasien herausgegeben wurde. Die offensichtliche Schlußbemerkung in 20,30f macht es mir jedoch wahrscheinlich, daß das Evangelium schon ohne die Hinzufügung von Kap. 21 mehr als nur "fast fertiggestellt" war und nicht von seinem Verfasser zurückgehalten wurde. Diese Schlußbemerkung ist gegen Hengel durchaus ein "Beleg dafür, daß es ein früher fertiggestelltes Evangelium" (99) gab. Hengel scheint das auch selbst vorauszusetzen, wenn er weiß: "Wie bei den meisten Werken wurde der Prolog zuletzt hinzugefügt" (95). Daß es im Falle einer früheren Veröffentlichung für uns erkennbare Spuren hinterlassen haben müßte, trifft nicht zu; denn auch die Logienquelle ist für uns nur in ihrer Rezeption im Matthäus- und Lukasevangelium erkennbar. Auch über den Abfassungsort von Kap. 1-20 ist mit der Feststellung der Herausgabe von Kap. 1-21 in Kleinasien noch nicht entschieden. Hengel weist die Annahme einer Abfassung in Syrien zurück: "Für die heute so beliebte Herkunft aus Syrien gibt es nur sehr wenig anzuführen. Vor allem kann im gänzlichen Gegensatz zu Kleinasien nicht gesagt werden, daß das Evangelium dort irgendeine besondere

Wirkung gehabt hätte" (161 n. 5). Allerdings hält er es selbst für wahrscheinlich, daß Ignatius von Antiochien das Johannesevangelium kannte (14; vgl. 198 n. 28), daß ihn "ein verwandtes theologisches Milieu" mit diesem Evangelium verbindet (15). Er wäre dann sein ältester Zeuge, was ganz gewiß kein vernachlässigenswerter Punkt ist.

Ist also ohne Zweifel einzuräumen, daß Hengel ein Bild von großer Geschlossenheit zeichnet, so muß doch gleich hinzugefügt werden, daß angesichts der Trümmerhaftigkeit der uns erhaltenen urchristlichen Überlieferung ein solches Bild nur durch phantasievolle Kombinationen gewonnen werden kann. Hengel gesteht gelegentlich die Hypothesenhaftigkeit seines Unternehmens zu (z.B. 108.124.133), hofft aber, daß seine Hypothese "einige Plausibilität" hat (102), und daß "mehr für sie spricht als gegen sie" (108). Im Blick auf die spezielle Aussage von der "Doppelbelichtung" des "geliebten Jüngers" meint er: "Diese Hypothese mag phantastisch klingen" (130), um dann sogleich fortzufahren: "Aber das vierte Evangelium ist als ganzes ein 'phantastisches' Buch." Auf diese Weise läßt sich natürlich alles "begründen". Doch sei nun auf einzelne Aspekte eingegangen. Daß ein solch geschlossenes Bild Angriffspunkte bietet, versteht sich von selbst.

Wenn Hengel die Apokalypse im Zusammenhang dieser Veröffentlichung auch nur am Rande behandeln kann, so überrascht es doch, mit welcher Selbstverständlichkeit er sie demselben Autor zuordnet. Angesichts der sonstigen Berücksichtigung altkirchlicher Überlieferungen ist es schon verwunderlich, daß er die sprachliche und inhaltliche Argumentation des Dionysios von Alexandrien für eine unterschiedliche Verfasserschaft der Apokalypse einerseits und des Evangeliums und der Briefe andererseits (bei Euseb, Kirchengeschichte VII 25) völlig übergeht. Stattdessen findet sich der Versuch einer Angleichung: Der Verfasser des Evangeliums "schreibt ein *Koine*-Griechisch, das eine auffallend semitische, ja hebräische Färbung hat, ein Merkmal, das auch für die Apokalypse typisch ist" (110). Nun übersieht natürlich auch Hengel nicht den anderen sprachlichen Charakter der Apokalypse. So versucht er, sich durch eine Frühdatierung in die Jahre 68 - 70 zu helfen, womit er die Angabe des Irenäus, die Apokalypse sei am Ende der Regierungszeit Domitians verfaßt worden, großzügig nach vorn überbietet. Das gibt Johannes die Gelegenheit für "eine sprachliche Entwicklung zu besserer Kenntnis des *Koine*-Griechisch. Warum sollte das nicht möglich sein über zwanzig oder dreißig Jahre?" (127) Der sprachliche Unterschied besteht allerdings nicht nur in einem besseren Griechisch, wie man schon bei Dionysios nachlesen kann. Doch abgesehen davon gerät Hengel mit zwei anderen Aspekten seines Bildes in Konflikt: 1. Entstammt "Johannes der Alte" der priesterlichen Aristokratie, hat er schon in Jerusalem Griechisch gelernt. Man müßte dann annehmen, daß er eben damals schlecht gelernt hätte. 2. Da Hengel einen sehr langen und langsamen Entstehungsprozeß des Evangeliums annimmt, bekommt er dieses und die Apokalypse selbst durch deren Frühdatierung nicht zwanzig bis dreißig Jahre auseinander – außer durch die weitere Hilfshypothese, Johannes habe jeweils alles schon Geschriebene entsprechend dem Fortschritt seiner Griechischkenntisse von neuem geschrieben. Dann hätte man auch gleich eine Erklärung dafür, warum er nicht zum Ende gekommen ist ...

Der Konflikt "des Alten" mit Diothrephes, wie er sich im dritten Johannesbrief zeigt, wird von Hengel kräftig heruntergespielt (34-39). Zum Konflikt soll geführt haben, daß die Sendboten "des Alten" nichts von Heiden annehmen und so von einzelnen Christen und Gemeinden versorgt werden müssen (35f). Diotrephes sei lediglich "der Vorsitzende einer Hausgemeinde" gewesen (36). Am Anfang von V. 9 steht jedoch wie am Ende von V. 10 dieselbe Bezeichnung: "die Gemeinde". Daß sie auf eine Hausgemeinde einzuschränken sei, ist durch nichts angezeigt. Hengel muß den Konflikt und die Rolle des Diotrephes in ihm minimalisieren, weil andernfalls das Verhalten des Diotrephes und dessen weitgehende Akzeptanz durch die Gemeinde gegenüber einem allgemein anerkannten Lehrer, der noch Augenzeuge Jesu war, ganz unverständlich würden. Hätte übrigens Ignatius einen solchen Menschen "als einen 'älteren' Kollegen" betrachten können, wie Hengel meint (15)? Damit will er begründen, warum Ignatius im Brief an die Epheser zwar Paulus, aber nicht Johannes erwähnt.

Bei Irenäus findet sich ein längeres, aus Papias übernommenes, auf "Johannes, den Jünger des Herrn", zurückgeführtes Zitat (haer. V 33,3f). Wenn man mit diesem Johannes den Verfasser der johanneischen Schriften identifiziert, müßte man dann nicht nach möglichen Beziehungen des Zitates zu diesen Schriften fragen? Hengel tut es nicht. Der Grund dafür dürfte klar sein: Weil das Zitat eine solche Identifizierung in keiner Weise stützt, sondern viel eher gegen sie spricht.

Mein Haupteinwand gegen Hengel betrifft die Annahme einer jahrzehntelangen Abfassungszeit des Johannesevangeliums. Sie widerspricht einmal Hengels eigener Beschreibung urchristlicher literarischer Produktion im allgemeinen. Er bezeichnet das Schreiben angesichts der Erwartung der Parusie als einen "Notbehelf" (37). Aber welcher Not soll abgeholfen werden, wenn jemand jahrzehntelang an einem Werk schreibt und es doch nicht vollendet und veröffentlicht? Diese Annahme widerspricht aber auch Hengels Charakterisierung seines Autors Johannes im besonderen, wenn er ihn in Aufnahme von 2Joh 12 und 3Joh 13f als Mann des gesprochenen und nicht des geschriebenen Wortes kennzeichnet (95f.102.105). "Vermutlich machte ihn nur die Krise der Schule zu einem Briefeschreiber und nötigte ihn, letzte Hand an das Evangelium zu legen" (105). Aber was trieb einen solchen Menschen dazu, sich schon vorher über Jahrzehnte hin der Mühe des Schreibens zu unterziehen? Für die Abfassung der Briefe gibt Hengel deutlich Grund und Ziel an (vgl. für den ersten S. 58f). Für das Evangelium bleibt er diese Angaben schuldig. Warum wurde es geschrieben und für wen? Für die Schule (121)? Aber in ihr konnte er mündlich viel besser sagen, was er zu sagen hatte. In Hengels Darstellung gibt es keinen wirklichen Abfassungszweck für das Evangelium. Werden Motive und Ziele angedeutet (Antithese zur synoptischen Tradition: 94.102; Glaube an Jesus Christus: 106; Herstellung einer neuen 'heiligen Schrift': 106), wäre anzumerken, daß sie den Evangelisten nicht allzusehr umgetrieben haben können; sonst hätte er sich nicht Jahrzehnte Zeit gelassen, ohne an ein Ende zu kommen.

Hier sehe ich einen wesentlichen Unterschied zu meinem Versuch, der nach einer möglichen, im Evangelium selbst erkennbaren Situation fragt, die dessen Produktion veranlaßte und in die hinein es sprechen wollte. Auf "die Kontroverse und die Juden" geht auch Hengel ein (114-119). Aber für ihn ist das ein lange in der Vergangenheit liegender Prozeß, der keine aktuelle Bedeutung mehr hat. Außer der Nebenfrage, wie sich das zu der Annahme der jahrzehntelangen Abfassungszeit verhält, seien dazu nur zwei Bemerkungen gemacht: 1. Hengel sieht das, was im Johannesevangelium mit ἀποσυνάγωγον γενέσθαι auf den Begriff gebracht wird, nicht unterschieden von einem langen Prozeß, der schon mit der Vertreibung der "Hellenisten" aus Jerusalem beginnt (114f). Aber weist nicht die dreimalige, nur im Johannesevangelium begegnende Bezeichnung ἀποσυνάγωγος zusammen mit der ihm eigentümlichen Beschreibung "der Juden" und der Auseinandersetzung mit ihnen, wie ich sie in diesem Buch nachgezeichnet habe, auf eine spezifische Erfahrung in diesem allgemeinen Prozeß? 2. Bei der Zufügung von Kap. 21 liegt diese Auseinandersetzung, von der die Kap. 1-20 geprägt sind, allerdings zurück und erfolgt die Herausgabe des so erweiterten Gesamtwerkes in einem vorwiegend heidenchristlichen Kontext. Was heißt das, wenn die Aussagen über "die Juden" nun von Heidenchristen jenseits der Auseinandersetzungen zur Zeit ihrer Entstehung gelesen werden? Genügt es, festzustellen, daß "die Juden im Evangelium für alle Ungläubigen stehen" (121), daß sie "die historisch konkrete Chiffre für den *kosmos*" sind (119), oder fangen hier nicht die Interpretationsprobleme allererst an?

So sehr ich Hengel in seiner Kritik an den Literarkritikern zustimme, muß auf der anderen Seite doch gefragt werden, wie groß der Unterschied zu ihnen eigentlich ist, wenn er zwar an einer Person als Verfasser festhält, aber Phänomene, die sie zur Scheidung von Quellen und Schichten veranlassen, mit der langen Entstehungszeit "erklärt" (95; vgl. 105)? Was ist damit für die Interpretation des Textes gewonnen?

An anderer Stelle finde ich Hengels Ausführungen überzeugender, wenn er gegen literarkritische Scheidungen betont, daß die Spannung nicht undialektisch aufgelöst werden darf (99). Aber im ganzen hätte ich mir doch mehr und deutlichere Ausführungen darüber gewünscht, was sein Zugang für die theologische Interpretation des Johannesevangeliums austrägt. In der Herausstellung dieser einen Gestalt, "Johannes des Alten", scheint mir ein eher apologetisches Interesse zu überwiegen. Auch wenn mich Hengels Rekonstruktion historisch nicht überzeugt, frage ich doch: Warum sollte ein solcher Versuch nicht gemacht werden, aus verschiedenen Fragmenten das Bild einer einzigen Person zu erstellen, das Züge eines historisch-biographischen Romans hat? Lehrreich ist dieser Versuch, wie

Hengels Buch eindrücklich zeigt, allemal. Ich hätte es allerdings nicht nur mit Gewinn, sondern auch mit mehr Freude gelesen, wenn es nicht mit dem Anspruch daherkäme, "historisches Wissen" für sich gepachtet zu haben.

Bochum, im Oktober 1991 K.W.

Stellenregister

Die Zahlen beziehen sich auf Seiten, gleichgültig ob eine Stelle im Text oder in einer Anmerkung erscheint. Die Abkürzungen richten sich in der Regel nach TRE (s. Vorbemerkung zum Literaturverzeichnis o.S. 241).

1. Altes Testament und Judentum

2. Urchristentum und Alte Kirche

3. Sonstiges

KAISER TASCHENBÜCHER

49 Helmut Gollwitzer, Auch das Denken darf dienen. Aufsätze zu Theologie und Geistesgeschichte Bd. 1, hg. von Friedrich-Wilhelm Marquardt, Ausgewählte Werke Bd. 8, 432 Seiten, kart. ISBN 3-459-01779-1 (Originalausgabe)

50 Helmut Gollwitzer, Auch das Denken darf dienen. Aufsätze zu Theologie und Geistesgeschichte Bd. 2, hg. von Friedrich-Wilhelm Marquardt, Ausgewählte Werke Bd. 9, 288 Seiten, kart. ISBN 3-459-01780-5 (Originalausgabe)

51 Bibliographie Helmut Gollwitzer, hg. von Christa Haehn, mit einem Essay „Helmut Gollwitzer. Weg und Werk" von Friedrich-Wilhelm Marquardt, Ausgewählte Werke Bd. 10, 176 Seiten, kart. ISBN 3-459-01781-3 (Originalausgabe)

52 James W. Fowler, Glaubensentwicklung. Perspektiven für Seelsorge und kirchliche Bildungsarbeit, eingeführt und herausgegeben von Friedrich Schweitzer. Aus dem amerikanischen Englisch übersetzt von Sieglinde Denzel und Susanne Naumann, 179 Seiten, kart. ISBN 3-459-01797-X (Originalausgabe)

53 Die heilsame Reise. Kurze Geschichten zum Nachdenken, hg. von Ulrich Kabitz mit Lore Graf, Martin Lienhard und Reinhard Pertsch. 170 Seiten, kart. ISBN 3-459-01798-8 (Originalausgabe)

54 Gert Otto, Sprache als Hoffnung. Über den Zusammenhang von Sprache und Leben, 110 Seiten, kart. ISBN 3-459-01799-6 (Originalausgabe)

55 Alfred Walter, AIDS als Versuchung. Christliche Existenz und schwere Krankheit, 185 Seiten, kart. ISBN 3-459-01800-3 (Originalausgabe)

56 Gustav W. Heinemann, Unser Grundgesetz ist ein großes Angebot. Rechtspolitische Schriften, hg. von Jürgen Schmude, 267 Seiten, kart. ISBN 3-459-01801-1 (Originalausgabe)

57 Frieden und Gerechtigkeit. Auf dem Weg zu einer ökumenischen Friedensethik, hg. von Götz Planer-Friedrich, 234 Seiten, kart. ISBN 3-459-01802-X (Originalausgabe)

58 Hans Frör, Spielend bei der Sache. Spiele für Gruppen, 104 Seiten, kart. ISBN 3-459-01803-8

59 Arnold Gilg, Weg und Bedeutung der altkirchlichen Christologie, 108 Seiten, kart. ISBN 3-459-01804-6

60 Yorick Spiegel, Der Prozeß des Trauerns. Analyse und Beratung, 324 Seiten, kart. ISBN 3-459-01805-4

61 Jürgen Moltmann, Kirche in der Kraft des Geistes. Ein Beitrag zur messisanischen Ekklesiologie, 407 Seiten, kart. ISBN 3-459-01806-2

62 Ulrich Duchrow, Gert Eisenbürger, Joachim Hippler (Hg.), Totaler Krieg gegen die Armen. Geheime Strategiepapiere der amerikanischen Militärs, 256 Seiten, kart. ISBN 3-459-01817-8

63 Konrad Raiser, Ökumene im Übergang. Paradigmenwechsel in der ökumenischen Bewegung, 205 Seiten, kart. ISBN 3-459-01818-6

KAISER TASCHENBÜCHER

64 Friedrich Wilhelm Marquardt, Aber Zion nenne ich Mutter... Evangelische Israel-Predigten mit jüdischen Antworten. Herausgegeben von Joachim Hoppe, 171 Seiten, kart. ISBN 3-459-01819-4

65 Jens Müller-Kent, Vermächtnis für die Zukunft. Gespräche mit Helmut Gollwitzer und Kurt Scharf, 178 Seiten, kart. ISBN 3-459-01827-5

66 Ursula Baltz-Otto, Poesie wie Brot, Religion und Literatur: Gegenseitige Herausforderung, 176 Seiten, kart. ISBN 3-459-01828-3

67 Albert H. Friedlander, Ein Streifen Gold. Auf Wegen zur Versöhnung, 175 Seiten, kart. ISBN 3-459-01829-1

68 Erwin Ringel, Selbstmord. Appell an die anderen, 100 Seiten, kart. ISBN 3-459-01831-3

69 Eberhard Bethge, Dietrich Bonhoeffer. Eine Biographie, 1129 Seiten, kart. ISBN 3-459-01830-5

70 Albrecht Grözinger, Erzählen und Handeln. Studien zu einer trinitarischen Grundlegung der Praktischen Theologie, 130 Seiten, kart. ISBN 3-459-01832-1 (Originalausgabe)

71 Das Volk will Ochs und Esel. Ein anderes Weihnachtsbuch. Herausgegeben von Ursula Baltz-Otto, 190 Seiten, kart. ISBN 3-459-01833-X (Originalausgabe)

72 Kirchentag '89. Berichte und Materialien aus Berlin. Deutscher Evang. Kirchentag 1989. Herausgegeben im Auftrag des Deutschen Evangelischen Kirchentages von Rüdiger Runge, 256 Seiten mit 16 Seiten Abbildungen, kart. ISBN 3-459-01835-6 (Originalausgabe)

73 Hans Frör, Wie eine wilde Blume. Biblische Liebesgeschichten, 110 Seiten, kart. ISBN 3-459-01844-5 (Originalausgabe)

74 Jürgen Moltmann (Hg.), Religion der Freiheit. Protestantismus in der Moderne, 110 Seiten, kart. ISBN 3-459-01845-3 (Originalausgabe)

75 Ulrich H.J. Körtner, Theologie in dürftiger Zeit. Ein Essay, 110 Seiten, kart. ISBN 3-459-01846-1 (Originalausgabe)

76 Keine Zeit für Kinder? Fragen, Einsprüche, Ermunterungen. Herausgegeben im Auftrag des Deutschen Evangelischen Kirchentages von Konrad von Bonin, 140 Seiten, kart. ISBN 3-459-01847-X (Originalausgabe)

77 Bob Goudzwaard/Harry M. de Lange, Weder Armut noch Überfluß. Plädoyer für eine neue Ökonomie. Übersetzt aus dem Holländischen von Paulander Hausmann und Ernst-Albert Scharffenorth. Eingeleitet und für den bundesdeutschen Kontext bearbeitet von Hans Diefenbacher, 130 Seiten, kart. ISBN 3-459-01848-8 (Originalausgabe)

78 Friedrich Siegmund-Schultze, Friedenskirche, Kaffeeklappe und die ökumenische Vision. Texte 1910–1969. Herausgegeben von Wolfgang Grünberg in Zusammenarbeit mit Elisabeth Hesse, Hans Gressel, Klaus Rehbein, Torsten Schweda und Wolfram Weiße. Mit einem Geleitwort von Wolfgang Huber, 440 Seiten, kart. ISBN 3-459-01849-6 (Originalausgabe)

KAISER TASCHENBÜCHER

79 Bengt Hägglund, Geschichte der Theologie. Ein Abriß, 355 Seiten, kart. ISBN 3-459-01850-X

80 Walter Kreck, Grundfragen christlicher Ethik, 386 Seiten, kart. ISBN 3-459-01851-8

81 Jacqui Lee Schiff/Beth Day, Alle meine Kinder. Heilung der Schizophrenie durch Wiederholen der Kindheit, 193 Seiten, kart. ISBN 3-459-01852-6

82 Kurt Lückel, Begegnung mit Sterbenden, 240 Seiten, kart. ISBN 3-459-01853-4

83 Jophannes Sløk, Christentum mit Leidenschaft. Ein Weg-Weiser zur Gedankenwelt Søren Kierkegaards. Übersetzt aus dem Dänischen von Ulrich Panzer, 171 Seiten, kart. ISBN 3-459-01854-2 (Originalausgabe)

84 Albert H. Friedlander, Leo Baeck. Leben und Lehre. Mit einem Nachwort in der Taschenbuchauflage von Albert H. Friedlander und Bertold Klappert, 350 Seiten, kart. ISBN 3-459-01855-0

85 Hans-Joachim Iwand – Theologie in der Zeit. Lebensabriß und Briefdokumentation. Bibliographie. Herausgegeben von Peter Sänger und Dieter Pauly, ca. 344 Seiten, kart. ISBN 3-459-01856-9 (Originalausgabe)

86 Erhard Eppler, Reden auf die Republik. Deutschlandpolitische Texte 1952–1990. Mit einem einleitenden Beitrag von Joachim Garstecki. Herausgegeben von Wolfgang Brinkel, 176 Seiten, kart. ISBN 3-459-01857-7 (Originalausgabe)

87 Manfred Josuttis und Dietrich Stollberg (Hg.), Ehe-Bruch im Pfarrhaus. Zur Seelsorge in einer alltäglichen Lebenskrise, 248 Seiten, kart. ISBN 3-459-01868-2 (Originalausgabe)

88 Walter Rebell, Zum neuen Leben berufen. Kommunikative Gemeindepraxis im frühen Christentum, 230 Seiten, kart. ISBN 3-459-01869-0 (Originalausgabe)

89 Martin Dibelius, Geschichte der urchristlichen Literatur. Neudruck der Erstausgabe von 1926 unter Berücksichtigung der Änderungen der englischen Übersetzung von 1936. Herausgegeben von Ferdinand Hahn, 190 Seiten, kart. ISBN 3-459-01870-4

90 Walter J. Hollenweger, Erfahrungen der Leibhaftigkeit. Interkulturelle Theologie, 388 Seiten, kart. ISBN 3-459-01871-2

91 Hans Walter Wolff, Anthropologie des Alten Testaments, 368 Seiten, kart. ISBN 3-459-01872-0

92 Carrin Dunne, Buddha und Jesus. Gespräche. Mit einem Vorwort von Michael von Brück. Aus dem amerikanischen Englisch übersetzt von Regina von Brück, 110 Seiten, kart. ISBN 3-459-01873-9 (Originalausgabe)

KAISER TASCHENBÜCHER

93 Gustav W. Heinemann, Glaubensfreiheit – Bürgerfreiheit, Reden und Aufsätze. Kirche – Staat – Gesellschaft 1945–1975. Hg. von Diether Koch, 348 Seiten, kart. ISBN 3-459-01874-7

94 Wir sind die Hälfte. Frauen-Erfahrungen. Hg. von Carola Wolf, 175 Seiten, kart. ISBN 3-459-01875-5 (Originalausgabe)

95 Gottes lebendiger Geist. Kirchentag 1991, Themen und Akzente. Ein Vorbereitungsbuch. Herausgegeben von Wolfgang Brinkel und Heike Hilgendiek, 340 Seiten, kart. ISBN 3-459-01876-3 (Originalausgabe)

96 Heinz Flügel, Im Club von Jerusalem, Gespräche um Jesus von Nazareth, 170 Seiten, kart. ISBN 3-459-01879-8 (Originalausgabe)

97 Klaus Wengst, Ostern – Ein wirkliches Gleichnis, eine wahre Geschichte. 104 Seiten, kart. ISBN 3-459-01892-5 (Originalausgabe)

98 Sigrun Koch, Steine auf dem Acker der Vergangenheit. Eine Erzählung um Abraham, Sara und Jizchak. 120 Seiten, kart. ISBN 3-459-01893-3 (Originalausgabe)

99 Elisabeth Moltmann-Wendel/Jürgen Moltmann, Als Frau und Mann von Gott reden. 116 Seiten, kart. ISBN 3-459-01894-1 (Originalausgabe)

100 Dietrich Bonhoeffer, Widerstand und Ergebung. Briefe und Aufzeichnungen aus der Haft. Herausgegeben von Eberhard Bethge. Mit einem Nachwort von Christian Gremmels, 240 Seiten, kart. ISBN 3-459-01877-1

101 Wolfgang Schildmann, Was sind das für Zeichen? Karl Barths Träume im Kontext von Leben und Lehre. 180 Seiten, kart. ISBN 3-459-01895-X (Originalausgabe)

102 Eberhard Jüngel, Zur Freiheit eines Christenmenschen. Eine Erinnerung an Luthers Schrift. 128 Seiten, kart. ISBN 3-459-01896-8

103 Kirchentag '91. Das Nachlesebuch. Herausgegeben im Auftrag des Deutschen Evangelischen Kirchentages von Rüdiger Runge, 256 Seiten mit 16 Seiten Abbildungen, kart. ISBN 3-459-01901-8 (Originalausgabe)

104 Luise und Willy Schottrof, Die kostbare Liebe zum Leben. Biblische Inspirationen, 140 Seiten, kart. ISBN 3-459-01913-1 (Originalausgabe)

105 Milton Schwantes, Das Land kann seine Worte nicht ertragen. Meditationen zu Amos. Aus dem Brasilianischen übersetzt von Ilson Kaiser, 180 Seiten, kart. ISBN 3-459-01914-X (Originalausgabe)

106 Theologiegeschichte der Dritten Welt, Afrika. Aus dem Englischen übersetzt von K.-D. Stoll, 324 Seiten, kart. ISBN 3-459-01915-8 (Originalausgabe)

KAISER TASCHENBÜCHER

107 Theologiegeschichte der Dritten Welt, Japan. Aus dem Englischen übersetzt von M. Rapp, 215 Seiten, kart. ISBN 3-495-01916-6 (Originalausgabe)

108 Theologiegeschichte der Dritten Welt, Indien. Aus dem Englischen übersetzt von E. Anneliese Gensichen, Hans-Werner Gensichen und Theodora Karnasch, 280 Seiten, kart. ISBN 3-459-01917-4 (Originalausgabe)

109 Jürgen Moltmann (Hg.), Christliche Existenz im Demokratischen Aufbruch Europas. Probleme-Chancen-Orientierungen, 166 Seiten, ISBN 3-459-01918-2 (Originalausgabe)

110 Geheilt durch Vertrauen. Bibelarbeiten zu Markus. Herausgegeben im Auftrag des Deutschen Evangelischen Kirchentages von Reiner Degenhardt, ca. 144 Seiten, kart. ISBN 3-459-01920-4

111 Gerty Spies, Das schwarze Kleid. Eine Erzählung. Mit zwei Texten von Heinz Flügel und Hildegard Hamm-Brücher, 120 Seiten, kart. ISBN 3-459-01921-2 (Originalausgabe)

112 Wolfgang Huber, Unvollendete Auferstehung. Biblische Einsichten, 140 Seiten, kart. ISBN 3-459-01922-0 (Originalausgabe)

113 Feministische Theologie. an-stöße, stich-worte, schwer-punkte. Herausgegeben von der Frauenarbeit der Evangelischen Landeskirche in Württemberg; Projektgruppe Feministische Theologie: Annelore Bausch, Cornelia Eberle-Banzhaf, Renate Ganzhorn-Burkhardt, Herta Leistner, Barbara Lempp, Elisabeth Moltmann-Wendel, Erika Stöffler, 80 Seiten mit mehreren Abbildungen, kart. ISBN 3-459-01923-9

114 Klaus Wengst, Bedrängte Gemeinde und verherrlichter Christus. Ein Versuch über das Johannesevangelium, 275 Seiten, kart. ISBN 3-459-01924-7

115 Bertold Klappert/Hans-Joachim Kraus/Friedrich-Wilhelm Marquardt/ Martin Stöhr, Jesusbekenntnis und Christusnachfolge, 100 Seiten, kart. ISBN 3-459-01925-5 (Originalausgabe)

116 Haus in der Zeit. Das evangelische Pfarrhaus heute. Herausgegeben von Richard Riess, 288 Seiten, kart. ISBN 3-459-01926-3

117 Rita Thalmann, Jochen Klepper. Ein Leben zwischen Idyllen und Katastrophen, 404 Seiten, kart. ISBN 3-459-01927-1

118 Helmut Breit, Markierungen. Wegzeichen des Glaubens, 140 Seiten, kart. ISBN 3-459-01928-X (Originalausgabe)